L'IDÉOLOGIE
DE *L'ACTION CATHOLIQUE*

« HISTOIRE ET SOCIOLOGIE DE LA CULTURE »

Collection dirigée par
Fernand Dumont et Pierre Savard

1. *Idéologies au Canada français (1850–1900)*. Ouvrage collectif publié sous la direction de Fernand Dumont, Jean-Paul Montminy et Jean Hamelin, 1971.

2. *Savoir et Pouvoir. Philosophie thomiste et politique cléricale au XIXe siècle*, par Pierre Thibault, 1972.

3. *Les Religions populaires. Colloque international 1970*. Textes présentés par Benoît Lacroix et Pietro Boglioni, 1972.

4. *Le Merveilleux. Deuxième colloque sur les religions populaires 1971*. Textes présentés par Fernand Dumont, Jean-Paul Montminy et Michel Stein, 1973.

5. *Idéologies au Canada français (1900–1929)*. Ouvrage collectif publié sous la direction de Fernand Dumont, Jean Hamelin, Fernand Harvey et Jean-Paul Montminy, 1974.

6. *Les Manuels d'histoire du Canada au Québec et en Ontario, de 1867 à 1914*, par Geneviève Laloux-Jain, 1974.

7. *L'Apolitisme des idéologies québécoises. Le grand tournant 1934–1936*, par André-J. Bélanger, 1974.

8. *La Religion au Canada. Bibliographie annotée des travaux en sciences humaines des religions (1945–1970) / Religion in Canada. Annotated Inventory of Scientific Studies of Religion (1945–1972)*, par Stewart Crysdale et Jean-Paul Montminy, 1974.

9. *L'Idéologie de l'Action catholique (1917–1939)*, par Richard Jones, 1974.

10. *La Tradition et le Nouveau en Acadie*, par Jean-Paul Hautecœur (à paraître).

Richard Jones

L'IDÉOLOGIE DE *L'ACTION CATHOLIQUE*
(1917-1939)

HISTOIRE ET
SOCIOLOGIE
DE LA CULTURE

9

LES PRESSES DE L'UNIVERSITÉ LAVAL
Québec, 1974

*Cet ouvrage est publié
grâce à une subvention du
Conseil canadien de
recherche en sciences sociales
provenant de fonds fournis
par le Conseil des arts du Canada.*

PN

4919

· Q83

A27

c. 1

À ma femme

AVANT-PROPOS

Si, pour comprendre le comportement des gens, l'interprétation que ceux-ci font de la réalité est plus significative que ne l'est la réalité elle-même, des études de journaux se révèlent fort utiles. Ainsi, un journal comme *l'Action catholique* constitue une véritable mine de renseignements, moins peut-être sur les faits eux-mêmes que sur la perception de ces faits. En choisissant d'analyser *l'Action catholique* pour la période 1917 à 1939, de la révolution soviétique au début de la deuxième guerre mondiale, nous espérons contribuer à l'avancement des connaissances sur le Québec contemporain. Depuis quelques années, de multiples travaux ont déjà jeté une lumière nouvelle sur l'idéologie traditionnelle au Canada français : peut-être notre étude aidera-t-elle à en éclairer certains aspects.

Le dépouillement systématique d'un journal exige beaucoup de patience, on le sait, mais aussi plusieurs mois de loisir et de tranquillité. C'est au Conseil des arts du Canada, qui a subventionné la rédaction de notre thèse de doctorat et la publication de cette version révisée, que nous devons d'avoir pu réaliser ce projet.

Nous voudrions remercier très sincèrement M. l'abbé Raymond Boucher, du Collège de Sainte-Anne-de-la-Pocatière, qui nous a facilité la consultation du journal ; M. Jean Hamelin, professeur d'histoire à l'université Laval, qui a dirigé cette thèse ; M. Bruno Lafleur, professeur de français à l'université Laval, qui a revu notre texte ; enfin nos éditeurs, les Presses de l'université Laval.

Saint-Cyrille-de-L'Islet
janvier 1974

R.A. J.

INTRODUCTION

Un journal catholique

L'Action catholique est un journal chargé d'une mission. Elle a une doctrine : il faut la propager. Cette doctrine, c'est sa conception du catholicisme; la terre de mission, c'est le Québec.

À l'encontre de bon nombre de journaux qui, tout en ayant leur vision du monde, s'intéressent principalement à rapporter les événements à mesure qu'ils se produisent, *l'Action* est un journal à caractère idéologique. Autrement dit, *l'Action* se préoccupe d'interpréter l'actualité à la lumière d'une conception du monde qui traduit la situation historique des Canadiens français et catholiques. Dans sa doctrine, on trouve une description détaillée des aspects non satisfaisants du passé et du présent et, de plus, une définition plutôt vague de la future société parfaite, idéale, celle à laquelle on voulait parvenir.

Tout système idéologique, en effet, renferme quelques précisions sur un monde meilleur. S'agit-il de la société sans classes, comme le prône le marxisme ? Cherche-t-on plutôt la domination du monde par une race supérieure, l'idée maîtresse des nazis ? Ou peut-être espère-t-on l'indépendance de la nation, son émancipation de la tutelle coloniale, comme le désirent les nationalistes du Tiers-Monde ? Les chrétiens de l'immédiat après-guerre, pour leur part, souhaitent sans doute une vie terrestre où il y aurait moins d'égoïsme, d'avarice, d'impiété, ces vices humains qui sont à l'origine de la misère du monde. Ainsi la juste colère d'un Dieu sévère serait-elle apaisée et il consentirait sûrement à mettre fin aux fléaux périodiques dont il affligeait une humanité désobéissante. Quant à *l'Action catholique*, sa mission consiste à répandre l'idée de cette société future suggérée par les enseignements de l'Église catholique.

Il va de soi que l'adepte d'une idéologie, quelle qu'elle soit, demeure un être foncièrement *mécontent*. Même quand il est convaincu que l'histoire finira par lui donner raison, la société idéale n'est pour lui qu'une promesse abstraite qui contraste tristement avec le monde dans lequel il vit. Tout en brossant un tableau du paradis terrestre qu'il espère voir concrétisé un jour, il lui faut, de plus, exposer, aussi bien que dénoncer, ce qui ne le satisfait pas dans le présent. Quel est, en effet, cet ordre de choses que l'on doit changer ? Quels sont les obstacles qu'il faut surmonter ? Qui sont les adversaires qui résistent à cette évolution ou tentent de la détourner dans un autre sens ? Pour les marxistes, ce sont des ennemis de classe, les capitalistes. Pour les nazis, les Juifs constituaient le principal adversaire. Pour les nationalistes, il faut combattre les puissances colonialistes ainsi que leurs collaborateurs, les « rois nègres ». Quant à *l'Action catholique,* nous verrons qu'elle compte ses adversaires par légions entières.

Après ces quelques considérations d'ordre général, il nous est possible de proposer une définition pour les deux mots « révolution » et « contre-révolution ». La révolution, dans son acception la plus large, est synonyme de changement complet, de transformation de grande envergure, dans une société donnée. Ainsi ne pourrait-on pas qualifier le partisan de toute idéologie, quelle qu'elle soit, de « révolutionnaire », du moins en ce sens qu'il souhaite une évolution, un mouvement plus ou moins rapide vers un état de choses plus « parfait » ? Peut-on alors parler de « contre-révolutionnaire » ou de « réactionnaire » ?

Si nous introduisons maintenant la notion de « progrès », certains éclaircissements deviennent possibles. Depuis le début de l'ère moderne, l'homme semble mener un perpétuel combat pour la libération individuelle et pour l'égalité sociale[1]. À travers les vicissitudes de l'évolution de l'homme, ces deux séries de révolutions ne signifient-elles pas une amélioration de sa condition ? N'est-ce pas là le vrai sens du « progrès » ?

De façon générale, le réactionnaire ou le contre-révolutionnaire[2] est celui qui cherche à freiner et même à supprimer cette évolution qui risque de compromettre la réalisation de ses ambitions. L'utopie des idéologies dites contre-révolutionnaires se trouve soit dans une consolidation de l'ordre établi, soit dans un retour au passé, à une époque révolue mais toujours évoquée avec nostalgie.

Qu'en est-il de *l'Action catholique ?* Nous tenterons de montrer que l'idéologie disséminée par le journal catholique de Québec est,

---

[1] Signalons la Renaissance, la Réforme protestante, la révolution américaine et la Révolution française, quant à la première étape, et les révolutions socialistes quant à la deuxième.

[2] Les linguistes que nous avons consultés donnent au mot « contre-révolutionnaire » un sens beaucoup plus précis qu'au mot « réactionnaire ».

en grande partie, une idéologie de retour au passé ou de conservation de l'ordre établi, une idéologie réactionnaire[3].

D'ailleurs *l'Action catholique* ne s'en défend même pas. Si, depuis, les expressions « contre-révolutionnaire » et, à plus forte raison, « réactionnaire », ont acquis un sens tellement péjoratif que ceux qui sont réactionnaires cherchent d'autres termes pour se définir, il n'en est rien pour *l'Action catholique* des années 20 et 30 : à maintes reprises, elle s'identifie comme favorable à la « réaction » ou à la « contre-révolution[4] ». Par contre, le mot « révolutionnaire » a pour elle un sens habituellement très péjoratif[5].

---

[3] Nous ne disons pas que *tous* les éléments constituant l'idéologie de *l'Action catholique* ont le même caractère réactionnaire. Certes, il y a des aspects qu'un libéral qualifierait de « progressistes » — dont les campagnes menées contre les « mauvais » patrons et les critiques de la corruption électorale. Nous voulons montrer, cependant, que l'idéologie de *l'Action, dans son ensemble,* est réactionnaire.

[4] Un des rédacteurs de *l'Action* cite le comte Albert DE MUN qui définit la révolution comme n'étant « ni un acte, ni un fait, [mais] une doctrine sociale, une doctrine politique, qui prétend fonder la société sur la volonté de l'homme au lieu de la fonder sur la volonté de Dieu, et qui met la souveraineté de la raison humaine à la place de la loi divine ». Inversement, pour lui, la contre-révolution est une « doctrine qui fait reposer la société sur la loi chrétienne » (« L'esprit de vie », éditorial, 25 janvier 1918). *L'Action* interprète ici le mot « révolution » au sens large du terme. Selon elle, « la Révolution n'a pas commencé en 1789 ni même au dix-huitième siècle. Les doctrines et même les passions dont 89 fut le triste épanouissement remontent à la Renaissance, à la Réforme, à la substitution du droit païen au droit chrétien, à l'éloignement des hommes des sentiers où les gardait l'Église, pour la sauvegarde des sociétés autant que des âmes » *(Ibid.).* Plus spécifiquement, dans le cas soviétique, *l'Action* dit que la « contre-révolution » rallie « les éléments les plus sains de la nation » (12 décembre 1917). Quant à l'Europe de 1922, Ferdinand BÉLANGER assure que « la réaction s'opère contre les radico-démocratiques ou démocratico-socialistes » (« En passant », 13 décembre 1922). Pour le même rédacteur, l'avènement de Mussolini au pouvoir en Italie constitue une « révolution réactionnaire » (« En passant », 28 novembre 1922). Louis-Philippe Roy parle des « dictatures anti-révolutionnaires » de Mussolini et de Hitler (« Trois blocs se choquent », éditorial, 29 septembre 1936) et, saluant la victoire du général Franco en Espagne, le même rédacteur déclare que « la contre-révolution franquiste a eu raison de la révolution bolcheviste » (article, 29 mars 1939).

[5] Les définitions de *l'Action catholique* ne sont pas très rigoureuses. En effet, Joseph DANDURAND parle de la « révolution fasciste » en Italie (« L'expérience fasciste », éditorial, 30 mai 1929), et le directeur du journal, Jules DORION, qualifie Mussolini de « révolutionnaire d'un autre genre » (« Ce qui n'est pas chrétien n'est pas humain », éditorial, 31 décembre 1938). Habituellement, cependant, les révolutions sont néfastes, d'après *l'Action,* et elle emploiera d'autres mots pour désigner les « expériences » de Mussolini, de Hitler, etc.

Nous avons choisi, pour cette étude, la période 1917–1939, c'est-à-dire la période de l'entre-deux-guerres. La première guerre mondiale, qui éclate en août 1914, met fin à une vague révolutionnaire caractérisée par la montée des partis socialistes et par un accroissement rapide du nombre des conflits industriels. Le début de la guerre *nationale* signifie partout « l'Union sacrée », la trêve dans la guerre *civile*. Dès 1917 cependant, une nouvelle vague révolutionnaire gronde, et c'est en Russie qu'elle remportera son premier grand triomphe.

L'extrême-gauche et l'extrême-droite interprètent toutes deux la période 1917–1939 comme marquant une confrontation totale, une lutte à finir entre le communisme et le capitalisme, entre l'Est et l'Ouest, entre les forces de la révolution et celles de l'ordre. Ces illusions ne se dissipent qu'à la veille de la deuxième guerre mondiale qui oppose les dictatures fascistes aux autres puissances. La Russie se retrouve finalement dans le même camp que les États-Unis, la Grande-Bretagne et la France libre. La confrontation si longtemps attendue entre les puissances anticommunistes et l'Union soviétique n'a pas lieu. Ainsi peut-on conclure que 1939 marque la fin d'une période.

$$* \quad * \quad *$$

La mission dont *l'Action catholique* est officiellement chargée est celle de généraliser, de « populariser » les enseignements de l'Église catholique. Elle doit définir la société meilleure tant recherchée en s'appuyant, entre autres, sur les encycliques pontificales; elle doit dénoncer sans compromis les obstacles qui se dressent devant elle; elle doit lutter vaillamment contre ceux — toujours nombreux — en qui elle voit ses ennemis. Plus spécifiquement, dans sa lettre pastorale annonçant la création de *l'Action catholique,* le cardinal Bégin insiste sur la nécessité de combattre les « idées fausses » et les « doctrines malsaines[6] ». L'œuvre de la presse catholique consiste à conjurer ce péril.

Comment *l'Action catholique* précise-t-elle sa propre mission ? Quel est le monde nouveau qu'elle veut aider à bâtir ? C'est un monde qui aura appris à reconnaître « le bien supérieur de la Religion et de la Patrie[7] », affirme la direction dans le premier numéro du jour-

---

[6] « Lettre pastorale sur l'Action Sociale Catholique et en particulier sur l'Oeuvre de la Presse catholique » (31 mars 1906), dans *Mandements des évêques de Québec,* Québec, Imprimerie générale, 1907, vol. X, p. 62.

[7] « Programme », éditorial, *l'Action sociale,* 21 décembre 1907.

nal. C'est un monde, répond l'abbé Édouard-Valmore Lavergne quelques années plus tard, qui sera libéré des « orgies du paganisme » et amené « sur les hauteurs aux pieds du Christ-Roi[8] ». Plus prosaïquement, c'est un monde dont la stabilité sociale et religieuse sera assurée, un monde où les idées fausses, dangereuses et malsaines n'auront plus cours, souci bien compréhensible à cette époque de révolution et d'anticléricalisme.

Pareilles définitions restent indéniablement floues. A-t-on vraiment une idée claire de ce que sera la société nouvelle ? Ne sera-ce pas tout simplement la société actuelle dont auront été retranchés les divers aspects inquiétants, non satisfaisants ? un monde qui ne connaîtra donc plus d'attaques contre l'Église, qui n'aura plus de crises économiques ? un monde où régnera la stabilité sociale, où (et c'est là une référence à la scène canadienne) les anglophones ne brimeront plus les francophones, ni les protestants les catholiques ? Ne sera-ce pas aussi un monde d'où auront disparu les multiples bataillons d'adversaires — les anticléricaux, les francs-maçons, les bolchevistes, les socialistes, les anarchistes, la juiverie, la ploutocratie financière, les matérialistes, les orangistes, les libres-penseurs, etc. — qui, en rangs serrés, s'acharnent inlassablement contre l'Église et ses enseignements ? En grande partie, oui, c'est cela le monde qu'on voudrait avoir. Mais ce n'est pas tout, car l'être humain lui-même doit changer profondément : il lui faudra vaincre son égoïsme et accepter sa condition humaine avec toutes ses conséquences, toutes ses responsabilités, qu'il soit grand ou petit, fort ou faible, riche ou pauvre, tout en sachant qu'il aura à en rendre compte dans la vie future. Il devra apprendre aussi à résister aux tentations néfastes qui l'affligent, à son penchant inné pour le Mal, se fiant en tout temps à l'Église comme guide et lui accordant toujours son obéissance la plus entière.

Comment concevoir alors le rôle du journal catholique dans ce mouvement vers une société meilleure ? Certes, il doit se charger de diffuser la vérité, celle que proclame l'Église catholique. Ce thème demeure constant durant toutes ces années. Le journaliste chrétien doit défendre la vérité « contre les atteintes de l'erreur et contre les attaques de ses ennemis[9] », affirme l'Action en 1917. Albert Foisy, pour sa part, définit ainsi le but du journal catholique : « rensei-

---

8 « Qui ne peut pas ? » éditorial, 14 janvier 1920.
9 « Défenseur de la vérité », éditorial, 24 janvier 1917.

gner les lecteurs, les guider dans la voie de la vérité », ensuite étudier « toutes les questions à la lumière des vérités éternelles[10] ».

Seul un journal ouvertement, franchement catholique, pouvait s'engager à présenter la vérité, seule et unique, à ses lecteurs. Dans un commentaire sur la tenue d'une exposition de la presse catholique à Rome en 1936, Jules Dorion, directeur de *l'Action*, soulignera la nécessité, pour conquérir et garder la vérité, de « se tenir rapproché de l'Église, seule à la posséder ». S'il y a quelque chose à déplorer, ajoute Dorion, c'est sûrement le fait que pas « un journal sur cent » dans le monde ne « se préoccupe d'abord de la vérité et de l'Église, [et ne] s'applique à faire triompher l'une et à seconder l'autre ». Les conséquences de cette lacune sont des plus graves : « Il est arrivé que les doctrines les plus folles ont pris le pas sur la vérité, que l'Église a été traitée par-dessous la jambe, comme organisme encombrant, pas à la page, au surplus désagréable, les plus polis croyant s'être acquittés envers elle en publiant de temps à autre, avec note élogieuse à la clef, la photo de tel ou tel de ses ministres[11]. »

Les journaux les plus coupables de ces défaillances étaient certainement les journaux politiques. Comme il fallait s'y attendre, *l'Action* se targue d'être indépendante, voire au-dessus de tous les partis. Pour elle, les journaux politiques et partisans, comme *le Soleil,* ne se font pas scrupule de recourir aux mensonges les plus grossiers et aux interprétations les plus tendancieuses pour défendre les intérêts de leur parti. Certes *l'Action* se défend de vouloir rester indifférente à la chose politique, mais elle affirme qu'elle cherche à éclairer le lecteur plutôt qu'à le convaincre d'appuyer tel ou tel parti, advienne que pourra.

Lorsque l'Union nationale triomphe aux élections du 17 août 1936, faisant élire 76 députés sur 90, *l'Action* s'en réjouit. D'après Eugène L'Heureux, ce triomphe indique que le peuple veut l'honnêteté dans le domaine politique, que l'esprit de parti est à la baisse, et que les électeurs ont su distinguer entre le domaine fédéral et le domaine provincial. « Pour ces trois raisons, ajoute-t-il, il est heureux que la majorité soit énorme, ce qui donne à la leçon toute l'éloquence requise par les circonstances[12]. » Mais moins d'un mois plus

---

[10]   « Cherchons la vérité », III, éditorial, 12 juillet 1920.
[11]   « Quand un aveugle conduit un autre aveugle », éditorial, 9 mai 1936.
[12]   « Les élections provinciales : un excellent résultat. Toutefois... », éditorial, 19 août 1936.

tard, *l'Action* se demande si elle n'est pas en train, par sa trop grande sympathie envers le nouveau gouvernement de l'Union nationale, de délaisser sa mission et de compromettre son indépendance. C'est donc le moment de se ressaisir : en conséquence, tout en approuvant les réformes administratives si « louables » du régime Duplessis, elle espère que des réformes sociales et nationales ne tarderont pas. La possibilité de faire ce simple rappel au nouveau gouvernement constitue, pour le journal, un véritable petit triomphe : « N'est-ce pas, lecteurs, dit-elle en se félicitant, que la presse indépendante peut encore rendre service, même si le nouveau gouvernement mérite la sympathie[13] ? »

L'adepte d'une idéologie n'éprouve guère de difficultés à se trouver des ennemis contre qui partir en guerre. Seront ses ennemis, par définition, tous ceux qui ne partagent pas sa manière de penser, sa façon de voir les choses. Il ne saurait accepter les compromis, les négociations, les trêves et les « zones grises » dans la pensée. En compagnie de ses confrères-soldats, il se range avec enthousiasme du côté de la vérité (la sienne), du côté du Bien. Ses adversaires seront des suppôts du Mal et il manifestera envers eux une méfiance aiguë.

Contre quoi et contre qui *l'Action* se bat-elle ? Elle lutte d'abord contre certains dangers moraux comme l'alcool, le cinéma, le divorce, la danse, les modes immodestes, le féminisme, la pornographie, le blasphème et, bien sûr, contre tous ceux qui encouragent ces vices. Le combat se poursuit aussi contre les « idées erronées qui courent le monde et faussent les consciences[14] » et contre les propagandistes de ces idées. Parmi ceux-ci, il y a notamment les francs-maçons qui, croit-on, veulent détruire l'Église catholique et qui travaillent au Québec à faire imposer les biens d'Église, à établir l'école gratuite, obligatoire et neutre, à sortir la religion de la place publique, etc. La juiverie, qui cherche la domination universelle et la ruine du christianisme, constitue un autre adversaire de taille. Et en Russie, la révolution bolcheviste de 1917 fait naître une troisième menace ou, du moins, lui donne une importance qu'elle n'avait pas auparavant.

---

[13] E. L'HEUREUX, « Les débuts du gouvernement national : ce que nous en pensons », éditorial, 8 septembre 1936.

[14] Le mot est du cardinal Rouleau, alors qu'il accorde sa bénédiction au projet du nouveau concours d'abonnements lancé par *l'Action*, 13 mai 1930.

L'Action se range, en effet, dans l'avant-garde de l'armée anti-communiste. En quête de cent nouveaux abonnements en avril 1933, le journal affirme que « pour faire face au communisme qui progresse chez nous à la faveur de la crise, il faut absolument répandre partout la presse catholique, celle qui a pour mission d'entretenir et d'accroître le sens chrétien chez les individus, puis de garder à tout notre organisme social un caractère vraiment chrétien[15] ». Pour sa part, le docteur Louis-Philippe Roy affirme : « Notre ambition est d'inspirer la haine du bolchevisme à tous ceux qui peuvent faire quelque chose pour enrayer son développement au Canada[16]. »

Le journal catholique fustige impitoyablement ceux qui prétendent ne rien voir de ces menaces. Quand *le Soleil* soutient que la population du Québec est trop bonne pour qu'une presse catholique soit nécessaire, *l'Action* lui demande de se souvenir de la France, de l'Espagne et du Mexique, jadis tranquilles, et ajoute : « *Le Soleil* ne semble pas constater que les communistes préparent un grand assaut contre la *bonne* province de Québec et que la masse des esprits indifférents a besoin d'une discipline plus religieuse que politique pour résister aux insidieuses sollicitations des communistes, devant les abus cyniques d'un régime capitaliste qu'il faut garder, mais après l'avoir rechristianisé et recivilisé[17]. » Les mauvais capitalistes comptent, eux aussi, parmi les adversaires à abattre, ou plutôt à convertir.

La presse catholique de l'époque croyait devoir être d'autant plus sensible aux menées de ses nombreux ennemis, que la plupart des agences de nouvelles étaient, selon elle, sous l'emprise de ces mêmes adversaires et déformaient délibérément les nouvelles destinées à la consommation populaire. C'est une opinion dont *l'Action catholique* ne démordra jamais.

Ces diverses accusations désignaient la franc-maçonnerie et la juiverie comme les grands coupables. Ainsi que nous le verrons, *l'Action* croyait, à l'instar de bon nombre de gens à l'époque, que les deux organisations étaient étroitement liées, que la franc-maçonnerie était même un instrument de la juiverie internationale. On estimait qu'un des moyens dont les Juifs disposaient pour détruire la religion chrétienne, leur but présumé, consistait à s'emparer de la

---

[15]   12 avril 1933.
[16]   « Le communisme, c'est TROIS guerres », éditorial, 16 octobre 1936.
[17]   E. L'Heureux, « *Le Soleil* et la presse catholique », II, éditorial, 4 janvier 1933. C'est *l'Action* qui souligne.

presse, tentant ainsi de gagner la sympathie des masses pour les dresser contre l'Église.

En 1917, *l'Action* multiplie les mises en garde contre une domination possible de la presse par des groupements farouchement anticatholiques. Comme on le sait, c'est une année des plus mouvementées en Russie. *L'Action* juge les événements qui se produisent dans l'ancien empire tsariste beaucoup plus à la lumière de ses craintes qu'à partir d'une connaissance réelle des événements. Il reste cependant que la désorganisation complète de la vie en Russie dans tous ses aspects, la multitude de factions qui se combattent après la révolution de février, la difficulté de communications sûres et rapides à laquelle s'ajoute la confusion générale provoquée par les activités militaires, ne facilitent guère l'étude sereine et objective des faits. Les agences de nouvelles nous renseignent mal, se plaint l'abbé Nadeau dans sa chronique sur la guerre. « Contrôlées par la coalition judéo-maçonnique, [elles] passent leur temps à mentir sur ce qui se passe en Russie en nous montrant toujours les révolutionnaires comme de braves gens bons comme du bon pain et la bouche en cœur, la révolution comme une œuvre excellente toute à l'avantage des Alliés, et les choses allant là-bas pour le mieux dans le meilleur des mondes[18]. » Peu après, il s'en prend de nouveau à ces agences de dépêches « à la dévotion de la Haute Banque juive » et encore « toutes acquises à la cause maçonnico-révolutionnaire ».

En septembre 1917, le général Korniloff dirige une révolte (qui échoue) contre le gouvernement provisoire d'Alexandre Kerensky. Nadeau, qui ne dissimule pas l'objet de ses sympathies, met ses lecteurs en garde : « Il faut se défier des dépêches lancées à son sujet car on admet qu'il [Korniloff] représente la « réaction », c'est-à-dire l'ordre et la discipline, et de plus il fait la lutte à un Juif. Comme les grandes agences de nouvelles et la grande presse mondiale sont aux mains de la finance judéo-maçonnique et révolutionnaire, il ne faut pas s'étonner si la presse est contre lui[19]. » Puis, au début de 1918, *l'Action* constate que les nouvelles sur la Russie se font plutôt rares. L'abbé Nadeau laisse entendre que le silence s'explique du fait que les agences sont « peu disposées à étaler les crimes de leurs frères en Loges et en juiverie[20] ». Ce même genre de plainte revient assez fréquemment entre 1917 et 1939.

---

[18] « Chronique de la guerre », 18 avril 1917.
[19] *Ibid.*, 13 septembre 1917.
[20] *Ibid.*, 1er février 1918.

En plus de condamner les agences de presse de façon générale, *l'Action* court à la défense de certains personnages qu'elle estime maltraités dans les dépêches. Elle accuse les agences de toujours montrer Mussolini sous un jour défavorable. Elle constate la même attitude à l'égard de Hitler, de Salazar, du maréchal de Castelnau, de Franco, etc. Bref, elle décèle toujours chez les agences un esprit vivement hostile au catholicisme. Quand en France, en 1925, les évêques agissent en médiateurs pour mettre fin à une grève des employés de banque, les journaux, d'après *l'Action,* gardent le silence pour éviter de « rendre hommage à l'Église[21] ». Le peu de cas que fait la presse de la question mexicaine, si poignante à cause des violentes persécutions contre les catholiques, suffit pour ancrer *l'Action* dans sa conviction qu'il existe une conspiration anticatholique. Dorion dénonce la « main habile ou savante[22] » qui tripatouille les nouvelles et il conseille de se « méfier, et surtout de réfléchir ». Ferdinand Bélanger ajoute qu'il faut conserver un esprit critique en lisant les dépêches car « mieux que les catholiques, les habitués des loges savent utiliser le fil télégraphique et l'encre d'imprimerie[23] ».

Revenant à la charge, en 1929, Jules Dorion souligne le fait que « les principales agences de dépêches du monde sont entre les mains des Juifs » et que les Juifs « ont encore une influence prépondérante dans la grande presse[24] ». C'est là une conclusion dont les journalistes de *l'Action catholique* se souviendront durant les années 30, à l'occasion des persécutions des Juifs en Allemagne. En effet, on prétendra que les Juifs sont maîtres de la presse et qu'ainsi il leur est très facile de soulever tout l'univers en faveur de leurs coreligionnaires, et de le désintéresser complètement du sort des catholiques.

Pourquoi, demande *l'Action,* la grande presse demeure-t-elle sourde aux persécutions des catholiques, au Mexique et ailleurs, alors qu'elle condamne, avec grande véhémence et indignation, le moindre petit geste contre les Juifs ? Ses rédacteurs se posent souvent cette question et l'explication qui leur semble la plus commode est le contrôle des éléments anticatholiques. Si la presse lance « de la boue » à Hitler et à Mussolini, si elle les calomnie sans répit, c'est qu'elle suit obligatoirement les dictées des Juifs. Et si on s'acharne

---

[21] J. DORION, « Une preuve nouvelle », éditorial, 22 septembre 1925.
[22] « Silence significatif », éditorial, 17 janvier 1928.
[23] « En passant », 25 avril 1927.
[24] « Les échauffourées de Palestine », éditorial, 29 août 1929.

contre le fascisme tout en glorifiant le régime stalinien, ou du moins en refusant de le condamner, c'est encore à cause de la domination toute-puissante de la ploutocratie juive.

Durant la guerre d'Espagne, la formule traditionnelle varie légèrement. Selon *l'Action,* il ne fait pas de doute que les dépêches favorables au gouvernement républicain sont truquées, déformées, bref faites sur mesure pour attirer les sympathies du public du côté des « rouges ». Cette fois, les coupables sont les communistes, et le docteur Roy les blâme pour avoir inventé les « pires nouvelles », afin de hâter l'avènement d'une guerre générale[25]. Analysant le célèbre bombardement de Guernica, le 26 avril 1937, par les troupes franquistes et allemandes, Roy déclare (sans donner d'autres précisions) qu'un document vient d'être découvert, qui établit que le bombardement a été « préparé et déclenché par les troupes du gouvernement [républicain] dans le but d'impressionner l'Angleterre et d'indisposer contre Franco ». En conclusion, il demande : « N'avons-nous pas raison de filtrer les nouvelles émanées des sources gouvernementales « rouges » espagnoles[26] ? »

La conviction, sincère de toute apparence, que la plupart des agences de dépêches ainsi que la grande presse devaient obéissance aux ennemis jurés du catholicisme, suffit aux journalistes de *l'Action* pour croire à la nécessité d'une presse ouvertement catholique, sans quoi leur mission de propagation de la vérité serait irrémédiablement compromise.

C'est ainsi que *l'Action* conçoit son devoir. La période que nous étudions couvre vingt-trois années de publication. C'est donc un laps de temps suffisant pour que le journal lui-même soit en mesure de constater le degré de son succès. *L'Action* croyait-elle progresser ? Avait-elle l'impression que sa conception du monde gagnait de plus en plus de faveur ? Il serait probablement sage de conclure que le journal a connu et l'optimisme et le pessimisme. Les événements qui se déroulaient sur la scène internationale lui donnaient beaucoup moins de raisons de se réjouir que la tranquillité générale

---

[25] « Les communistes n'hésitent pas à inventer les pires nouvelles pour hâter la guerre », article, 5 février 1937.

[26] « Petites notes », 17 septembre 1937. Dans son excellent ouvrage, *The Spanish Republic and the Civil War, 1931–1939* (Princeton, Princeton University Press, 1965), Gabriel JACKSON fait état du mythe, répandu par le gouvernement nationaliste à l'instigation de Hitler, selon lequel la ville de Guernica avait été brûlée par les « rouges » (pp. 381-382).

au Canada et, surtout, au Québec. Une véritable hécatombe internationale entre 1914 et 1918; les manifestations anticléricales et la lutte contre l'Église en France, au Mexique, en Allemagne et ailleurs; les activités révolutionnaires en Russie et le rayonnement de la propagande communiste à travers le monde; la guerre civile en Espagne; une deuxième guerre mondiale qui, dès 1934, menaçait d'éclater d'un moment à l'autre : autant de déceptions pour un journal qui espérait une amélioration, une rechristianisation de la société et le progrès de l'Église.

Du côté canadien, l'échec est peut-être plus mitigé. Durant toutes ces années, *l'Action* se fait l'avocat d'une Confédération basée sur une véritable égalité entre Anglo-Saxons et Franco-Canadiens. Cette égalité, malgré quelques progrès symboliques accueillis par le journal parfois triomphalement, parfois avec un sarcasme assez mordant, n'est cependant pas beaucoup plus près de se réaliser en 1939 qu'en 1920. Le problème de l'éducation des francophones catholiques dans les provinces anglaises, mises à part certaines concessions venant d'hommes de bonne volonté comme Mitchell Hepburn, premier ministre d'Ontario, demeure toujours aussi grave.

Au Québec, une société relativement stable se dresse face à un monde en révolution. Dans ce « coin tranquille » d'Amérique du Nord, l'Église jouit d'une position de prestige et de force; les syndicats catholiques sont florissants; le nombre des divorces est bien inférieur à celui des autres provinces; les femmes n'ont pas encore le droit de vote; la Loi du cadenas semble avoir réussi à réprimer le communisme et à limiter la diffusion de sa propagande, etc. Le Québec au moins, à l'encontre peut-être du reste du monde, n'a pas reculé, et *l'Action* n'hésite pas à en réclamer une bonne part du crédit. Dans une lettre d'hommage de l'A.C.J.C., lors du vingt-cinquième anniversaire du quotidien catholique, Louis-Philippe Roy félicite *l'Action* pour avoir contribué à faire échouer de nombreuses « campagnes diaboliques[27] ». D'autres témoignages semblables paraissent de temps à autre dans le journal. Pareilles convictions renforcent la détermination des rédacteurs de *l'Action* de poursuivre ce qu'ils croient être leur mission, dans les moments plus sombres, toujours fréquents entre 1917 et 1939, de crise et d'attaques inlassables des légions du Mal.

---

[27] 17 décembre 1932.

Méthodologie

Les idées, les opinions et les attitudes d'un journal sont relativement faciles à dégager. Certains journaux manifestent, mais souvent de façon moins évidente, des valeurs particulières qui paraissent influencer l'ensemble de leurs prises de position : ceux-ci, peut-on dire, ont une manière de voir les choses, une vision du monde. Lorsque cette conception est définie de façon plus systématique, lorsqu'elle comporte des notions assez précises sur le passé, le présent et l'avenir d'une collectivité, lorsqu'elle indique les moyens d'échapper à une situation non satisfaisante (celle du présent) et de parvenir à un état de choses plus satisfaisant (qu'on peut souvent qualifier d'utopie), on peut conclure qu'il s'agit d'une véritable idéologie.

Deux problèmes se posent à l'analyste. D'abord, comment peut-il *dégager* le point de vue du journal qu'il étudie ? Ensuite, connaissant ce point de vue, comment peut-il l'*expliquer* ?

Dans les journaux à caractère doctrinal, comme *l'Action*, c'est dans l'éditorial que se trouve définie le plus clairement l'orientation du journal. Le chercheur doit donc se diriger d'abord vers l'éditorial. Au cours de la période qui nous intéresse, *l'Action* en publie un et parfois deux par jour : ceux-ci traitent, le plus souvent, de sujets d'actualité ou de questions morales ou religieuses. Publié d'abord à la première page du journal, l'éditorial est déplacé à la troisième page en 1919, et à la quatrième en 1933. Peut-être se préoccupait-on d'améliorer la présentation de la première page en vue d'attirer une clientèle de masse, ou encore, suivant en cela l'évolution des journaux qui, au vingtième siècle, ont cherché à devenir des véhicules d'information plutôt que d'opinion, cherchait-on à donner préséance aux nouvelles mêmes. Comme nous le verrons, un journal d'information peut avoir une orientation aussi prononcée, quoique beaucoup plus subtilement présentée, qu'un journal d'opinion.

Moins importantes que les éditoriaux mais souvent plus piquantes sont les diverses rubriques de commentaires et de notes que *l'Action* publie sur les faits divers et les événements de moindre signification. Parmi elles, on trouve « En passant », « Information », « Idées et faits », « Petites notes ».

Diverses chroniques peuvent aussi apporter des renseignements précieux sur la pensée de *l'Action catholique*. Durant la Grande Guerre, l'abbé Jean-Thomas Nadeau se charge d'une « Chronique de la guerre » qui paraît presque quotidiennement. Non seulement y discute-t-il des activités militaires mais il trouve encore à maintes reprises l'occasion d'y exposer sa propre philosophie de l'histoire. Une autre chronique importante, généralement intitulée « Chez les ouvriers », est assurée d'abord par l'abbé Maxime Fortin (de 1919 à 1920), ensuite, et très régulièrement, par Thomas Poulin (de 1922 jusqu'à sa mort en 1934), et finalement, mais à intervalles irréguliers, par Gérard Picard.

En quatrième lieu, il convient de faire mention des autres articles signés par les journalistes de *l'Action catholique*. N'étant pas de véritables éditoriaux, ces articles sont quand même beaucoup plus que de simples blocs-notes. C'est surtout Louis-Philippe Roy qui y aborde, durant les années 30, des sujets tels que la guerre d'Espagne, le Front populaire en France et le communisme au Canada.

Il ne faudrait pas négliger non plus le grand nombre d'articles tirés de journaux et de périodiques « amis » et reproduits dans *l'Action* sous des rubriques comme les « Échos de l'opinion publique » et « Chez les autres ». Le journal avait tendance à emprunter beaucoup plus fréquemment avant 1930, c'est-à-dire avant que les dépêches des agences de presse, parvenant aux bureaux de *l'Action* par l'entremise du télétype, ne lui permettent de remplir ses pages et de compléter ses informations. En plus de ces extraits de journaux étrangers, on y trouve un certain nombre de lettres en provenance des correspondants français du journal, notamment François Veuillot, rédacteur à *la Libre Parole* et neveu de Louis Veuillot, et Paul Tailliez, rédacteur à *la Vérité*.

Même la simple insertion de pages diverses apporte quelques renseignements sur l'orientation du journal. Ainsi les « Courriers de la province », qui ennuient certains lecteurs un peu trop snobs (disait-on), constituent, selon *l'Action,* le « miroir fidèle de la vie paisible et féconde de nos populations rurales, non encore contaminées par l'américanisation qui envahit nos villes ». La « Page agricole » est aussi un service important, aux yeux de la rédaction, car les Canadiens français « ne peuvent faire œuvre plus féconde et plus salutaire qu'en s'attachant à la terre ». Une autre page, la « Voix de la jeunesse », vise à soutenir de jeunes cœurs purs « à l'époque où tant d'autres trébuchent hors des sentiers de la délicatesse et du bien[28] ».

Que peut nous dire le contenu des nouvelles elles-mêmes ? Si, durant les premières années de publication, les journalistes rédigent eux-mêmes les nouvelles quand ils ne les empruntent pas ailleurs,

---

[28]   « Nos pages », éditorial, 30 janvier 1917.

la situation change complètement vers 1928, alors que *l'Action* s'abonne aux services de la British United Press. Seule cette agence de presse semble échapper à ses soupçons inquisiteurs. *L'Action* loue la haute qualité des services de la B. U. P. et déclare qu'elle est « universellement reconnue pour l'excellence et l'impartialité de son information », parce qu'elle est « libre de toute attache avec les agences stipendiées par les gouvernements étrangers[29] ». Comme preuve d'objectivité, *l'Action* donne volontiers l'exemple des dépêches de la B. U. P. sur la guerre d'Espagne. Presque tous les journaux, dit-elle, « se sont laissés tromper alors que nos sources d'informations n'ont jamais été prises à défaut[30] ». Sceptique devant la plupart des agences de dépêches, elle est remarquablement crédule à l'endroit de la B. U. P. qui a presque toujours donné, durant la guerre d'Espagne, des nouvelles favorables à Franco et aux nationalistes. *L'Action* songe-t-elle à mettre en question le point de vue de la B. U. P. ? Il n'en est pas question, puisqu'elle en a fait sa propre interprétation.

L'analyste qui limite son étude à *ce qui est dit* par les rédacteurs peut très bien identifier les sujets et les thèmes exposés et développés dans le journal. Il aura de la difficulté, cependant, à les situer dans une perspective. S'il étudie, par exemple, les causes de la révolution soviétique d'après *l'Action catholique,* il peut conclure qu'il y en a plusieurs : le régime tyrannique, les visées dominatrices des Juifs, le déclin de la religion, les menées allemandes, le mécontentement du peuple, etc. Mais n'est-il pas utile de connaître l'importance *relative* de ces diverses causes ? Après une analyse quantitative de ce sujet, on découvre que les rédacteurs ont consacré 66 lignes (une seule référence) à la tyrannie de l'ancien régime; 231 lignes (30 références) aux ambitions juives; 536 lignes (5 références) à la crise religieuse; 3 622 lignes (118 références) à la subversion allemande; et 16 lignes (4 références) au mécontentement populaire[31]. On conclut aisément que *l'Action* préfère les causes « mystérieuses »

---

[29] *L'Action* expliquait pourquoi elle était devenue « le 1er des quotidiens publiés à Québec et le 2e quotidien français d'Amérique » (5 mai 1939).

[30] Le journal a fait ces remarques dans le cadre d'une campagne d'abonnements, 29 novembre 1937.

[31] Il s'agit d'une étude de tous les éditoriaux et commentaires pour la période 1917-1920. Voir Appendice, tableau I, pp. 317-319.

et morales (le rôle des Juifs et des Allemands; l'influence de la religion), et ignore presque totalement les causes socio-économiques[32].

L'analyse quantitative peut s'appliquer aux nouvelles mêmes.
Malheureusement, dans le cas présent, toutes les comparaisons susceptibles de nous aider doivent se faire à partir du même journal.
Il serait peut-être intéressant de comparer le traitement accordé,
en première page, au gouvernement républicain d'Espagne dans
l'Action et dans le Globe and Mail. Le temps, cependant, ne nous
a pas permis d'établir cette comparaison. Par contre, nous sommes
en mesure de comparer l'espace accordé à Franco et aux nationalistes avec celui accordé au gouvernement républicain dans les pages
de l'Action catholique. La voie de la comparaison est intéressante
à suivre mais ses possibilités sont limitées quand nous n'étudions
qu'un seul journal.

Une dernière remarque s'impose sur l'analyse quantitative. Nous
pouvons considérer divers sujets : par exemple, nous pourrions comparer l'espace occupé par les questions internationales et celui consacré aux questions nationales ou locales. Nous pouvons considérer
aussi des thèmes qui sont, en fait, des affirmations : Mussolini a
sauvé l'Italie du communisme; Mussolini a restauré les droits de la
religion en Italie; Mussolini ne veut pas la guerre, etc. Quant à nous,
nous explorons les deux possibilités.

Si, dans la nouvelle elle-même, il n'y a rien d'original en ce sens
que cent journaux, tous abonnés à la même agence de presse, peuvent reproduire le même article, il est non moins vrai que chaque
journal conserve son entière indépendance dans la mise en valeur
des informations. Jacques Kayser, dans son étude sur le Quotidien
français[33], propose une méthode d'analyse de la mise en valeur des
nouvelles par les journaux. Sa méthode ne s'avère utile pour notre
travail que dans la mesure où les comparaisons avec d'autres journaux ne sont pas nécessaires.

Ceux qui sont chargés de la mise en pages d'un journal s'efforcent d'attirer l'attention du lecteur sur telle nouvelle plutôt que sur

---

[32] Sans doute le lecteur nous demandera-t-il : « Mais quelles furent les « vraies »
      causes ? Comment peut-on savoir dans quelle mesure l'Action déforme la « vé-
      rité » ? » Sans doute aussi nous posera-t-il la même question maintes et maintes
      fois dans le cadre de cette étude. Hélas ! Nous ne pourrons malheureusement
      pas rétablir la « vérité » quant à chaque événement dont elle fait mention. D'ailleurs
      ce n'est guère notre propos. Nous ferons quand même quelques remarques en
      vue de guider le lecteur.

[33] Jacques KAYSER, le Quotidien français, Paris, Armand Colin, 1963.

telle autre, d'accroître l'intérêt porté à un sujet, au détriment d'un autre. La valorisation d'une nouvelle quelconque dépend donc de la signification particulière que le journal veut lui donner.

Kayser dégage trois aspects de la mise en valeur d'une nouvelle. D'abord, selon lui, il faudrait tenir compte de la place de l'article. Dans ce sens, la page à laquelle l'article apparaît est une indication assez juste de l'importance qu'on lui accorde. Si la place de choix pour la plupart des journaux est la première page, l'importance respective des autres pages varie sensiblement d'un journal à l'autre. Dans le cas de l'*Action catholique* des années 30, la page éditoriale (page quatre) vient probablement en deuxième lieu; la page trois, avec les nouvelles nationales, provinciales et régionales, en troisième place; et la dernière page, où figurent diverses nouvelles locales, en quatrième.

Il faut déterminer ensuite l'endroit précis de la page où l'article doit paraître. Généralement, le haut de la page donne une plus grande importance à l'article, puisque l'attention du lecteur est d'abord attirée par la manchette.

L'intitulé d'un article constitue un deuxième aspect de sa valorisation. Sans doute la réponse aux quatre questions suivantes peut-elle apporter les précisions nécessaires à ce sujet : sur combien de colonnes le titre s'étend-il ? quelle est la hauteur des caractères du titre ? quelle est la surface totale qu'il occupe ? et enfin, quels sont les caractères d'imprimerie utilisés ? Il est entendu que le caractère *relatif* des titres y est pour beaucoup : il faut donc comparer les titres entre eux et les comparer à ceux que le journal emploie habituellement.

Dans le cas de l'*Action catholique,* les titres ont connu une très grande évolution entre 1917 et 1939. Même si ce n'est qu'en raison de la quantité accrue des nouvelles à publier, ils assument, durant les années 30, un rôle beaucoup plus important qu'immédiatement après la guerre. C'est seulement en 1919 que le journal commence à utiliser les titres pour valoriser une nouvelle. Il lui faut, en effet, apprendre à surmonter une profonde méfiance à l'endroit des titres, comme l'explique avec clarté un des rédacteurs :

> La fortune du journal moderne est dans l'art de libeller un titre de nouvelle. Bien souvent le lecteur ne va pas plus loin. Il est trop pressé !
>
> Si au moins c'était au profit de la vérité ! La plupart du temps, le titre sert à la masquer et à tromper le lecteur.

Par le titre, on fait dire à la nouvelle tout le contraire de ce qui est, du moins on laisse sous-entendre une foule de choses qui n'existent pas[34].

Malgré la rigueur apparente de ses convictions, *l'Action* se ravise et commence à utiliser elle aussi cette nouvelle méthode pour valoriser les nouvelles importantes. Dès 1931, elle présente presque tous les jours une nouvelle en manchette sur sept ou huit colonnes.

Le contenu du titre est lui aussi significatif, car il donne le choc initial. S'agit-il d'un titre qui ne fait qu'*indiquer* un événement, ou d'un titre qui tente d'*expliquer* quelque chose ? Est-ce un titre *orienté*, qui laisse deviner le parti pris du journal ? Est-ce plutôt un titre *à sensation*, faisant appel à l'émotion du lecteur ? *L'Action catholique* se sert généreusement de tous les genres[35]. Même si elle méprise les journaux dits « jaunes », qui exploitent la curiosité malsaine du public au moyen de grosses manchettes à la une, elle emploie elle aussi, à plusieurs reprises, des titres et même des manchettes dont le caractère sensationnel ne laisse aucun doute.

Le troisième aspect de la mise en valeur d'une nouvelle, selon Kayser, porte sur la présentation qu'elle reçoit. Y a-t-il, par exemple, des illustrations susceptibles d'impressionner le lecteur et d'attirer son intérêt immédiatement ? Qu'y a-t-il d'autre sur la même page ? L'article est-il placé dans un cadre ? Est-il sectionné, le lecteur ayant à chercher la suite plus loin ?

Entre 1917 et 1939, la présentation des nouvelles dans *l'Action catholique* connaît une évolution marquée. En 1917, par exemple, les photographies sont très rares dans le journal et lorsqu'il y en a,

---

[34] « Dans le titre », éditorial, 21 février 1920.

[35] Les titres suivants, sur les événements de la guerre d'Espagne, donnent une idée des quatre genres de titres proposés par Kayser et utilisés par *l'Action catholique* :
a) indicatif : « Huit semaines de guerre civile » (manchette, 11 septembre 1936);
b) explicatif : « Franco admet que le Front Populaire résiste plus que l'on pouvait s'y attendre, mais assure que les Patriotes remporteront la victoire » (titre d'article, 14 octobre 1936);
c) orienté : « La délivrance de la garnison d'Oviedo » (manchette, 13 octobre 1936);
d) sensationnel : « Lutte à mort sous un soleil de plomb » (manchette, 26 juillet 1937).
Il est certain que les titres ne sont pas toujours très honnêtes, c'est-à-dire qu'ils ne représentent pas toujours l'idée de l'article. Le 30 septembre 1937, *l'Action* annonce en manchette : « Armistice probable en Espagne ». En lisant les sous-titres de l'article lui-même, on voit que l'Angleterre et la France ont « suggéré » un armistice pour permettre aux volontaires de quitter l'Espagne... et qu'on ne croit pas que Mussolini accepte cette proposition !

elles sont d'une qualité telle que le lecteur devait se féliciter quand il parvenait à en distinguer le sujet.

Kayser finit par proposer une formule de mise en valeur qui comprend ces trois éléments, à savoir : l'emplacement, le titrage et la présentation. Comme nous ne comparons *l'Action* à aucun autre journal et comme *l'Action* elle-même, durant cette période, fait l'apprentissage des méthodes de valorisation des informations, nous devons adapter à nos propres besoins la formule d'analyse mise au point par Kayser. Aussi ferons-nous quelques enquêtes[36] en vue d'étudier le titrage des articles. Après tout, les titres constituent pour *l'Action* une façon de montrer son propre point de vue et d'*influencer ses lecteurs*. Comme nous l'avons vu, l'orientation d'un journal peut être précisée dans les éditoriaux; mais elle l'est aussi, moins consciemment, plus subtilement, dans la valorisation des nouvelles.

Après ces considérations méthodologiques sur la façon de cerner l'idéologie d'un journal comme *l'Action catholique,* ne faudrait-il pas tenter de définir les divers facteurs susceptibles d'influencer et d'expliquer son orientation ? Par exemple, le journal est-il lié, de près ou de loin, à un quelconque groupe d'intérêt, dont il se doit de représenter fidèlement les attitudes générales et les opinions particulières ? Est-il l'organe plus ou moins avoué d'un parti politique, d'un syndicat, d'une Église ou d'une autre organisation ?

Si les liens qui rattachent un journal à un organisme en particulier peuvent être plus ou moins lâches ou ténus, le seul fait qu'il y ait des liens impose nécessairement des bornes à la liberté des journalistes et limite l'indépendance du journal. Ces liens peuvent être d'ordre financier lorsque le journal reçoit une partie de ses revenus de son « parent ». Dans le cas de *l'Action,* l'aide financière de l'Archevêché est un secret de Polichinelle[37]. La lettre pastorale qui ordonne la création de « L'Oeuvre de la presse catholique » dans le diocèse de Québec prescrit une quête annuelle dans toutes les églises du diocèse, la quête dite du Denier de la presse catholique[38]. Le produit de cette quête, et d'autres quêtes, devait être remis au journal. En dépit de ces dons, *l'Action* avoue librement que ses finan-

---

[36] Voir Appendice, tableaux IV et V, pp. 328-339.

[37] Voir l'article de Louis-Philippe Roy, « Les préparatifs, la naissance et les tout premiers pas de *l'Action catholique* et de *l'Action sociale* », dans l'édition-souvenir du journal lors de son cinquantenaire, 21 décembre 1957, p. 6. On y fait état d'emprunts à l'Archevêché, de souscriptions, etc.

[38] *Mandements des évêques de Québec,* vol. X, p. 69.

ces, durant les premières années, se trouvent dans un état déplorable. Même plus tard, le journal ne vit guère à l'aise. Dans un appel urgent aux laïcs en faveur de l'aide à la presse catholique, René Chaloult, avocat et futur député de l'Assemblée législative, déplore que « jusqu'ici, les ecclésiastiques seuls, ou à peu près, [aient] alimenté pécuniairement la presse libre dans notre ville[39] ». Pourquoi *l'Action,* dont le tirage certifié se rapproche de celui du *Soleil* et le dépasse même un peu plus tard, souffre-t-elle davantage financièrement que son confrère (ou adversaire) ? Chaloult, président du Comité d'aide à *l'Action catholique,* apporte une réponse :

> Il [le journal *l'Action catholique*] se prive volontairement de nombreux revenus. Le trésor des gouvernements lui est fermé, car il prétend demeurer au-dessus de tous les groupements politiques et des intérêts de partis. La bourse des grands financiers est également close, car il doit souvent dénoncer leurs combinaisons équivoques. Les annonces du théâtre et de l'alcool, les plus fidèles et les plus rémunératrices, lui sont interdites par son caractère particulier. Et de combien d'autres profits le journal catholique et national ne se prive-t-il pas, à cause de telle ou telle attitude d'intérêt public[40] ? Rien d'étonnant qu'il ait besoin du secours de ses amis pour subsister[41].

Les liens entre un journal et un groupe d'intérêt peuvent aussi être de caractère moral, la direction du journal n'ayant besoin d'aucune pression matérielle, d'aucune menace, pour soutenir de tout cœur la cause de ce groupe. Est-il besoin de faire remarquer que les liens moraux peuvent être tout aussi contraignants que n'importe quel lien matériel ? Tel semble être le cas, en effet, du journal *l'Action catholique.*

Mais la personnalité des rédacteurs à l'emploi d'un journal est en général, dans la définition de son orientation, un facteur beaucoup plus important que les influences extérieures possibles. Qui songerait à nier l'influence à cet égard d'un Bourassa, d'un Filion, d'un Laurendeau ou d'un Ryan au *Devoir* ? Le rôle d'une forte personnalité à la rédaction n'est donc pas à sous-estimer.

---

[39] Dans le numéro-souvenir de *l'Action catholique* à l'occasion du vingt-cinquième anniversaire de sa fondation, 17 décembre 1932.

[40] *L'Action* refusait, à ce moment-là, les annonces provenant de maisons de commerce juives. On laissa croire, à plusieurs reprises, que *le Soleil* et *l'Événement* étaient acquis aux intérêts juifs parce qu'ils acceptaient leur publicité.

[41] « Un appel aux amis », 17 décembre 1932. Dans *l'Almanach* de l'Action Sociale Catholique pour 1932, on estimait que la perte d'argent attribuable aux annonces refusées s'élevait à $50 000 par an (p. 87).

Ensuite, peu importent les prétentions à l'objectivité et à l'honnêteté intellectuelle qu'ils peuvent manifester, tous les journalistes se trouvent inéluctablement influencés par leur milieu, leur formation, la conjoncture dans laquelle ils vivent, etc[42]. S'ils appartiennent à la majorité ethnique ou religieuse ou sociale qui domine la vie de l'État, ne seront-ils pas portés à défendre l'ordre établi ? En revanche, sont-ils membres de groupements minoritaires, voire persécutés, qu'ils sont susceptibles de manifester tous les complexes qui affligent habituellement les minorités. Sont-ce des gens foncièrement satisfaits de la société à laquelle ils appartiennent, prêts à la défendre chaque fois qu'elle est menacée ? Ou sont-ils plutôt des mécontents qui se rangent facilement du côté de ceux qui espèrent le changement, par voie de réformes ou de révolution ? Quelques brèves remarques biographiques s'imposent donc quant au personnel de la rédaction de *l'Action catholique*.

Des prêtres et des laïcs ont collaboré à *l'Action* depuis ses débuts. Deux clercs, l'abbé Paul-Eugène Roy (alors curé de Jacques-Cartier à Québec et futur archevêque du diocèse) et l'abbé Stanislas-Alfred Lortie (du Séminaire de Québec) ont travaillé, en compagnie du juge Adjutor Rivard (de la Cour du banc du Roi), à fonder le journal qui parut pour la première fois le 21 décembre 1907. Mais tout au long de la vie du journal, des laïcs ont joué un rôle dominant à la rédaction, notamment Jules Dorion, Thomas Poulin, Eugène L'Heureux et Louis-Philippe Roy.

Le docteur Jules Dorion était l'une des personnalités les plus connues du monde journalistique québécois de l'entre-deux-guerres. Médecin de profession, il débute dans le monde du journalisme en 1904 : il participe, avec le notaire Alphonse Huard et d'autres, à la fondation d'un périodique de combat, *la Libre Parole*. Il y signe de nombreux articles sur l'intempérance, sujet qu'il continuera de traiter dans les pages de *l'Action catholique*. En 1907, Dorion quitte *la Libre Parole* et abandonne définitivement la pratique de la médecine pour se consacrer entièrement à l'œuvre de la presse catholique de Québec. Membre estimé de la bourgeoisie de la vieille capitale, Dorion est nommé président général de la Société Saint-Jean-Baptiste de Québec en février 1928. Il est aussi colonel-commandant des Zouaves pontificaux canadiens et Chevalier de

---

[42] Que les historiens se le tiennent pour dit. C'est peut-être malheureux (du moins pour la cause de l'objectivité), mais par leur formation, leur caractère, leurs goûts, leurs préjugés personnels, etc., ce sont des hommes comme les autres.

l'Ordre de Saint-Grégoire-le-Grand. Ses éditoriaux dans *l'Action* traitent surtout de questions internationales et, bien entendu, de la campagne en faveur de la prohibition. Il jouit de la confiance des prêtres de l'Archevêché et quand il meurt, en 1939, le chanoine Cyrille Labrecque, directeur de la *Semaine religieuse de Québec,* fait l'éloge de l'illustre disparu en signalant « sa pensée toujours bien chrétienne[43] ».

À la fin de la guerre et au début des années 20, trois prêtres prennent une part active à la rédaction. L'abbé Jean-Thomas Nadeau entreprend une série de commentaires sur le déroulement de la guerre. Dans sa chronique, il se fait l'avocat — quoiqu'il s'en défende — d'un antisémitisme virulent. Le deuxième, l'abbé Édouard-Valmore Lavergne, est un des « experts » du journal en ce qui concerne la conspiration juive et bolcheviste qui viserait à anéantir la civilisation chrétienne dans tout l'univers. Rédacteur durant une période plutôt brève, de septembre 1917 à février 1920, il est nommé curé de la nouvelle paroisse de Notre-Dame-de-Grâce, à Québec, en 1924. En cette même année, il publie un volume, *Sur les remparts,* où il raconte ses expériences à *l'Action catholique.* Dorion salue le volume comme « un ouvrage qu'il faut lire et faire lire[44] ». Même après son départ de la rédaction, de nombreux articles rédigés par lui pour d'autres périodiques (dont *la Bonne Nouvelle*[45]) ainsi que des comptes rendus de ses fréquentes conférences paraissent dans *l'Action.* Le troisième prêtre, l'abbé Maxime Fortin, n'y reste que deux ans ; il signe la rubrique « Chez les ouvriers ». Après avoir quitté *l'Action,* l'abbé Fortin se consacre au syndicalisme catholique, comme aumônier. Finalement, il est nommé curé de Saint-Michel-de-Bellechasse.

Plusieurs laïcs font partie de la rédaction en cette première période. J.-Albert Foisy, à l'emploi du *Droit* (Ottawa) depuis 1914, devient rédacteur à *l'Action catholique* en juin 1920. Intéressé surtout par les problèmes des minorités catholiques et françaises dans les provinces anglaises et aux États-Unis, il quitte *l'Action* pour *la Sentinelle* de Woonsocket, Rhode Island, à la fin de 1923.

[43] *Semaine religieuse de Québec,* vol. LI, n° 29 (16 mars 1939), p. 452. Voir aussi *Jules Dorion,* brochure avec lettre-préface de Lionel Groulx, Québec, Action catholique, 1939. Il s'agit d'un recueil de nécrologies de Dorion.
[44] Compte rendu de Jules DORION, 2 juillet 1924.
[45] Il s'agit du bulletin paroissial de Notre-Dame-de-Grâce, Québec. Lavergne y rédigea des articles sur la question juive en 1931–1932.

Thomas Poulin, qui se révèle un des esprits les plus ouverts de *l'Action catholique*, a débuté, lui aussi, au *Droit*. Prenant la relève de l'abbé Fortin, Poulin signe un grand nombre de commentaires et d'éditoriaux sur les questions sociales en général et syndicales en particulier. Il est l'un des fondateurs des Syndicats nationaux et catholiques à Ottawa et devient secrétaire de la Confédération des travailleurs catholiques à Québec. Il est aussi conseiller de la délégation canadienne à la Conférence internationale du Travail, tenue à Genève en 1926. Poulin meurt prématurément en 1934, à l'âge de 46 ans, et Gérard Picard assume sa succession, d'abord comme rédacteur de la chronique syndicale (qui, cependant, paraît beaucoup moins souvent), ensuite comme secrétaire de la C. T. C. C. à Québec. Il sera plus tard président du syndicat.

Deux autres laïcs jouent un rôle de second plan avant l'arrivée d'Eugène L'Heureux et de Louis-Philippe Roy au début des années 30. Ferdinand Bélanger signe assez régulièrement, durant les années 20, une rubrique de commentaires généraux, « En passant ». Inactif pour raisons de santé après 1930, il meurt en 1936. Le deuxième, Joseph Dandurand, écrit quelques éditoriaux sur des questions d'affaires étrangères entre 1929 et 1932, puis s'en va à la rédaction du *Progrès du Saguenay*, probablement pour compenser la perte de L'Heureux.

C'est en mai 1931 qu'Eugène L'Heureux entre à *l'Action catholique* après avoir passé près de douze ans au *Progrès du Saguenay*. Il entreprend une guerre impitoyable contre les abus criants du système capitaliste et, plus spécialement, contre le trust de l'électricité. À la mort de Dorion, en 1939, L'Heureux devient rédacteur en chef de *l'Action*.

Le docteur Louis-Philippe Roy, qui joue un rôle important d'abord dans l'A. C. J. C., signe son premier éditorial dans *l'Action* en août 1930. Ce jeune médecin devenu journaliste se croira appelé à une croisade contre le communisme : pendant la guerre civile d'Espagne, surtout, il se montre un défenseur intrépide du général Franco.

À partir de juin 1920, les éditoriaux et les commentaires sont presque toujours signés. On utilise parfois des pseudonymes, comme « Paul-Henri » qui écrit pour le journal en 1920, et « Le Glaneur » (probablement Joseph Dandurand) qui signe les « Petites notes » à la fin des années 20 et au début des années 30. Il est donc possible d'identifier les écrits de presque tous les rédacteurs importants et de tirer les conclusions qui s'imposent sur l'attitude de chacun.

Tous ces journalistes, les divergences personnelles mises à part, ont en commun certains traits qui permettent de comprendre leurs opinions sur telle ou telle question. Ils se voient, d'abord et avant tout, comme des catholiques. Pour eux, être catholique, c'est être « naturellement et logiquement pour tout ce qui peut aider la vérité, le vrai progrès, le bien des âmes et du peuple, et [...] non moins logiquement, contre tout ce qui peut égarer les esprits, contre tout ce qui peut nuire à notre peuple et à l'humanité[46] ». Après avoir percé les obscurités du langage à l'aide des opinions développées dans les pages du journal tout au long de ces vingt-trois années, on se rend compte que, durant l'entre-deux-guerres, le catholique est intégriste en matière religieuse, qu'il croit en la primauté de la religion dans la vie terrestre, qu'il est convaincu de la nécessité d'organiser la société civile sur des bases religieuses, qu'il craint les visées centralisatrices et dominatrices de l'État. Plus encore, le catholique de cette époque manifeste certains traits caractéristiques des partisans de toutes les idéologies : soulignons, entre autres, le penchant au dogmatisme, l'intolérance inflexible envers les autres croyances, l'étroitesse d'esprit, la méfiance vis-à-vis des compromis, la tendance à se voir comme un saint représentant les forces du Bien face à un adversaire qui est un véritable suppôt de Satan.

En tant que catholiques, les journalistes de *l'Action* sont influencés par la situation du catholicisme au Québec et dans le monde. Quoique la place de l'Église catholique dans la société québécoise ne semble pas, à l'observateur, sérieusement remise en question durant la période que nous étudions, tout ne va pas pour le mieux. Devant l'accroissement du nombre des divorces, les ravages de l'alcool et le déclin marqué des mœurs, les rédacteurs éprouvent un malaise profond, d'autant plus que la situation mondiale est de mauvais augure pour le statut de la religion et surtout de l'Église catholique. Des vagues d'anticléricalisme déferlent sur la Russie, la France, le Mexique, l'Espagne et l'Allemagne, pour ne citer que les exemples les plus connus. Les catholiques qui regardent au-delà des frontières de la paisible province de Québec — et le métier de journaliste convient à l'élargissement des horizons — ne peuvent manquer de ressentir de vives inquiétudes devant les dégâts de la révolution[47]. On comprend qu'ils se

---

[46] « Notre dixième année », éditorial, 2 janvier 1917.

[47] Nous employons ce mot pour désigner tous les changements — pas seulement politiques — qui se sont produits, si rapidement, dans le monde occidental depuis 1789 et, surtout, depuis 1900. Nécessairement la place traditionnelle de l'Église se trouvait fortement remise en question.

méfient de tout changement menaçant, ou paraissant menacer, la place acquise par la religion, et surtout par l'Église catholique, tant au Québec qu'ailleurs dans le monde. Une mentalité d'assiégés n'est donc pas étrangère à la rédaction de *l'Action catholique*.

Fervents catholiques, les rédacteurs sont aussi des Canadiens français passionnément patriotes. En effet, les deux situations sont souvent complémentaires. Être catholique et francophone signifie qu'on est deux fois minoritaire, au Canada et, à plus forte raison, en Amérique du Nord. Ce ne sont pas des séparatistes, du moins au sens politique, tant s'en faut : l'idéal canadien les anime presque toujours. Mais ce ne sont pas non plus des aveugles, incapables de constater l'énorme écart entre leur idéal d'un pays binational et biculturel, et la réalité brutale de la persécution et de l'inégalité. Il n'en résulte pour eux que des déboires.

Ce sentiment d'assiégés, favorisé par la double appartenance à une Église en butte à des attaques qui semblent de plus en plus nombreuses et de plus en plus fortes, et à un groupe ethnique dont les relations avec le groupe majoritaire deviennent de plus en plus difficiles, se trouve renforcé par la situation sociale de ces journalistes, soit leur appartenance à la classe bourgeoise.

Entre 1917 et 1939, le prolétariat du monde occidental monte à l'assaut de la bourgeoisie. Une fois l'étincelle allumée en Russie, le feu se propage rapidement, à la fin de la guerre, en Allemagne, en Hongrie, en Autriche, en Italie et ailleurs. On sent que le péril devient vraiment universel. Après quelques années de paix sociale, la grande crise économique porte un nouveau coup au régime capitaliste. Les mouvements socialistes et communistes se développent rapidement et de multiples Cassandre annoncent une nouvelle conflagration.

Les rédacteurs de *l'Action catholique* ont nettement conscience d'appartenir à une classe menacée, d'autant plus qu'ils sont convaincus que la bourgeoisie traditionnelle, dans son ensemble, a gravement manqué à ses devoirs d'élite, a abdiqué ses responsabilités causant ainsi les abus trop nombreux du régime capitaliste. Ils peuvent lancer des appels vigoureux en faveur d'une renaissance bourgeoise avant que ne sonne l'heure fatale d'une révolution sanglante, mais la réalisation de leur rêve — et ils le savent bien — demeure très problématique.

Sur les trois plans, religieux, ethnique et social, les journalistes et les rédacteurs de *l'Action catholique* vivent donc dans un état de tension qui ne manque pas de transparaître dans leurs articles et dans

leurs éditoriaux. Cette insécurité foncière, cette vive crainte de la révolution devenue pour certains une véritable psychose, ne joue-t-elle
pas un rôle déterminant dans l'orientation du journal ? Elle inspire
toutes les opinions particulières exprimées par le journal durant notre
période, toutes les luttes qu'il soutient, toutes les croisades qu'il lance. Elle est décidément un état d'esprit créé par une conjoncture dont
l'élément fondamental est le changement ou, du moins, la menace de
changement.

Si les journalistes sont fortement influencés par leur milieu et
par leur culture, ils le sont aussi, bien entendu, par leurs lectures,
leurs rencontres, les conférences et les colloques auxquels ils assis-
tent...

Parmi les colloques qui offrent aux rédacteurs une multiplicité d'i-
dées sur les questions sociales (la famille, l'État et son rôle, le travail,
le capital, l'agriculture, l'autorité, etc.), on trouve notamment les
Semaines sociales du Canada. Calquées sur des expériences européennes, elles sont organisées annuellement par des prêtres et des
laïcs catholiques de l'École sociale populaire de Montréal. Le journal
présente des comptes rendus détaillés des discours prononcés lors
de ces Semaines[48] et leur accorde une place de choix. Le directeur
de l'Action, Jules Dorion, fait partie durant de nombreuses années de
la commission générale chargée de les organiser.

La lecture de journaux et de périodiques de langue française (surtout), canadiens et français, exerce une influence plus continue sur
les rédacteurs. Il n'est pas nécessaire d'insister sur les rapports étroits
entre les journalistes de l'Action catholique et les rédacteurs de la
Semaine religieuse de Québec. L'abbé Jean-Thomas Nadeau et l'abbé Maxime Fortin sont tous deux attachés à la rédaction de la Semaine religieuse pendant quelque temps. Des articles de l'abbé Antonio
Huot[49] et du chanoine Cyrille Labrecque[50] paraissent fréquemment
dans les pages de l'Action, parfois comme éditoriaux. On cite souvent, aussi, Charles Gautier du Droit (Ottawa). De temps à autre, on
publie des articles provenant du Progrès du Saguenay, du Messager
de Saint-Michel (Sherbrooke), du Prévoyant (Ottawa), du Messager
de Saint-Antoine (Chicoutimi), du Bien Public (Trois-Rivières), de

---

[48]   La première Semaine tenue au Canada, sur l'encyclique Rerum novarum, le fut
      à Montréal du 21 au 25 juin 1920.
[49]   C'est l'auteur de nombreuses publications antimaçonniques et antijuives.
[50]   Celui-ci fut nommé au poste de directeur de la Semaine religieuse de Québec
      à la mort de l'abbé Huot en 1929.

l'Action nationale, etc. *America,* revue jésuite américaine, mérite aussi plusieurs mentions.

S'il faut en juger par le nombre et la variété des articles tirés de journaux étrangers, les rédacteurs reçoivent un courrier abondant d'Europe. Sans doute partagent-ils les mêmes inquiétudes que leurs confrères catholiques en France. Le journal français jouissant de la plus grande influence sur *l'Action* demeure, durant ces vingt-trois années, *la Croix* de Paris[51]. *L'Action* reproduit, dans ses pages, un grand nombre d'articles du chanoine Edmond Loutil, curé de la paroisse de Saint-Augustin à Paris et mieux connu sous le pseudonyme de Pierre l'Ermite. « Franc », nom de plume du chanoine Bertoye (mort en 1929), directeur de *la Croix* durant vingt-cinq ans, et Jean Guiraud[52], rédacteur en chef du même journal, reçoivent aussi beaucoup d'attention. Lors du cinquantième anniversaire de la fondation de *la Croix* comme journal quotidien, *l'Action* fait son éloge : « Son œuvre est des plus fécondes. Il n'y a aucun risque d'erreur à affirmer que si *la Croix* eût existé cent ans plus tôt, la France serait aujourd'hui plus ou moins indemne de maux qui la font souffrir douloureusement[53]. » L'auteur de ces paroles ne pèche certainement pas par excès de réalisme.

L'Action cite aussi, à plusieurs reprises, le journal *l'Action française,* quotidien de la droite monarchiste. Elle reproduit, en particulier, de nombreux articles de Jacques Bainville, de Charles Maurras et de Léon Daudet. La carrière bigarrée des deux derniers suscite (du moins jusqu'à la mise à l'Index de *l'Action française* en 1927) beaucoup de sympathie chez les rédacteurs du journal québécois.

Parmi les autres journaux français dont des extraits paraissent de temps en temps dans *l'Action,* on doit signaler *l'Écho de Paris* (les articles d'André Beaunier, de Paul Bourget — « Junius » — et de Maurice Barrès), *la Victoire* (avec Gustave Hervé), *le Figaro* (surtout les nombreux écrits de Georges Goyau et de Louis Bertrand, tous deux de l'Académie française), la *Revue internationale des Sociétés secrètes*[54], la *Revue hebdomadaire* (en particulier les articles de Louis Latzarus), les *Études* et la *Bonne Nouvelle* (Paris). Si tous ces jour-

---

[51] Dorion dit en être un lecteur assidu (« *La Croix* de Paris », éditorial, 28 juin 1933).

[52] Qualifié d' « homme de la droite nationaliste-traditionaliste » par Eugen Weber. Il sera finalement assassiné (par la Sûreté, affirme Léon Daudet).

[53] 2 décembre 1932.

[54] Mgr Ernest Jouin, curé de Saint-Augustin (Paris), a fondé la revue dans le but de « démasquer » les loges maçonniques.

naux n'ont pas été ouvertement catholiques, les auteurs cités en général le sont. Charles Maurras fait exception à cette règle, mais ses
autres vertus le rachètent aux yeux des rédacteurs de *l'Action*.

Les nombreux tracts de l'École sociale populaire de Montréal ont
été sans contredit matière à lecture obligatoire pour *l'Action catholique*. Fondée en avril 1911 avec l'approbation et sous les auspices de
Mgr Bruchési, cette école d'éducation catholique publie, avant 1940,
plus de trois cents brochures mensuelles sur diverses questions sociales dont le syndicalisme, le communisme, le corporatisme, le capitalisme, etc. Parmi les membres les plus connus de l'École, signalons
seulement les noms du P. Joseph-Papin Archambault, s.j. (directeur
de l'École), du P. Gustave Sauvé, o.m.i., du P. Georges-Henri Lévesque, o.p., et de l'abbé J.-B. Desrosiers, p.s.s. Plusieurs numéros
méritent une attention spéciale de *l'Action,* comme, par exemple,
l'« excellent petit tract[55] » du P. Archambault sur « La menace communiste au Canada » de même que l'enquête d'Édouard Laurent,
journaliste à *l'Action* même, sur le communisme à Québec[56].

Mais l'activité de l'École sociale populaire ne s'arrêtait pas à la publication de brochures et de tracts. Durant les années 30, elle organi-
sa des « Journées anticommunistes », avec expositions et conférences
dans plusieurs villes du Québec. *L'Action* salue toujours très chaleureusement ces diverses initiatives. L'École publia aussi, avec la collaboration du P. Archambault, de Mgr Eugène Lapointe (de Chicoutimi), de Mgr Wilfrid Lebon (du Collège de Sainte-Anne-de-la-Pocatière), du P. Georges-Henri Lévesque et d'autres, un « Programme de restauration sociale », fondé sur les encycliques papales
et destiné à servir de contre-poison au programme de la Co-operative Commonwealth Federation (C.C.F.)[57].

Pour ce qui est des personnalités, un seul homme a pu exercer une
influence décisive sur la pensée des journalistes de *l'Action*. Ce fut,
du moins durant les années 20, Mgr Louis-Adolphe Pâquet. En
plus de ses nombreux articles, que le journal publiait en éditorial, sur des questions telles que la démocratie, la dispute terri-
toriale entre le Pape et le gouvernement italien, le bolchevisme et

---

[55] E. L'HEUREUX, « Petites notes », 29 avril 1935. Il s'agit du numéro 254-255
(mars-avril 1935).

[56] « Une enquête sur le communisme à Québec », n° 303 (avril 1939).

[57] « Pour la restauration sociale au Canada », n° 232-233 (mai–juin 1933). Voir l'éditorial de Thomas POULIN, « Un programme », 17 avril 1933; celui de L'HEU-
REUX, « La crise persiste », 20 avril 1933; et encore celui de POULIN, « Une
brochure », 6 octobre 1933.

le socialisme, il rédigea de nombreux ouvrages qui constituaient la base de la bibliothèque de tout bon intellectuel catholique au Canada français.

En somme, il est évident que tous ces facteurs — affiliations sociale, religieuse et ethnique, conjoncture de l'époque, formation générale, lectures, activités, etc. — contribuent à déterminer les attitudes et les opinions des rédacteurs et donc l'orientation du journal lui-même.

L'influence du journal

Comment pourrait-on mesurer l'influence d'un journal comme l'*Action catholique* sur la société québécoise ? Nous avons bien quelques statistiques sur le tirage du journal mais elles n'expliquent pas tout. Le journal le plus influent n'est pas nécessairement celui qui a le plus fort tirage. Un journal comme l'*Action,* lu probablement par une partie importante de l'élite traditionnelle de la région de Québec, a dû exercer une influence plus grande que le nombre de ses lecteurs ne peut le laisser supposer.

Durant l'hiver 1919–1920, l'*Action* organise une campagne d'abonnements très bien menée, offrant beaucoup de cadeaux. Vers la fin de février, elle annonce qu'elle a gagné « un bon nombre » de nouveaux abonnés, mais que ce nombre est « loin d'être celui [...] espéré[58] ». Le 4 mars 1920, pour la première fois, le tirage est indiqué : 20 157. Cinq jours plus tard, c'est 20 400, et le 19 mars, 20 700. Peu de temps après, l'*Action* annonce un « concours supplémentaire » qui lui vaut un « grand nombre de nouveaux abonnés[59] » : il y en a maintenant 21 200[60], tirage qui se porte à 22 700 en octobre[61]. Par la suite, le recrutement ralentit et en septembre 1921, le tirage se stabilise à 22 900[62]; il ne faudrait pas oublier, cependant, que c'est un moment de crise économique. Encore dix-huit mois, deux autres concours, et le tirage grimpe à 23 700[63], mais au mois de mai, moins de deux ans plus tard, on fait état d'un accroissement très considérable, indiquant un tirage total de 26 000[64].

---

[58]   23 février 1920.
[59]   1er juin 1920.
[60]   3 juin 1920.
[61]   11 octobre 1920.
[62]   2 septembre 1921.
[63]   17 mars 1923.
[64]   4 mai 1923.

À ce moment, la situation du journal s'annonce moins bonne et le tirage pour mai 1924 est inchangé. Ensuite, pendant six ans, on ne donne aucun chiffre dans les pages du journal. Après cette longue pause, en juillet 1930, on indique un tirage de 30 150, tirage qui s'accroît à 30 423 en août puis reste stationnaire jusqu'à la fin de l'année[65].

La dépression économique se révèle une dure épreuve pour *l'Action catholique*. En effet, le nombre des abonnements en septembre 1932 est de 20 318, soit une baisse de plus de 10 000 abonnements en deux ans[66]. Ce chiffre, très bas, n'est rapporté qu'en avril 1937, lorsque, une fois de plus, le journal réussit à « décoller » et que le nombre de ses abonnés monte en flèche.

Les chiffres donnés ci-dessous[67] indiquent la montée foudroyante que connaît le journal après 1932. En mars 1937, le chiffre de 59 000 abonnés arrache un cri triomphal à « Pierre-Paul » : « Non, jamais l'indépendance de *l'Action catholique* n'a été reconnue aussi universellement qu'aujourd'hui[68]. »

Pendant cette période, on annonce plusieurs campagnes d'abonnements. La publicité en faveur du journal fait souvent appel aux inquiétudes les plus profondes des lecteurs. À côté d'un bulletin d'abonnement dans un numéro de mai 1937, on trouve l'opinion suivante : « Catholiques, vous abonner et aider au journal catholique, c'est protéger votre religion, votre famille, vos biens contre le monstre universel, le COMMUNISME[69]. » On utilise d'autres moyens pour accroître le tirage et, au début de 1938, le journal décide de publier une troisième édition, celle de cinq heures, parce qu'il « se passe tant de choses, entre midi et cinq heures, qui arrivent chez nous et dans le monde entier[70] ». (!)

---

[65]   On donne le chiffre quotidiennement.

[66]   27 janvier 1938.

[67]   Tirage net payé (d'après chiffres du 27 janvier 1938) :

      30 septembre 1932 — 20 318
                  "   1933 — 20 539
                  "   1934 — 24 564
                  "   1935 — 28 449
                  "   1936 — 44 166
                  "   1937 — 52 611

    Tirage total pour décembre 1937 : 63 000 (30 décembre 1937)

    Tirage net pour 30 septembre 1938 : 56 303 (19 novembre 1938)

[68]   Le chiffre indiqué, 59 000, dépasse probablement le tirage net payé (« Petites notes », 13 avril 1937).

[69]   29 mai 1937.

[70]   4 janvier 1938.

Le moment de triomphe tant attendu arrive au début du printemps de 1938 lorsque l'Audit Bureau of Circulation annonce que, pour l'année écoulée, *l'Action catholique* avait un tirage de 55 243, et *le Soleil*, de 54 077 seulement. *L'Action catholique* en tête ! Fièrement, le journal proclame au-dessus de sa manchette à la une qu'il a maintenant le plus fort tirage de tous les journaux de Québec[71] et qu'il est aussi le deuxième journal français d'Amérique[72].

Mais qui sont les lecteurs de *l'Action* ? Sur ses 56 000 abonnés, en janvier 1939, seulement 13 000 résident en ville (donc, à peu près le double du chiffre de 1934). D'autre part, 43 000 abonnés demeurent à la campagne, le triple du chiffre de 1934[73]. Ainsi non seulement *l'Action catholique* trouve-t-elle la grande majorité de ses abonnés en dehors de la ville de Québec, mais encore, comparativement aux chiffres de 1934, elle se « ruralise ».

Quoique le tirage soit l'indication la plus précieuse du rayonnement du journal, il existe d'autres indices utiles. Le « Courrier des paroisses » donne, en effet, le nom de la plupart des paroisses qui reçoivent le journal. Souvent, durant ses campagnes-concours d'abonnements, *l'Action* publie une liste de tous les concurrents et de leurs paroisses. Sa diffusion déborde les limites du diocèse de Québec : elle couvre en partie ceux de Rimouski, de Gaspé, de Nicolet, de Sherbrooke, de Saint-Hyacinthe, de Trois-Rivières, de Joliette et de Chicoutimi.

Une campagne organisée par *l'Action* en 1925 pour favoriser l'idée d'une fête nationale fériée (le 24 juin) donne aussi certains indices sur son rayonnement : 16 000 personnes signent la pétition et indiquent, en même temps, leur paroisse. De plus, lors des noces d'argent de *l'Action*, les paroisses et les communautés religieuses de toutes les régions touchées par le journal font publier des messages de félicitations.

*   *   *

En introduction, nous avons tenté de dégager la nature de la mission de *l'Action catholique*. Nous avons précisé aussi la méthodologie utilisée dans ce travail. Reste à voir maintenant comment un concours de circonstances, à la fin de la première guerre mondiale, a amené le journal à définir sa mission dans un sens nettement réactionnaire.

---

[71]   4 août 1938.
[72]   Après *la Presse* de Montréal.
[73]   24 février 1939.

PREMIÈRE PARTIE

L'ACTION CATHOLIQUE ET LE MONDE

LA PAIX TANT RÊVÉE QUI NE REVIENT JAMAIS

L'Action catholique, on le sait, se donne pour mission, durant la période de l'entre-deux-guerres, de combattre la révolution. Sa réaction est un vigoureux rejet de l'esprit de changement rapide et profond qui caractérise ces années si mouvementées. Cette opposition irréductible du journal tient principalement au fait que la place occupée par l'Église dans le monde se trouve partout remise en question. Mais plus qu'une simple *réaction,* qui se traduit par un refus des idéologies nouvelles et « révolutionnaires », comme la démocratie, le socialisme et le communisme, son idéologie est aussi *contre-révolutionnaire,* car *l'Action* ne dissimule pas sa nostalgie de l'époque antérieure, malheureusement révolue, où l'ordre établi était moins menacé, où l'Église primait dans la société par son prestige et son influence, et où l'homme semblait en général satisfait de la condition qui lui était faite, croyait-on, de par la volonté de Dieu.

C'est la conjoncture, en cette période si troublée sur le plan international, qui fait de *l'Action* un organe avoué et impénitent de la contre-révolution. Le scénario du drame réunit tout à fait les composantes d'une contre-révolution. Les pays d'Europe et du monde entier connaissent une lutte sanglante dont les horreurs n'avaient jamais été égalées auparavant. Les passions s'exaspèrent et l'ennemi, quel qu'il soit, s'attire une haine dont l'intensité est grandement accrue par le caractère idéologique que prend la lutte. Le Bien se dresse contre le Mal, les amis de la Providence contre les légions de Satan : c'est là une conviction qui persistera dans toutes les luttes des années 20 et 30.

La guerre avait fait naître de grands espoirs, davantage probablement chez ceux pour qui la démocratie demeurait un grand idéal (comme les wilsoniens) que pour ceux, comme *l'Action,* dont les préoccupations étaient surtout religieuses. Toutefois, même dans le cas de *l'Action,* on espérait que la fin de la guerre signifierait le début d'une ère de tranquillité, permettant au moins le repos nécessaire pour regrouper les forces.

Cependant le retour à la normale ne se manifeste pas. Avant la fin de la guerre, la révolution éclate en Russie et en l'espace de quelques mois, l'ancien ordre s'écroule. Le feu s'allume en plusieurs pays et la révolution menace de s'étendre à toute l'Europe.

Les années révolutionnaires se terminent mais le reste de la décennie n'est ni plus tranquille ni plus réconfortant. Une vague de persécutions religieuses déferle sur la Russie, puis atteint la France et le Mexique. Les années de prospérité et de défoulement aux États-Unis, qualifiées généralement de *roaring twenties,* ne sont pas perçues ainsi par les rédacteurs de *l'Action.* Pour eux, le moment de répit de 1923–1924 n'est que le calme avant la tempête.

La crise économique qui éclate à la fin des années 20 se répercute sur tout l'ordre social. Le régime capitaliste, coupable de nombreux abus qui rendaient nécessaire une réforme en profondeur, menace de s'effondrer dans le gouffre de la misère. Les partisans de la révolution jouissent maintenant d'une popularité renouvelée et la propagande communiste se déchaîne à travers le monde. Le champ de bataille le plus important sera, bien entendu, l'Espagne de la guerre civile (1936–1939).

Bref, ce bilan si douloureux pour tous les défenseurs de l'ordre et de la religion traditionnelle est amèrement ressenti par *l'Action.* Pour elle, l'époque de l'entre-deux-guerres, sur la scène internationale, est une épreuve triste et cruelle. La déception est complète : la paix tant recherchée ne vient jamais.

La pièce, nous l'avons dit, se prépare dans l'atmosphère de la Grande Guerre, cette guerre qui est, selon l'éditorialiste de *l'Action,* « assurément la plus horrible de toutes celles que l'histoire aura dû enregistrer[1] ». On en parle comme d'une « boucherie affreuse[2] », une « inénarrable épreuve », un « massacre épouvantable où des millions et des millions de vies ont été sacrifiées en holocauste à la fureur du bourreau[3] ».

La fatigue de la guerre se fait sentir de plus en plus en 1917. « L'atroce guerre se prolonge », écrit le même journaliste, accablé, et « les perspectives de paix se font de plus en plus lointaines[4] ». L'abbé Jean-Thomas Nadeau, quelques mois plus tard, manifeste le même

---

[1]   « Pour notre amendement », éditorial, 27 avril 1917.
[2]   « Chronique de la guerre », 22 février 1917.
[3]   « L'heure de Dieu », éditorial, 26 mai 1917.
[4]   *Ibid.*

découragement. « Quand finira l'épouvantable conflit qui ruine le monde[5] ? » demande-t-il, désespéré.

Cette intense fatigue après trois ans d'usure et d'horreurs indescriptibles se double d'un sentiment d'impuissance complète. On ne sait plus que faire pour mettre un terme à la barbarie. Le pape Benoît XV lance un appel en faveur de la paix au cours de l'été de 1917, mais l'empereur Charles d'Autriche, qui fera toujours l'admiration des rédacteurs de *l'Action catholique,* est le seul à ne pas y demeurer sourd. À mesure que la guerre se prolonge et que les ravages se multiplient, *l'Action* éprouve des inquiétudes de plus en plus vives. D'abord, elle s'alarme de l'avenir du catholicisme pour qui, dit-elle, la guerre a été tout à fait désastreuse. Les pays catholiques, comme la Belgique, la Flandre, la Serbie et la Roumanie, ont été les plus dévastés par la guerre. La « fureur de destruction du vandalisme allemand[6] » a visé particulièrement les édifices et les institutions catholiques, prétend-on. Dans les armées allemandes, les catholiques de Bavière et d'Autriche-Hongrie ont le plus souvent constitué des bataillons de chair à canon. Bref, ce fut une « guerre meurtrière » pour les catholiques. C'est là une situation incompréhensible, conclut un des rédacteurs, d'autant plus que les catholiques ont été parmi les éléments les plus patriotes de tous les pays. À l'encontre des socialistes et autres briseurs d'Unions sacrées, ils ne cherchaient pas, eux, « sous prétexte de favoriser la paix, à se substituer à leurs gouvernements réguliers ni à leur créer des embarras dans la poursuite de la guerre. Les catholiques ne poussent pas à la guerre civile, à la guerre intérieure, pour faire cesser la guerre extérieure, comme font les révolutionnaires russes; ils ne songent pas à détruire le gouvernement régulier de leur pays, pour avoir la paix dans le triomphe des ennemis[7]. » Il ne pouvait donc y avoir de doute : les catholiques, entièrement dévoués aux intérêts des nations, s'élevant au-dessus des intérêts des classes, avaient fait leur devoir patriotique.

L'Action s'inquiète davantage du progrès des socialistes dans divers pays en pleine guerre. Pour les rédacteurs, c'est « une chose bien triste[8] » et ils ne manquent pas d'en montrer les conséquences pour l'Église. « Il est important de constater, observe l'abbé Na-

---

[5]   « Chronique de la guerre », 11 août 1917.

[6]   *Ibid.,* 14 août 1917.

[7]   « Les catholiques et la paix : quelques opinions respectables », éditorial, 3 décembre 1917.

[8]   « Chronique de la guerre », 8 novembre 1917.

deau, que pour les partis révolutionnaires [...], la guerre est de plus en plus un moyen de réaliser à leur profit la révolution politique et sociale, de se gorger de vols, de confisquer à leur profit toutes les libertés, de détruire le catholicisme par tous les moyens que la possession du pouvoir mettra entre leurs mains[9]. » Qui nierait que, à mesure que la guerre durait, la civilisation chrétienne, catholique, roulait vers l'abîme ? C'est en particulier l'opinion de l'abbé Nadeau : seuls les ennemis de l'Église ont profité de la guerre. Il fait remarquer avec amertume : « Plus [le conflit] dure [...], plus nous voyons que les vrais triomphateurs sont les socialistes et le clan judéo-maçonnique[10]. »

Ce combat épuisant aura aussi pour résultat d'amener le triomphe des peuples païens et non blancs, craint le journal. Nadeau exprime sa peur que les « jaunes païens » ne prennent l'habitude d'intervenir dans les affaires du monde européen, qu'ils acquièrent les méthodes de guerre européennes pour préparer « une épouvantable ruée du monde Oriental contre le monde Occidental[11] ». Et dans un nouvel accès d'angoisse xénophobe, un des éditorialistes agite l'épouvantail du péril jaune : « On sait que les Jaunes d'Asie, appelés à la rescousse par les Aryens d'Europe épuisés, étudient sur le vif les secrets de la grandeur et de la puissance de ces derniers, et que le jour, peut-être prochain, où ils se les seront assimilés, l'Europe, ou plutôt toute la race blanche, courra de plus formidables risques qu'aux époques de Tamerlan, de Gengis-Khan, et des autres invasions barbares[12]. »

En somme, la guerre voit se manifester toutes les craintes, même les plus chimériques. Devant ce cataclysme auparavant inimaginable et dont l'analyse défiait la raison, les journalistes de l'Action se sont souvent laissés emporter par leurs réflexes.

Plus de quatre ans de guerre ont eu pour effet de créer une véritable psychose de guerre caractérisée, en partie, par l'intolérance et la croissance de sentiments antidémocratiques. De temps à autre, un journaliste de l'Action dénonce la tendance des démocrates et des libéraux à envisager la guerre comme un combat pour la démocratie et pour l'autodétermination des peuples. Les critiques de l'Action à cet égard témoignent beaucoup plus d'une aversion gé-

---

[9]   « Chronique de la guerre », 15 septembre 1917.
[10]   Ibid., 19 janvier 1918.
[11]   Ibid., 15 août 1917.
[12]   « Pourquoi ? » éditorial, 23 août 1917.

nérale pour la démocratie et la théorie de la souveraineté populaire que d'une hésitation à participer à des croisades souvent exagérées. Si les wilsoniens tendent, dans un excès d'enthousiasme, à interpréter le conflit entre les puissances alliées et les empires du Centre comme une lutte opposant la liberté et la tyrannie, cette optique ne convient guère à *l'Action*. Incapable de se passionner pour le compte de la démocratie, elle ne dénoncera pas l'autocratie allemande mais plutôt le « prussianisme » barbare, antichrétien et anticatholique. Les Allemands ne forment pas une nation comme les autres, déclare un des rédacteurs. « Elle est une nation plus barbare qu'aucune autre. » De plus, « l'égoïsme et l'orgueil » des dirigeants et du peuple allemands sont « sans bornes ». Et cet avertissement : « Qu'on n'oublie pas la grande leçon de la barbarie allemande. La première nation révoltée contre l'Église est aussi l'ennemie la plus acharnée de la civilisation et de l'humanité[13]. »

L'Action, comme la plupart des journaux dans les pays alliés à l'époque, offre à sa clientèle un menu peu varié de propagande anti-allemande. Pour elle, aucun compromis avec la cause allemande n'est possible. On peut prier pour la paix dans la justice, oui, mais « continuons aussi de soutenir la cause du droit, notre cause, qui est bien celle des Alliés[14] ». Telle est la réponse aux offres allemandes de paix au début de 1917. Quelques jours après, un des rédacteurs brosse une comparaison aussi exaltée dans sa nature que ne l'étaient les attaques des libéraux contre l'autocratie allemande. La guerre actuelle, dit-il, est « menée par les adeptes de l'erreur et du mensonge, contre les défenseurs de la vérité[15] ». Pour lui, le vice, c'est l'invasion allemande, et la vertu, la résistance des Alliés.

Ainsi donc *l'Action* ne voit pas la Grande Guerre avec les yeux des démocrates de l'Europe occidentale et de l'Amérique du Nord, mais elle la juge quand même dans des termes moraux et religieux. Pour elle, il ne s'agit pas d'une guerre entre la démocratie et l'autocratie; d'une guerre visant à libérer les peuples esclaves, dans un pays, tel que l'Autriche, qui compte plusieurs groupes ethniques. Cette guerre oppose plutôt le catholicisme au protestantisme prussien, la civilisation à la barbarie, l'autorité à l'anarchie, la vérité au mensonge.

Quelles sont donc, chez les rédacteurs de *l'Action,* les composantes de cette psychose de guerre dont il a déjà été question ? La

---

[13] « La leçon de l'Allemagne », éditorial, 5 février 1917.
[14] « La réponse des Alliés », éditorial, 3 janvier 1917.
[15] « Défenseur de la vérité », éditorial, 24 janvier 1917.

tendance à voir l'histoire en général, et la guerre en particulier, comme une lutte entre deux absolus, le Bien et le Mal, en est un trait marquant. Les sentiments de haine, d'intolérance, de nationalisme exacerbé qui, parfois, frôle le racisme, la caractérisent aussi. Nous verrons que la même psychose, quelque peu modifiée, persistera durant toute la période des luttes avec les révolutionnaires et les anticléricaux des années 20 et 30 et aura des conséquences très graves.

Dans toute guerre les combattants, dès qu'ils sont sûrs de leur victoire, s'efforcent de définir la société restructurée qui doit suivre la guerre. Pour certains, une guerre, par son caractère particulièrement horrible, peut être un moyen de mettre fin à jamais à la guerre, « a war to end wars », d'après le slogan si populaire aux États-Unis en 1917 et 1918. Pour d'autres, la guerre doit servir à réaliser l'indépendance nationale ou la révolution sociale. Comment l'Action envisage-t-elle la paix qui vient ?

Parfois, dans ses moments de pessimisme (surtout en 1917), ses craintes ressemblent, ironiquement, aux espoirs des révolutionnaires : comme eux, l'Action entrevoit une révolution socialiste qui viendra balayer l'ordre existant. « Que verrons-nous quand sera dissipée la fumée du combat ? demande-t-elle. La grandeur du conflit fait présager un plus grand bouleversement. Tout semble indiquer que cet embrasement allumé au souffle des doctrines matérialistes et individualistes verra crouler les bases des sociétés actuelles[16]. »

Mais au fur et à mesure que la fin de la guerre approche, un optimisme modéré renaît et le journal peut s'interroger sur la société nouvelle qui doit en résulter. Pour lui, il faut rejeter dès le départ l'illusion que la fin de la guerre signifiera l'avènement d'une paix sereine. Au contraire, écrit-il trois jours après la signature de l'armistice, il serait naïf de croire que « le monde reviendra du jour au lendemain à son état normal et que chacun peut reprendre dès maintenant son train de vie et ses habitudes de l'avant-guerre, en s'efforçant d'oublier comme un mauvais rêve ce qui vient de se passer[17] ».

Face aux slogans usuels — la guerre pour mettre fin à la guerre; la guerre pour restaurer la démocratie; la guerre pour assurer l'au-

16   TESTIS, « La victoire est à Dieu », article, 5 mai 1917.
17   « La situation », éditorial, 14 novembre 1918.

todétermination des peuples — *l'Action* demeure sceptique, affirmant que « tout cela est susceptible d'une interprétation faussée[18] », et que le droit social chrétien traditionnel peut résoudre ces questions dans l'équité. L'avènement de la paix si longuement désirée doit plutôt être le signal d'un renouveau spirituel : un véritable retour à Dieu, la « rénovation chrétienne » d'un monde où le Pape redeviendrait une vraie « puissance morale souveraine dans l'univers[19] ». Comme le soutient un des éditorialistes : « Il faut restaurer le droit public chrétien; c'est sur la sagesse chrétienne, sur les lois de la nature et de la morale chrétienne, dont le Pape est le gardien, l'interprète et le vengeur suprême; c'est sur la justice et la charité, seules bases solides, qu'il faut reconstruire la société humaine. En d'autres termes, il faut restaurer dans le monde la souveraineté des droits de Dieu[20]. »

Très clairement, ce vœu signifie la nécessité de la paix sociale et du respect de l'autorité. La guerre doit être « une mise en liquidation générale des principes néfastes et des préjugés antisociaux hérités de la Révolution de Jean-Jacques et de Luther[21] ». Comme ce souhait l'indique, la contre-révolution doit être aussi morale et spirituelle. Il faut retrouver la tranquillité, la pureté de l'esprit qui existait avant l'ère des révolutions. Il est entendu que, pour *l'Action*, la contre-révolution sociale et politique et la contre-révolution morale sont indissolublement liées.

Mais toutes ces supplications, tous ces espoirs sont vains, et peu d'années suffisent pour en faire l'expérience. Le retour graduel à un ordre social stable, et — c'est aussi important — connu, familier, ne se fera jamais. Toutefois, dans l'immédiat, les plus lourdes déceptions viennent de la paix.

L'Action avait d'abord exigé que le Pape fût représenté au Congrès de la Paix; le Souverain Pontife exclu, *l'Action* boude les diplomates et dit n'entretenir aucun espoir dans le succès des négociations. D'après l'abbé Nadeau, il y avait certainement eu un « accord » entre la France, l'Angleterre et la Russie pour exclure

---

[18] « Restauration nécessaire », éditorial, 9 juillet 1917.
[19] « Lueurs d'espoir », éditorial, 14 avril 1917.
[20] « Restauration nécessaire », éditorial, 9 juillet 1917. Sur cette question, Mgr L.-A. Pâquet était certainement l'autorité le plus souvent citée.
[21] « Pas d'équivoque », éditorial, 31 mai 1918. Il s'agit de Jean-Jacques Rousseau, évidemment !

Benoît XV des négociations. Pareille manœuvre, il va sans dire, ne serait « pas de nature à attirer les faveurs d'En Haut[22] ».

Le journal exprime également son désaccord sur l'application du principe de l'autodétermination nationale, principe qui renferme « l'erreur de la démocratie révolutionnaire[23] ». Il s'agit, bien sûr, de l'application du principe de la souveraineté des peuples, que l'Action rejette catégoriquement. Un changement territorial s'impose cependant dans les anciens États pontificaux, mais ce ne sont pas des principes démocratiques qui l'exigent. La question romaine constitue, selon Mgr Louis-Adolphe Pâquet, « une plaie saignante au flanc de la société chrétienne[24] ». Il faudrait résoudre ce problème une fois pour toutes en rendant au Pape les territoires dont on l'a dépouillé en 1870.

L'Action catholique éprouve une forte insatisfaction à l'égard de l'établissement de la Société des Nations. Durant la guerre, en réponse au manifeste des Quatorze points du président Wilson, elle avait appuyé le projet d'une Société des Nations construite sur des bases chrétiennes et dans laquelle le Pape jouerait un rôle de conciliation constante. La chrétienté ainsi réunifiée serait un gage de la paix.

Le projet de Woodrow Wilson ne soulève donc aucun enthousiasme chez les rédacteurs de l'Action catholique. Ils sont d'avis que le chef d'État américain propose d'utiliser la force pour assurer la paix. Dieu, la justice et le droit se trouveraient alors rejetés. Précisant l'attitude catholique, Mgr Pâquet affirme que le projet de Wilson est inacceptable parce que soutenu par les socialistes et les francs-maçons, par ceux qui voudraient fonder l'organisation sur « l'athéisme politique, sur la souveraineté du peuple et de la démocratie révolutionnaire[25] ». Dans un autre article, publié d'abord dans la Croix (de Montréal), l'abbé Georges Dugas se prononce sans équivoque : « La Ligue des Nations est le suprême effort de la franc-maçonnerie pour unir les hommes dans une fraternité païenne, sans l'ombre de la vraie charité, pour en arriver à la persécution du christianisme[26]. »

---

[22]   « Chronique de la guerre », 17 janvier 1918. Lisez, à la place des noms de ces trois pays, dit Nadeau, « franc-maçonnerie, protestantisme, et schisme ».

[23]   « Qu'on chasse ces nuées ! » éditorial, 2 août 1918.

[24]   « La question romaine : II–Le pouvoir temporel », éditorial, 19 février 1919.

[25]   « La société internationale : IV–Erreurs de fond et insuffisances », éditorial, 22 janvier 1919.

[26]   « La Ligue sans Dieu », article reproduit dans « Échos de l'opinion publique », 23 octobre 1919.

Il n'est pas étonnant que Wilson lui-même soit vertement critiqué dans les pages de *l'Action catholique*. D'abord, on voudrait faire croire qu'il est trop bien disposé envers les Allemands. C'est un ex-germanophile, assure l'abbé Nadeau, « qui, dans le fond de son cœur, l'est peut-être encore un tantinet[27] ». Nadeau le qualifie aussi de « dévôt de l'évangélisation anarchique[28] » et prédit que, lorsqu'il sera mort, « nous lirons son apothéose détaillée dans les revues juives et maçonniques[29] ». Pour l'abbé Lavergne, les Quatorze points de Wilson sont « inintelligibles » et s'ils ont tout de même retenu l'attention du monde entier, c'est grâce à « l'or juif[30] ». À la mort de Wilson, en 1924, le directeur de *l'Action* n'oublie pas d'ajouter : « À la vérité, Wilson ne disait rien de bien neuf. Il ne faisait que répéter imparfaitement ce que le Pape avait déjà dit bien mieux, et d'une façon beaucoup plus précise que lui[31]. »

Le monde nouveau, avec sa restauration chrétienne, tant souhaité par *l'Action catholique,* ne s'annonce donc pas du tout. Même avant la fin de la guerre, de nombreux signes avant-coureurs ne présagent que du mal.

En Russie, le tsar Nicolas II est détrôné en mars 1917 et quelques mois plus tard les bolchevistes prennent le pouvoir. *L'Action* ressent leurs actes comme une suite de déboires dont le moindre n'est pas le retrait de la Russie de la guerre, une véritable trahison, dira-t-on. Les rédacteurs s'appliquent à démontrer que la juiverie s'est emparée du pouvoir en ce malheureux pays.

Pire encore, la révolution amorcée en Russie semble devoir se généraliser. Après avoir affirmé que les « Teutons » aimaient leur régime tel qu'il était, l'abbé Nadeau estime, en janvier 1918, que « c'est la grande vague révolutionnaire qui commence à déferler en Allemagne[32] ». À la fin de 1918, l'ancien empire des Hohenzollern est en pleine révolution, l'anarchie s'étend à tout le pays et le mouvement spartakiste, un mouvement bolcheviste, se lance à la conquête du gouvernement. L'Autriche, pour sa part, est en proie à l'agitation sociale et aux soulèvements nationaux. Quant à la Hongrie, où Bela Kun est au pouvoir, elle se trouve « dans la gueule du soviet[33] ».

---

[27] « Chronique de la guerre », 17 janvier 1918.

[28] « En passant », 28 novembre 1919.

[29] *Ibid.*, 19 juin 1920.

[30] « Le péril juif », éditorial, 1er juin 1922.

[31] J. DORION, « Woodrow Wilson », éditorial, 5 février 1924.

[32] « Chronique de la guerre », 31 janvier 1918.

[33] 24 mars 1919.

De plus, même l'Europe occidentale connaît des désordres. En France, par exemple, une épidémie de grèves paralyse le pays en juin 1919. L'Angleterre connaît également une vague de grèves durant toute l'année et on prétend que les « agitateurs bolchevistes [y] travaillent énergiquement[34] ». L'Italie est elle aussi aux prises avec de sérieux désordres industriels, et aux élections de novembre 1919, les socialistes remportent des victoires importantes à Rome et dans les plus grandes villes.

Les États-Unis, de leur côté, sont loin d'être tranquilles, malgré leur éloignement du centre du conflit. Dès juillet 1917, les Industrial Workers of the World sèment la terreur dans plusieurs États de l'Ouest. En 1919, le procureur général, A. Mitchell Palmer, lance sa célèbre chasse aux radicaux et on parle de plus en plus de complots et d'attentats. En septembre, la grève des policiers de Boston fait sensation et un autre arrêt de travail paralyse l'industrie métallurgique. Ensuite, au mois de novembre, 400 000 mineurs débrayent.

L'Action s'affole. D'après elle, « la situation est exceptionnellement grave, et [...] les revendications des masses par tout l'univers font courir à la société un terrible danger[35] ». De son côté, J.-Albert Foisy constate que les guerres, les révolutions, les tueries, les assassinats et les désordres en général se sont multipliés à un point tel qu' « on peut même prétendre qu'il ne reste plus qu'un pas à faire pour atteindre le degré suprême, équivalent à celui qui prévaut en Russie ou chez les cannibales de l'Afrique centrale ». Tous ces maux s'expliquent, selon Foisy, par le fait que l'homme a renié Dieu et ses enseignements, et il ajoute que le seul espoir d'éviter le cataclysme général est d'accorder à Dieu « la place qui Lui revient dans notre vie privée, familiale et nationale. Hors de là, il n'y a pas de salut possible pour les peuples et les individus[36]. »

L'invasion de la Pologne par l'armée rouge, en 1920 (en réponse à l'invasion de la Russie par les troupes du maréchal Pilsudski, fait sur lequel l'Action n'insistera pas), est l'occasion de souligner la menace bolcheviste suspendue comme l'épée de Damoclès au-dessus de tout le continent européen. Quand les Russes sont finalement arrêtés aux portes mêmes de Varsovie, c'est toute l'Europe, voire la civilisation occidentale, qui est délivrée du fléau.

---

[34]   8 janvier 1920.
[35]   « De l'entente », éditorial, 6 février 1920.
[36]   « Les Jours terribles », éditorial, 6 août 1920.

Graduellement, l'Europe se ressaisit face à ce premier assaut des forces de la révolution. En janvier 1919, les bolchevistes ratent leur coup en Allemagne. Bela Kun, en Hongrie, est obligé de fuir devant l'invasion des troupes roumaines. En Italie, Benito Mussolini marche sur Rome et, dans l'optique de *l'Action catholique*, arrache son pays des griffes bolchevistes. Les élections françaises donnent le pouvoir au Bloc national, alliance du centre et de la droite, balayant ainsi « la tourbe des révolutionnaires et des haineux sectaires des loges, traîtres à la France[37] ». En Angleterre, la fièvre dans le monde du travail se maintient jusqu'en 1921 mais l'on réussit à éviter une révolution politique. Outre-Atlantique, Warren G. Harding est élu président des États-Unis en novembre 1920 et l'Amérique somnole dans la *normalcy*, la torpeur et la prospérité factice des années 20.

N'est-ce pas enfin la paix tant recherchée ? Non, car les persécutions des catholiques en France, au Mexique et ailleurs sont, d'après le journal, une manifestation autrement plus sérieuse de l'expansion de la révolution que ne l'ont été les crises industrielles de la fin de la guerre.

Les événements qui se déroulent en France à partir de 1924 constituent, pour *l'Action catholique*, une source de très profonde déception. N'avait-on pas osé espérer que l'Union sacrée de 1914 se poursuivrait en temps de paix ? La France n'avait-elle pas, depuis la guerre, renoué des relations diplomatiques avec le Vatican ? N'était-il pas question que les propriétés ecclésiastiques soient remises à l'Église, et que les congrégations religieuses soient rappelées en France ? Mais viennent les élections « gauchisantes » de 1924, l'avènement du cabinet Herriot et la reprise des persécutions anticatholiques. Tous les espoirs sont détruits.

Au Mexique aussi, l'Église catholique doit faire face à la rage anticléricale. D'après Foisy, en 1923, « il n'y a pas un seul pays, la Russie exceptée, où le gouvernement soit aussi mauvais, aussi sectaire, aussi persécuteur de la foi[38] ». Un article dans *l'Action* précise : « Il est évident que toute la situation mexicaine consiste en un effort pour bolcheviser ce pays. Les socialistes russes ayant échoué dans leur tentative, à savoir de convertir l'Europe à leur doctrine, ont tourné les yeux vers l'Amérique et choisi le Mexique comme centre de leurs opérations[39]. »

---

[37] J.-T. NADEAU, « La croisée des chemins », éditorial, 26 janvier 1920.

[38] « En passant », 6 octobre 1923.

[39] « Correspondance spéciale », signée par Charles PHILLIPS, 17 novembre 1925.

À la fin de la décennie, la ferveur anticléricale s'apaise en France et au Mexique mais cette trêve dure peu. Une crise économique de dimensions jusque-là inconnues s'abat sur le monde en 1930 et s'aggrave d'année en année. Les répercussions dans le domaine social sont des plus alarmantes. Les déficiences lamentables du régime capitaliste se révèlent tout à coup et les partis révolutionnaires multiplient leurs activités. Tout en mettant les lecteurs en garde contre la tentation du communisme ou du socialisme, Eugène L'Heureux n'hésite pas à avouer que « le communisme peut avoir des attraits pour ceux dont la civilisation actuelle a fait des prolétaires plus ou moins miséreux et qui voient tant d'iniquités à la base du régime capitaliste qui les exploite odieusement[40] ». Comme nous le verrons, le problème des abus du capitalisme et de l'expansion de la propagande communiste est alors très réel au Canada, et au Québec.

Le climat révolutionnaire, la menace de bouleversements sociaux, politiques et économiques, provoquent une réaction vigoureuse des partisans de l'ordre établi et de tous les nostalgiques du passé. L'Action accueille la prise du pouvoir par les fascistes en Italie, en Allemagne et dans plusieurs autres pays avec enthousiasme; plus tard, les activités anticléricales et militaires de Hitler obligent parfois le journal à modérer son ardeur, du moins en ce qui a trait au dictateur allemand.

Pour l'Action, l'événement international le plus important des années 30 demeure, sans conteste, la guerre civile d'Espagne[41]. Selon elle (et c'est l'interprétation de la quasi-totalité des journaux québécois, d'ailleurs), il s'agit d'un conflit entre la révolution et la contre-révolution, la première étant représentée par le gouvernement républicain et « rouge », sans doute l'instrument de Moscou, la deuxième par les Patriotes, les nationalistes du général Franco. Plus tard, Roy analysera la victoire de Franco. C'est, « il faut en convenir, à moins d'être aveugle, le triomphe de l'Espagne nationaliste, c'est la victoire de la civilisation chrétienne sur la barbarie bolcheviste[42] ».

La joie ressentie lors de la victoire des franquistes en Espagne n'est pourtant ni très profonde ni de très longue durée. Les nuages annonciateurs de la nouvelle guerre s'amassent et, avant 1939, l'Action semble beaucoup plus disposée à accuser les Soviétiques de

---

[40]   « La crise anglaise : sa signification pour le monde », éditorial, 8 septembre 1931.
[41]   Voir Appendice, tableau V, pp. 335-339.
[42]   « Hitler a l'appétit féroce et la digestion rapide », éditorial, 31 janvier 1939.

fomenter la guerre qu'à blâmer les Allemands et les cercles ultra-nationalistes des autres pays. Au début de septembre, Hitler envahit la Pologne et l'Europe se trouve de nouveau plongée dans un conflit général.

Durant cette période de l'entre-deux-guerres, tous les éléments favorables à la naissance et au développement d'une idéologie contre-révolutionnaire se retrouvent donc. D'abord, pour les rédacteurs de l'*Action catholique,* comme sans doute pour la hiérarchie de l'Église québécoise, c'est une période d'amère insatisfaction. Ce sentiment de mécontentement s'accompagne de l'espoir de voir renaître un monde meilleur. Il ne manque pas d'ennemis à combattre et l'*Action* se sent toujours engagée dans une lutte sans merci contre eux. Il n'est pas surprenant que, dans pareil climat, les passions et les émotions bouillonnent continuellement.

Pour comprendre la germination et le développement de l'idéologie réactionnaire soutenue par l'*Action,* il faut d'abord voir comment le journal explique les forces qui gouvernent l'histoire.

CHAPITRE PREMIER

LES FORCES MOTRICES DE L'HISTOIRE : DIEU ET SATAN

Les journalistes de *l'Action catholique* ne se contentent pas d'observer et de constater, de relater les événements qui se déroulent autour d'eux, comme le ferait un journal d'information. Au contraire, ils cherchent aussi à expliquer et à interpréter, car un journal d'idées doit tenter de découvrir le sens des événements et les intégrer dans le mouvement de l'histoire.

Pour *l'Action*, que Dieu soit le Maître suprême des activités humaines ne fait aucun doute. Il va de soi que l'humanité doit lui être reconnaissante de toutes les bénédictions qu'il lui prodigue et le lui montrer par une soumission totale. Mais le bien s'explique plus facilement que le mal. Si Dieu bénit les peuples, c'est que ces peuples, obéissant à ses commandements, méritent son amour. Les siècles antérieurs à la Révolution française de 1789, et surtout à la « révolte » de Luther en 1517, constituent pour *l'Action*, comme pour la plupart des intellectuels catholiques d'alors, une époque de soumission aux autorités légitimes.

L'évidence vient renforcer généreusement pareille conviction. Le tableau du Moyen Âge que brossent les journalistes est sans doute idéalisé. S'ils ne regrettent pas l'époque elle-même, ils regrettent ce qui, d'après eux, la caractérisait : obéissance entière à Dieu; reconnaissance du pouvoir temporel et spirituel de l'Église; unité chrétienne autour de la papauté; soumission aux gouvernements civils institués par la volonté de Dieu; tranquillité sociale et absence de luttes de classes; résignation des individus à un sort qui, quelque misérable qu'il fût, était néanmoins conforme à la volonté de la Providence. Le puissant égoïsme individuel, sous-jacent aux expériences révolutionnaires, ne se manifestait pas encore.

Si Dieu bénissait l'humanité quand elle lui obéissait, il la châtiait quand elle s'écartait de son devoir. Il semblait, en effet, que l'homme moderne avait à expier de plus en plus souvent ses oublis et son insubordination. La plupart des catastrophes dont l'histoire humaine est parsemée — révolutions, guerres et crises économiques, entre autres — peuvent alors être interprétées comme des actes de vengeance accomplis par Dieu contre une humanité révoltée.

Les journalistes de *l'Action catholique* apportent de légères modifications à cette thèse. Il leur paraît évident que l'époque moderne, qui d'après eux commence en 1517, se caractérise beaucoup plus que le Moyen Âge par la désobéissance et la souffrance. Mais, selon leur interprétation, Dieu ne punit pas directement chaque méfait : il punit en se refusant à intervenir pour mettre fin aux misères de l'humanité, misères dont elle porte seule la responsabilité. Ainsi Dieu se retire tout simplement de la scène pour laisser agir en toute liberté l'Esprit du Mal et permettre les souffrances des peuples égarés.

Satan, l'Esprit du Mal, s'est muni d'instruments terrestres pour exercer ses activités néfastes. Ses suppôts se regroupent essentiellement dans trois organisations qui, quoiqu'on soupçonne partout leur présence, sont très difficiles à voir à l'œuvre. Il s'agit, bien sûr, de la franc-maçonnerie, de la juiverie et de l'Internationale communiste.

Illustrant parfaitement cette conviction, l'abbé Édouard-Valmore Lavergne, dans son volume *Sur les remparts,* affirme que « l'histoire des premiers siècles de l'Église n'est qu'un long prodige[1] ». Le Moyen Âge, pour lui, est en quelque sorte un aboutissement de cette période héroïque : « Le règne de Satan paraissait près de finir : ses prêtres et ses adorateurs n'avaient plus de place dans la vie sociale et publique. Les temples arrachés au paganisme, furent baptisés et portèrent à leur sommet la croix de Jésus-Christ[2]. »

Malheureusement, semblable paradis terrestre (du moins, quant à la place de la religion dans la vie) ne devait pas durer longtemps, et l'abbé Lavergne le déplore :

> Mais dans l'ombre, lentement, par les schismes, par les hérésies, par la corruption des mœurs, Satan travaillait à reconquérir son empire sur le monde et à y réinstaller son trône. Depuis le XVIIIe siècle surtout, par la connivence des gouvernements, leur lâcheté et leur ignorance, il s'est dressé en face de l'Église catholique et il mène contre elle une guerre sans trêve et sans merci.

---

[1] Édouard-Valmore LAVERGNE, *Sur les remparts*, p. 4.
[2] *Ibid.*

Il a ses apôtres, ses prédicateurs, ses écrivains. Tous s'emploient à répandre l'erreur, le mensonge, le sophisme. [...]

Il s'incarne dans une société ténébreuse : la Franc-Maçonnerie[3].

De leur côté, les Juifs (pas tous, nous assure-t-on) poursuivent la même œuvre diabolique. Pour Mgr Pâquet, les Juifs sont un peuple infidèle, frappé d'une malédiction divine pour son crime déicide; ce sont aussi « des êtres à part, des créatures marquées d'un stigmate de honte, un peuple ennemi de tous les autres peuples, mêlé à chacun et ne s'unissant à aucun, faisant de l'usure une profession, de la ruse une vertu, de la haine pour le nom chrétien un devoir[4] ».

Mgr Pâquet rappelle ensuite la politique « clémente et prudente » de l'Église médiévale à l'endroit des Juifs, l'antisémitisme « sain[5] » recommandé par saint Thomas d'Aquin et pratiqué par les papes. À l'époque moderne, la situation a beaucoup changé et elle est devenue plus inquiétante :

> Le libéralisme moderne, aidé de la franc-maçonnerie, a brisé l'ancienne législation chrétienne qui tenait cette nation suspecte sous le joug d'une ferme tutelle et qui lui permettait de vivre sans lui laisser la liberté de nuire. Presque partout aujourd'hui les Juifs jouissent de l'égalité civile et politique, en même temps qu'une complète liberté religieuse. Y avons-nous gagné ? Leur complicité avec les Loges, dans le vaste complot social qui s'est formé, et qui va s'exécutant avec tant de succès, non seulement contre le catholicisme, mais même contre le christianisme le plus vague, apporte à cette question une réponse douloureuse[6].

Les communistes constituent le troisième élément de cette trinité infâme mais, bien entendu, ils n'arrivent vraiment sur la scène qu'avec la révolution bolcheviste de 1917. Pour les journalistes de *l'Action*, comme nous le verrons au chapitre V, cette révolution signifie l'avènement de la judéo-maçonnerie en Russie. Durant les premières années du nouveau régime, ils ne manquent aucune occasion de souligner le prétendu rôle dominant des Juifs dans la révolution, et jusqu'à la deuxième guerre mondiale ils affirment, peut-être avec plus de subtilité qu'Adolf Hitler, que le communisme est juif et que les Juifs ont généralement tendance à sympathiser avec

---

[3] *Ibid.*, pp. 4-5.
[4] Louis-Adolphe PÂQUET, *Droit public de l'Église : principes généraux*, p. 273.
[5] *Ibid.*, p. 277.
[6] *Ibid.*, p. 278.

les bolchevistes. C'est une des raisons que le journal invoquera, à maintes reprises, pour justifier son opposition irréductible à l'immigration juive au Canada, même au plus fort des persécutions hitlériennes.

Si on en vient à penser que la franc-maçonnerie, la juiverie internationale et le bolchevisme sont les outils de Satan lui-même, il est facile d'en arriver à la « thèse du complot ». Bon nombre de catholiques se voyaient assaillis de plus en plus rudement par des idéologies hostiles à la leur, tels la démocratie, le libéralisme, l'anarchisme, le socialisme, le communisme et l'anticléricalisme. Susceptibles de confondre religion et superstition et incapables de comprendre les événements qui se déroulaient devant eux à une vitesse vertigineuse, ils trouvaient fort attrayante l'idée d'un complot à dimensions mondiales. Plutôt que d'accepter de rencontrer le monde moderne sur un terrain nouveau, d'avouer qu'une accommodation avec une société en voie de changement s'imposait, et de se risquer à affirmer, ou même à croire, que l'ordre établi qu'ils connaissaient si bien ne tenait plus, ils se réfugiaient dans une interprétation plus commode. Ils étaient sûrs que leurs ennemis se liguaient contre eux pour détrôner l'Église et s'emparer du monde.

Francs-maçons, Juifs, bolchevistes sont — pour pousser l'interprétation jusqu'à son extrémité logique — responsables de toutes les révolutions; ils veulent fomenter les guerres pour bouleverser la société; ils entretiennent l'anticléricalisme pour détruire l'Église; ils encouragent les vices — le divorce, l'amour libre, l'alcool, le cinéma, etc. — afin d'ébranler l'humanité et de l'amener à la déchéance complète. Ce sont eux qui veulent des changements dans une société qui, autrement, pourrait sans doute rester stable. Vouloir modifier un ordre établi qui s'avère assez satisfaisant, oser préconiser des réformes « radicales » ou « révolutionnaires », c'est prendre parti pleinement, consciemment ou inconsciemment, pour la franc-maçonnerie, la juiverie ou le communisme. Combattre la révolution, c'est lutter vaillamment contre ces organisations clandestines; c'est s'opposer à ceux qui, souvent trop naïfs pour s'en rendre compte, font le jeu de ces groupements en prônant l'école neutre et obligatoire, la séparation de l'État et de l'Église; c'est défendre l'Église et ses droits acquis; c'est combattre pour Dieu et pour le Christ.

Il est parfois difficile d'admettre que des penseurs, des gens instruits, aient pu soutenir une telle thèse. Pourtant bon nombre de gens, qui n'étaient ni des illettrés ni des fanatiques, croyaient très sincèrement en l'existence de complots secrets susceptibles d'expliquer tout ce qui se passait dans les domaines politique, économique et social. Ce mythe, nous l'avons vu, se conciliait assez facilement avec la théologie catholique de l'époque : pour n'avoir pas suivi les enseignements de Dieu, l'humanité était punie; francs-maçons, Juifs et communistes étaient les instruments de cette punition. Le caractère religieux de ce mythe n'était pas, en fait, absolument essentiel à son sens, et le mythe a pu s'adapter, en se sécularisant, à d'autres exigences. Par exemple, sans être catholique, on pouvait croire à un plan de domination universelle de la juiverie internationale. Un Charles Maurras, qui ne pratiquait aucune religion (même s'il croyait ardemment au Diable), pouvait tout de même tenir les Juifs, les francs-maçons et les métèques pour responsables des maux de la France, et en être loué par *l'Action catholique* (du moins avant l'interdiction papale en 1926).

Certains groupes étaient plus sensibles que d'autres à cette thèse du déterminisme historique. Les groupements et les classes qui se sentaient menacés par la tournure révolutionnaire des événements au vingtième siècle étaient naturellement portés à chercher l'explication de leurs maux davantage dans le mythe des conspirations secrètes que dans quelques déficiences de l'ordre social dont ils constituaient l'appui le plus solide. Aussi peut-on s'attendre à trouver parmi ces groupes les divers éléments réactionnaires et conservateurs composant la droite et l'extrême-droite de la vie politique : l'aristocratie terrienne, la bourgeoisie, tant petite que grande, l'armée, le clergé, etc. Pour ces gens-là, l'internationalisme prolétaire et le socialisme révolutionnaire et anticlérical ne signifiaient rien de bon. Par contre, le mythe de complots mystérieux semblait une interprétation idéale à un état de choses au sujet duquel ils niaient toute responsabilité.

Cependant ceux qui se faisaient les propagandistes des thèses de conspirations internationales n'étaient pas tous des naïfs superstitieux. Plusieurs y voyaient le moyen de stigmatiser leurs adversaires en les liant à ces complots ténébreux. Dénoncer la présence de communistes dans un syndicat pendant une grève, n'était-ce pas une excellente façon de le discréditer et de ternir ainsi une action qui aurait pu s'attirer la sympathie du public[7] ? Accuser ceux qui se faisaient les avocats de certaines réformes dans le domaine de

---

[7]   Voir Robert K. MURRAY, *Red Scare, a Study in National Hysteria, 1919–1920*, Minneapolis, University of Minnesota Press, 1955.

l'éducation, comme l'école gratuite et obligatoire, d'être des francs-maçons ou, plus subtilement, des outils conscients ou inconscients de la franc-maçonnerie, équivalait souvent à leur porter un coup fatal. Forger des documents montrant que les Juifs nourrissaient des ambitions sérieuses de domination mondiale pouvait aider à cacher au public les insuffisances et les échecs d'un régime, comme ce fut le cas avec la dissémination des *Protocoles des Sages de Sion* en Russie tsariste[8]. Ce document, parmi d'autres, fut largement répandu par les armées blanches durant la révolution russe, afin de démontrer que l'ascension des bolchevistes était, de fait, une étape vers la prise de pouvoir définitive par la juiverie. Plus tard, pour faciliter leur arrivée au pouvoir et consolider leur position, les dictateurs fascistes n'hésiteront pas à spéculer sur les craintes profondes de leurs peuples et se présenteront comme les bastions de résistance à l'assaut rouge.

Ces considérations nous permettent d'étudier la perception du mouvement de l'histoire chez les rédacteurs de *l'Action catholique*. Le journal croit toujours fermement au rôle de la Providence dans l'histoire. Écrivant durant la première guerre mondiale, l'éditorialiste constate que « l'heure présente de l'histoire du monde est pleine de si grands et si rapides événements, qui échappent au contrôle des prétendus maîtres du monde, qu'il devient de plus en plus manifeste qu'une sagesse et une volonté supérieures dirigent le monde[9] ». À l'occasion des accords de Munich en 1938, Louis-Philippe Roy croit bon de rappeler à ses lecteurs sa conviction que tout événement a une signification providentielle : « Rendons grâce à Dieu qui nous a jusqu'ici préservés de la guerre », s'exclame-t-il en félicitant Daladier et Chamberlain. « Dans le train-train de la vie quotidienne, nous oublions souvent que la Providence demeure maîtresse des événements. Nous y croyons cependant[10]. »

Se demandant pourquoi Dieu a permis que les nazis persécutent les catholiques, Roy répond que Dieu « s'est servi de Hitler pour faire échec au bolchevisme et pour rappeler aux démocraties la puissance corruptrice et corrosive du communisme[11] ». Et Munich aussi

---

[8]   Voir Norman COHN, *Warrant for Genocide : the Myth of the Jewish World Conspiracy and the Protocols of the Elders of Zion*, London, Eyre & Spottiswoode, 1967.

[9]   « Heures d'histoire », éditorial, 20 mars 1917.

[10]   « Hitler hésite... : tout espoir n'est pas perdu ! » éditorial, 27 septembre 1938.

[11]   « Courageuse et lucide réponse du cardinal Innitzer à ses insulteurs », article, 25 octobre 1938.

renferme sa leçon : la Providence a conduit le monde « à un cheveu de la guerre pour mieux lui faire saisir le péril bolcheviste. Les peuples ont ouvert les yeux et secoueront le joug des « rouges [12]. » Les événements des années suivantes montrent que cette interprétation était très erronée, mais tel n'est pas notre propos. Que la Providence agisse dans l'histoire, c'est une chose. Qu'on sache interpréter ses interventions correctement, c'est une tout autre chose !

Le Dieu qui paraît dans les pages de *l'Action catholique* est un Dieu qui châtie souvent ses enfants. L'exemple le plus frappant, dans la période 1917 à 1939, est celui de la Grande Guerre. On voit dans cette guerre « un châtiment envoyé ou permis par Dieu, pour faire expier les fautes et les crimes dont les nations se sont rendues coupables, pour les ramener au devoir et les affermir dans le bien [13] ». Dans une autre analyse, le journal observe : « L'humanité est haletante, sous le coup persistant des réactions célestes qu'elle a provoquées par ses excès et ses abus. [...] Le bras vengeur du Tout-Puissant s'est abattu avec force sur le monde coupable, après des années et des siècles de patience indicible. Il pèse bien lourdement aux nations terrifiées, qui n'ont pas assez expié encore, ni surtout assez prié, pour mériter que la leçon divine soit jugée suffisante et prenne fin [14]. »

La guerre est donc une punition pour une humanité désobéissante. De quels crimes s'est-elle rendue coupable ? Elle s'est acharnée à ne pas reconnaître Dieu [15], déclare l'abbé Nadeau. Elle a détrôné l'autorité légitime [16], écrit-on ailleurs. Elle a ignoré la volonté divine d'unité chrétienne [17]. Les gouvernements de nations autrefois chrétiennes pratiquent l'athéisme public et ont accordé leur faveur « aux entreprises de déchristianisation, d'apostasie officielle, dont les sectes, maçonniques ou autres, ont été les principaux auteurs [18] ».

Une autre analyse met encore mieux en évidence la grandeur du crime de l'humanité contre Dieu. Cette fois le fléau de la guerre universelle et du désordre généralisé de l'époque s'explique par toute « la danse macabre [19] » qui se déroule dans le monde de-

---

[12] L.-P. ROY, « Petites notes », 7 novembre 1938.
[13] « Une raison d'espérer », éditorial, 8 juin 1917.
[14] « L'heure de Dieu », éditorial, 26 mai 1917.
[15] « Chronique de la guerre », 8 octobre 1917.
[16] « Pour notre amendement », éditorial, 27 avril 1917.
[17] « La Société des nations », éditorial, 2 mai 1917.
[18] « Une raison d'espérer », éditorial, 8 juin 1917.
[19] « La victoire est à Dieu », article, 5 mai 1917.

puis le seizième siècle. D'abord, il y eut l'hérésie protestante. Celle-ci fut suivie de la diffusion du principe du libre examen et du rationalisme, aboutissant à la négation de Dieu et de la morale, et à l'État athée. Aussi le monde doit-il maintenant expier la crise d'irréligion que Luther a fait déferler sur le monde.

En une occasion, dans une réponse à un « journal étranger[20] » qui prétend que *l'Action* a exagéré le rôle de la Providence dans la guerre, *l'Action* expose toute sa pensée sur l'activité providentielle. Nous sommes d'accord, déclare l'éditorialiste, pour avouer que les hommes ont certainement une part dans la conduite des événements, mais « tout attendre de la politique, grande ou petite, mondiale ou nationale, et tout lui demander, n'est pas moins erroné ni moins funeste ». Nous sommes encore d'accord, affirme-t-il, que les peuples choisissent leurs propres gouvernants et qu'ils ont ceux qu'ils méritent. Mais c'est Dieu qui demeure « le juge suprême de ce mérite ou de ce démérite des peuples. Et c'est lui qui donne les bons gouvernements, comme c'est lui qui *permet* l'existence et l'action des mauvais. » Dans le cas d'une guerre, Dieu ne fait que permettre les erreurs et les fautes humaines qui la provoquent. Il « laisse libre cours aux passions cruelles des hommes stimulées par la rage du premier ennemi du genre humain. Il n'est pas besoin, dans l'ordre ordinaire de la Providence, que Dieu lance la foudre et le feu du ciel ; les hommes et les démons sont bien capables par eux-mêmes d'en allumer d'assez dévastateurs[21]. »

D'autres fléaux assombrissent cette époque. Ainsi, lors de l'épidémie de la grippe espagnole, à la fin de 1918, c'est encore Dieu qui frappe durement pour « nous faire porter notre part d'expiation » pour le compte des « jouisseurs » qui continuent d'aller à « leurs plaisirs[22] ». C'est une « leçon d'humilité », écrit-on, destinée à rappeler aux hommes leur condition de pécheurs[23].

La grande dépression de 1929 sera elle aussi « une médecine que la Providence nous a imposée[24] » parce qu'on avait « pris l'habitude de ne compter que sur la sagesse humaine, que sur les calculs humains, que sur les combinaisons humaines, sans seulement songer aux leçons de l'histoire ». Et la conséquence de cette faute si grave ?

---

[20]   Le nom n'en est pas indiqué.
[21]   « Aveuglement étonnant », éditorial, 23 juillet 1917. C'est l'éditorialiste qui souligne.
[22]   « Réflexions d'actualité », éditorial, 11 octobre 1918.
[23]   « La bonne souffrance », éditorial, 16 octobre 1918.
[24]   J. DORION, « Nous commençons : que ferons-nous ? » éditorial, 3 janvier 1935.

« Voilà que l'histoire se répète : c'est le chaos, c'est l'effondrement, c'est la misère succédant à la gêne; ce sera peut-être demain la révolution universelle si on persiste à ne pas ouvrir les yeux[25]. » Une « Lettre pastorale et Mandement des Archevêques et Évêques des Provinces ecclésiastiques de Québec, de Montréal et d'Ottawa, à l'occasion du malaise économique des temps présents », publiée à la page éditoriale de *l'Action catholique*, précise l'attitude de la hiérarchie devant la dépression, attitude que le journal fera sienne : « Les épreuves fondent sur les hommes par la volonté de Dieu, qui veut pour elles les punir de leurs iniquités et les ramener dans les sentiers de la vertu. Les grandes calamités vengeresses qui au cours de l'histoire du monde se sont abattues sur l'humanité, se présentent à Notre esprit quand nous pensons à l'effroyable expansion du mal en ces derniers temps. » Que signifie tout cela ? Le mandement délimite le Mal en ces termes :

La diminution de la piété, le blasphème, le parjure, la profanation du dimanche, l'infidélité conjugale, l'injustice, l'ivrognerie, l'immoralité de la mode, des lectures, des spectacles, de la danse, la scandaleuse liberté de manières dans les parcs publics et sur les plages, les imprudentes cohabitations ou sorties de jeunes gens et jeunes filles avec leurs lamentables conséquences, l'amour excessif des richesses, qui va parfois jusqu'à une capitalisation abusive; tout cela ne suffit-il pas à expliquer la persistance du grave malaise que partout l'on déplore, et l'impuissance de l'homme à le supprimer ? Ces désordres sapant les bases de la société, comment celle-ci pourrait-elle ne pas fléchir et menacer ruine[26] !

Ce texte révèle la profondeur des inquiétudes, voire le désespoir de l'Église. *L'Action catholique*, dans ses pages, manifeste le même découragement.

À la veille de la deuxième guerre mondiale, L.-P. Roy exprime une fois de plus sa conviction que rien n'arrive sans la permission de Dieu. « Or, poursuit-il, Dieu est infiniment juste. Si l'Europe, si l'humanité ne méritait la guerre, la Providence nous aurait épargnés. Inclinons-nous donc et prions le Ciel d'abréger ces jours de malheur. Faisons plus encore en méritant, par nos sacrifices et nos réparations, la clémence de Celui qui peut tout arranger à la dernière minute, en inspirant une solution équitable aux Chefs d'État[27]. »

---

[25] ID., « Crépuscule, puis aurore », éditorial, 31 décembre 1931.
[26] 11 juillet 1932. Voir aussi les *Mandements des évêques de Québec*, vol. XIV, pp. 37-48.
[27] « La guerre ? gardons une attitude catholique », éditorial, 1er septembre 1939.

Ceux-ci, on le sait bien, n'ont pas trouvé de solution et la guerre s'est abattue de nouveau sur le monde.

Quelques jours après le déclenchement des hostilités, se demandant pourquoi Dieu avait permis cette nouvelle guerre, L.-P. Roy se rappelle l'avertissement de Pie XI, à savoir que trois paganismes vaudraient à l'humanité la punition de la guerre. Les principaux coupables, ce sont les « blasphémateurs bolchevistes » qui, enfin, seront obligés de rendre compte de leurs massacres, de leurs profanations, de leurs pillages, de leurs incendies d'églises. Deuxièmement, il faudrait blâmer le racisme allemand, qui a prétendu tout subordonner de force, sans excepter l'Église. Voilà qui suffit, mais il y a malheureusement « un autre paganisme qui attire sur la terre les colères célestes, et dont nous sommes presque tous, hélas ! et les victimes et les agents. C'est le paganisme des chrétiens et des catholiques qui se moquent des lois morales, des droits de la conscience, des directives de l'Église. » Et ce rédacteur de conclure : « Ayons donc le bon sens et la franchise d'admettre que peuples et individus méritent le fléau de la guerre. Et la logique nous forcera à conclure que la guerre cessera quand nous ne mériterons plus de punition. Prenons dès lors, riches ou pauvres, gouvernants ou gouvernés, grands ou modestes, prenons donc la résolution de cesser de vivre en païens et de remplir nos devoirs comme le grand Maître nous a demandé de les remplir[28]. »

Ce thème manichéen d'une Providence qui veut le Bien mais en même temps permet le Mal revient sans cesse dans les pages de l'Action catholique durant toute cette période. Incapables, faute d'informations ou de formation, de comprendre le monde autour d'eux, les rédacteurs orchestrent un second thème, celui du complot ourdi par la franc-maçonnerie, la juiverie internationale et le bolchevisme pour détruire la civilisation chrétienne et la remplacer par une barbarie païenne. Ils croient fermement à l'existence de ce complot, comme ils croient à la dualité Dieu-Satan, Bien-Mal. Au milieu des combats des forces supérieures, l'homme devient presque un jouet. Sa responsabilité semble se limiter aux péchés qu'il commet et qui lui attirent la colère divine. Les agissements des francs-maçons, des Juifs et des communistes, nous le verrons, sont autant de manifestations de cette colère divine.

---

[28] « En punition de trois paganismes », éditorial, 7 septembre 1939.

CHAPITRE II

LA FRANC-MAÇONNERIE

L'idée d'attribuer à la franc-maçonnerie toutes les activités révolutionnaires et anticléricales des temps modernes remonte à la Révolution française. Un prêtre émigré, l'abbé Barruel (1741-1820), fut le premier à exposer la thèse en détail. Ses *Mémoires pour servir à l'histoire du jacobinisme*, publiés quelques années après la Révolution, cherchaient à démontrer l'existence d'un complot contre l'Ancien Régime, systématiquement ourdi et dirigé par la maçonnerie franco-bavaroise.

La thèse de Barruel n'a jamais reçu l'approbation d'historiens sérieux[1]. Charles Ledré, tout en admettant l'utilité de certaines considérations de l'analyse, reconnaît qu' « on incline de plus en plus à croire que, si les contemporains ont accueilli avec faveur l'explication par le complot, c'est que beaucoup y trouvaient une sorte d'alibi pour leurs propres fautes[2] ». Alec Mellor, auteur de nombreux ouvrages sur la franc-maçonnerie, qualifie la thèse de « légende tenace » et attribue son succès à une sorte de paresse intellectuelle qui tend méthodiquement à tout expliquer, particulièrement les malheurs d'un pays, par les agissements de la maçonnerie. « C'est une *psychose*, conclut-il. La Franc-Maçonnerie n'est que son *thème*[3]. »

Pour quelques-uns des journalistes de *l'Action catholique*, cette théorie du complot est attrayante parce qu'elle constitue une solution simple à une question complexe. La Révolution française, on le savait bien, avait causé un grand tort à l'Église; de plus on constatait que la franc-maçonnerie, sous la Troisième République, affichait généralement des attitudes anticléricales. À partir de là, on croyait pouvoir démontrer assez facilement que la franc-maçonnerie avait

---

[1] Voir Charles LEDRÉ, *la Franc-Maçonnerie*, pp. 26-28.

[2] *Ibid.*, p. 28.

[3] Alec MELLOR, *Histoire de l'anticléricalisme français*, p. 215. C'est l'auteur qui souligne.

voulu, et même favorisé, la Révolution. Pour l'éditorialiste
« Paul-Henri », justement, les francs-maçons étaient les « pères de
la Révolution en France[4] ». Cette prétention paraissait d'autant plus
fondée que beaucoup de maçons se faisaient gloire d'être tenus pour
seuls responsables d'une si grande œuvre ! Mais, de conclure Mellor
sur ce point : « Nous pensons avoir fait sans difficulté la preuve
définitive que la Franc-Maçonnerie n'a à être chargée ni des lauriers
ni de l'opprobre que, selon leurs vues respectives, les uns et les autres lui adressent [...]. La Révolution française ne fut ni préparée ni
même facilitée par elle[5]. »

En général, on voit dans les francs-maçons les responsables de
toutes les attaques dirigées contre l'Église et l'État. Selon ce qu'Henri Brun affirme dans le journal catholique de Québec, les francs-
maçons ont lancé les peuples « à l'assaut des deux puissances ecclésiastique et civile[6] ». Leurs activités visent surtout à détruire
le catholicisme, du moins le croit-on, et ils ont tramé un vaste complot pour réussir leur mission ignominieuse. « Il y a quelque part,
sinon dans le monde, du moins dans chaque pays, un moteur central d'où partent les directions, les mots d'ordre qui orientent les
mouvements et poussent à l'action anticatholique », déclare le docteur Dorion, en précisant qu'il s'agit des « frères trois points[7] ». Nul
doute, d'après lui, que la franc-maçonnerie était et est encore à la
source de beaucoup des malheurs qui affligent l'humanité. Eugène
L'Heureux partage certainement cette idée : « Sans la franc-maçonnerie, on peut l'assurer, l'influence de l'Église du Christ sur les individus et sur la société serait infiniment plus grande; et les misères
présentes ne sont pas de nature à nous faire croire qu'une obéissance plus docile et plus générale à l'Église eût mal servi notre génération[8]. »

Le but principal de la « synagogue de Satan[9] », de la « Contre-
Église[10] », dit Henri Brun, est « de battre en brèche et de ruiner,

---

[4]   « Pétris du même levain », éditorial, 15 novembre 1920. Voir aussi le volume de
      l'abbé Antonio Huot, le Fléau maçonnique, pp. 149-155. L'auteur, longtemps
      directeur de la Semaine religieuse de Québec, est souvent cité dans l'Action
      catholique.

[5]   Alec Mellor, op. cit., p. 234.

[6]   « La Franc-Maçonnerie », article, 11 février 1922.

[7]   « Le moteur central », éditorial, 4 août 1923.

[8]   « Petites notes », 20 septembre 1934.

[9]   « Le petit maçonnique », article publié dans le Croisé et reproduit dans l'Action
      catholique, 30 mars 1918.

[10] « Sur un programme ouvrier », éditorial, 13 juin 1918.

de fond en comble, toutes les institutions chrétiennes pour les remplacer par d'autres, conformes à son but et dont les principes fondamentaux et les lois sont empruntés au naturalisme[11] ». D'autres veulent montrer que la franc-maçonnerie s'était liguée avec Wilson pour assurer le triomphe du protestantisme[12]. Leur œuvre anticatholique, anticléricale, est donc d'une importance capitale. Mais cette organisation s'évertue aussi à bouleverser la société civile et les régimes légitimement constitués. Elle est responsable du « vent de tempête [qui] souffle sur le monde[13] », déclare « Paul-Henri », cherchant les causes des malheurs qui ont suivi la fin de la guerre. Et, d'observer Henri Brun, elle est toujours prête à « ébranler les fondements des empires, à poursuivre, à dénoncer et même à chasser les princes toutes les fois que ceux-ci paraissent user du pouvoir autrement que la secte ne l'exige[14] ».

Pour promouvoir leur œuvre satanique, les francs-maçons travaillent de concert avec la juiverie et le bolchevisme[15]. L'expression « judéo-maçonnique » revient constamment dans les pages de *l'Action* durant les années 20 et, parlant des Juifs, l'auteur d' « En passant » prétend qu'ils sont « tous sans exception installés dans la maçonnerie ». S'il doit admettre que leur grand-maître en 1920 n'est pas un Juif, il ne manque pas d'ajouter que les Juifs « ne tiennent pas trop à l'étalage public de leur souveraineté[16] ».

Pour ce qui est des bolchevistes, ils sont de la même farine que les francs-maçons. « Paul-Henri », de toute façon, ne voit aucune différence importante. D'après lui, « bolchevistes et Francs-maçons, Grand-Orient de France et Grande Loge Alpine de Suisse, Lénine, Trotsky en Russie, Carl Eisner[17] en Autriche, tout ça, c'est du même et du pareil, tous sont pétris du même levain de haine[18] ». Parlant des événements des années 30 en France, Louis-Philippe Roy soutient que « maçons et communistes s'entendent comme larrons en foire. Ce sont des ennemis du Christ et les ennemis du Christ sa-

---

[11] « La Franc-Maçonnerie », article, 11 février 1922.
[12] Chanoine Bernard GAUDEAU, « La paix de la Franc-maçonnerie », article publié dans *la Foi catholique* et reproduit dans *l'Action catholique*, 21 août 1919.
[13] « L'esprit révolutionnaire », éditorial, 11 juin 1920.
[14] « La Franc-Maçonnerie », article, 11 février 1922.
[15] Voir, à ce sujet, abbé Antonio HUOT, *op. cit.*, pp. 117-131.
[16] « En passant », 16 juillet 1920.
[17] En fait, il s'agit du chef socialiste bavarois, Kurt Eisner, assassiné en 1919.
[18] « Pétris du même levain », éditorial, 15 novembre 1920.

vent joindre leurs efforts dans leur œuvre destructive[19].» Identité
ou proche parenté, la question importe peu pour les rédacteurs de
l'Action. Après tout, les deux groupes ne recherchent-ils pas le même
but ? Tout catholique doit demeurer sur ses gardes !

Nous avons déjà évoqué le prétendu rôle de la franc-maçonnerie
dans la Révolution française. Cependant, on voit sa main criminelle
dans de nombreux autres événements. Lors d'une conférence donnée à Québec, le chanoine J. Hallé discute des origines maçonniques de la première guerre mondiale. D'après lui, une assemblée
maçonnique à Naples, en 1869, aurait décidé la grande guerre de
quatre ans, « toujours pour détruire le catholicisme dans le monde[20] ».
Ils cherchaient, plus précisément, à ruiner la France, pays catholique, et à partager l'Europe entre l'empire russe et l'empire allemand, tous deux sous la tutelle d'un grand chef franc-maçon ré-
sidant à Rome. Paul Lefranc, journaliste à *l'Action*, a assisté à la
conférence et en a rédigé un compte rendu. Il n'oublie pas d'ajouter
que les affirmations du chanoine Hallé sont basées sur des preuves
écrites et, selon lui, « irréfragables ».

Aussi cette grande guerre, « la plus atroce que l'esprit du mal ait
jamais déchaînée[21] », était-elle « leur guerre[22] », la guerre de la franc-
maçonnerie qui comptait profiter des circonstances pour détruire
l'Église. Pour cette raison, elle n'avait aucun intérêt à mettre fin
au carnage. Quand les propositions de paix de l'empereur Charles
d'Autriche eurent avorté, l'abbé Nadeau blâme la franc-maçonnerie
et conclut : « On voit, une fois de plus, comme la secte maçonnique, avec sa haine du catholicisme, sa rage de le détruire et de détruire les nations où il règne, est opposée aux vrais intérêts des alliés
et de l'humanité[23]. » Et lorsque Benoît XV eut fait ses offres de
paix en 1917, les journaux ont émis des doutes sur son impartialité,
« laissant bourrer les colonnes de la prose cuisinée maçonniquement
dans les bureaux des agences de dépêches[24] », affirme encore l'abbé
Nadeau.

[19] « Participation de la Maçonnerie au gouvernement de la France », article, 12 mars
1936.
[20] Paul LEFRANC, compte rendu d'un discours du chanoine J. Hallé, « L'Église de
Dieu et l'Église de Satan », publié dans *l'Action catholique*, 12 mai 1919.
[21] « L'autre guerre », article publié dans *le Messager de Saint-Antoine* et reproduit dans *l'Action catholique*, 10 juillet 1918.
[22] *Ibid.* D'après l'auteur, ce sont les francs-maçons eux-mêmes qui l'appellent ainsi.
[23] « Chronique de la guerre », 12 avril 1918.
[24] *Ibid.*, 16 août 1917.

La France, soutient *l'Action*, a particulièrement souffert des agissements infernaux de la franc-maçonnerie qui la tenait dans « ses griffes infernales[25] ». En 1870, les francs-maçons l'ont trahie, en vendant des secrets militaires aux Allemands. Dès 1914, ils jouent un rôle actif dans l'organisation de l'espionnage allemand en France. Non satisfaits de prendre parti contre Dieu et son Église, « tous ces Judas » sont allés jusqu'à « prendre parti contre la France tout court[26] » : Malvy, Caillaux et d'autres, accusés de trahison, de collaboration avec l'ennemi, etc., sont des francs-maçons. Sur le plan intérieur, ils font de leur mieux pour affaiblir le catholicisme, envoyant les prêtres au front pour dépeupler l'Église.

L'élection de la Chambre bleue (le Bloc national) après la guerre marque un moment de répit. La franc-maçonnerie ne disparaît pas pour autant et, selon Ferdinand Bélanger, il faut craindre « toujours les méfaits de ces éternels vendus de la finance internationale, que sont les francs-maçons de tous grades et de tous rites, car ils peuvent encore [...] préparer force mauvais tours, trahisons, concussions ou autres vilaines histoires[27] ». Le revirement ne se fait pas attendre et les nouvelles élections (en 1924) amènent au pouvoir les « bandes socialistes ou plutôt maçonniques, sous le masque Herriot[28] ». D'après François Coty, journaliste français influent, les deux cinquièmes du Parlement français sont maintenant « tenus en laisse par une Internationale sans numéro : par la franc-maçonnerie[29] ». Pendant toute la décennie, leur « travail de sape antichrétienne » se poursuivra. Même dans les années 30, leur influence est loin de s'effacer : par exemple, on accuse la franc-maçonnerie de provoquer la chute des cabinets Flandin et Bouisson dans le but d'établir un gouvernement de gauche, un « vrai et pur Cartel maçonnique qui permettra la mainmise totale, l'exécution complète des plans économiques et politiques maçonniques[30] ». À ce sujet, Louis-Philippe Roy attire l'attention sur un détail qu'il considère comme hautement

[25] Abbé Georges DUGAS, « Quand viendra la paix ? » article publié dans *la Vérité* et reproduit dans « Échos de l'opinion publique », 23 juillet 1918.

[26] « De quel côté sont les traîtres ? » éditorial, 6 octobre 1917.

[27] « En passant », 21 avril 1924.

[28] J. DORION, « Fen de brut », éditorial, 13 janvier 1925.

[29] « L'influence étrangère de la franc-maçonnerie », article publié dans *l'Ami du Peuple* et reproduit dans *l'Action catholique*, 19 juin 1928.

[30] VERAX, « Comment la franc-maçonnerie fait et défait les ministères », article publié dans *la France catholique* et reproduit dans *l'Action catholique*, 3 juillet 1935.

significatif : dans les dix ministères qui se sont succédé en quatre ans (juin 1932–décembre 1935), 90 ministres sur 184 étaient francs-maçons[31]. Dans le cas du gouvernement Blum, quatre ministres seulement n'étaient pas membres de loges maçonniques, et dans le cabinet de Camille Chautemps, trois seulement.

Au Portugal aussi la franc-maçonnerie se mêle de politique interne, semant révolutions et attentats. Responsable de la révolution de 1910 et du renversement de la monarchie, la « secte infâme » aurait de plus, en 1918, soudoyé l'assassin du président Sidonio Paes, dont le seul crime, affirme Nadeau, était d'avoir « renversé un régime de bandits, de pillards et de persécuteurs, d'avoir ramené l'ordre dans le pays[32] ». L'assassinat politique, prétend ce prêtre, « comme toutes les autres espèces de malhonnêtetés et de crimes est en honneur dans les milieux des Loges[33] ». La franc-maçonnerie l'avait déjà utilisé contre Garcia Moreno, président de l'Équateur et héros catholique, et contre l'archiduc Franz-Ferdinand d'Autriche.

Le Mexique compte lui aussi parmi les pays catholiques ravagés par la franc-maçonnerie. Pays instable depuis le long règne de Porfirio Diaz (1884–1911), il a connu de nombreuses révolutions qui, déclare Foisy, « ont toutes été fomentées par les activités de la franc-maçonnerie persécutrice et perfide[34] ». La violence de la lutte anticatholique de Plutarque Callès et d'Aaron Saenz (ministre des Affaires étrangères), tous deux francs-maçons et Juifs[35], explique l'indignation dont Ferdinand Bélanger fait montre dans son commentaire : « Il paraît de plus en plus que les francs-maçons qui gouvernent le Mexique sont des barbares tout à fait ordinaires comme les petits frères de la secte sont généralement dans l'une ou l'autre partie de la planète[36]. »

De plus les francs-maçons ourdissent, avec la juiverie, la révolution bolcheviste de 1917; ils tentent une expérience communiste en Hongrie avec Bela Kun, expérience qui avorte parce que « toute

---

[31]   « Participation de la Maçonnerie au gouvernement de la France », article, 12 mars 1936.

[32]   J.-T. NADEAU, « L'assassinat du président du Portugal », article, 18 décembre 1918.

[33]   ID. (probablement), « Au Portugal », article, 23 février 1918.

[34]   « Toujours pareil », éditorial, 18 mai 1921.

[35]   Abbé A. HUOT, « La leçon du Mexique », article publié dans la *Semaine religieuse de Québec* et reproduit dans « Chez les autres », 3 août 1926; et J. DORION, « Les événements mexicains », éditorial, 31 juillet 1926.

[36]   « En passant », 2 septembre 1926.

la Hongrie, sans distinction de partis politiques et de religion, est unie dans la lutte contre leurs machinations et leur activité destructive[37] ». Ils semblent aussi se constituer en maîtres de la Société des Nations[38]. Finalement, en Espagne, la maçonnerie y est pour beaucoup dans la guerre civile. Le docteur Roy analyse ainsi la situation : sont en présence, « du côté gouvernemental, la maçonnerie civile liée au bolchevisme et soutenue par le syndicalisme socialiste, communiste ou anarchiste, éléments divers liés par la haine de la religion; du côté insurgé, les militaires, presque tous francs-maçons, sauf le principal d'entre eux, Franco, mais amenés par les circonstances à s'appuyer sur les éléments catholiques de la péninsule ibérique[39] ». L'Action n'éprouvera pourtant aucune difficulté à décider de ses préférences.

En somme, pour l'Action catholique, ce sont les pays catholiques, tels la France, l'Italie, l'Espagne, le Portugal et le Mexique, qui souffrent le plus des méfaits de la franc-maçonnerie. Heureusement, en même temps, il se produit une certaine réaction de la part des « éléments sains » de ces mêmes sociétés. Mussolini, par exemple, est parmi les premiers à se rendre compte de la menace. À son avènement au pouvoir, la franc-maçonnerie « s'était emparée de tout : législation, instruction, presse, syndicats. La vie intellectuelle, politique, sociale, du peuple, recevait ses directions des organes de la secte et la religion perdait de plus en plus de terrain[40]. » Mais le dictateur italien réagit promptement. Il dissout tous les groupements maçonniques, et l'Action, bien entendu, lui en sait gré. Selon Joseph Dandurand, Mussolini a délivré son peuple de la « gangrène socialiste et maçonnique[41] ». N'est-il pas facile, demande l'Action, de comprendre l'attitude antifasciste et antimussolinienne de la presse ? Le Duce boute la franc-maçonnerie hors d'Italie; la franc-maçonnerie, contrôlant la presse, essaie de se venger en soulevant l'opinion publique contre lui. La thèse est très simple et permet à bien des partisans de Mussolini, demeurés quelque peu hésitants face à certains

---

[37] Article, 17 avril 1922. Cet article ne dit pas toute la vérité. Il ne fait pas état, par exemple, de l'importance, dans le renversement de Bela Kun, de l'arrivée des troupes roumaines.
[38] Voir Léon DE PONCINS, Société des Nations : super-état maçonnique. Les écrits de cet auteur sur la franc-maçonnerie et la juiverie ont connu une certaine popularité au Canada.
[39] « Franco, la Franc-Maçonnerie, la délivrance de l'Église et le salut de l'Espagne », article, 13 janvier 1937.
[40] J.-A. FOISY, « L'Italie nouvelle », éditorial, 25 octobre 1923.
[41] « Le discours de Mussolini », éditorial, 5 juin 1930.

de ses actes et de ses défauts, de croire ce qu'ils veulent croire (et non pas ce qu'ils lisent toujours dans les journaux) et de rejeter ce qu'ils veulent.

La franc-maçonnerie utilise des moyens autres que la révolution et la propagande des agences de presse pour hâter la réalisation de ses desseins sataniques. D'après les rédacteurs de *l'Action*, un des moyens qu'elle préfère pour parvenir à ses fins consiste à obtenir le contrôle de l'école — lentement, patiemment mais résolument. Elle poursuit, dit l'abbé Huot, une « lutte sourde et impie contre l'école catholique[42] ». Après avoir substitué l'État au père de famille et à l'Église dans l'éducation (au moyen de l'école obligatoire, gratuite et publique), elle proclame l'enseignement neutre. Cette campagne, qu'on dit orchestrée par la franc-maçonnerie et ses « amis inconscients », est dénoncée avec véhémence, comme nous le verrons au chapitre XII.

La franc-maçonnerie a aussi mis sur pied (et elle ose s'en vanter, d'ailleurs !) des organisations visant à corrompre la jeunesse; elle tente également de déchristianiser la femme, son arme usuelle étant d'encourager les extravagances de la toilette. Le but diabolique de cette organisation subversive justifie toujours les moyens dont elle se sert.

Pour *l'Action*, en somme, la franc-maçonnerie, c'est « l'armée des fils de ténèbres[43] », organisée par Satan. Ce sont des « joueurs de couteau et de revolver [...] qu'on veut faire passer comme des modèles et des créateurs de civilisation, alors que ce ne sont que des barbares qui ramènent la société à la sauvagerie et à la cruauté du paganisme[44] ». Comme on pouvait s'y attendre, « ces gens-là sont fiers d'avoir mal fait, comme d'autres d'avoir accompli une bonne œuvre. C'est bien ce qui prouve l'inspiration satanique de leurs œuvres[45]. » La franc-maçonnerie est donc le comble de l'antichristianisme.

Il peut sembler exagéré d'attribuer tous les malheurs d'une société à une cause unique d'ordre économique, politique, etc. Ce serait encore plus farfelu, du moins de nos jours, de rejeter la responsa-

---

[42]   « Toujours à l'école », éditorial, publié dans la *Semaine religieuse de Québec*, vol. XXX, n° 28 (14 mars 1918), pp. 434-436, et reproduit dans *l'Action catholique*, 25 mars 1918.

[43]   « L'autre guerre », article publié dans *le Messager de Saint-Antoine* et reproduit dans *l'Action catholique*, 10 juillet 1918.

[44]   J.-T. NADEAU, « Assassinat du président du Portugal », article, 16 décembre 1918.

[45]   PAUL-HENRI, « L'esprit révolutionnaire », éditorial, 11 juin 1920.

bilité des maux de l'époque sur une organisation fantôme qui passe-
rait son temps à tramer des conspirations infernales. Pourtant, on
sait que le phénomène qui nous préoccupe ici n'est pas le plus ré-
cent du genre : la grande peur rouge des années 50 aux États-Unis,
lorsque le sénateur Joe McCarthy et d'autres se sont livrés à une
« chasse aux rouges », en est une preuve.

Quant aux journalistes de *l'Action*, ils croient sincèrement défendre leur religion en stigmatisant tout ce qui paraît la menacer. C'est
pour eux beaucoup plus qu'une simple institution qui est en cause,
plus même qu'une croyance parmi d'autres. C'est décidément la
vérité elle-même qui est en train de subir les assauts toujours plus
violents des forces de l'erreur. Pareille conviction aide à expliquer
l'intolérance et l'étroitesse d'esprit qui caractérisent souvent leurs
attitudes et leurs jugements.

Partout, avant la « Révolution », l'Église catholique se trouvait à
la base même de l'ordre établi. Suivant le régime et le pays, elle
jouissait de privilèges spéciaux dont le plus important, sans conteste,
était celui de réglementer, en grande partie, la vie civile de la société.
La législation sur le divorce et le mariage, sur la liberté du culte,
sur l'éducation et le bien-être reflétait largement le point de vue de
l'Église. Une révolution qui visait à changer sensiblement cet ordre
établi, même de façon paisible, ne pouvait qu'avoir des répercussions extrêmement graves sur la position de l'Église. Est-ce étonnant que *l'Action catholique* se soit montrée hypersensible devant
tout projet de changement venu de l'extérieur de l'Église ?

Quoique la franc-maçonnerie n'ait jamais été un bloc homogène,
monolithique, elle est devenue, au cours du dix-neuvième siècle,
une force anticléricale vigoureuse, particulièrement en France.
D'après Alec Mellor, il faut distinguer la franc-maçonnerie de l'anticléricalisme[46]. Dans la préface de son *Histoire de l'anticléricalisme
français*, il dit vouloir s'efforcer de « tirer au clair ce qui est l'anticléricalisme français lui-même. Ses aspects maçonniques existent mais
sont loin d'être les seuls, et nous sommes en présence d'un
phénomène historique complexe, vivant à grande profondeur[47]. »

Les rédacteurs de *l'Action* sont incapables de faire, dans leur
analyse, les distinctions et les nuances qui s'imposent. Rejetant

---

[46] *L'Action* se refuse à faire cette distinction. Bien au contraire, le journal cherche à réfuter les prétentions de ceux qui affirment que la franc-maçonnerie anglaise et américaine est une organisation beaucoup plus philanthropique qu'anticléricale.

[47] Alec MELLOR, *op. cit.*, p. 9.

d'avance toute critique un tant soit peu poussée de l'ordre établi (à quelques exceptions près, nous en parlerons plus loin) de crainte de nuire aux intérêts de la religion, ils ne peuvent expliquer les grands bouleversements sociaux par les déficiences des régimes en place. Ce refus est encore plus catégorique dans les domaines qui intéressent particulièrement l'Église, comme l'éducation.

L'entre-deux-guerres est une époque de révolution universelle, c'est-à-dire de changements profonds, sur tous les plans, dans presque tous les pays. Même dans les cas où *l'Action* dispose de nombreuses sources de renseignements (la nouvelle vague d'anticléricalisme après 1924, en France), elle est incapable de parvenir à une certaine objectivité dans ses réflexions. Ses analyses sont celles d'un groupe qui demeure profondément engagé et qui se sent concerné par l'issue de chacune des luttes qui se déroulent un peu partout dans le monde. Et le sort va souvent à l'encontre de ses vœux les plus sincères !

Il est tout à fait normal, pour les rédacteurs de *l'Action catholique,* de conclure que la franc-maçonnerie est une des forces motrices des changements qui mettent l'Église en péril. Le parti pris du journal et son caractère doctrinaire, l'accélération de l'histoire au vingtième siècle et ses « progrès » décevants, la naïveté des journalistes et les carences aussi bien de leur formation que de leurs informations, leurs convictions religieuses si ferventes et, souvent, si aveugles : tout cela fait que les rédacteurs de *l'Action* ne peuvent pas comprendre ce qui se passe autour d'eux et qu'ils préfèrent tout expliquer par de prétendues conspirations. Ajoutons que cette tendance est nettement plus forte pendant les années 20 qu'elle ne le sera plus tard, durant les années 30, du moins pour ce qui est de la franc-maçonnerie et, comme nous le verrons au chapitre suivant, de la juiverie. Au cours des années 30, une nouvelle menace, le communisme, renforcé par une puissance militaire et politique fort redoutable et bien visible, celle de l'Union soviétique, monopolise presque toute l'attention du journal. Ses rédacteurs voient enfin se manifester au grand jour les conjurations secrètes et ténébreuses qu'ils ont si souvent dénoncées. Quant à la psychose dont nous parlions précédemment, elle ne disparaît pas, mais elle s'adapte à une nouvelle conjoncture, une conjoncture de révolution mondiale.

CHAPITRE III

LA JUIVERIE

En Europe et en Amérique, les années 20 et 30 connaissent un regain sensible d'antisémitisme. On sait trop bien quel fut l'aboutissement de ce phénomène en Allemagne hitlérienne, mais on oublie trop souvent que les mêmes sentiments prévalaient aussi, en certains milieux, dans beaucoup d'autres pays. Ce sont habituellement les groupes d'extrême-droite, ultra-nationalistes, qui s'en font les porte-parole les plus ardents. Au Canada français, des journaux comme *la Croix*[1] (Montréal) ainsi que *le Patriote* (1929–1938), organe du Parti national social chrétien d'Adrien Arcand, se nourrissent d'un antisémitisme virulent. De plus, la plupart des publications catholiques et patriotiques aussi bien que les mouvements similaires (comme la S.S.J.B. et les Jeune-Canada) font montre d'un antisémitisme habituellement plus mitigé, parfois latent, mais toujours présent. Le journal *l'Action catholique* devient de temps à autre le foyer de campagnes antisémites assez poussées. Le journal se plaindra souvent, par exemple, de la menace que constituent l'immigration juive, le commerce juif, le contrôle de la grande presse par les Juifs et l'influence juive dans le cinéma. Est-ce vraiment sur ces diverses « menaces », qu'elles soient réelles ou imaginaires, que se fonde l'antisémitisme de *l'Action* ?

Norman Cohn, dans son volume *Warrant for Genocide*[2], cherche à démontrer que l'antisémitisme le plus fanatique se base non pas sur de véritables conflits d'intérêt avec des personnes vivantes ni même sur des préjugés raciaux comme tels, mais plutôt sur la conviction que les Juifs constituent un groupe de conspirateurs qui visent à soumettre l'Univers à leur domination[3]. C'est là une croyance

---

[1] Ce journal paraît, à intervalles irréguliers, de 1903 à 1937.
[2] Norman Cohn, *Warrant for Genocide : the Myth of the Jewish World Conspiracy and the Protocols of the Elders of Zion*.
[3] *Ibid.*, p. 16.

fortement enracinée chez les rédacteurs de *l'Action catholique*. Elle succède à l'idée « médiévale » qui veut que les Juifs soient les suppôts de Satan, employés par lui à la ruine spirituelle et physique de la chrétienté.

Même si les Nazis et leurs ancêtres spirituels du dix-neuvième siècle ont sécularisé l'antisémitisme, l'Église catholique a conservé une base théologique pour le justifier. Beaucoup de catholiques, dont un grand nombre de prêtres, ont cependant largement dépassé l'antisémitisme « officiel » de l'Église, allant jusqu'à accepter les mythes selon lesquels les Juifs sont des agents de désordre et de destruction dans toutes les sociétés. La plupart des rédacteurs de *l'Action catholique* se font les défenseurs zélés de ces légendes.

Le « crime du Calvaire » est un point de départ commode pour l'antisémitisme du journal. « Ils [les Juifs] ont renié Jésus-Christ parce que sa doctrine contredisait leurs ambitions temporelles d'or, d'honneurs et de jouissances sensuelles[4] », estime l'abbé Lavergne. Et Foisy de déclarer qu'ils « espéraient mettre l'Église nouvelle au tombeau en y mettant son divin fondateur, après l'avoir fait mourir sur la croix[5] ». Ce sera donc le peuple perfide, le peuple déicide, condamné à se disperser à travers le monde pour aller porter dans tous les siècles la tache et le poids de son crime.

Pour étayer leurs thèses, les antisémites ont dû découvrir des crimes plus récents, susceptibles d'émouvoir davantage le croyant moderne. On en trouve assez facilement. Au dire de l'abbé Antonio Huot, rédacteur de la *Semaine religieuse de Québec,* ce sont eux, les Juifs, qui ont « ourdi, dans le cours des siècles, toutes [les] odieuses machinations contre la législation chrétienne des États catholiques[6] ». Leur principal adversaire, la seule puissance osant se dresser devant eux durant tout ce temps, c'est naturellement l'Église catholique. Il leur faut donc, à tout prix, « abattre l'Église, ruiner son prestige, ses enseignements, ravager ses institutions, détruire la famille, et jeter à terre tout l'édifice social chrétien[7] ». Et l'abbé Lavergne d'ajouter : « Les Juifs, comme race, sont nos ennemis-

---

[4] « Le péril juif », éditorial, 1er juin 1922.
[5] « Le serpent et la lime », éditorial, 10 avril 1922.
[6] « Pour s'orienter dans la question juive : I–Le fait juif », *Semaine religieuse de Québec,* vol. XXXIII, n° 34 (21 avril 1921), pp. 542-544, reproduit en éditorial dans *l'Action catholique,* 23 avril 1921.
[7] É.-V. LAVERGNE, « Le péril juif », éditorial, 1er juin 1922.

nés. Leur but est l'effacement du nom chrétien, fallût-il pour y atteindre verser des flots de sang[8]. »

Dans le chaos de la guerre, l'abbé Nadeau prévient ses lecteurs contre une menace devenue très actuelle : les Juifs, dit-il, veulent s'emparer complètement de la direction des sociétés chrétiennes actuellement « désemparées ». Et au milieu du tumulte des révolutions qui suivent la guerre, il prétend que les Juifs, en compagnie des francs-maçons, leurs serviteurs, sont en train de « se hisser au pinacle et mettre le pied sur la gorge des chrétiens[9] ». Et pour promouvoir leur cause infernale, les Juifs seraient prêts à se servir de tous les moyens. L'abbé Lavergne résume sa pensée avec une franchise qui en dit long sur les sources auxquelles s'alimente l'antisémitisme de *l'Action catholique* : « Ce que nous reprochons aux Juifs, ce n'est pas le sang qui coule dans leurs veines, ni la courbe de leur nez, mais la haine violente qui, en général, les anime, le mépris profond qu'ils professent contre tout ce qui est chrétien[10]. »

Les Juifs sont accusés d'avoir commis les crimes les plus barbares dans la poursuite de leur « mission ». On leur impute la responsabilité, par exemple, d'avoir transformé la Russie, à partir de 1917, en un véritable enfer. Sous le titre de « cuisine bolcheviste », un journaliste rapporte l'histoire d'une Juive qui a fait bouillir un évêque russe, et qui a fait fusiller huit « popes » (des prêtres orthodoxes) à la suite de leur refus de boire d'un tel bouillon. Un autre journaliste fait état de l'existence, dans ce malheureux pays, d'un « cannibalisme de l'espèce la plus bestiale, inouï même au plus bas degré de l'échelle des êtres humains », où des « parents mangent leurs propres enfants, quelquefois après les avoir tués eux-mêmes comme s'ils étaient du bétail ou de la volaille »; l'auteur d' « En passant » conclut : « Voilà à quelle dégradation tombe une société d'où l'on a chassé Dieu, pour mettre à sa place le régime juif. Car [...] les auteurs de cette abomination, ce sont les Juifs. Et voilà ce qu'ils réservent à toutes les nations qui tomberont sous leur domination. Bel avenir[11] !... »

L'Action avait déjà ajouté foi à la vieille légende du meurtre rituel selon laquelle les Juifs tuaient des enfants chrétiens pour se procurer le sang nécessaire pour la célébration de la Pâque.

---

[8] « « Haine aux Juifs » », éditorial, 21 septembre 1921.
[9] « En passant », 16 mai 1919.
[10] « « Haine aux Juifs » », éditorial, 21 septembre 1921.
[11] 3 mai 1922.

En 1911, près de Kiev, en Russie, on a découvert le cadavre mutilé d'un garçonnet chrétien. Peu après, la police a arrêté un ouvrier juif nommé Mendel Beiliss, l'accusant d'avoir pratiqué le crime de meurtre rituel. Ce dernier fut acquitté (malgré les efforts de la poursuite et du gouvernement) après un procès qui dura plus de deux ans.

L'arrestation de Beiliss et sa mise en accusation suscitèrent une très forte réaction mondiale. Condamnée par la plupart des gens, une petite minorité appuya bruyamment les accusateurs. Mais d'après l'analyse de Maurice Samuel, les irréductibles les plus fanatiques étaient plutôt ceux qui, à l'instar de *l'Action catholique*, affichaient l'impartialité et l'objectivité[12].

Après une mise en garde contre les informations données par les agences de nouvelles « en général à la solde de la haute finance juive[13] » et une condamnation de ce « crime atroce », le journal évoque le « témoignage important » d'un Juif, devenu catholique, qui aurait déclaré : « Si les entrailles de la terre s'ouvraient, on trouverait les os de plusieurs personnes torturées à mort par les Juifs[14]. » Devant les manifestations antirusses à Montréal et ailleurs, *l'Action* lance un appel en faveur de la neutralité : « La convenance la plus élémentaire, la loyauté la plus simple, et le gros bon sens exigeraient que l'on attende en silence le résultat du procès de Kief avant de s'agiter et de protester[15]. » En même temps, le journal recourt à une « étude » d'Édouard Drumont, l'antisémite français notoire, qui traite des « pratiques abominables » (dont le meurtre rituel) des Hébreux et condamne les Juifs qui utilisent leurs capitaux et leur influence « pour tenter d'arracher à la justice le moindre d'entre eux qui s'est exposé à ses foudres[16] ».

À mesure que le procès se déroule et que les réactions mondiales se multiplient, *l'Action* dénonce la presse juive et « l'emprise toujours grandissante de la monstrueuse araignée juive sur le monde[17] », elle recommande à ses lecteurs l'étude des spécialistes de ces ques-

---

[12]   Maurice SAMUEL, *Blood Accusation : The Strange History of the Beiliss Case*. *L'Action* adoptera une attitude semblable en face des persécutions juives en Allemagne hitlérienne.

[13]   13 octobre 1913.

[14]   16 octobre 1913.

[15]   « Protestataires et gogos », éditorial, 22 octobre 1913.

[16]   Édouard DRUMONT en parle longuement dans *la France juive : essai d'histoire contemporaine*, t. 2, pp. 381-412, et aussi dans *le Testament d'un antisémite*, pp. 321-323.

[17]   « Israël dans l'eau bouillante », article, 23 octobre 1913.

tions judéo-maçonniques et elle tente de prouver que le crime du meurtre rituel, loin d'être une légende, est une réalité. Une fois connu l'acquittement de Beiliss, elle évoque encore la prétendue mainmise des Juifs sur les agences de dépêches et félicite la justice russe de sa « prudence consommée[18] ».

Aucun crime n'est trop odieux, trop invraisemblable, pour les Juifs. Tout leur est permis pour arriver à leur fin : la disparition du catholicisme et de toute la société chrétienne. Le plus souvent, cependant, *l'Action* saura séculariser la menace : elle n'insistera pas uniquement sur le danger que font courir les Juifs aux chrétiens mais aussi et surtout sur celui qu'ils représentent pour toute la civilisation, l'ordre établi en général. La juiverie rêve de dominer le monde, dit-elle; il n'est pas nécessaire d'être catholique ni même chrétien pour croire à l'existence de ce complot juif à l'échelle mondiale : la « Haute finance juive [...] enserre le monde », soutient un des rédacteurs. Elle forme un organisme international, préparant « les événements que le Gouvernement juif a jugé nécessaires[19] ». Le rêve des Juifs, que poursuivent par tous les moyens les chefs de la nation juive, c'est de « dominer le monde, posséder l'or, tout l'or dans le monde, et toute la puissance dans le monde[20] ».

Le meilleur moyen de faire progresser leur cause est, croit-on, la révolution mondiale qui établira « la démocratie universelle internationale » et permettra aux Juifs de toute la terre de déposer les masques dont ils se couvrent dans les différents pays, et de travailler ouvertement au triomphe d'Israël. Au dire de Ferdinand Bélanger, « les Juifs sont amateurs de révolution parce qu'ils pratiquent avec habileté de père en fils le sport lucratif de la pêche en eau trouble[21] ».

Dans la réalisation de ses buts démoniaques, la juiverie peut compter sur deux « fils spirituels », la franc-maçonnerie et le bolchevisme. On parle habituellement de la « conspiration *judéo-maçonnique* pour s'emparer du monde », du « mouvement judéo-maçonnique » dont le but est de « renverser l'ordre social établi » et de « créer un état de choses comme celui qui règne en Russie et [qui] permet à une infime minorité de tout conduire[22] ». Pour Albert

---

[18] « La leçon de Kief », article, 12 novembre 1913.
[19] « En passant », 8 novembre 1921.
[20] É.-V. LAVERGNE, « Le rêve juif », éditorial, 4 janvier 1922.
[21] « En passant », 27 avril 1923.
[22] J.-A. FOISY, « Autour du monde », éditorial, 4 février 1921. C'est nous qui soulignons.

Foisy, « la juiverie et la maçonnerie marchent la main dans la main, et il est probable que celle-ci est au service de celle-là[23] ».

Comme tous les défenseurs du statu quo, *l'Action* se trouve complètement désemparée devant la prise du pouvoir par les bolchevistes en Russie. Plutôt que d'expliquer la révolution russe par son processus historique, elle trouve plus simple d'en faire l'aboutissement d'un complot juif. Les Juifs sont pour elle la race qui contrôle le mouvement bolcheviste. Paul Tailliez, dans sa correspondance périodique, abonde dans le même sens. Le bolchevisme, affirmet-il catégoriquement, est « un épisode de la lutte engagée par des juifs fanatiques qui, par les voies de l'anarchie internationale, ne poursuivent que la ruine des nations chrétiennes et civilisées[24] ». Un des rédacteurs de *l'Action catholique* va jusqu'à déclarer, en apportant un nouveau témoignage « irréfutable » : « Que la conspiration judéo-maçonnique universelle soit l'inspiratrice et la directrice incontestable de la révolution bolchevique à travers le monde, on en était déjà assez généralement convaincu[25]. » L'abbé Nadeau résume laconiquement tout le débat : « Bolchevisme, franc-maçonnerie, socialisme, révolution, judaïsme, en somme, c'est tout un[26]. » Qu'il y ait un complot ou trois, peu importe, le but demeure d'anéantir l'ordre que l'on connaît. À cet égard, doit-on conclure que l'abbé Nadeau et les autres antisémites font preuve de naïveté, ou de faiblesse d'esprit, ou de paresse intellectuelle ? Sont-ils plutôt victimes d'archétypes enracinés dans la conscience collective ? Ou est-ce une façon de fuir des responsabilités et des exigences accablantes ? Sans doute chacune de ces hypothèses renferme-t-elle une part de vérité.

C'est à la fin de 1920 que la première référence aux *Protocoles des Sages de Sion*[27] paraît dans *l'Action*. Dans un article contre l'immigration juive au Canada, J.-Albert Foisy mentionne un dénommé Serge Nilus, qui aurait exposé « les plans combinés de la juiverie et de la franc-maçonnerie pour dominer le monde, faire dispa-

---

[23]   « Juiverie triomphante », éditorial, 2 septembre 1920.
[24]   « Impressions d'un vétéran », 23 août 1920.
[25]   « Vie catholique », 29 novembre 1920.
[26]   « En passant », 9 juin 1919.
[27]   L'édition que Foisy a vue était probablement celle de Mgr JOUIN, *le Péril judéo-maçonnique : les « Protocols » des Sages de Sion*, Paris, Émile Paul, 1920. Il aurait pu voir aussi une traduction publiée dans *la Libre Parole*. L'édition que nous avons consultée : *Protocoles des Sages de Sion,* traduit du russe, avec introduction de Roger LAMBELIN.

raître les derniers vestiges de la monarchie et établir la république universelle soumise à l'influence juive[28] ». De plus, toujours selon Foisy, les événements qui se sont passés en Russie et qui continuent de se produire, sont « l'accomplissement exact » du programme tracé dans les documents.

Ces prétendus *Protocoles*, ou procès-verbaux des séances d'un Congrès d'associations sionistes tenu à Bâle en 1897, constituent, dit-on, le plan juif de domination mondiale. Roger Lambelin, dans son introduction à la traduction française des *Protocoles*, affirme : « Ce sont plutôt des enseignements et des maximes que des procès-verbaux. Il semble que leur ou leurs auteurs aient eu pour principal souci d'exposer en vingt-quatre leçons les doctrines d'Israël, les objectifs qu'il poursuit depuis les temps les plus reculés, et les détails de l'ultime plan de campagne pour la conquête du pouvoir mondial, alors que tout semblait préparé pour commencer la lutte décisive[29]. »

Dans leurs *Protocoles*, les « Sages de Sion » avouent que la démocratie libérale les a bien servis en détruisant le sens de la religion et de l'autorité chez les chrétiens; que, par leur or, ils ont réussi à s'emparer de la presse, à manœuvrer l'opinion mondiale et à influencer les États démocratisés où on valorise tellement l'opinion des masses; que les Juifs dirigent la franc-maçonnerie; qu'ils en viendront à établir leur supra-gouvernement international, sous le roi des Juifs, au moyen de guerres particulières et d'un conflit général et que, pour montrer leur pouvoir, ils « terrasseront et asserviront par l'assassinat et le terrorisme un des peuples de l'Europe[30] ». Lambelin termine son introduction aux *Protocoles* en soulignant leur « caractère prophétique ». Déjà, on les avait dénoncés comme une falsification, de sorte que leurs adeptes se voient obligés de lutter sur un terrain pour eux plus sûr parce que plus vague. Pourquoi se disputer sur la véracité des *Protocoles*, demande habilement *l'Action catholique*, quand, même s'ils sont faux, ils demeurent une admirable prophétie ? C'est justement la conclusion à laquelle arrive Lambelin dans son introduction à l'édition de 1936. Prouver que les *Protocoles* sont faux n'affaiblit en rien leur valeur. En déplaçant le champ de discussion des faits (les *Protocoles* sont-ils authentiques ?) aux opinions (les *Protocoles* ne constituent-ils pas une

---

[28]   « L'invasion juive », éditorial, 15 décembre 1920.
[29]   Introduction aux *Protocoles*..., *op. cit.*, p. XX.
[30]   *Ibid.*, p. XXI .

prophétie, un enseignement valable ?), l'antisémite s'estime plus à l'abri des attaques.

Norman Cohn, dans son volume sur les *Protocoles*, cherche à établir la véritable origine de cette supercherie. Nilus, un moine russe, se serait largement inspiré d'un pamphlet remontant à 1865 et dirigé contre Napoléon III ainsi que d'écrits antisémites, dont ceux d'Édouard Drumont, de Mgr Léon Meurin, archevêque de Saint-Louis, Île Maurice, et de l'abbé E.-A. Chabauty. Le chef de la police secrète russe à Paris, Rachkovsky, aurait patronné l'ouvrage, croyant qu'il stimulerait l'antisémitisme et renforcerait l'autocratie russe en faisant dévier le mécontentement populaire.

Quelques semaines après sa « découverte » des *Protocoles*, Foisy revient à la charge, annonçant qu'il vient juste d'avoir le texte complet du document. « La lecture de ce livre, affirme-t-il, nous remplit d'horreur devant le cynisme et la haine manifestée envers le monde chrétien par ces associations internationales juives qui sont en train de s'emparer de la finance de tous les peuples de la terre. » Et de conclure : « Si ce n'est pas l'exposé d'un plan ourdi d'avance, c'est une prophétie remarquable[31]. »

L'abbé Antonio Huot, dans la *Semaine religieuse de Québec*, déclare ne pas pouvoir juger de l'authenticité des *Protocoles*, mais trouve que cette question n'a que peu d'importance. Selon lui, le livre contient, sur l'action juive actuelle, de nombreuses observations qui s'appuient sur des « faits indiscutables[32] ». L'abbé Lavergne est lui aussi frappé par les *Protocoles* et leur « enseignement monstrueux ».

Vers la fin de 1921, *l'Action* fait état des tentatives de la juiverie en vue de discréditer « le formidable document[33] ». Lavergne, bien entendu, ne se laisse pas convaincre facilement. Il est normal, dit-il, que les Juifs s'efforcent d'empêcher la diffusion du livre. Pareille tentative semble être, pour lui, une preuve de leur culpabilité, d'autant plus que dans les *Protocoles* on dit que les Juifs supprimeront les écrits qui leur sont défavorables. De plus, si *l'Action catholique* est le seul journal de Québec à discuter de la question, c'est que les autres journaux sont sous l'emprise des Juifs. Quant à l'authenticité du document lui-même, Lavergne ne manifeste aucun

---

[31]   « Plan infernal ou prophétie ? » éditorial, 28 février 1921.
[32]   « Pour s'orienter dans la question juive : III–Comment résister à l'action juive », article publié dans la *Semaine religieuse de Québec*, vol. XXXIII, n° 37 (12 mai 1921), pp. 589-592, et reproduit dans *l'Action catholique*, 13 mai 1921.
[33]   É.-V. LAVERGNE, « « C'est un faux ! » » éditorial, 16 novembre 1921.

doute. La description est trop précise pour n'être qu'une simple prophétie. L'abbé Lavergne revient sur cette question au milieu de 1922. Les *Protocoles* sont-ils des faux ? demande-t-il à nouveau. Si oui, qui l'affirme ? Les Juifs eux-mêmes ! Et on ne peut guère croire en leur parole. Les *Protocoles* doivent donc être authentiques[34]. Cette logique, tout de même un peu saugrenue, montre à quel point les antisémites cherchent à éviter tout argument rationnel en prétendant pourtant se livrer à des analyses froides et désintéressées.

Après 1922, les rédacteurs de *l'Action catholique* ne parlent plus des *Protocoles* mais, en 1938, le journal publie un article sur la question, tiré de *la Documentation catholique*[35]. On y fait état encore une fois du plan juif pour parvenir à la destruction du monde actuel et, de plus, on affirme que tous les efforts pour discréditer les *Protocoles* ont été vains.

Même si *l'Action* fait maintenant le silence sur les *Protocoles*, la thèse du complot n'en est pas pour autant oubliée. Les Juifs « détiennent presque partout le sceptre de la finance, et leur influence politique est très marquée dans la plupart des gouvernements[36] », écrit Jules Dorion à la veille de la grande dépression. Et l'abbé Lavergne d'ajouter dans un discours diffusé par le poste C.H.R.C. et intitulé « L'influence juive sous le flot du communisme » : « La complicité juive à ce mouvement bolcheviste a pour but la domination universelle[37]. »

En 1938, Jules Dorion dénonce à nouveau l'emprise juive sur les agences de presse et fait une vigoureuse mise en garde contre l'immigration juive au Canada : « Il n'est pas prudent pour une nation de se prêter à l'esprit d'envahissement qui les [les Juifs] caractérise. Ils ont eu leur mot à dire dans l'effroyable drame russe, comme dans beaucoup d'autres bouleversements sociaux dont ils ont été pratiquement les seuls à ne pas souffrir. Une nation qui laisse ces internationaux par excellence prendre les leviers de commande de son commerce, de son industrie et de sa finance, se forge des chaînes; voilà la leçon de l'histoire[38]. » Eugène L'Heureux, lui, soutient dans

---

[34] « Le péril juif », éditorial, 1er juin 1922.
[35] « Les *Protocoles des Sages de Sion* », dans *la Documentation catholique*, vol. XXXIX, n° 874 (20 juin 1934), pp. 726-739. *L'Action* en publie un extrait le 2 août 1938.
[36] « Les échauffourées de Palestine », éditorial, 29 août 1929.
[37] Compte rendu publié dans *l'Action catholique*, 9 mars 1931.
[38] « Les tribulations des Juifs ? » éditorial, 21 avril 1938.

une critique du capitalisme que nous sommes « manœuvrés par la ploutocratie internationale, sœur jumelle et inséparable de la juiverie internationale ». Ce rédacteur est convaincu que grâce à leur argent les Juifs mènent le monde à leur guise « jusqu'au jour où, comme en Allemagne hitlérienne, s'organise une violente réaction contre ces maîtres de la richesse nationale qui restent obstinément des étrangers dans la Cité[39] ». Malgré ses protestations d'objectivité et de sincérité, il est évident que *l'Action catholique* se classe parmi les organes antisémites au Québec, au moins jusqu'en 1939.

Le désespoir, la colère, la peur et la frustration, sentiments familiers aux rédacteurs de *l'Action* dans la période de l'entre-deux-guerres, ne permettent pas une analyse impartiale et équitable des événements et, par conséquent, ce sont bien souvent les explications les plus simples qui priment. La culpabilité universelle de la juiverie est une de ces explications. Le jugement que porte *l'Action* sur quelques-uns des grands événements de cette période en témoigne.

Devant les frustrations occasionnées par la longueur de la guerre et l'échec tant des efforts militaires des Alliés (surtout la France) que des tentatives de paix (notamment celles de Benoît XV et de l'empereur Charles d'Autriche), devant le surcroît de souffrances dont les catholiques semblent être les innocentes victimes, les rédacteurs flairent l'action subversive d'organisations mystérieuses qui, pour eux, incarnent le Mal. Selon eux, ce sont les Juifs qui sont les plus grands bénéficiaires de la guerre dont ils se servent pour s'enrichir. Critiquant les profiteurs de guerre en France, l'abbé Nadeau se dit certain que « si l'on gratte un peu fort [leur] écorce [...], on déterre souvent quelque bon juif de nationalité vague[40] ». Dans son explication, il déclare que « leurs banquiers ont amassé énormément d'argent du fait de la guerre », tout en sachant « mettre leur peau à l'abri[41] ». Dans une étude des causes de la guerre, quelques années après, Ferdinand Bélanger signale le facteur économique tout en précisant qu'il « est dominé par le facteur juif[42] ». Un autre journaliste résume sa pensée dans une seule phrase : « La guerre a fait aux États-Unis 19 000 millionnaires, tous juifs[43]. »

---

[39] « La juiverie « manœuvre » le monde chrétien », éditorial, 28 novembre 1938.
[40] « Chronique de la guerre », 18 septembre 1917.
[41] *Ibid.*, 19 janvier 1918.
[42] « En passant », 18 septembre 1922.
[43] *Ibid.*, 7 février 1922.

Au dire de *l'Action catholique,* les Juifs ont profité de la guerre aux dépens de tout le monde, trahissant les uns et les autres mais en particulier les Alliés. La révolution soviétique de 1917 et la paix séparée conclue avec les Allemands en sont pour elle les preuves les plus saillantes. Il y en a d'autres cependant. Ce sont les « gros bonnets de la finance judéo-maçonnique[44] » qui persécutent les catholiques français et vendent le pays aux Allemands, estime l'abbé Nadeau. Et le journal reproduit un article de *l'Univers* ou l'on affirme : « Les deux puissances juive et germanique semblent alliées pour avoir en main le sceptre du monde. » D'après l'auteur, les Juifs ont rendu de grands services à l'Allemagne, de sorte que « si les Alliés n'ont pas triomphé plus tôt, c'est à cette cause qu'il faut l'attribuer. Ils n'auront jamais une victoire complète sans détruire cette influence pernicieuse[45]. »

Les deux principaux traîtres français, pour *l'Action catholique* comme pour les porte-parole de la droite française dont elle s'inspire si souvent, sont Louis Malvy, ministre de l'Intérieur de 1914 à 1917 et Joseph Caillaux, ministre des Finances à plusieurs reprises. Le journal n'hésite pas à faire leur procès dans ses pages. Pour lui, Malvy est « le grand protecteur des machinations allemandes et des juifs allemands haut huppés en France pendant la guerre[46] » et, fait qui n'est guère étranger à l'estime dans laquelle le tient *l'Action,* « le représentant de l'anticléricalisme et de la maçonnerie la plus fanatique au sein du ministère[47] ». Lui et « le sinistre Caillaux[48] » se situent parmi les « ornements les plus décoratifs » du « temple judéo-maçonnique[49] ». Quand Malvy quitte le ministère, Nadeau s'en félicite : « Encore un anticlérical qui s'en va dans la honte, la boue et la trahison, qui montre avec les Caillaux et autres enjuivés maçonnisés que l'anticléricalisme est antifrançais et n'est qu'un mode de faire les affaires des ennemis de la civilisation française[50]. »

Les rédacteurs de *l'Action* sont prêts à croire que les Juifs ont trahi la France pour le compte des Allemands mais ils semblent

---

[44]   « Chronique de la guerre », 5 octobre 1917.
[45]   Dom BESSE, « La puissance antichrétienne », article publié dans *l'Univers* et reproduit dans *l'Action catholique,* 2 décembre 1918.
[46]   « Chronique de la guerre », 13 septembre 1917.
[47]   « De quel côté sont les traîtres ? » éditorial, 6 octobre 1917.
[48]   « Chronique de la guerre », 26 décembre 1917.
[49]   *Ibid.,* 12 mars 1918.
[50]   *Ibid.,* 19 septembre 1917.

croire en même temps que les Juifs ont été également responsables de la défaite allemande. À cet égard, un éditorialiste anonyme, probablement l'abbé Lavergne, soutient que « les Allemands se sont aperçus qu'ils avaient été les dupes de la juiverie; l'ex-Kaiser confesse que la guerre a été machinée et déclenchée par les Juifs. Ludendorff constate que les Juifs se sont tenus à l'arrière de l'armée allemande pour piller l'Allemagne[51]. » Il y a certainement là une contradiction ! Le Juif, tel que vu par l'antisémite, a une conduite qui n'est ni logique ni raisonnable. L'antisémite n'en est pas pour autant désorienté, car l'essentiel demeure : le Juif fait le Mal en toute circonstance et à tout moment[52].

La fin de la guerre ne veut malheureusement pas dire la fin des agissements des Juifs. Au contraire, ceux-ci s'efforcent de tirer le meilleur parti de la paix. La « puissance invisible » de la « finance tentaculaire judéo-germanique[53] » joue en faveur de l'Allemagne, qui demeure unie, et contre la France, qui ne sera jamais dédommagée de ses pertes. On estime aussi que l'organisation et le fonctionnement de la Société des Nations favorisent les Juifs. Ce sont eux qui se sont chargés de propager les « Quatorze points » de Wilson et, alors que les portes de la Ligue étaient fermées à Benoît XV, ils y sont entrés en maîtres. La Société des Nations deviendra « leur super-gouvernement déjà un peu en fonction », car l'organisation est « composée en majeure partie de juifs[54] ». *L'Action* rapporte même le commentaire de *la Revue internationale des sociétés secrètes* sur l'arrivée à Genève de Maxime Litvinoff, chef de la délégation soviétique : les Juifs affluent à la Société des Nations, « ce cadavre en décomposition de l'ancienne Chrétienté, comme les grands oiseaux de proie autour de l'immonde squelette qui blanchit au soleil du désert[55] ». Après l'invasion de l'Éthiopie par Mussolini en 1935 et la campagne mondiale pour l'application de sanctions économiques contre l'Italie, dirigée en partie par « le Juif Finckelstein-Litvinoff », Jules Dorion se dit d'avis que la Société des Nations sert de tremplin aux Juifs et aux autres ennemis de Mussolini.

---

[51]   « En passant », 27 juillet 1922. Mais Ludendorff finira par aliéner *l'Action* puisqu'il tient responsables de la guerre non seulement la juiverie et la franc-maçonnerie mais aussi les Jésuites (2 mai 1929) !

[52]   Voir Jean-Paul SARTRE, *Réflexions sur la question juive*, p. 45.

[53]   Albert MONNIOT, « Les prodromes de la vague de fond », article publié dans *la Libre Parole* et reproduit dans « Échos de l'opinion publique », 3 janvier 1920.

[54]   « En passant », 11 avril 1922.

[55]   « Information », 7 février 1928.

Pour les rédacteurs de *l'Action*, il est incontestable que les Juifs jouent un rôle de premier ordre durant cette période de l'après-guerre. Devant leur influence, qu'il estime toujours grandissante, l'abbé Édouard-Valmore Lavergne conclut qu' « un grand Juif est une grande chose et un petit Juif même est considérable[56] ». Ces grands capitalistes que sont les Juifs se trouvent, en même temps, étroitement associés à tout le mouvement révolutionnaire des classes ouvrières de 1917 à 1922. Leur « rage révolutionnaire » se manifeste surtout en Russie où la révolution bolcheviste serait « l'œuvre des Juifs[57] ». D'après « Paul-Henri », les geôliers et les meurtriers de Nicolas II et de sa famille sont « tous des juifs »; le bourreau du tsar est aussi « un juif de naissance ». Et quel horrible personnage que cet assassin : « Son cou puissant, sa vaste poitrine, ses mains larges, lui donnaient l'apparence physique d'un valet d'abattoir. Dans le masque gras, embroussaillé de barbe, et casqué d'une prodigieuse chevelure noire qui retombait jusque sur les sourcils, deux petits yeux rieurs faisaient passer une lueur de fausse bonhomie[58]. » C'est à des êtres barbares comme celui-ci ou — ce qui, pour elle, a la même signification — à des Juifs que *l'Action* attribue la ferveur révolutionnaire qui ébranle toute l'Europe pendant ces quelques années.

Le projet d'établir un foyer national juif en Palestine scandalise *l'Action* qui y voit la puissante influence juive sur le gouvernement anglais. C'est « un véritable défi adressé à toute la chrétienté[59] », dit-elle. C'est « une abomination », renchérit Nadeau. « Ils [les Juifs] seraient capables pour bien afficher leur mépris puissant du christianisme d'élever des usines ou des dépotoirs sur les Lieux-Saints [...] s'ils n'allaient pas jusqu'à y élever des temples de débauche[60]. » Et quelques mois plus tard, l'abbé Nadeau se demande si on n'est pas en droit de « craindre que la Franc-Maçonnerie avec sa mère la juiverie n'en profitent [de leur mainmise en Terre sainte] pour séculariser, faire des musées, des sanctuaires de Terre-Sainte, en chasser la religion et ses représentants et y faire aux chrétiens un sort pire que celui qu'ils subissaient sous le joug des Turcs. On a raison d'être inquiet[61]. » Deux ans plus tard, le journal prévient ses

[56]   « « Race supérieure » », éditorial, 7 avril 1921.
[57]   J.-A. FOISY, « La poussée juive », éditorial, 16 novembre 1920.
[58]   « Tous juifs, tous bourreaux », éditorial, 21 décembre 1920.
[59]   J.-A. FOISY, « La juiverie triomphante », éditorial, 2 septembre 1920.
[60]   « Chronique de la guerre », 19 mai 1917.
[61]   *Ibid.*, 12 décembre 1917.

lecteurs que « le sionisme et le protestantisme sont en train d'acquérir en Palestine une situation qui devrait inquiéter tous les catholiques du monde[62] ».

Insistant sur les problèmes d'émigration et d'installation ainsi que sur les luttes avec la population arabe, *l'Action* qualifie le projet de « fiasco » et explique avec une certaine sollicitude : « Mais le pauvre Juif est sous le coup d'une malédiction contre laquelle l'Angleterre ne peut rien. Seule la charité chrétienne a le pouvoir de lui alléger sa croix. Peut-elle empêcher que si le criminel du Golgotha retourne au lieu du crime, comme tout vulgaire criminel, il n'y trouve pas le bonheur, et s'en retourne errer sans patrie, et préfère inconsciemment errer sans patrie[63] ? »

Les efforts faits par les Anglais pour les Juifs en Palestine poussent *l'Action* à proclamer que l'Angleterre est dominée par la juiverie. Roger Lambelin soutient ce point de vue dans plusieurs articles écrits pour *l'Action française* (le journal parisien) et reproduits plus tard dans *l'Action catholique*. Il y aurait beaucoup de Juifs dans l'entourage de Lloyd-George, assure l'auteur d' « En passant »; Foisy signale aussi cet « envahissement des hautes sphères anglaises par les nez crochus[64] ». Ce prétendu traitement de préférence accordé aux Juifs d'Angleterre a failli avoir des conséquences très « graves » pour le Canada. En 1921, les agences de presse « toutes dévouées aux Juifs » suggèrent le nom de lord Burnham, un Juif, comme prochain gouverneur général du Canada. Devant le démenti de cette nouvelle, *l'Action,* visiblement soulagée, observe candidement : « C'est tant mieux; jamais le représentant du Roi serait moins respecté au Canada que le jour où ce sera un Juif[65]. »

La Pologne, elle aussi, est victime de la domination des Juifs. « Ce malheureux pays est couvert de Juifs » assure Ferdinand Bélanger. « Les Polonais auront un fameux nettoyage à accomplir avant d'être chez eux dans leur pays[66]. » Un article tiré de *la Libre Parole* (Paris) abonde dans le même sens mais emploie un langage que même les abbés Nadeau et Lavergne égalent rarement. La Pologne est soumise à la « tyrannie odieuse du Juif ». Trois millions de « parasites [...] rongent son corps exténué », trois millions de « Youpins traîtres, voleurs, espions, escrocs, braillards, bolchevisants, bochophiles, arrogants jusqu'à insulter les emblèmes polonais, haineux

[62]   « En passant », 15 juillet 1920.
[63]   F. BÉLANGER, « En passant », 14 décembre 1927.
[64]   « Les Juifs en Angleterre », éditorial, 3 janvier 1921.
[65]   « Des Juifs à la tête des Dominions », article avec N.D.L.R., 11 janvier 1921.
[66]   « En passant », 22 décembre 1922.

jusqu'à s'attaquer à des soldats polonais fourvoyés dans les quartiers du ghetto[67] ». Et comme si cela ne suffisait pas, les autres pays d'Europe orientale voulant se débarrasser de leur « fléau » juif, cette « répugnante racaille » ira probablement s'établir en Pologne. La pauvre Pologne paiera cher la présence juive chez elle. En 1920, la Russie envahit la Pologne[68] et l'ennemi rouge n'est arrêté qu'aux portes mêmes de Varsovie. « Les Polonais n'ont pas eu d'ennemis plus actifs ni plus sournois, dans leur lutte contre le régime soviet, que les Juifs de l'arrière[69] », déclare Albert Foisy; et quand une vague d'antisémitisme violent éclate, il assure ses lecteurs que seuls les « Juifs traîtres[70] » ont été fusillés.

L'Action ne manque pas non plus de souligner la « puissance extraordinaire[71] » des Juifs aux États-Unis. Pour Ferdinand Bélanger, ce pays devient en effet « de plus en plus la terre d'élection des Israélites[72] ». La France se trouve aussi « frappée par ce mal dangereux ». Quand le gouvernement français annonce qu'il dirigera une abondante immigration de Juifs bessarabiens vers le Sud du pays, Bélanger lance : « On ne manquera plus d'assassins communistes à Marseille[73]. »

Les Juifs ne disposent pas seulement de moyens politiques et économiques pour réaliser leur rêve de domination universelle. Il y a aussi la presse : les Juifs achètent ou fondent de « mauvais journaux » et cherchent « par tous les moyens à museler les autres[74] ». Nous avons déjà vu jusqu'à quel point l'Action croyait que les grandes agences de nouvelles étaient à la solde de la juiverie.

De plus, les Juifs n'ont pas oublié l'importance du monde artistique. Ils dominent les théâtres de vaudeville, un fait évident si on prend « la peine de regarder la courbe harmonieusement hébraïque

---

[67] « La Pologne livrée aux Juifs », article publié dans la Libre Parole et reproduit dans l'Action catholique, 25 septembre 1919.

[68] Après que les Polonais, dirigés par le maréchal Pilsudski, eurent d'abord envahi la Russie. On aura tendance à escamoter ce fait.

[69] Foisy omet de dire que les Juifs avaient peu de raisons de se montrer reconnaissants envers les Polonais qui les maltraitaient depuis longtemps (« La poussée juive », éditorial, 16 novembre 1920).

[70] « À propos de Juifs », éditorial, 30 août 1920.

[71] Introduction de l'Action catholique à un article, « Les Juifs aux États-Unis », publié dans l'Opinion publique (Worcester, Massachusetts) et reproduit dans l'Action, 6 juin 1924.

[72] « En passant », 27 mai 1924.

[73] Ibid., 2 septembre 1925.

[74] « En passant », 27 juillet 1922.

du nez de la plupart des danseuses et des choristes ». Dans l'opéra, continue Foisy, « les noms sonores italiens sont souvent des couvertures à une marchandise juive ». Mais c'est sur le cinéma, cette « école de démoralisation par excellence », que l'emprise des Juifs serait la plus « terrible ». C'est par ce moyen, poursuit toujours Foisy, qu'ils « s'emparent, d'une façon sûre et définitive, de l'esprit et du cœur de tous les chrétiens ». En somme, conclut le rédacteur, « par leurs artistes, les Juifs veulent nous convaincre de leur supériorité; par leurs théâtres, ils veulent nous égarer. Défions-nous des deux si nous voulons survivre[75]. » La même conclusion s'impose à l'égard du jazz, cette « musique corruptrice » à laquelle il faut fermer « notre cœur et notre maison[76] ».

L'empire juif s'étend même jusqu'à la mode, autre manière sûre de corrompre la femme. C'est peut-être cette considération qui pousse un des éditorialistes, après la présentation au public des nouvelles modes de maillots de bain, à affirmer en toute candeur : « Il y en avait tout juste pour pouvoir dire qu'il y avait quelque chose ! Y a-t-il encore du Juif en cette affaire[77] ? »

L'Action se demande souvent quelle attitude il faudrait adopter à l'endroit des Juifs. Devrait-on légiférer contre eux ? Pourrait-on les piller ou les voler ? Faudrait-il les exterminer ? Devant ce qu'il interprète comme une poussée juive en Russie, en Pologne, en Angleterre et ailleurs, J.-Albert Foisy déclare qu'il « importe à tous les peuples, d'Amérique comme de l'Europe, d'écraser [ce ferment de révolution] avant qu'il n'ait produit ses fruits de mort et de carnage[78] ». Après avoir « démontré » l'influence des Juifs dans la révolution bolcheviste, « Paul-Henri » tire une conclusion semblable : « Sans crier : « Mort aux Juifs ! », il est bien permis de dire : « Prenons garde. » La juiverie n'apporte rien de bon aux pays chrétiens. Pourquoi la favoriser[79] ? » L'Action prétend-elle pouvoir empêcher ces passions de porter fruit après avoir contribué à les susciter ?

D'autres sont plus nuancés, il est vrai, mais leurs nuances sont plus théoriques que pratiques. Par exemple, Mgr David Gosselin, curé de Charlesbourg et ancien directeur de la Semaine religieuse de Québec, déclare dans un article sur « la race juive » qu'un catholique « doit à sa foi de se garder de toute haine et de tout mépris

[75]   J.-A. Foisy, « Juiverie artistique », 13 juin 1921.
[76]   Id., « Baromètre moral », éditorial, 17 août 1921.
[77]   « On se déshabille en public », éditorial-commentaire, 2 juin 1933.
[78]   « La poussée juive », éditorial, 16 novembre 1920.
[79]   « Tous Juifs, tous bourreaux », éditorial, 21 décembre 1920.

à l'égard de la race juive et de la religion d'Israël fidèlement pratiquée »; mais d'autre part, il faudrait combattre « l'œuvre de déchristianisation des Juifs dépravés[80] ». L'abbé Lavergne fait une distinction du même genre. On ne peut pas crier, dit-il, « Haine aux Juifs !
[car] un tel cri n'est pas chrétien. Il est impie. Il ne peut donc pas
être notre mot d'ordre[81]. » Ce n'est donc pas pour répandre la haine,
assure-t-il, « que nous dénonçons la conspiration juive contre la
civilisation chrétienne, mais pour éveiller nos frères dans la Foi,
trop confiants et trop béatement charitables ». Oui, admet-il, il y a
de bons Juifs, mais « la très grande difficulté consiste à les découvrir » ! En conclusion, le futur curé de Notre-Dame-de-Grâce ajoute :

> Nous voulons bien que les Juifs ne soient pas esclaves, mais à la condition
> qu'ils ne travaillent pas à nous ployer sous leur joug. Nous voulons bien qu'ils
> aient de quoi manger et se vêtir, mais à la condition qu'ils ne se concertent
> pas pour nous enlever ce qui nous revient de pains et de vêtements. Nous
> voulons bien que les Juifs, les convertis et les autres, s'il plaît à la grande
> miséricorde du Bon Dieu, atteignent au Ciel, mais nous ne pouvons souffrir
> qu'ils se tiennent sur la route, et par l'exploitation des mauvaises passions
> précipitent en enfer les nôtres que nous souhaitons bien rencontrer dans l'Éter-
> nelle Félicité.
>
> Et voilà qui est loin de manquer à la charité. Voilà bien au contraire qui est
> servir la charité[82].

Ce langage, même s'il se veut nuancé, n'est-il pas essentiellement
celui des pires antisémites européens ?
À la fin des années 20, des échauffourées entre Arabes et Juifs
en Palestine font plusieurs morts. Jules Dorion demande pourquoi
on parle tant de soixante Juifs tués, mais pas du tout des Armé-
niens chrétiens torturés par milliers[83]. Quelques jours plus tard, le
directeur de l'Action se plaint de nouveau de « tout ce bruit autour
de 119 Juifs tués[84] », alors que personne n'a bougé lorsque des milliers de catholiques mexicains furent maltraités.
Des manifestations antijuives éclatent en Allemagne dès mars
1933; immédiatement des défilés de protestation sont organisés à
New York et, d'après l'Action, des photos de ces processions sont
distribuées à la grande presse. Pour Dorion, c'est une nouvelle preu-

---

[80] « La race juive », article, 18 septembre 1921.
[81] « « Haine aux Juifs » », éditorial, 21 septembre 1921.
[82] Ibid.
[83] « Les échauffourées de Palestine », éditorial, 29 août 1929.
[84] « Les échos Juifs », éditorial-commentaire, 5 septembre 1929.

ve de la mainmise juive sur la presse. De plus, selon lui, « les Allemands protestent vigoureusement, et ils ont bien raison. Ils font remarquer que si on s'organise chez eux pour résister à l'exploitation juive, cette mesure de défense n'a jamais dépassé le boycottage financier et n'a jamais dégénéré en mauvais traitement[85]. »

Durant les quinze jours qui suivent, les Allemands annoncent d'autres mesures antijuives, dont une campagne de boycottage du commerce juif, la réduction du nombre des avocats et des courtiers juifs, et l'annulation de leurs passeports. Mais *l'Action catholique* accorde beaucoup moins d'attention à ces persécutions qu'à l'intervention de Pie XI auprès de von Papen pour que les Allemands appliquent la bienveillance chrétienne chez eux. Le journal annonce même en manchette, le 10 avril 1933 : « Adoucissement de la campagne contre les Juifs ».

La réaction d'Eugène L'Heureux à tous ces événements est particulièrement intéressante. Il se sent d'abord obligé d'exprimer « notre propre désapprobation de la persécution infligée aux Juifs par le farouche nationalisme hitlérien ». Mais cette persécution n'est-elle pas tout de même entièrement compréhensible ? Le point d'interrogation que laisse tomber L'Heureux à cet égard est significatif : « Si des informations sûres venaient un jour nous révéler l'existence de certains liens entre la juiverie et le communisme d'Allemagne, nous nous étonnerions moins de voir l'élément nationaliste allemand traquer impassiblement ceux qu'il croit responsables de la désagrégation nationale par le communisme. » De toute façon, le problème nous concerne seulement « de façon très lointaine[86] »; de plus, pourquoi insister là-dessus quand on reste apathique devant le mauvais traitement subi par les catholiques au Mexique, en Espagne et ailleurs ?

Cette bienveillance envers Hitler ne disparaît pas d'emblée. En août 1933, Dorion fait encore remarquer que le dictateur allemand a entrepris une « rude partie » en « se mettant à dos la puissance juive qui est encore la grande puissance financière du monde[87] ». L'Heureux, pour sa part, s'en prend de nouveau à la presse : « Que n'a-t-on dit, en effet, de faux et de vrai, contre ce gouvernement [c'est-à-dire, celui de Hitler], surtout après ce que l'on a appelé les persécutions juives ? » Et se portant à la défense de Hitler, il ajoute :

---

[85]   « Petites notes », 28 mars 1933.
[86]   « Une polémique hautement significative », éditorial, 27 avril 1933.
[87]   « Un point d'interrogation au sujet d'Israël », éditorial, 3 août 1933.

« Mais avec tous ceux qui refusent de prendre pour du comptant les faits et les idées semés abondamment à travers le monde par l'universelle et l'intense propagande juive qui fait danser comme marionnettes politiciens et journaux, nous commençons à nous demander si le nouveau chancelier allemand n'est pas plus riche que ses détracteurs en cette vertu devenue si rare chez les parlementaires et pourtant toujours nécessaire : la sincérité[88].» Jules Dorion ne semble pas s'apitoyer beaucoup sur le sort de ces Juifs « qui font tant de tapage parce que Hitler leur a un peu tiré les oreilles[89]». Au moins, dit-il, leurs commerces de vêtements doivent fleurir : ils sont occupés à faire des chemises brunes !

Il ne faut pas oublier non plus que Hitler et le Saint-Siège venaient de conclure un concordat. Pour cette raison, le dictateur allemand se mérite une certaine sympathie de la part des journaux catholiques, même à l'égard des diverses autres « tâches » qu'il entreprend. C'est ce qu'explique L'Heureux dans un article sur le concordat : « Si Hitler a entrepris de soustraire son peuple à la domination juive comme celle qui pèse sur certains peuples et qui s'élabore systématiquement chez nous, on peut discuter ses moyens, mais non son but. Et encore ces moyens, gardons-nous de les voir à travers les lunettes de ceux qui ont intérêt à voir sombrer la politique hitlérienne et ce qu'elle comporte de bon[90].»

L'attitude générale de l'*Action catholique* ne passe évidemment pas inaperçue à Québec. L'Heureux se plaint de se faire traiter de « panégyriste de Hitler » par un journaliste du *Soleil* « parce que nous nous réjouissons du concordat allemand, avec les catholiques les plus autorisés même de France, parce que nous ne gobons pas tout ce que les Juifs disent et font dire de ce chef allemand, parce que nous voudrions voir nos compatriotes se protéger eux-mêmes avant de protéger les Juifs d'Allemagne[91]».

Thomas Poulin, faisant état de massacres récents de chrétiens en Iraq, nouvelle dont on n'a soufflé mot dans la grande presse, prétend-il, prend le même biais : « Les Chrétiens de l'Iraq ne sont pas riches; ils n'ont pas de trusts, de grandes institutions financières internationales entre leurs mains. Leur mort intéresse moins le mon-

---

[88] Sɪᴄ ! « Le concordat entre le Saint-Siège et le Reich allemand », éditorial, 8 août 1933.

[89] « Le fascisme : il lui faut quelqu'un, et une situation », éditorial, 26 août 1933.

[90] « Le concordat allemand », éditorial, 31 août 1933. Si seulement Hitler n'avait pas commencé à persécuter les catholiques aussi !

[91] « Petites notes », 1ᵉʳ septembre 1933.

de, aux yeux de certains, que ces Juifs allemands à qui on a tout simplement dit : ôte-toi de sur ma chaise[92].» Dorion reprend la même idée. Il y a à l'heure actuelle des Juifs allemands qui ne sont pas satisfaits, fait-il remarquer aux lecteurs. « Alors, il faut bien que le monde se trémousse, vous comprenez[93] !» Et d'ajouter un des rédacteurs, avec un brin d'humour mêlé à l'amertume : « C'est regrettable que les catholiques et les Juifs ne soient pas toujours persécutés simultanément dans les mêmes pays. Cela permettrait aux catholiques de compter plus souvent sur l'apitoiement de la grande presse[94].»

En 1936, Hitler lance un nouvel assaut contre les Juifs, les rendant responsables de tous les troubles qu'a connus l'Allemagne durant les années 20. En même temps, il est question d'une forte émigration juive vers le Canada. Eugène L'Heureux profite de l'occasion pour souligner un des bienfaits importants de Hitler. « On peut ne pas aimer Hitler, qui s'est rendu coupable, en effet, de graves fautes », avoue-t-il. Ensuite, nuançant sa pensée de la façon habituelle, il déclare : « Mais il faut lui rendre le témoignage d'avoir arraché son pays aux communistes, en posant sa main de fer sur ces éléments de désordre qui, dans un trop grand nombre de cas, étaient, en Allemagne comme en Russie, des Juifs[95].»

Après 1936, les persécutions antijuives redoublent d'intensité en Allemagne, atteignant leur point culminant lors des pogroms organisés par le gouvernement, en novembre 1938, après l'assassinat du diplomate nazi, Ernst von Rath, par un jeune Juif, à Paris. Durant ces deux années, les confiscations, les arrestations, les déportations, les purges et les scènes d'horreur allaient se multiplier à la grandeur du pays; *l'Action,* cependant, ne fait aucun commentaire important sur le sujet avant novembre 1938. Après les événements de la nuit du 9 au 10 novembre, alors que les dommages faits aux propriétés juives s'élèvent à plusieurs millions de dollars, le gouvernement nazi annonce qu'une amende collective sera imposée aux Juifs, se chiffrant à 20 pour cent, et plus tard à 25 pour cent, de leurs propriétés imposables. Les nazis veulent « faire suer de l'or aux Juifs », dit Dorion. « Admettons, avec quelques-uns, que les Juifs étant essentiellement accapareurs et disposés à s'enrichir

---

[92]   « Petites notes », 16 septembre 1933.
[93]   *Ibid.,* 4 octobre 1933.
[94]   « Propos d'Ésope » dans « Petites notes », 25 août 1934.
[95]   « Les Juifs allemands : émigreront-ils au Canada ? » article, 26 mars 1936.

aux dépens des Chrétiens, en leur arrachant, par des procédés commerciaux, financiers, même à force d'usure, tout ce qu'ils pouvaient, il est presque dans l'ordre des choses qu'ils soient forcés de temps à autre par les circonstances à rendre gorge. » Tout de même, concède-t-il, il faudrait condamner la « sauvagerie de la foule nazie » et la complicité du gouvernement. « L'acte posé par le peuple allemand peut être habile, pratique; il n'est pas beau[96]. » Louis-Philippe Roy abonde dans le même sens, condamnant les moyens utilisés, mais non le but. Selon lui, « les Allemands n'ont aucune bonne raison pour dépouiller les Juifs et les chasser comme des bandits. Il y a des méthodes plus humaines à la disposition des gouvernants qui veulent se débarrasser des indésirables[97]. »

Les persécutions contre les catholiques facilitent la tâche de *l'Action catholique*. On peut maintenant condamner, en même temps, la « campagne absolument inhumaine contre les Juifs » et la « guerre impie à la hiérarchie catholique ». Mais une fois de plus, du moins pour ce qui est des Juifs, ce sont les *moyens* qui sont répréhensibles. Il faudrait résoudre le « problème juif » selon « les éternels principes de la justice ». Quant au but, L'Heureux affirme qu'il demeure « loisible de discuter la mesure de libertés politiques à donner aux Juifs, quand ceux-ci tendent à constituer une espèce d'État dans l'État, refusant de s'assimiler aux peuples qui les reçoivent et créant un état de choses vraiment nuisible à la collectivité[98] ».

Vers la fin de novembre 1938, L'Heureux résume toute sa pensée sur la question juive dans un long éditorial. Comme il faut s'y attendre, il commence par réprouver le traitement infligé aux « fils d'Abraham » par leurs « bourreaux ». Cependant, il y a bien des « mais ». D'abord, s'il y a de l'antisémitisme, c'est que les chrétiens conscients sont humiliés de se faire « manœuvrer » par la « juiverie internationale », si « riche en capitaux, en talents et en esprit de solidarité ». De même, si tout le monde prend à partie les nazis et organise des manifestations contre eux, il ne faudrait pas se faire d'illusions : « ce n'est pas seulement la commisération qui inspire les protestations dont retentit le monde chrétien à l'occasion du malheur des Juifs; mais c'est la juiverie internationale qui organise tout ce branle-bas, « manœuvrant » à son gré comme des instruments les chrétiens dont elle a besoin pour atteindre ses fins. » La

[96] « Les Juifs et l'Allemagne », éditorial, 14 novembre 1938.
[97] « En Europe », éditorial, 16 novembre 1938.
[98] « Deux mensonges », article, 17 novembre 1938.

preuve, c'est le fait que tous s'émeuvent des persécutions antijuives, tout en gardant le silence chaque fois qu'il s'agit de massacres de catholiques en Russie, en Espagne ou au Mexique. « Quelle conclusion tirer de tout cela », demande L'Heureux, « si ce n'est que les peuples chrétiens sont « manœuvrés » par la juiverie internationale ? » Est-ce à dire que L'Heureux approuve tacitement les persécutions ? Tant s'en faut ! « Bien loin de nous l'intention de préconiser la moindre persécution contre les Juifs. La persécution est quelque chose de diabolique, qu'il faut laisser aux cœurs un peu démoniaques. » Mais, en même temps, il faudrait se garder d'une « sympathie mal équilibrée », d'un boycottage des produits allemands qui pourrait nous être « funeste », d'un encouragement à l'immigration juive, bref, d'un « sémitisme aussi naïf qu'excessif[99] ».

L'Action prétend baser son antisémitisme sur le « rôle historique » des Juifs. Par contre ce prétendu rôle historique n'est-il pas davantage le produit de l'antisémitisme que sa cause ? Le Juif tel qu'il est décrit dans les pages de *l'Action catholique* n'est-il pas l'invention de l'antisémite[100] ? Après tout, en l'absence d'un bouc émissaire quelconque, franc-maçon, bolcheviste ou Juif, il faudrait supporter soi-même le terrible fardeau de la liberté et de la responsabilité. Il faudrait avouer sa propre culpabilité en présence des échecs de la société. Un bouc émissaire s'avère donc nécessaire, parce qu'il est toujours plus facile d'imputer une faute à d'autres. Si on peut agiter de vagues épouvantails comme la juiverie, on peut se passer de prouver toutes ses accusations.

Malgré tous les « agissements » des Juifs à travers l'histoire et « l'emprise croissante » de ce peuple sur le monde, il y a tout de même un retournement de la situation : voici que les Juifs eux-mêmes sont persécutés au cours de campagnes brutales qui atteignent leur paroxysme en Allemagne nazie. Dans le passé, *l'Action* avait fréquemment dénoncé les diverses entreprises juives, elle avait fait de ce peuple des êtres presque inhumains, et elle se disait convaincue que les Juifs passaient leur temps à tramer des complots contre la civilisation chrétienne. Normalement, on pouvait s'attendre à ce qu'elle salue dans ces persécutions la réparation des injustices : les Juifs doivent enfin expier leurs crimes. Ce sera, en effet, l'attitude de *l'Action*.

---

[99]   « La juiverie « manœuvre » le monde chrétien », éditorial, 28 novembre 1938.
[100]   C'est la thèse de Jean-Paul SARTRE dans *Réflexions sur la question juive*. Voir surtout chapitre I, pp. 8-64.

Pourtant, devant toutes ces persécutions, le Juif, réputé si puissant, se révèle subitement très faible. Lui qui était en communion avec le Diable, lui qui contrôlait mystérieusement presque toutes les sphères d'activité dans le monde et qui s'apprêtait à anéantir la civilisation chrétienne, paraît maintenant presque totalement sans défense. Est-ce alors le courage qui pousse l'antisémite à flageller le Juif, que ce soit physiquement (comme en Allemagne nazie) ou par des paroles brutales (comme dans l'*Action catholique*) ? Ou est-ce plutôt le sadisme, comme le voudrait Sartre[101] ?

Il est vrai que la façon dont l'*Action catholique* rapporte les persécutions hitlériennes comporte certaines réserves. Il n'est pas question d'approuver entièrement l'antisémitisme allemand, à cause de sa violence et à cause de diverses condamnations pontificales du nazisme, dont l'encyclique *Mit brennender Sorge*. D'autre part, les nombreux préjugés profondément enracinés chez les rédacteurs, ainsi que leurs convictions parfois naïves et simplistes, expliquent pourquoi le journal n'a jamais condamné autre chose que les *moyens* utilisés par les persécuteurs. L'hostilité catholique traditionnelle à l'égard de ce peuple « perfide »; le mépris qu'un groupe majoritaire ressent souvent envers un groupe minoritaire qui refuse de s'assimiler; certains oublis historiques quand même assez importants comme, par exemple, la manière dont l'Église médiévale traitait les Juifs, recommandant qu'ils vivent à part dans les ghettos; et surtout cette conviction, de toute apparence sincère, que les Juifs avaient monté une vaste conspiration contre la chrétienté et qu'ils étaient maintenant en train de réaliser leur rêve de domination universelle au moyen de guerres, de révolutions, d'alliances avec la franc-maçonnerie et le communisme, d'emprise économique et culturelle, et de mainmise sur les agences d'information : tous ces facteurs font comprendre pourquoi l'*Action* a réagi si lentement, et avec tant de réserves, à la menace hitlérienne de génocide[102].

Peut-on excuser l'*Action* en disant qu'elle ne pouvait prévoir ce qui allait se passer ? Pourtant les rédacteurs de l'*Action* avaient en main dès 1938, et peut-être même auparavant, des exemplaires de *Mein Kampf*, ouvrage qu'ils citaient pour montrer, par exemple, le danger que Hitler représentait pour la France[103]. On sait bien que

[101] *Ibid.*, pp. 55-56.
[102] Voir André LAURENDEAU, un antisémite de l'époque, dans *Ces choses qui nous arrivent : chronique des années 1961-1966*, Montréal, HMH, 1970, pp. 118-119.
[103] Voir, par exemple, L.-P. ROY, « Matamore Hitler fait reculer l'Europe », éditorial, 14 mars 1938.

Hitler révèle dans ce volume la profondeur de sa haine des Juifs. Les journalistes n'ont-ils pas lu ces chapitres[104] pourtant si explicites ? Ou peut-être préféraient-ils choisir ce qui concordait avec leurs sentiments ? Peut-on affirmer, avec certitude, que les journalistes trouvaient absurde, incroyable même un projet d'extermination raciale quand, par contre, ils semblaient toujours prêts à croire que les Juifs étaient responsables de l'enfer communiste et qu'ils cherchaient par tous les moyens la ruine de la civilisation chrétienne ? En effet, ne faudrait-il pas conclure que, malgré certaines réserves, certaines condamnations sur des points secondaires, certains appels à la « prudence » envers les Juifs, la politique de *l'Action catholique* constituait une approbation pernicieuse de l'antisémitisme hitlérien ?

---

[104] Si tel est le cas, il serait plus difficile d'affirmer qu'ils n'étaient pas au courant des multiples discours antijuifs de Hitler dont ils publiaient les comptes rendus dans leur propre journal.

CHAPITRE IV

LE COMMUNISME

Le communisme constitue la troisième pièce de la trilogie satanique. *L'Action catholique* voit des liens très intimes entre ces trois organisations plus ou moins secrètes, c'est-à-dire la franc-maçonnerie, la juiverie et le communisme. Ses rédacteurs ne se lassent pas de répéter que la franc-maçonnerie est la fille de la juiverie, que le communisme est juif et que les trois groupes communient dans leur haine de l'Église catholique et de la civilisation chrétienne. Ils s'efforcent également de montrer que les socialistes et les bolchevistes sont presque tous des Juifs et des francs-maçons.

Malgré toutes ces « ressemblances », fort commodes puisqu'elles permettent aux journalistes de *l'Action* et à ceux qui pensent comme eux de grouper les trois sociétés dans la même conjuration, il reste quand même une différence capitale. Deux internationales, la franc-maçonnerie et la juiverie, qu'on prétend monolithiques, demeurent vraiment occultes. On se doute de leur présence, on croit déceler leur œuvre diabolique, on identifie plus ou moins facilement telle personne comme Juif ou, plus difficilement, comme franc-maçon. Mais on ne réussit jamais à lier individus et organisations, à prouver que tel Juif, tel franc-maçon accomplit un acte précis visant à renverser l'État ou à supprimer l'Église. Cette lacune, cependant, est largement compensée par une fervente croyance au diable.

Quant au communisme, il en va autrement. Il détient le pouvoir dans un pays important, la Russie; il existe en Europe ainsi qu'en Amérique des partis communistes nationaux et une organisation de propagande et de coordination internationale, le Komintern. Le communisme n'est donc pas un simple mythe, non que divers mythes ne se développent autour du communisme immédiatement après la révolution de 1917. Par suite de l'horreur que ressentent les rédacteurs à l'égard de cette doctrine nouvelle et de sa mise en œuvre récente; à cause de leur incompréhension générale de l'évolution contemporaine de l'histoire, caractérisée notamment par la montée de la démocratie et du totalitarisme, la chute des élites traditionnelles et les activités des anticléricaux; bref, vu leur conception contre-révolutionnaire du monde, les journalistes de *l'Action* sont souvent tentés de voir des communistes et des socialistes à l'œuvre dans un grand nombre de situations qu'ils ne sauraient expliquer autrement.

On sait que les adeptes des idéologies, quelles qu'elles soient, sont fortement tentés de tout simplifier, de mettre d'un côté le mal et les méchants et de l'autre côté le bien et les bons. Ainsi peut-on comprendre que dans le cas d'un journal d'idées comme *l'Action catholique*, se multiplient les croisades et les campagnes où s'affrontent les disciples de la Vérité et ceux de l'Erreur. Pour *l'Action*, nulle croisade durant la période 1917–1939, que ce soit sur le plan international, national ou provincial, n'aura l'importance de la croisade anticommuniste.

La réaction dont *l'Action catholique* se fait l'avocat zélé et le défenseur convaincu, exige un prix. Sur le plan international, cette réaction n'est-elle pas en partie responsable de la trop grande sollicitude du journal à l'égard de la droite antidémocratique ? N'est-ce pas comme défenseurs de l'ordre qu'elle salue les Mussolini, les Hitler et les Salazar ? Pour elle, comme pour les autres partisans de la droite, le maintien de l'ordre — *leur* ordre — est la principale préoccupation. La suppression parfois brutale des libertés civiles, l'utilisation de la violence punitive contre la gauche, les aventures militaristes et impérialistes comme celle de Mussolini en Éthiopie : tout cela est excusé ou, au moins, relégué au second plan, au nom de l'ordre et de la paix générale. *L'Action* ne prend à partie les dictateurs fascistes qu'au moment où ils se livrent à des persécutions anticatholiques, comme en Allemagne hitlérienne.

Si l'Europe, face au péril fasciste, se réveille si lentement, c'est que les mouvements de droite et d'extrême-droite des divers pays voient en Hitler un véritable bastion contre le communisme. Bon nombre de ceux qui craignent une menace sérieuse du côté du Führer, avant l'année fatidique de 1939, affirment, comme *l'Action* d'ailleurs, que le communisme demeure le plus grand de tous les dangers. L'opposition irréductible aux mouvements révolutionnaires a alors pour résultat de distraire l'Europe du danger créé par les régimes totalitaires de droite.

Dominée par la croisade anticommuniste, cette contre-révolution fait naître, à l'endroit de la Russie soviétique, des sentiments et des préjugés de nature à empêcher toute réflexion objective. On peut toujours envisager des négociations ou des compromis avec le dictateur allemand, et jusqu'à la veille de la guerre on ne désespère pas d'en venir à une entente avec lui. Mais jamais il n'est question, pour *l'Action* pas plus que pour l'extrême-droite en général, de dialoguer avec les Soviétiques. Le journal s'élève maintes fois, par exemple, contre les divers projets de relations diplomatiques et commerciales avec l'Union soviétique; il condamne avec vigueur son entrée à la Société des Nations et il s'oppose tout aussi vigoureusement aux pourparlers anglo-franco-russes de 1939, ultime espoir pourtant d'éviter la guerre. Qu'on ait perçu le communisme comme le mal sur terre et la Russie comme l'incarnation de ce mal, et qu'on ait voulu, conséquemment, établir un « cordon sanitaire » autour de ce pays et n'entretenir aucun rapport avec son gouvernement, tout cela peut s'expliquer. Et nous devons voir dans cette attitude, si répandue dans la droite, une des causes de la politique d'apaisement poursuivie dans les années 30 par la Grande-Bretagne et la France, une des causes aussi de la reprise de la guerre froide après 1945.

Au Québec aussi la croisade anticommuniste prônée par *l'Action catholique*, entre autres, a, nous le verrons, des conséquences graves. Auparavant, voyons la nature et l'évolution de ce complot communiste international qui fait couler, du moins au Québec, tellement plus d'encre que de sang.

On tend toujours à voir le communisme sous ses aspects négatifs; du moins le tableau qu'on en brosse n'a que des côtés négatifs. En effet, l'idéologie communiste elle-même est perçue comme la négation de tout. L'abbé Maxime Fortin, dans sa chronique sur les ouvriers, cite *le Bien Public* (Trois-Rivières), disant que le bolchevisme est « la doctrine de ceux qui conçoivent négativement le monde[1] ». Dans un autre témoignage, significatif du fait que son auteur jouera un rôle clé lors de la guerre russo-polonaise quelques mois plus tard, Mgr Kakowski, archevêque de Varsovie, fait observer que le bolchevisme « ne se propose rien de positif », que c'est « le traditionnel nihilisme russe[2] ».

L'œuvre principale du communisme, d'après les rédacteurs de *l'Action*, est la destruction et la violence. Dans un de ses nombreux articles sur le bolchevisme, Mgr Pâquet le définit comme un « mouvement anarchique » qui cherche « la destruction de l'ordre civil présent et de tout le monde civilisé ». Autrement dit, c'est le « triom-

---

[1] « Chez les ouvriers », 31 décembre 1919.
[2] « Le mouvement des idées », 9 mars 1920.

phe du terrorisme »; c'est l'assassinat, le vol, le pillage érigés en système; c'est « un système de démolition qui [...] vise l'univers entier[3] ». Pour Thomas Poulin, expert en affaires syndicales, le communisme est « une doctrine abominable, un régime de terreur, de vol et de sang. C'est le produit d'une rage idiote contre un état de choses que l'on dit ne pouvoir plus supporter. C'est un aveuglement terrible, dans son exécution comme dans sa préparation[4]. » Jules Dorion, pour sa part, voit le bolchevisme comme « le déchaînement de la bête humaine, la plus dangereuse et la plus cruelle parce que plus intelligente que toutes les autres[5] ».

Les rédacteurs insistent aussi sur le programme communiste, surtout en ce qui a trait à la propriété : son enseignement à ce sujet est une « théorie absurde », au dire de Dorion, selon laquelle les uns sont dépossédés au profit des autres. Thomas Poulin abonde dans le même sens que son directeur. « Qu'est-ce en somme le communisme ? » demande-t-il. « C'est la mise en un tas unique de toutes les richesses, de toutes les énergies, de toutes les productions nationales, des femmes et des enfants pour que chacun puisse ensuite aller à ce ratelier prendre sa part, qui doit être égale à celle du voisin de gauche et de droite. » En conclusion, le communiste, « c'est un « partageux » du bien des autres[6] ».

L'Action s'en prend aux communistes à cause de leur recours à la force, mais Mussolini et les fascistes s'en servent généreusement sans qu'on s'émeuve outre mesure. De plus, elle critique leurs idées économiques, réaffirmant la doctrine catholique sur la propriété. Pourtant les fascistes, de leur côté, ne respectent pas intégralement ce droit (comme dans le cas des Juifs allemands) sans pour autant s'attirer les foudres de *l'Action*. Alors pourquoi s'attaquer tout spécialement au communisme ? Il faut évidemment chercher la réponse dans l'attitude, condamnable, du communisme vis-à-vis de la religion. Eugène L'Heureux le proclame franchement : « L'élément le plus repoussant du communisme, [c'est] la négation de l'âme spirituelle et de Dieu. » Et de poursuivre :

> La propagande audacieuse des communistes contre Dieu est infiniment plus néfaste au genre humain que leurs théories sur la propriété, voire leur incitation à la lutte des classes.

---

[3]   « Le Bolchevisme : I–Son but, ses ravages », éditorial, 21 janvier 1920.
[4]   « Chez les ouvriers », 4 avril 1925.
[5]   « Les trembleurs : vont-ils ouvrir les yeux ? » éditorial, 27 octobre 1928.
[6]   « Les « partageux » de la chère Internationale », éditorial, 28 septembre 1928.

En niant la divinité, les communistes rabaissent l'homme au niveau de la bête in-
croyante; ils sèment dans le monde une idée absolument contre nature, puisque
tous les peuples, même les barbares et les sauvages, avant comme après le passage du Christ sur la terre, ont cru à une divinité quelconque puisque pas une
seule nation, illettrée ou cultivée, n'a commis la sottise de croire que l'univers,
magnifique et complexe dans [son] immensité comme dans son ultime analyse,
s'est fait tout seul[7].

Jules Dorion reprend la même idée, affirmant que « le bolchevisme
est essentiellement antichrétien, et [qu'] il a commencé par renier le
Christ et glorifier Judas, pour mieux faire accepter les monstruosités
qui constituent les assises de sa doctrine[8] ». Les communistes épou-
sent également, une abomination de plus, la fameuse théorie de l'é-
volution du genre humain ; l'Action ironise : « Les communistes, on
ne sait pourquoi, tiennent absolument à descendre du singe. On dirait
qu'ils ont honte d'avoir été créés par Dieu[9]. »

Si on critique la doctrine des communistes sur le plan philosophique, on leur reproche davantage leurs actes antireligieux. Il n'est pas
étonnant que la plupart des articles consacrés à la Russie entre 1917
et 1930 traitent de questions religieuses ou morales. Très impression-
née par les persécutions, l'Action est fortement tentée d'exagérer :
si les bolchevistes russes ont persécuté la religion chez eux, le but
primordial de tous les communistes (la définition de « communiste »
est toujours très vague) dans tous les pays doit donc être de détruire
la religion. Le journal en déduit ensuite en toute logique : si les communistes sont anticléricaux, les anticléricaux doivent être, sinon des
communistes, du moins des sympathisants. Au cours des troubles religieux au Mexique et en Espagne, l'Action en vient à la conclusion
que le Mexique est en plein bolchevisme et que la cause de l'Espagne républicaine est celle du communisme. Pareille conclusion, dans
ce dernier cas, amène l'Action à soutenir vigoureusement, pendant
toute la durée de la guerre civile, les troupes du général Franco.

Plus habile à dénoncer qu'à expliquer le bolchevisme, l'Action
éprouve toujours une grande difficulté à en déceler les causes. Pour
elle, ces causes se situent surtout sur le plan moral, de sorte qu'on
étudie même les origines socio-économiques du communisme à la
lumière d'enseignements moraux. N'est-ce pas l'idée de Thomas

---

7 « Le communisme : seule peut le vaincre la religion du Christ », éditorial, 4 juin
   1936.
8 « Le conflit de civilisations », éditorial, 1er août 1936.
9 Édouard LAURENT, « Les communistes : ce qu'ils font à Québec », article,
   22 novembre 1938.

Poulin (qui, avec L'Heureux, représente l'aile libérale de la rédaction sur cette question) quand il écrit :

> Ceux qui préparent le communisme sont les gens qui transforment ce qu'on appelle la lutte pour la vie en une lutte pour le monopole de toutes les richesses, de tous les biens sans considération des devoirs à remplir, des besoins de la société, des individus, sans tenir compte de la dignité humaine.
>
> Ceux qui préparent le plus sûrement le communisme sont les gens qui imposent et maintiennent chez les masses des misères imméritées. Il en résulte une lutte sauvage entre le désir légitime de vivre et le désir d'accaparement. Les consolations supérieures du christianisme mises de côté, le communisme naît, la révolution éclate[10].

Des personnes comme Mgr Pâquet, Jules Dorion et Louis-Philippe Roy y voient habituellement beaucoup moins clair. Selon eux, les bolchevistes recherchent surtout la jouissance et la satisfaction des passions. Leur but est soit d'accaparer et de voler les biens d'autrui, soit de les détruire. Pour Jules Dorion, le communiste, « c'est un homme qui a laissé un des péchés capitaux prendre chez lui le pas sur tous les autres, et qui meurt d'envie de déposséder les voisins plus heureux, soit pour s'approprier ce qu'ils ont, soit au moins pour les faire aussi pauvres que lui[11] ».

N'acceptant plus l'autorité de Dieu, les bolchevistes cherchent à substituer aux vertus civiques et chrétiennes de justice, de bienveillance et de fidélité, « la force, l'égoïsme, la ruse, le mensonge ». Selon Mgr Pâquet, qui place les bolchevistes dans la lignée d'Henri VIII, de Luther, de Huss et des encyclopédistes français, la société souffre parce que « le principe fondamental de l'Autorité » est battu en brèche. Il se dit d'avis que les événements qui se sont produits en Russie en 1917 se rapprochent sensiblement de ceux survenus en France en 1789 et en Allemagne en 1517 : « Substituez l'homme à Dieu, les enseignements de l'homme aux enseignements de Dieu, la loi de l'homme à la loi de Dieu, les opinions de l'homme aux jugements de Dieu : vous renversez du coup la base même de tout l'ordre social, tant civil que religieux. Vous brisez le frein suprême qui contient, dans ses justes limites, la liberté humaine. Vous semez l'hérésie dans l'Église, l'anarchie dans l'État[12]. » Le bolchevisme s'avère donc une conséquence de l'égoïsme de l'homme comme, d'ailleurs,

---

[10] « Chez les ouvriers », 4 avril 1925.
[11] « Le communisme », éditorial, 12 novembre 1938.
[12] « Le Bolchevisme : III–Ses causes profondes », éditorial, 29 janvier 1920.

le sont pour Mgr Pâquet toutes les perturbations, les luttes, les désordres, les injustices et les révolutions. Il va de soi que tout acte visant à restreindre le rôle de l'Église dans la société — que ce soit un projet de laïcisation de l'enseignement, la création d'une Cour de divorce, une loi imposant les biens d'Église — stimulera cet égoïsme et encouragera les ennemis de Dieu et de la religion, dont bien sûr les bolchevistes. Le moment venu, on ne manquera pas de souligner ce rapport. La menace paraît d'autant plus grande que, souvent, l'on assimile socialistes et communistes. Le socialisme même modéré « porte en ses flancs [...] le régime antisocial qui fait actuellement la terreur de l'humanité », déclare Mgr Pâquet. « Par ses principes mêmes, le socialisme est fomentateur d'œuvres bolchevistes. Il a beau prétendre s'enfermer dans certaines limites : les propos qu'il tient et le but qu'il poursuit le font glisser fatalement sur une pente d'anarchie. » Que veut-il dire plus précisément ? Le socialisme, continue le théologien, implique la guerre contre les patrons. Or, poursuit-il en manifestant la crainte caractéristique du défenseur d'un ordre menacé, « toutes les autorités légitimes sont solidaires. L'on ne saurait attenter aux droits du patronat sans ébranler ceux de tous les pouvoirs constitués, des pères de famille, des chefs de l'Église, des gouvernants civils ou des commandants militaires. La hiérarchie sociale forme une sorte de bloc, un assemblage dont les pièces, sans être également importantes, sont tellement liées entre elles qu'elles se soutiennent mutuellement. » Le socialisme, c'est clair, conduit tout droit au bolchevisme. Et Mgr Pâquet conclut son analyse : « Réprouver le bolchevisme et professer le socialisme nous paraît une contradiction malfaisante [13]. »

À plusieurs reprises, on essaie de préciser cette idée de la correspondance entre le socialisme et le communisme en cherchant à démontrer qu'ils ont plusieurs traits communs. Le « cri de ralliement » du socialisme, prétend J.-Albert Foisy, c'est : « À bas le Christ ! » Le socialisme est « le plus grand ennemi de la religion » et est déterminé à « détruire l'Église et toute idée de religion [14] ». Un peu plus tard, l'Action publie, avec un commentaire favorable, une lettre pastorale des évêques de Belgique sur le socialisme. Parlant des dirigeants socialistes, la lettre déclare : « Ils sont irréligieux, ces chefs; ils le sont tous, ici, en France, en Hollande, en Allemagne, en Italie, comme en Russie, en Pologne, en Hongrie; il

---

[13] « Le Bolchevisme : IV–Complicités socialistes », éditorial, 31 janvier 1920.
[14] « À bas le Christ ! » éditorial, 22 août 1921.

n'y a pas à la règle une seule exception. Il n'en est pas un qui osât se déclarer tout de bon fils de l'Église catholique, ni même simplement chrétien, croyant à la divinité du Christ[15].» Ainsi, quand il s'agit de la religion, le socialisme et le communisme sont-ils également condamnables.

Comme les communistes, les socialistes sont utopiques quand ils rêvent d'instaurer l'égalité complète, un « véritable paradis sur terre ». L'histoire montre, dit un article du *Semeur* qui a attiré l'attention de l'abbé Maxime Fortin, qu'« on aura beau s'ingénier à améliorer la condition matérielle des travailleurs, les ambitions ne seront jamais satisfaites, jamais assouvies[16] ». Partageant cet avis, Mgr Pâquet dénonce comme « contre nature, entachée d'utopie, grosse d'illusions et de menaces » toute entreprise tendant à abolir les inégalités sociales. « Il y aura toujours », affirme-t-il catégoriquement, « des riches et des pauvres, des patrons et des ouvriers, des employeurs et des employés[17] ». Toutefois, Thomas Poulin et Eugène L'Heureux, l'aile libérale de *l'Action catholique,* s'efforcent de nuancer davantage semblables affirmations.

L'Action catholique conserve toujours son horreur de l'étatisme. Il suffit qu'un mouvement quelconque revendique pour l'État un plus grand rôle à jouer pour se faire qualifier immédiatement de socialiste ou de communiste. Car pour Mgr Pâquet, il y a au moins deux chemins qui mènent au bolchevisme : la révolution qui l'installe du jour au lendemain et aussi le « procédé anesthésique », soit « l'empiètement lent, graduel, habile, voilé, calculé, des pouvoirs politiques sur la liberté des individus, sur le domaine réservé des familles, sur l'autonomie des œuvres privées et des associations particulières[18] ». Quelle que soit la voie choisie, on risque fort d'aboutir au même résultat.

Quelle solution s'impose pour exorciser le démon bolcheviste ? Les rédacteurs ne proposent pas toujours les mêmes remèdes. Deux, notamment Poulin durant les années 20 et L'Heureux plus tard, insistent à maintes reprises sur le besoin de corriger les abus du régime capitaliste. D'autres, comme le docteur Louis-Philippe Roy, misent davantage sur la répression et sur l'utilisation de la force armée lors-

---

[15] Texte de la lettre de l'épiscopat belge sur « Le socialisme », publiée dans *l'Action catholique,* 29 septembre 1925. Voir aussi Mgr David GOSSELIN, « Sur le socialisme : lettre de l'épiscopat belge », éditorial, 15 décembre 1925.

[16] Cet article fut reproduit dans « Chez les ouvriers », 29 septembre 1920.

[17] « Le Socialisme d'État : IV–La question ouvrière », éditorial, 11 juin 1919.

[18] « Le socialisme d'État : I–Notions générales », éditorial, 31 mai 1919.

qu'elle est nécessaire, comme en Espagne. D'autres encore, dont Mgr Pâquet, déclarent que « l'unique moyen d'entraver, d'une façon efficace, le mouvement d'anarchie qui menace le monde, c'est de restaurer la société d'après les principes chrétiens. La restauration chrétienne des États l'emporte infiniment, par son caractère et par son urgence, sur toutes les œuvres de reconstruction économique. Là est le rempart solide, inexpugnable, contre le péril bolcheviste[19].» Il importe donc de lutter inlassablement pour le maintien des écoles confessionnelles, d'encourager par tous les moyens le développement du syndicalisme catholique, etc.

Même si les désaccords avec la doctrine communiste, ou plutôt avec l'interprétation que donne *l'Action catholique* de cette doctrine, sont fondamentaux, ce sont plutôt les *actes* qui effraient. L'hystérie anticommuniste qui balaie la droite européenne (et américaine) durant l'entre-deux-guerres, en particulier de 1917 à 1922 et, de nouveau, pendant la grande crise économique, est nourrie beaucoup plus par l'horreur ressentie devant les méfaits des bolchevistes (ou attribués aux bolchevistes) que par des considérations de doctrine. Il est clair qu'à ce moment-là les passions dominent la raison; et c'est alors que la croyance à un complot communiste est la plus forte.

La révolution soviétique est indéniablement l'événement central de l'époque que nous étudions : les premières explications que propose *l'Action* des révolutions de mars et de novembre 1917 influent inéluctablement sur ses analyses ultérieures et du communisme comme idéologie et de l'Union soviétique comme État. D'après elle, comme nous le verrons en détail au chapitre V, le bolchevisme russe a deux causes principales : les Juifs et les Allemands. Les représentants de la droite, dont *l'Action,* prétendent démontrer le caractère juif du communisme pour conclure, en fait, que la révolution soviétique constitue une étape capitale dans l'ascension de la juiverie internationale vers la domination universelle. C'est une idée que reprendra Hitler, et *l'Action catholique* éprouvera une certaine sympathie à l'endroit de sa propagande antisémite. En outre, pour les journalistes de l'époque, la révolution est une véritable trahison : on sait que le gouvernement provisoire, prenant le pouvoir en mars 1917, choisit de poursuivre les hostilités contre les empires du Centre. Mais le pays est las de se battre et la célèbre offensive de Kerensky, en juillet 1917, se solde par un échec lamentable. Après l'avènement des bolchevistes en novembre, la Russie se retire du combat et commence

---

[19]   « Le Bolchevisme : VI–Rempart nécessaire », éditorial, 7 février 1920.

à négocier une paix séparée avec les Allemands. Les rédacteurs de *l'Action catholique,* comme beaucoup d'autres qui comprenaient très mal la situation intérieure en Russie, voient là un acte de trahison. Les Russes, en définitive, « abandonnent » leurs alliés, principalement la France et l'Angleterre, permettant ainsi aux Allemands de poursuivre de plus belle leur action sur le front de l'Ouest. *L'Action* ne pardonnera jamais aux Russes cet acte honteux, et son amertume la pousse à croire que les bolchevistes sont des espions allemands. À l'avenir, quand il sera question de pourparlers ou d'accords avec l'Union soviétique, elle s'y opposera toujours, rappelant à chaque occasion la « trahison de Brest-Litovsk[20] ». L'idée que la révolution est l'œuvre des Juifs et des Allemands rend impossible tout jugement désintéressé ou objectif des événements eux-mêmes et entretient indéfiniment l'hostilité marquée du journal.

Le tableau qu'on brosse des effets de la révolution de 1917 est des plus sombres : l'avènement des bolchevistes est un véritable désastre pour la Russie, pour l'Europe, pour la chrétienté, pour le monde entier. Si la « malheureuse Russie » espérait un soulagement du système autocratique, elle s'illusionnait en croyant que les bolchevistes lui apporteraient le salut. Le « régime tyrannique qui étreint la Russie de ses griffes de fer », au dire d'un des rédacteurs, s'avère « plus despotique que ne le fut jamais celui des tsars abolis[21] ». Dans les autres domaines, le régime soviétique ne fait pas davantage l'admiration des journalistes de *l'Action catholique,* pour qui le peuple russe est englouti sous une « lie infecte n'ayant de règle que ses vulgaires appétits[22] ». Le résultat est donc entièrement négatif : le bouleversement le plus complet de la société, le pillage, le massacre, la persécution, l'esclavage, la « misère affreuse sous toutes ses formes ».

Quant aux pays jusque-là épargnés, la Russie leur offre une dure leçon dont ils doivent absolument tenir compte. Tout comme les Spartiates (c'est une comparaison de l'abbé Nadeau), qui montraient à leurs enfants le répugnant spectacle d'un ilote ivre afin de les immuniser contre le vice de l'ivrognerie, Dieu offre à tous les peuples la même leçon, « en leur montrant à nu, en Russie, les conséquences

---

[20] Voir, par exemple, L.-P. ROY, « Trois blocs se choquent », éditorial, 29 septembre 1936; ID., « Comment le macabre mécanisme judiciaire de l'assassin Staline joue contre la France », article, 28 juillet 1937; ID., « Le lion britannique devrait se méfier de l'ours moscovite », éditorial, 24 avril 1939.

[21] « Leçons de Russie », éditorial, 30 septembre 1918.

[22] « À flatter le loup... », éditorial, 3 mars 1919.

dernières du socialisme tirées par le bolchevikisme[23] ». Explicitant sa pensée, ce rédacteur déclare : voilà l'homme

> ravalé au rang de la bête sans âme, sans pudeur et sans honneur.
>
> Et voilà dans quelles divagations vont se vautrer tous les « peuples souverains » avec leur démocratie. Voilà où vont logiquement et nécessairement les peuples où le socialisme avec la franc-maçonnerie montent, où les lois tendent à la destruction de la famille, arrachent femmes et filles au sanctuaire du foyer, à la maison, pour les jeter dans la vie publique, en faire des femmes publiques, aux deux sens du mot.

On ne peut guère manquer d'apprécier la pertinence de l'avertissement par lequel il conclut : « Les mêmes causes amènent partout les mêmes effets. Les mêmes principes mènent aux mêmes conclusions[24]. »

Ferdinand Bélanger reprend la même idée, à savoir que la révolution russe, « par sa barbarie savante, organisée, occupera une première place dans l'histoire des révolutions. Oeuvre d'intellectuels matérialistes, elle a démontré et démontre chaque jour jusqu'où peut descendre l'humanité qui s'éloigne de Dieu[25]. » Les journalistes de l'Action, on le voit facilement, ne laissent passer aucune occasion de projeter la révolution russe dans l'actualité canadienne ; aussi proclament-ils avec une vigueur toute renouvelée : gare aux syndicats neutres ! gare aux immigrants ! gare au féminisme ! gare à l'école gratuite, obligatoire et neutre ! gare au divorce et aux mœurs relâchées ! gare aux communistes, à la C.C.F., etc.

La cessation des hostilités en novembre 1918 amène un cortège de bouleversements sociaux, de crises industrielles et de désordres en général; le vent révolutionnaire souffle sur le monde avec une force telle qu'on peut croire — et craindre — que les prévisions de Marx se réalisent en plusieurs pays. L'agitation sociale laisse présager des changements profonds, divers mouvements communistes s'agitent et les chefs soviétiques les encouragent, du moins moralement, mais de là à affirmer, comme l'Action catholique le fait, que les bolchevistes fomentent tous ces désordres, est un saut assez impressionnant. Certains alarmistes de l'extrême-droite le font pourtant très facilement.

Dans ce climat de crainte et d'insécurité qui caractérise les années 1918–1921, l'exagération semble de rigueur. L'Angleterre, alors aux

[23] « Chronique de la guerre », 3 avril 1918.
[24] Ibid., 20 juin 1918.
[25] « En passant », 6 avril 1923.

prises avec un problème ouvrier des plus graves, est un cas type. Commentant les premières grèves en février 1918, l'abbé Nadeau dit craindre déjà « de gros bouleversements en Angleterre[26] » et, l'année suivante, il croit discerner clairement les « grondements de la révolution[27] ». L'année 1920 est beaucoup plus bruyante. Au début de janvier, un article en première page, intitulé « Les bolchevistes à l'œuvre en Angleterre », fait part de la « nouvelle » que des agitateurs bolchevistes travaillent « énergiquement » en vue de remplacer le gouvernement, profitant des grèves pour déclencher leur révolution. « L'Angleterre va-t-elle faire comme la Russie[28] ? » se demande avec angoisse un des éditorialistes, quelques jours avant les grands débrayages de l'automne. Il lui semble bien que oui. Au moment où la grève générale des mineurs se prépare, on s'empresse d'annoncer dans un article important que le bolchevisme est aux portes de l'Angleterre. Trois semaines plus tard (le 21 septembre 1920), dans un article portant le titre « La révolution gronde en Angleterre », on fait remarquer que « le gouvernement reconnaît l'influence russe dans la grève des mineurs ». Quelques jours après, le journal reproduit la déclaration de Winston Churchill, dans laquelle le secrétaire à la Guerre émet l'opinion que « les représentants du bolchevisme en Grande-Bretagne enseignent aux leaders ouvriers comment conduire une révolution[29] ».

Dans le même numéro on fait état de manifestations des sans-travail à Londres, au cours desquelles Lénine et Trotski sont acclamés et le drapeau rouge déployé. Le 20 octobre, Jules Dorion déclare, en éditorial, que le conflit ouvrier « peut très facilement aboutir à une révolution et à un changement radical dans le régime politique de la Grande-Bretagne[30] ». Deux jours plus tard, *l'Action* titre en manchette : « C'est la guerre générale du travail contre le capital et le public anglais ». Au mois de novembre, devant le projet de relations commerciales entre l'Angleterre et la Russie, Dorion prévient ses lecteurs que la société anglaise est « menacée autant et peut-être plus que toute autre par le virus des idées communistes[31] ». Finalement, en janvier 1921, la grève des mineurs, tant redoutée, éclate : 1 200 000 ouvriers chôment et dix-huit millions de personnes sont af-

---

[26]   « Chronique de la guerre », 19 février 1918.
[27]   « En passant », 1er mars 1919.
[28]   *Ibid.*, 11 septembre 1920.
[29]   18 octobre 1920.
[30]   « La grève anglaise », éditorial, 20 octobre 1920.
[31]   « La défaite de Wrangel », éditorial, 16 novembre 1920.

fectées. Après quelques semaines de crise, *l'Action* annonce que « les autorités craignent qu'on veuille imposer à la nation un régime socialiste[32] ». La menace se précise, la violence éclate et les grèves prennent « un caractère tout à fait révolutionnaire »; *l'Action* s'affole maintenant, titrant en grande manchette à la une, le 8 avril 1921 : « La grève des mineurs anglais est plutôt une révolution qu'une agitation industrielle ». Au mois de mai, la situation demeure inchangée et dans le numéro du 9, le titre du plus important article se lit : « Révolution politique imminente en Angleterre ». Dès le mois suivant, cependant, la grève est réglée et la menace révolutionnaire s'estompe.

Mais ailleurs les bolchevistes sont toujours à l'œuvre et le « fléau » poursuit sa « randonnée meurtrière[33] » en Europe, en Asie, en Amérique du Sud, aux États-Unis et même au Canada. La « folie bolcheviste a gagné les Indes[34] », écrit l'éditorialiste, effrayé, en février 1919. On prépare une invasion bolcheviste de l'Allemagne, annonce-t-on en mars. En avril, c'est l'Égypte qui se trouve menacée par la « vague ». En mai et en juin, la ville de Winnipeg est frappée par une grève générale et on flaire des manigances bolchevistes. Aux États-Unis, les attentats anarchistes débutent et, sous le titre de « Immense complot soviet aux États-Unis[35] », on déclare que quatre millions de radicaux projetteraient de renverser le gouvernement, au moyen d'une grève générale, afin d'établir un nouveau régime. Cinq cents « agents à la solde de Lénine » travaillent sur le sol américain pour répandre le bolchevisme[36], nous dit-on en octobre et, en novembre, *l'Action* publie les premiers reportages sur l'arrestation de radicaux américains et leur déportation en Russie.

Le souci de la véracité des nouvelles publiées semble plutôt secondaire : on n'hésite pas à déclarer que les armées bolchevistes seraient entrées en Perse et dans l'Inde, qu'elles menaceraient tout le Japon, qu'une république soviétique a été établie au Portugal, que l'Alaska veut organiser un gouvernement bolcheviste, etc. Certains étudiants contestataires paraissent même avoir adopté des méthodes tout à fait bolchevistes : dans un article intitulé « Soviet d'étudiants », *l'Action* rapporte que les étudiants à l'École normale de Fort Hays,

---

[32] 4 avril 1921.
[33] « Le bolchevisme », éditorial, 2 décembre 1918.
[34] « Ou prier, ou périr », éditorial, 14 février 1919.
[35] 5 juin 1919.
[36] « Le socialisme américain », éditorial, 6 octobre 1919.

au Kansas, passent leur temps à plonger leurs professeurs dans un lac[37] !

En septembre 1920, une explosion à l'édifice de la Compagnie J. P. Morgan, à New York, fait plusieurs victimes. Le coupable n'est jamais retrouvé, mais Foisy, à l'instar de bon nombre d'Américains, croit bon d'attribuer le crime aux anarchistes. L'attentat, dit-il, demeure « tout à fait caractéristique de l'esprit qui anime les gens qui se font les promoteurs de la dictature du prolétariat[38] ». Mais peu à peu la menace révolutionnaire se dissipe. Les faiblesses internes et le manque d'unité des révolutionnaires, la crainte et la méfiance des populations, l'habileté avec laquelle les forces de la droite se présentent dans les pays victorieux comme les artisans de la victoire et la brutalité des répressions gouvernementales font avorter le mouvement. La révolution sociale se limite à la seule Russie qui, les espoirs de Lénine étant maintenant étouffés partout ailleurs, s'applique à poursuivre la révolution chez elle.

De l'apaisement de cette première vague de bouleversements sociaux en 1921–1922 jusqu'aux débuts de la crise économique à la fin de la même décennie, le monde jouit de la seule période de tranquillité relative de l'entre-deux-guerres. Aux États-Unis, où Warren G. Harding et, après sa mort subite et mystérieuse en 1923, Calvin Coolidge occupent la présidence, il s'agit vraiment d'une accalmie. Mais dans plusieurs autres pays du monde, cette tranquillité est plutôt factice ou, à tout le moins, de courte durée.

Entre 1923 et 1925, l'Allemagne connaît des incidents sanglants auxquels sont mêlés des communistes. À Vienne, en 1927, des communistes sont tenus pour responsables de manifestations violentes. L'Angleterre aussi semble être toujours la proie du bolchevisme. L'existence d'écoles bolchevistes (au moins une quarantaine, selon Poulin[39]), leur travail de propagande, diverses grèves (comme celle des mineurs, en 1926), la présence de socialistes au gouvernement britannique et un taux de chômage très élevé incitent Poulin à exprimer l'opinion que l'Angleterre, quoique « pas aussi atteinte » que la France, se trouve quand même « en face du péril communiste[40] ».

Les désordres ne se limitent cependant pas à l'Europe, et l'Action insiste beaucoup sur le cas de la Chine où les nationalistes et les

---

[37]   25 mars 1920. Incident tout à fait navrant : on ne parle cependant pas d'occupations de bureaux.

[38]   « Ce qu'elle est », éditorial, 20 septembre 1920.

[39]   « Chez les ouvriers », 18 août 1924.

[40]   Ibid., 10 septembre 1925.

communistes sont aux prises. Elle avoue ne savoir où donner de la tête dans le conflit chinois et Dorion déclare, avec un brin d'humour : « La situation en Chine continue d'être normale, c'est-à-dire qu'elle est aussi embrouillée que jamais, ce qui est la normale dans ce pays de la chinoiserie[41]. »

Au Mexique, le gouvernement anticlérical de Callès est au pouvoir et *l'Action* est convaincue de l'immixtion bolcheviste. « Les bolchevistes [...] règnent en maîtres à Mexico[42] », prétend Thomas Poulin, et Callès est « un chaud partisan des théories de Lénine[43] ». L'année suivante, en 1927, Poulin déclare : « Le Mexique possède le régime bolcheviste et, comme en Russie, c'est la persécution, le vol, le pillage[44]. » Si le gouvernement mexicain doit recourir à tous les moyens dans la poursuite de son offensive anticléricale, c'est que l'Église est « le plus puissant adversaire [...] dans la mise à exécution du programme communiste »; c'est ce qu'affirme le sénateur René Capistran Garza, vice-président de la Ligue nationale mexicaine pour la défense de la liberté religieuse, dans une déclaration rapportée, le 15 décembre 1926, par *l'Action catholique*.

À cause de leur faible pour la France, la situation en ce pays paraît encore plus angoissante aux journalistes de *l'Action*. En mai 1924, les forces de la droite, groupées dans le Bloc national, subissent une lourde défaite électorale au profit du Cartel. Prétendant d'abord qu'il ne faut pas s'inquiéter « outre mesure » à cause de la protection céleste dont jouit la France « réelle », Jules Dorion affirme, quelques jours plus tard, que « les plus vives appréhensions[45] » semblent maintenant être justifiées. Selon Poulin, ce sont « les extrémistes[46] » qui sont au pouvoir, et pour Paul Tailliez, correspondant occasionnel de *l'Action* en France, c'est un « recul déplorable[47] ».

Selon *l'Action*, s'il ne faut pas confondre anticléricalisme et bolchevisme, ce sont tout de même de proches parents. À certains moments, les principaux anticléricaux, comme Herriot, sont taxés de communisme; parfois, on soutient simplement que l'anticléricalisme

---

41 « Les chinoiseries : elles continuent », éditorial, 15 mars 1927.
42 « Le Mexique, et l'opinion du *Kiwanis Magazine* », éditorial, 23 juillet 1926.
43 Charles PHILLIPS, « Correspondance spéciale » publiée dans *l'Action catholique*, 2 octobre 1925.
44 « Chez les ouvriers », 7 décembre 1927.
45 « Passé et présent », éditorial, 17 mai 1924.
46 « Chez les ouvriers », 26 mai 1924.
47 « Échos de France », 17 juin 1924.

et le socialisme risquent d'affaiblir la France devant le péril communiste. C'est sûrement l'opinion de Jules Dorion qui ne cache pas son inquiétude après les élections de 1928 : « Si on continue de déchristianiser, quelle digue restera contre le communisme[48] ? » Les forces de la révolution semblent donc continuer lentement leur avance au moyen de la propagande subversive, d'élections favorables à la gauche et de crises industrielles. *L'Action,* pour sa part, ne peut que se réjouir des conquêtes de la réaction; en effet, pour elle, la réaction signifie la paix et l'ordre tant souhaités. En Allemagne, ce sont les « éléments de l'ordre », avec Hindenburg, qui prennent le dessus sur les « partisans du *grand soir* », c'est-à-dire les forces de la gauche[49]. En Autriche, Mgr Seipel, le chancelier, « rend la vie » à son pays, le délivrant de la menace communiste[50]. La Hongrie, pour sa part, se dit « prête à assumer le rôle du défenseur de la civilisation catholique contre le barbarisme asiatique[51] » et, en 1930, à l'occasion de son dixième anniversaire à la tête du gouvernement hongrois, l'amiral Nicolas Horthy reçoit un message de félicitations et de remerciements du pape Pie XI. En Espagne, le général Primo de Rivera établit, en 1923, une dictature militaire pour, dit-il, trois mois. Quatre ans plus tard, toujours au pouvoir, le général déclare qu'il demeurera en fonction « jusqu'à ce que le pays soit totalement revenu à un état normal sain et robuste[52] ». *L'Action,* peut-être un peu trop crédule, sous-titre ainsi cette information : « Aucune ambition personnelle ». Pour Ferdinand Bélanger, Rivera est « un politique de bonne taille », un de « ces personnages utiles [qui] ne sont pas communs chez les peuples, depuis l'avènement de l'égalitaire démocratie[53] ». Selon son confrère à la rédaction, Joseph Dandurand, « Primo de Rivera est un dictateur heureux, et l'Espagne est un pays heureux de vivre sous sa dictature[54] ».

---

[48]   « Aujourd'hui et dans quatre ans », éditorial, 29 mai 1928.
[49]   J. DORION, « Castelnau et Hindenburg », éditorial, 14 mai 1925. Les mots en italique le sont dans le texte.
[50]   LE GLANEUR, « Petites notes », 6 mai 1930.
[51]   « Correspondance spéciale », 5 décembre 1925.
[52]   27 août 1927.
[53]   « En passant », 22 juin 1928.
[54]   « Primo de Rivera et l'Espagne », éditorial, 14 février 1929. L'opinion manifestait peut-être plus d'enthousiasme que d'exactitude, car Rivera dut démissionner, à la suite de difficultés politiques, en 1930.

En Italie, Benito Mussolini marche sur Rome et le roi Victor Emmanuel lui offre le pouvoir. Dès le début, *l'Action* s'enthousiasme à l'endroit de cet homme qu'elle juge remarquable. Commentant l'accession au pouvoir du Duce, Bélanger écrit que l'Italie a ainsi été sauvée du communisme[55]. Quant à la Chine, *l'Action* voit le salut du côté des nationalistes, quels que soient les moyens qu'ils emploient. Quand les communistes chinois, qui « ont soif du sang », « martyrisent » 150 catholiques, on parle d'une « atrocité[56] », mais lorsque 1 700 communistes, hommes et femmes, sont passés par les armes par les nationalistes, le 20 février 1928, un des journalistes de *l'Action* écrit : « C'est la Chine nationaliste qui paraît avoir le plus consciencieusement saisi la pressante nécessité d'amputer sans merci ce chancre destructeur, en passe de ronger et d'empoisonner la civilisation contemporaine[57]. » *L'Action* ne croit-elle pas toujours que la fin justifie les moyens ?

L'Action sympathise également avec la droite française et, en particulier, avec le mouvement de *l'Action française*, du moins avant sa condamnation par Rome en 1927. Commentant les prévisions de Charles Maurras, Bélanger s'interroge : « La France aura-t-elle un roi d'ici 1925 ? [...] Il faudrait presque le souhaiter, car de plus en plus la France s'achemine vers un changement; et si la réaction ne s'accomplit franchement vers la droite monarchique, elle penchera probablement vers l'extrême-gauche, le caillautisme et le défaitisme judéo-maçonnique[58]. » De toute façon, Bélanger exprime l'avis que « les forces réactionnaires ne [semblent] pas moins entraînées que les forces révolutionnaires et que la France a des chances de rejeter le poison muscovite[59] ». L'arrivée au pouvoir du gouvernement Poincaré en juillet 1926 est rassurante. Si Poincaré n'est pas ouvertement partisan des catholiques, au moins c'est un « homme d'État[60] ».

La crise économique avec son cortège de difficultés sociales fait renaître la menace révolutionnaire et, comme après la première guerre mondiale, *l'Action* vit dans une crainte et une inquiétude des plus profondes. Le chômage crée un danger terrible. Constatant la présence de 3,4 millions de sans-travail aux États-Unis en 1930,

---

[55]   « En passant », 28 novembre 1922.
[56]   4 avril 1928.
[57]   « Information », 23 février 1928.
[58]   « En passant », 11 janvier 1923.
[59]   *Ibid.*, 15 décembre 1925.
[60]   J. DORION, « Politiques et politiciens », éditorial, 9 juin 1927.

Joseph Dandurand avertit ses lecteurs que le temps est propice aux agitations communistes. En effet, selon lui, les émissaires et les adeptes de Moscou y montrent alors une activité fébrile, de sorte que « nos voisins voient comparaître chez eux le démon aux mille têtes rouges[61] ».

Non seulement le chômage invite-t-il aux désordres, mais il risque d'entraîner, à moins de réformes approfondies, l'effondrement de tout le système capitaliste. Les éditorialistes de *l'Action* font des mises en garde vigoureuses : ceux qui souffrent du capitalisme pourraient bien, selon eux, aller chercher leur bonheur ailleurs, dans le socialisme ou le communisme, d'autant plus que des multitudes de propagandistes rouges se tiennent prêts à attiser le feu de leur mécontentement. Bien entendu, ils ne manquent pas l'occasion d'exprimer l'opinion que l'enfer bolcheviste serait un remède mille fois pire encore que la maladie, et que faire un tel choix serait vraiment tomber de Charybde en Scylla. Les capitalistes devraient tout de même se garder d'une simple réaction de défense, car « défendre brutalement le régime actuel, c'est insulter ceux qui en souffrent. Refuser tout adoucissement à la très imparfaite répartition actuelle des fruits du travail, c'est provoquer les victimes à la colère[62]. »

Durant les années 30, les communistes semblent réaliser des progrès très marqués dans de nombreux pays, à tel point que les dictateurs fascistes, arrivés au pouvoir, se vantent d'avoir arraché leur pays aux griffes des bolchevistes, restaurant l'ordre et la paix sociale. Au dire de *l'Action*, cependant, la propagande communiste continue dans la majorité des pays européens. En Pologne, par exemple, des cours clandestins sur le communisme auraient été organisés dans une école juive de Varsovie. Dans la salle de cours, de poursuivre *l'Action*, se trouvait, dans une cage, un perroquet qui, un jour, s'est mis à crier : « Capital ! Marx ! Révolution ! Lénine[63] ! » La police, ainsi mise en éveil, a pu opérer des arrestations et fermer l'établissement !

Même s'il existait, dans certains pays, une réelle menace communiste, bien des gens pensaient qu'il ne fallait pas en conclure que les communistes étaient automatiquement responsables de tous les bouleversements qui se produisaient à l'époque. Mais *l'Action*,

---

61   « La vague rouge », éditorial, 28 juillet 1930.
62   E. L'HEUREUX, « La crise anglaise : sa signification pour le monde », éditorial, 8 septembre 1931.
63   11 mars 1933.

elle, fait difficilement la distinction entre le communisme et le nationalisme croissant dans le Tiers-Monde. Le Glaneur (probablement un pseudonyme de Dandurand) admet que Gandhi prêche la non-violence; il ne peut, toutefois, s'empêcher de commenter certaines manifestations violemment antibritanniques aux Indes : « Quelle imprudence d'allumer la mèche sans vouloir mettre le feu[64] », dit-il, en laissant croire que le Mahatma avait travaillé pour Moscou contre l'Inde. Jules Dorion voit lui aussi l'immixtion communiste dans le nationalisme hindou. Selon lui, la diabolique révolution russe « ne perd aucune occasion de s'infiltrer » partout où elle voit une chance de ruiner une civilisation. « Il serait fou de penser qu'elle peut rester indifférente en face de ce qui se passe aux Indes. Ses émissaires, on peut en être sûr, sont déjà sur les lieux et soufflent sur le moindre tison pour allumer l'incendie[65]. » Pour Dorion, les communistes demeurent les adversaires les plus redoutables auxquels se heurte Gandhi. Quelques années plus tard, Louis-Philippe Roy publie le compte rendu d'une entrevue avec Mgr Roche, s.j., évêque de Tuticorin, en Inde, et au cours de laquelle ce dernier soulignait l' « intense propagande communiste » faite par Pandit Jawaharlal Nehru[66] !

Pour l'Amérique latine, le jugement de l'Action varie légèrement. Encore le journal s'empresse-t-il de reprendre à son crédit les accusations de communisme que certains personnages au pouvoir portent aussi généreusement que gratuitement contre leurs adversaires. Dans ce sens, on fait état, à maintes reprises, de la présence de « la peste asiatique[67] » au Brésil, au Chili[68], au Salvador, à Cuba et ailleurs. Pour l'Action catholique, les communistes participent activement à tous les efforts tendant à renverser l'ordre établi et occupent une place, dont il ne faudrait pas sous-estimer l'importance, dans la lutte nationaliste et anticolonialiste. Il va de soi qu'elle n'est pas seule à lancer de telles accusations : pour ceux qui ont intérêt au maintien de certains régimes coloniaux (comme en Inde) et semi-coloniaux ou militaires (comme en Amérique latine), le qualificatif de « communiste » s'avère, dans leur combat réactionnaire, d'une utilité insoupçonnée et inespérée.

---

[64] « Petites notes », 17 avril 1930.
[65] « Aux Indes : l'obstination froide de Gandhi », éditorial, 22 avril 1930.
[66] « Petites notes », 13 novembre 1936.
[67] L.-P. ROY, « Petites notes », 17 septembre 1937.
[68] DORION demande : « Serait-ce le premier État communiste de ce côté-ci de l'Atlantique ? » (« Petites notes », 4 septembre 1931). Ce sera plutôt le deuxième !

À mesure que les années s'écoulent, la situation empire. En 1933, L.-P. Roy croit qu'il est encore temps de choisir entre Jésus-Christ et Satan, entre Rome et Moscou, entre le Pape et Lénine, entre le catholicisme et le communisme[69]. Mais, en 1936, un pessimisme des plus noirs semble plutôt de mise. Eugène L'Heureux s'interroge : « Allons-nous au communisme ? » et, répondant à sa propre question, il avoue très franchement : « Il y a vraiment lieu de se le demander[70]. » Devant la montée du péril rouge, le docteur Roy se montre encore plus sombre : « Comme les papillons tombent bêtement dans la cheminée d'une lampe après l'avoir plus ou moins longtemps survolée sans méfiance, ainsi les peuples tomberont, les uns après les autres, dans le grand *brasier rouge* du bolchevisme moscoutaire[71]. »

Au dire des éditorialistes de *l'Action,* l'événement le plus dangereux, du moins potentiellement, c'est la formation de fronts populaires, d'abord en Espagne, ensuite en France, qui unissent les communistes et les autres partis de la gauche. Pour *l'Action,* le Front-Uni qui gouverne l'Espagne après la chute de la monarchie donne un avant-goût des conséquences de ce qui pourrait n'être qu'une ruse soviétique très habile : cette expérience met l'Espagne à la merci des communistes, des anarchistes et des anticléricaux. C'est donc avec la plus profonde appréhension qu'elle analyse les résultats des élections françaises d'avril-mai 1936, qui accordent la victoire à la gauche avec 380 sièges (dont 81 communistes), contre seulement 238 pour la droite. En juin 1936, Léon Blum forme le premier gouvernement socialiste en France et *l'Action* écrit, en sous-titre : « C'est la première fois aussi qu'un Juif arrive à la tête du gouvernement français. »

Blum ne sera jamais très estimé des rédacteurs de *l'Action.* Roy le qualifie de « marxiste[72] » et Dorion, plusieurs mois après la chute du Front populaire, au moment où Blum et Maurice Thorez, secrétaire du Parti communiste français, s'apprêtent à déclencher une grève générale contre le projet de réorganisation économique de Daladier, affirme : « Blum et Thorez ne sont pas des ouvriers et

---

[69]   Compte rendu d'une conférence, intitulée « Rome ou Moscou ? Un choix s'impose » et prononcée sous les auspices du Cercle Léon XIII, dans *l'Action catholique,* 20 novembre 1933.

[70]   « Allons-nous au communisme ? Il y a vraiment lieu de se le demander », éditorial, 13 janvier 1936.

[71]   « Le brasier rouge », éditorial, 11 mars 1936. C'est *l'Action* qui souligne.

[72]   « Franco tient la victoire; Blum court à l'écueil », éditorial, 5 avril 1938.

n'ont jamais fait œuvre de leurs dix doigts pour gagner un morceau de pain. Ce sont deux hommes qui ont boulotté chacun un million on ne sait où, et qui possèdent cet art, tout en contribuant sans cesse à diminuer leur pays et à compromettre son avenir, de rester des idoles des masses qu'ils abusent pour mieux les exploiter[73].» Pour ce qui est du gouvernement Blum lui-même, il reste « le jouet du communisme[74]» et semble devoir être la première étape vers une nouvelle révolution française. Le danger pour la France paraît tellement grave que Roy se met à prier : « Fasse le Ciel que notre ancienne mère-patrie retrouve son bon sens traditionnel et contourne victorieusement le danger bolcheviste[75].» L'année suivante, en 1937, Roy écrit que le péril s'aggrave; il note les « progrès effarants » du communisme en France (les effectifs du parti sont passés, en douze mois, de 80 000 membres à 270 000 membres) et ne dissimule pas sa crainte que « selon les apparences, ce sera le prochain pays où Moscou tentera de répéter ses tentatives de l'Espagne et du Mexique[76]». Avec la démission de Blum, en juin 1937, et la chute du gouvernement de Camille Chautemps, en janvier 1938, le Front populaire se désintègre et le danger d'une révolution bolcheviste en France, si jamais danger il y avait eu, disparaît, du moins pour les rédacteurs de *l'Action.*

Nous avons déjà souligné le fait que la menace communiste, à l'encontre des supposés complots de la juiverie internationale et de la franc-maçonnerie, peut s'appuyer solidement sur une puissance réelle, celle de la Russie soviétique. Pour *l'Action catholique,* le communisme international et la nation soviétique se confondent entièrement : ce qui profite à l'un, doit bénéficier automatiquement à l'autre. Ainsi, selon Joseph Dandurand, l'établissement de relations commerciales avec l'Union soviétique facilitera le triomphe du bolchevisme mondial, en contribuant au maintien du régime soviétique. Ce n'est pas vrai, affirme-t-il, que l'argent n'a pas d'odeur : les Soviets n'ont-ils pas affamé, extorqué, ensanglanté, massacré, bouleversé[77] ? Et quand il est question de troquer l'huile russe contre cent mille vaches laitières canadiennes, *l'Action* s'y oppose catégoriquement : allons-nous aider ceux qui veulent niveler l'humanité

[73] « Les grands zéros de la politique », éditorial, 23 novembre 1938.
[74] L.-P. ROY, « Dictature bolcheviste contre dictature fasciste », éditorial, 28 juillet 1936.
[75] « Trois blocs se choquent », éditorial, 29 septembre 1936.
[76] « En 12 mois, le nombre... », article, 30 avril 1937.
[77] « L'offensive russe : on ouvre les yeux », éditorial, 30 octobre 1930.

dans le malheur ? demande L'Heureux. Nos vaches ont un faible rendement et il faut certainement améliorer nos troupeaux avant d'améliorer ceux de la Russie. « Ce serait un crime, déclare-t-il, que d'enrayer le progrès déjà trop lent des troupeaux québécois pour faciliter l'organisation agricole d'un État qui veut détruire notre civilisation après avoir détruit la sienne[78].» En 1935, lorsque, une fois encore, on aborde le problème des relations commerciales avec la Russie, *l'Action* ne se montre pas plus enthousiaste et elle donne cet avertissement : « Les idées communistes suivent la marchandise communiste sur les navires, et l'argent que l'on verse dans la caisse du commerce et de l'industrie russes sert, soyons-en certains, à payer la propagande révolutionnaire de Moscou à travers le monde[79].»

L'offensive économique des Soviets se double d'une offensive diplomatique. L'U.R.S.S., à l'encontre de la politique léniniste, cherche maintenant à être reconnue internationalement, qu'il s'agisse de reconnaissance diplomatique, de participation aux organismes internationaux, de la mise sur pied d'alliances défensives, etc. *L'Action* s'élève également contre les efforts russes dans ce domaine, postulant que l'admission à la Société des Nations de la Russie, État antichrétien et ennemi de la civilisation, constituerait une énorme erreur[80]. La Russie, après tout, ne cherche que la guerre, au dire de L.-P. Roy. Si elle fait campagne contre le fascisme, c'est qu'elle veut provoquer la guerre[81]; si elle profère des menaces contre l'Italie durant la guerre civile espagnole, c'est qu'elle n'a aucun intérêt à laisser consolider la paix en Europe[82]; si elle appuie les revendications de l'ex-empereur Haïlé Sélassié d'Éthiopie devant la Ligue à Genève, c'est qu'elle ne se plaît que dans le trouble[83]; si elle dénonce l'accord de Munich comme une reddition de la France et de la Grande-Bretagne à Hitler, c'est que les communistes veulent la guerre afin d'allumer une révolution sociale universelle[84].

---

[78]   « Petites notes », 30 décembre 1932.
[79]   E. L'HEUREUX, « Plus pressant que le commerce soviétique », éditorial, 29 octobre 1935.
[80]   « L'entrée de l'U.R.S.S. dans la Société des Nations », correspondance spéciale, 21 mai 1934; et E. L'HEUREUX, « Petites notes », 8 septembre 1934.
[81]   L.-P. ROY, « Faut-il désespérer de la solution du conflit italo-éthiopien ? » éditorial, 7 janvier 1936.
[82]   ID., « Moscou provoque », éditorial, 9 septembre 1937.
[83]   ID., « Temple branlant où l'on prépare la guerre ? » éditorial, 10 mai 1938.
[84]   ID., « Ceux qui voulaient la guerre », éditorial, 4 octobre 1938; ID., « Les communistes ont tout fait contre la paix et pour la guerre », article, 26 octobre 1938.

Malgré ce qu'en dit alors *l'Action*, la droite réactionnaire fait des progrès beaucoup plus considérables que la gauche révolutionnaire. En 1938, dans toute l'Europe centrale et méridionale, seule la Tchécoslovaquie demeure encore un État démocratique.

La réaction de *l'Action catholique* face aux diverses dictatures varie sensiblement. Elle fait de Dollfuss, en Autriche, et Salazar, au Portugal, des dictateurs exemplaires, de véritables héros. Pour L'Heureux, Englebert Dollfuss est un chef qui, « s'il est de petite taille, n'en a pas moins l'envergure des plus grands hommes d'État de l'histoire[85] ». C'est un jour bien sombre pour le journal que celui où le chancelier autrichien tombe sous les balles d'un assassin, en juillet 1934. Salazar suscite la même admiration chez les rédacteurs. Pour eux, c'est « un dictateur modèle », un « rénovateur » qui défend Dieu, la patrie, l'autorité, la famille, et le travail[86]. Thomas Poulin, débordant d'enthousiasme, va même jusqu'à prophétiser : « Le jour où nous aurons trouvé notre Salazar, nous pourrons probablement dire que le deuxième pays à sortir de la crise sera le Canada[87]. »

Mussolini et Franco, tout en étant coupables de certaines fautes (l'attitude religieuse du premier, à certains moments; une trop grande brutalité durant la guerre civile, pour le deuxième), se méritent généralement l'approbation généreuse du journal; quant à Hitler, surtout après le début des persécutions contre les catholiques, il jouit de beaucoup moins d'estime chez les rédacteurs de *l'Action*.

L'Action regrette-t-elle la déchéance des démocraties ? Son attitude là-dessus paraît pour le moins ambiguë. Tout en se défendant de vouloir afficher des préférences pour les dictatures ou, plus encore, de préconiser l'établissement d'un régime dictatorial au Canada ou au Québec[88], elle souligne le fait que la démocratie est tout de même très gravement malade et qu' « à certains moments, la Démocratie se montrant au-dessous de sa tâche, la dictature s'impose comme régime temporaire. Après tout, dans une société, il faut d'abord de l'ordre, et non pas de l'ordre tel que conçu par certains parasites ordinairement cachés derrière les trônes démocratiques, mais de l'ordre tendant au progrès général dans une atmosphère de

---

[85] « L'Autriche », article, 28 mars 1934.

[86] L.-P. Roy, « La recette de Salazar », article, 4 janvier 1937.

[87] « Un sauveteur est désiré », éditorial, 3 août 1934.

[88] E. L'Heureux, « Une malade qui mourra pour avoir refusé obstinément les remèdes nécessaires », éditorial, 24 avril 1935; T. Poulin, « Petites notes », 18 janvier 1934; E. L'Heureux, « Petites notes », 23 mai 1934.

justice sociale[89].» En somme *l'Action* doit tenir compte non seulement de ses propres désirs mais aussi de l'opinion du milieu, quand elle précise son attitude envers la démocratie.

Mais devant la dégénérescence de la démocratie, une dictature de gauche ou de droite semble l'issue inévitable. Pour *l'Action*, le choix ne fait guère de doute : des deux régimes, fasciste et communiste, le communisme est le plus brutal. « Partout où ils ont pu s'emparer du pouvoir, affirme le directeur, les communistes ont été cent fois plus loin qu'un Mussolini ou même qu'un Hitler dans l'exercice du pouvoir absolu[90].» Répétant la même pensée un peu plus tard, Dorion assure que, même si le gouvernement fasciste n'est pas idéal, « il est infiniment préférable à l'anarchie rouge[91] ».

Il est intéressant de constater que ce point de vue ne se modifie pas, même aux dernières heures de la paix[92]. Pour *l'Action*, le fascisme et le communisme ne peuvent pas se comparer. « Le fascisme », d'après une définition proposée par Dorion, « c'est le gouvernement absolu, qui varie selon le caractère de celui qui l'exerce ». Il peut donc y avoir des dictatures fascistes bénéfiques et d'autres moins bienfaisantes. Le marxisme, par contre, demeure un phénomène d'un tout autre genre. C'est « la négation de ce qui différencie l'homme de la bête, et le ramène à la condition d'animal plus intelligent que les autres, mais qui n'a pas d'autre destinée[93] ». De « bonnes » dictatures communistes sont donc, par définition, impossibles. Tous les rédacteurs partagent cette opinion, ce qui explique qu'on puisse envisager de négocier, de discuter, de s'entendre avec Hitler et Mussolini, mais que, par contre, il ne faudrait jamais entretenir le moindre rapport avec les communistes[94].

En histoire on peut formuler des hypothèses que, bien sûr, on ne pourra jamais prouver. Ainsi on peut se demander ce qui serait arrivé si l'Angleterre et les autres pays occidentaux avaient pu s'allier aux Russes bien avant 1941, pour s'opposer à la menace nazie. La

[89] E. L'HEUREUX, « Petites notes », 23 mai 1934.
[90] J. DORION, « Le plus brutal et le plus farouche », éditorial, 27 juillet 1935.
[91] « Petites notes », 5 septembre 1936.
[92] Voir, par exemple, L.-P. ROY, « En marge des protestations du général Franco », article, 29 juin 1938; ID., « Quand la France cessera-t-elle de bouder Franco ? » article, 18 janvier 1939.
[93] « Fascisme et Communisme », éditorial, 25 novembre 1937.
[94] ROY compare les Allemands à des chiens *affamés* qu'on peut satisfaire en leur jetant des os occasionnellement; mais les Russes, selon lui, sont des chiens *enragés* qui ne seraient satisfaits que par la guerre mondiale et la révolution universelle (« Hitler a réclamé sans coup de poing », éditorial, 4 février 1937).

guerre aurait-elle pu être évitée ? Ou, advenant la guerre, l'Allemagne aurait-elle pu être défaite plus rapidement, et avec moins de pertes de vie et de destructions matérielles ?

Le fait qu'une partie importante de l'opinion occidentale, dont *l'Action catholique,* s'opposait irréductiblement à toute tentative de rapprochement avec les Russes, empêchait que l'histoire prenne ce sens. La répugnance, voire l'horreur suscitée par le mot « communisme », a peut-être contribué depuis à fausser les jugements sur les Russes, comme peuple, et sur l'Union soviétique, comme pays. Quand, en 1939, *l'Action* se prononce fermement contre une alliance avec la Russie, elle présente trois objections. D'abord, les forces rouges seraient totalement inefficaces à cause de l'importance des purges dans le pays et dans l'armée et à cause du moral sans doute très bas du peuple russe[95]. De plus, on ne pourrait jamais se fier aux Russes, car ils ont déjà trahi l'Ouest à Brest-Litovsk en 1918 et ne connaissent pas la sincérité[96]. Enfin, il fallait songer sérieusement au « danger de l'inoculation, de l'introduction du bacille bolcheviste dans les armées et au sein des populations civiles amies[97] ». En somme, on peut se demander quel phénomène a le plus influé sur l'histoire : le communisme lui-même, ou la réaction devant l'image qu'on se faisait du communisme.

---

[95] Voir L.-P. ROY, « Staline est pris à son propre piège », éditorial, 1er décembre 1936; et J. DORION, « Le cas Innitzer et sa leçon », éditorial, 11 octobre 1938.
[96] E. L'HEUREUX, « Les relations germano-soviétiques », éditorial, 23 août 1939.
[97] L.-P. ROY, « Le lion britannique devrait se méfier de l'ours moscovite », éditorial, 24 avril 1939.

CHAPITRE V

LA RÉVOLUTION

La période 1917 à 1939 est une ère de profonde instabilité sociale et politique. Deux étoiles montent dans le firmament : l'une, celle de la révolution, très brillante au début, pâlit rapidement; l'autre, celle de la réaction, brille avec une clarté de plus en plus intense. De quelle façon *l'Action* a-t-elle envisagé les principaux événements caractérisant ces deux grands phénomènes ? Il nous faut analyser d'abord son attitude devant la révolution bolcheviste de 1917, puis face à la vague anticléricale en France et au Mexique, et enfin lors de l'installation du régime stalinien. Dans le chapitre suivant, nous la verrons face à la réaction, dont Mussolini, Hitler et Franco sont les grandes vedettes.

Acte I : Russie, 1917

Sans doute l'événement le plus significatif de l'époque 1917-1939 a-t-il été la révolution russe. L'impression que les journalistes de *l'Action catholique* ont conservée de cette « catastrophe » a influencé toute leur pensée ultérieure sur la Russie, sur le communisme, comme sur tout changement politique, social ou autre.

En 1917, le monde occidental est enlisé dans une guerre aussi horrible qu'interminable. Les pays de l'Entente n'arrivent pas à refouler les Allemands qui, au contraire, se préparent à de nouvelles offensives. Les Alliés tentent d'occuper simultanément l'armée allemande sur deux fronts et de l'affaiblir graduellement au moyen d'une guerre d'usure. Du côté russe, la résistance semble justement faiblir mais, lors d'une conférence des puissances alliées à Pétrograd au début de 1917, le tsar donne de nouvelles assurances : il entend mener la guerre jusqu'à la victoire finale. Les espoirs ainsi renouvelés, on s'attend à une grande amélioration sur le front russe. Quelques jours après, c'est la révolution : le tsar doit renoncer à son trône et un gouvernement provisoire est constitué. La situation interne s'aggrave rapidement et la résistance militaire continue à fléchir. En novembre, les bolchevistes s'emparent du pouvoir et mettent fin à toute action militaire contre l'ennemi; en fait, ils engagent des pourparlers avec l'Allemagne en vue de conclure une paix séparée. Ces négociations aboutissent au traité de Brest-Litovsk. Entre-temps, les Allemands transportent toutes leurs troupes à l'Ouest et les chances des Alliés semblent de nouveau compromises. Tel est le contexte dans lequel *l'Action,* comme tout le monde d'ailleurs, porte un premier jugement sur la révolution russe.

C'est l'abbé Jean-Thomas Nadeau, dans sa « Chronique de la guerre », qui se charge le plus souvent de commenter les événements qui se déroulent dans l'ancien empire des tsars. Connaissant ses préoccupations les plus profondes, faut-il s'étonner qu'il voie dans la révolution la main de l'Allemagne ? Dès janvier 1917, c'est-à-dire deux mois avant la chute de Nicolas II, il fait remarquer que la Russie semble s'acheminer rapidement vers une révolution et que l'ennemi (l'Allemagne) « l'y pousse, de son or et de son influence[1] ». En février, constatant la désunion profonde qui règne en Russie, il conclut que le pays est sur le point de s'engouffrer dans la révolution. « La main de l'Allemagne, prétend-il, n'est certainement pas étrangère à tout cela[2]. » Pendant ce temps, on fait état de la présence en Russie d'un puissant parti allemand, dominant l'économie et parfois le gouvernement, ce qui expliquerait, selon Nadeau, le manque d'énergie de la Russie dans son combat contre l'Allemagne.

Les premiers renseignements sur la présence de révolutionnaires en Russie « démontrent » très clairement que ceux-ci ont des accointances étroites avec les Allemands. Nadeau se demande « si parmi tous ces orateurs du parti révolutionnaire, il n'y en a pas qui sont directement soudoyés par l'Allemagne pour souffler le feu de la révolution et semer la division dans le pays[3] ». Il est vrai que, lorsque la révolution éclate, on hésite, on s'interroge et on envisage même la possibilité que cette révolution soit défavorable au parti allemand : cet espoir est éphémère. À peine quelques jours plus tard, l'éditorial affirme que « la main perfide de l'Allemagne paraît bien avoir provoqué une révolution[4] ». L'abbé Nadeau, quant à lui,

---

[1]   « Chronique de la guerre », 10 janvier 1917.
[2]   *Ibid.,* 16 février 1917.
[3]   *Ibid.,* 16 mars 1917.
[4]   « Heures d'histoire », éditorial, 20 mars 1917.

en est sûr, se disant de plus en plus convaincu que la révolution a été faite à l'instigation et au profit de l'Allemagne.

Si les assurances et les promesses du gouvernement provisoire laissent planer encore quelques doutes au sujet de la révolution, ils s'évanouissent rapidement en novembre, lors du deuxième bouleversement. L'anarchie dans laquelle la Russie se débat maintenant est — on en semble certain — « fomentée et payée par l'Allemagne[5] ». Même avec quelques mois de recul, cette opinion ne change pas et on conclut que les Allemands se sont servis de leurs espions et de leur or pour aider « la Révolution à décomposer le moral et l'ordre en Russie[6] ». Quant aux chefs bolchevistes eux-mêmes, ils sont sûrement les protégés de l'Allemagne, qui fait l'impossible pour les maintenir au pouvoir. Dans sa chronique, Nadeau parle d'un certain Lénine, « un prussien naturalisé russe[7] », qui est « l'agent le plus actif de l'Allemagne[8] » en Russie et qui, en compagnie de ses « Kompères de la Germanie[9] », aurait été « gorgé de quelques millions de marks[10] » par les Allemands. L'auteur d' « En passant » rapporte, en 1920, que Lénine était vendu à l'Allemagne et qu'il aurait reçu personnellement de l'Allemagne près de 70 millions de marks depuis août 1914[11]. La révolution russe est donc interprétée comme étant l'œuvre de l'ennemi qui cherche à saboter l'effort militaire russe.

Une autre puissance occulte, la judéo-maçonnerie, serait aussi responsable de la révolution. Dès mars 1917, l'abbé Nadeau note que les Juifs, en Russie, « auront dorénavant tous les droits des autres citoyens. Et ils pourront exploiter le pays à leur aise. » Il ajoute : « Leur or n'a probablement pas été étranger à ce qui s'est fait. Leur victoire — c'en est une pour eux — c'est un châtiment pour la Russie. Leur puissance est le fléau de Dieu; elle marque l'abaissement d'un pays comme le nombre des vers marque le degré de pourriture d'une charogne[12]. » En mai, Nadeau prétend que les Juifs veulent le pouvoir en Russie pour assouvir leurs rancunes et

---

[5] *Ibid.*, 22 décembre 1917.
[6] « En Russie », éditorial, 10 juillet 1918.
[7] « Chronique de la guerre », 12 novembre 1917.
[8] *Ibid.*, 10 novembre 1917.
[9] *Ibid.*, 23 février 1918.
[10] *Ibid.*, 4 mars 1918.
[11] « En passant », 19 octobre 1920. La croyance que les bolchevistes avaient d'étroits liens avec les Allemands était très répandue à ce moment.
[12] « Chronique de la guerre », 17 mars 1917.

que sous Kerensky, un « juif métissé d'allemand par sa mère[13] », les Juifs et les francs-maçons sont en train de consolider leur emprise sur la Russie.

Il est vrai qu'une partie importante des marxistes russes (plus de mencheviks que de bolcheviks, cependant) était d'origine juive[14]. Afin que le lecteur n'oublie pas ce fait, *l'Action* le rappelle à tout moment et s'en sert pour démontrer que la révolution bolcheviste est l'œuvre des Juifs. Lénine, qui en fait n'était pas Juif, serait, selon Nadeau, un « juif prussien[15] » du nom de Zederblum[16] et, d'après Ferdinand Bélanger, le « fils d'un juif, allemand de naissance[17] ». Trotski, réellement d'origine juive mais, semble-t-il, n'attachant aucune importance à ce fait, demeurera toujours le « juif Trotsky[18] ». En fait, affirme Nadeau, tout le parti bolcheviste « pue le Juif[19] », n'est qu'un « ramassis de Juifs[20] », « une meute de juifs et de socialistes vendus à l'Allemagne qui devraient être jetés à l'égoût[21] », une « tourbe de bavards et de voleurs à barbe et à lunettes qui vaticinent au Parlement et dans les Comités judéo-anarchistes d'ouvriers et de soldats[22] », un « tas de juifs allemands parés de noms russes » ou bien des « anarchistes judaïsants[23] ». Dans plusieurs articles, l'abbé Nadeau, l'abbé Lavergne, J.-Albert Foisy et d'autres s'appliquent à « prouver » que le bolchevisme est juif et que « la dégoûtante araignée juive [...] tisse fébrilement sa toile autour de la pauvre Russie pour la sucer à son aise[24] ». L'abbé Nadeau va même jusqu'à utiliser, lorsqu'il parle de la Russie dans sa chronique, des

---

[13] « Chronique de la guerre », 23 novembre 1917.

[14] On n'essaiera jamais d'*expliquer* le nombre disproportionné de personnes d'origine juive dans les partis révolutionnaires en montrant la situation extrêmement difficile faite aux Juifs dans la Russie des tsars. On ne montrera pas, non plus, qu'un très grand nombre de Juifs, faisant partie de la petite bourgeoisie, demeureront les adversaires irréductibles des partis marxistes. Enfin, on ne dira pas que la plupart des bolchevistes d'origine juive, comme Trotski, par exemple, ne se considèrent plus comme Juifs.

[15] « Chronique de la guerre », 29 décembre 1917.

[16] *Ibid.*, 10 décembre 1917.

[17] « En passant », 11 octobre 1922.

[18] Voir, par exemple, « Chronique de la guerre », 29 décembre 1917 et 23 février 1918; « La faillite absolue », éditorial, 5 novembre 1920.

[19] « Chronique de la guerre », 12 avril 1917.

[20] *Ibid.*, 18 avril 1917.

[21] *Ibid.*, 5 mai 1917.

[22] *Ibid.*, 23 octobre 1917.

[23] *Ibid.*, 10 décembre 1917.

[24] *Ibid.*

sous-titres comme « Dans le gâchis du bourbier judéo-maçonnico-révolutionnaire[25] », « Au pays du bourbier juif[26] » et, toujours dans le même ordre d'idées, « Du côté de la ratatouille[27] », « Au siège de l'anarchie[28] », « Au pays de la barbarie démocratique[29] », et « En pleine pourriture[30] ». Plus la situation russe se détériore, plus on est convaincu que la juiverie en est responsable.

En février 1924, un « fort curieux article » (qualifié ainsi par *l'Action*) fait état d'une vague antisémite qui serait sur le point d'éclater en Russie; d'après l'auteur, les « vainqueurs d'hier tremblent à l'idée que le sang appelle le sang et que celui des bourreaux pourrait bien payer demain pour celui des victimes ». Dans l'article, inspiré du *Daily Mail* (de Londres), on apprend que Lénine lui-même

aurait déchaîné le fléau qui peut ruiner son œuvre. L'esprit chaviré, mais point jusqu'à l'inconscience absolue, le dictateur rouge aurait passé ses derniers jours à se traîner comme une bête sur les mains et les genoux aux quatre coins de l'appartement où on le soignait, à Gorki, implorant des meubles, qu'il prenait pour des êtres vivants, le pardon de ses monstrueux forfaits.

À maintes reprises, au cours de cet hallucinant cauchemar, il aurait crié ·: « Dieu sauve la Russie et tue les Juifs ! » Et c'est ce cri, vrai ou faux, qui, volant de bouche en bouche jusqu'aux confins du territoire, a brusquement ouvert l'esprit des moujiks, à ce qu'ils ont pris et prennent encore pour le message divin leur enjoignant de briser leurs chaînes[31].

Cette nouvelle, à laquelle on semble attacher beaucoup d'importance, n'a pourtant aucune suite. On n'en parlera plus dans *l'Action*. Chose certaine, cependant, la croyance à une révolution juive en Russie est déjà profondément enracinée et le demeurera.

La révolution soviétique serait donc le résultat d'un complot, patronné soit par l'Allemagne, soit par la juiverie. Et si *l'Action* voit d'autres explications moins hasardeuses, elle leur accorde une importance beaucoup moindre.

C'est en 1920 seulement que Mgr Pâquet parle, dans un éditorial, du problème agraire comme d'un « facteur important » de la révo-

25 *Ibid.*, 27 octobre 1917.
26 *Ibid.*, 13 décembre 1917.
27 *Ibid.*, 14 février 1918.
28 *Ibid.*, 13 mars 1918.
29 *Ibid.*, 11 juin 1918.
30 *Ibid.*, 20 juin 1918.
31 *Ibid.*, 22 février 1924.

lution[32]. Ensuite, il faut attendre 1922 pour trouver une analyse détaillée du sort du paysan sous l'ancien régime[33]. Quant au domaine politique, on signale à peine le « spectacle démoralisant[34] » du parlementarisme russe, le « rôle odieux[35] » de la police secrète, la « tyrannie politique[36] » exercée par l'autorité, le caractère hésitant et faible du tsar Nicolas II[37], et l'incompétence des maîtres qui, manquant de volonté, laissaient enseigner la révolution[38]. Les facteurs religieux semblent plus importants, du moins d'après le traitement que l'Action catholique leur réserve; l'un des rédacteurs explique la ruine de la Russie par le fait que l'État et l'Église schismatique « furent plus préoccupés de poursuivre le catholicisme, qui eût été leur salut, que de poursuivre les sectes nihilistes et les idées révolutionnaires, qui ont causé leur perte[39] ». L'abbé Nadeau, pour sa part, blâme le clergé orthodoxe, « ministre d'une religion sans vie, simple fonctionnaire d'État, dégénéré, corrompu, méprisé[40] ». Toutes ces causes, pourtant, paraissent secondaires par rapport aux thèses des complots occultes.

Si l'analyse que fait l'abbé Nadeau des causes de la révolution n'est pas de nature à provoquer la sympathie à l'endroit des bolchevistes, son évaluation de l'œuvre de la révolution elle-même n'est pas plus favorable. D'abord, la principale conséquence de la révolution lui paraît être la fin de la résistance militaire des Russes et la trahison des Alliés. Dès avril 1917, il exprime l'opinion que la révolution ne se montre pas « comme un principe de force, de solidité, de cohésion, porteur des promesses de la victoire, pour les troupes qui défendent la ligne du front[41] ». Une déception plus profonde ne tarde pas à se manifester et, devant les fréquentes protestations de loyauté envers la cause alliée de la part du gouvernement provisoire, l'abbé Nadeau fait remarquer, de façon plutôt sarcastique : « Ils feraient mieux, les Russes, de guerroyer davantage et de faire moins de proclamations pro-alliées. La moindre victoire

32   « Le Bolchevisme : II – Ses causes immédiates », éditorial, 24 janvier 1920.
33   J. DORION, « Bolchevisme en serre chaude », éditorial, 27 mai 1922.
34   « Chronique de la guerre », 10 janvier 1917.
35   Ibid., 22 mars 1917.
36   « La décomposition russe », éditorial, 24 novembre 1917.
37   « En Russie », éditorial, 13 avril 1917.
38   T. POULIN, « Chez les ouvriers », 9 avril 1925.
39   « La décomposition russe », éditorial, 24 novembre 1917.
40   « Chronique de la guerre », 1 er février 1918.
41   Ibid., 5 avril 1917.

de leur part vaudrait mieux que toutes leurs belles phrases[42].» Face
à la détérioration progressive de la situation militaire, il ne laisse
passer aucune occasion de rappeler les louanges chantées par des
libéraux naïfs, surtout celles du premier ministre anglais, David
Lloyd-George, lors du renversement du tsar[43]. « J'avais raison de
me montrer sceptique dès le début », dit-il.

Mais quand les bolchevistes semblent sur le point de s'emparer
du pouvoir, Nadeau avertit ses lecteurs : « Dans les mains de telles
bêtes la cause des Alliés en verrait probablement de belles... Et le
fameux rouleau russe qui devait écraser [l'Allemagne], le voilà, pour
le moment au moins, embourbé dans un marais et incapable de faire
peur à une grenouille en fuite devant un lièvre[44].»

À cela s'ajoute la « trahison[45] » de la cause des Alliés par les Russes, la « paix des barbares avec les brigands[46] », acte qu'on n'ou-
bliera jamais. C'est là une opinion sans doute répandue dans les pays
en guerre avec l'Allemagne : si cette action des Russes est certainement compréhensible, elle n'en est pas moins une conséquence de
leur égocentrisme[47]. Cet acte si lourd de conséquences pour les Alliés trouvera sa contrepartie dans les termes très durs pour les Russes
de la paix de Brest-Litovsk. « La Russie révolutionnaire, déclare
l'abbé Nadeau, avec sa trahison de la cause des alliés au moment où
celle-ci allait être victorieuse, avec toutes ses folies criminelles et
ses orgies d'anarchie, a cent fois mérité ce qui lui arrive[48]. »

Dans le domaine économique, on souligne l'échec absolu du régime bolcheviste : les usines sont inactives, la productivité a subi
une chute vertigineuse[49], etc. Une des conséquences de cet effondrement économique est la famine qui sévit, dans diverses régions
de la Russie, durant quelques années. Rejetant tout le blâme sur les
bolchevistes, J.-Albert Foisy affirme qu'on meurt comme des mou-
ches dans les villes « parce que les cultivateurs soviétisés ne cul-
tivent que leurs fleurs de rhétorique et que les ouvriers ne fabriquent
que des métaphores, deux denrées peu appréciées des ménagères[50] ».

[42]   *Ibid.*, 4 mai 1917.
[43]   *Ibid.*, 5 mai 1917; 31 mai 1917; 12 septembre 1917.
[44]   *Ibid.*, 11 mai 1917.
[45]   *Ibid.*, 1er juin 1917, 8 octobre 1917, 9 novembre 1917.
[46]   « La catastrophe russe : quelques échos », éditorial, 15 décembre 1917.
[47]   Voir George F. KENNAN, *Russia and the West under Lenin and Stalin,* New
       York, New American Library, 1962, pp. 11–14.
[48]   « Chronique de la guerre », 26 février 1918.
[49]   J.-A. FOISY, « La faillite absolue », éditorial, 5 novembre 1920.
[50]   « La propagande rouge », 17 septembre 1920.

Par ailleurs on explique que le sort de l'ouvrier s'aggrave et que le cultivateur voit réquisitionner son blé. S'il proteste, « on lui passe une baïonnette à travers la gorge ou on lui tire une balle dans le ventre[51] ». Sur le plan économique, la révolution ne compte donc aucun résultat positif.

Sur le plan social, *l'Action* constate avec beaucoup de tristesse la disparition des élites. À la nouvelle de l'abolition des titres et distinctions honorifiques par le régime léniniste, Nadeau se montre très affligé : « C'est cela, plus de supérieurs, à présent, rien que des inférieurs. C'est le triomphe de l'incompétence et de la gueuserie pouilleuse. » Et lorsque les bolchevistes osent simplifier légèrement l'orthographe russe, le même prêtre est convaincu d'être témoin de la montée des non-instruits : « Parce qu'ils l'ignorent probablement et parce qu'ils veulent masquer leurs fautes d'orthographe, ils ont décrété que dorénavant on écrirait au son, simplement, sans s'inquiéter des règles. Et ils ont biffé de l'alphabet une voyelle et une couple de consonnes. Elles sont coupables d'être trop réactionnaires, semble-t-il[52]. » Revenant sur le même thème un peu plus tard, il soutient que les Soviétiques veulent établir l'égalité dans l'ignorance et que ceux qui « s'entêtent à commettre le délit de correction grammaticale[53] » sont jetés en prison.

D'autre part, on essaie, dans l'analyse de la morale bolcheviste, de montrer que les révolutionnaires constituent une nouvelle élite, vivant aux dépens du peuple. On brosse des tableaux de banquets bolchevistes, avec des mets en grand nombre, qui se déroulent pendant que des foules d'individus affamés suivent du dehors les étapes du festin. Dzerjinski, chef de la police secrète (la Tchéka) ou, comme *l'Action* préfère l'appeler, le « grand animateur du département des supplices[54] », semble avoir été réputé pour sa vie rigoureusement ascétique[55]; mais dans *l'Action*, on dit qu'il possède un appartement « cossu » et qu'il a à sa disposition une « valetaille ministérielle » qui lui apporte thé et gâteaux[56]. Lénine, de son côté, achèterait des habits de soirée à des prix astronomiques, et Trotski aurait placé des millions en Amérique du Sud. Sans doute était-il facile,

---

[51]   J.-A. FOISY, « Ce qu'elle fait », éditorial, 22 septembre 1920.

[52]   « Chronique de la guerre », 1ᵉʳ février 1918.

[53]   « L'ignorance obligatoire », éditorial-commentaire, 30 janvier 1919.

[54]   « Chez le Torquemada des Soviets », article, 9 février 1925.

[55]   Voir William Henry CHAMBERLIN, *The Russian Revolution*, New York, Grosset & Dunlap, 1965, Tome II, p. 76 et Louis FISCHER, *The Life of Lenin*, p. 521.

[56]   « Chez le Torquemada... », article, 9 février 1925.

dans les circonstances, d'être crédule. Les rédacteurs puisaient leurs renseignements à gauche et à droite et ils retenaient avec complaisance ceux qui confirmaient leurs théories.

Sur le plan religieux, davantage peut-être que dans les autres domaines, la révolution russe inspire à *l'Action* horreur et crainte. Quelques jours après la révolution d'octobre, elle condamne les bolchevistes pour avoir décrété la séparation de l'Église et de l'État, une « répudiation injurieuse et funeste de [l'] autorité supérieure[57] » de l'Église, et elle assure que des persécutions religieuses sont sur le point d'éclater[58]. Ses rédacteurs sont aussi d'avis que les bolchevistes cherchent à instaurer la dégénérescence morale et, à ce sujet, ils font état de vagues d'ivrognerie, de vente de femmes (à des prix variant de \$12 à \$100[59] !), de la « mise en commun obligatoire du sexe féminin[60] », etc. En bref, l'homme semble vraiment descendu au niveau de la bête, en Russie !

Du côté politique, *l'Action* ne voit évidemment qu'anarchie. Compte tenu des bouleversements qui se produisent en Russie entre la révolution de février et la fin de la guerre civile, quatre ans plus tard, son opinion semble quelque peu compréhensible ! Commentant l'avènement des bolchevistes, par exemple, l'abbé Nadeau déclare : « En Russie, on dévale, on culbute, on roule à pleine vitesse sur la pente de la plus sauvage et de la plus stupide anarchie[61]. » Deux mois plus tard, la situation s'étant aggravée, il écrit : « La Russie est en plein chaos et dans le sanglant creuset de l'anarchie, les utopistes, les criminels qui composent le gouvernement ont jeté pêle-mêle ses institutions, ses croyances, ses traditions. La Russie semble n'être plus guère qu'un corps sans âme où grouillent déjà les vers[62]. » C'est donc, selon *l'Action,* un régime de désordre, d'incohérence, de barbarie, de pillage, d'assassinat.

Les journalistes soulignent le climat de violence qui règne en Russie et craignent d'être en face d'une répétition des « abominations sanglantes ou boueuses du temps de la révolution française[63] ». Le

---

[57] « L'Église en Russie », éditorial, 13 novembre 1918.
[58] Voir « Ritournelle tragique », éditorial, 28 juillet 1919; Mgr L.-A. PÂQUET, « Le Bolchevisme : I – Son but, ses ravages », éditorial, 21 janvier 1920.
[59] « Chronique de la guerre », 25 avril 1918. Depuis, l'inflation a fait des ravages dans ce domaine comme partout ailleurs !
[60] *Ibid.,* 20 juin 1918.
[61] *Ibid.,* 22 novembre 1917.
[62] *Ibid.,* 1.er février 1918.
[63] *Ibid.,* 10 mai 1917.

règne de la terreur frappe autant les campagnes que les villes et l'abbé Nadeau brosse un tableau des crimes d'une « soldatesque débraillée, ivre et débridée » et de « bandes de brigands » qui « pillent et assassinent, dévalisent les châteaux et, avec des raffinements de cruauté dignes des sauvages, en font mourir les occupants[64] ». Les reportages sur la Russie durant toute l'année 1918 sont remplis de nouvelles d'atrocités et d'horreurs bolchevistes que l'*Action* résume souvent par ce commentaire mordant : telles sont les beautés du paradis bolcheviste !

Chose difficile à imaginer[65] mais réelle — du moins d'après les rédacteurs de l'*Action* et beaucoup d'autres — le nouveau régime russe manifeste très clairement des visées expansionnistes et ses chefs promettent de faire triompher le socialisme dans tous les pays. On se préoccupe donc d'une supposée « ruée des Barbares[66] », d'un prétendu « flot muscovite[67] » ou « torrent bolcheviste[68] ». La guerre russo-polonaise ancre l'*Action* dans ses soupçons. Dès le début de 1919, on dit que la Pologne craint de plus en plus une invasion bolcheviste[69]. En février 1920, un article affirme que les « Soviets menacent la Pologne[70] », qu'une attaque bolcheviste serait « imminente[71] » et qu'une forte division marche contre la Pologne[72]. Ensuite, après un silence de quelques semaines, nous apprenons — quel revirement de la situation ! — que Kiev, dans l'Ukraine, est entre les mains des Polonais et que les bolchevistes sont en déroute[73] ! Obligée de justifier cette invasion polonaise, l'*Action* rapportera généreusement les opinions du premier ministre Grabski, du cardinal Kakowski, archevêque de Varsovie, et d'autres. Jules Dorion émet l'hypothèse que les Polonais voulaient « tendre la main aux multiples provinces russes qui tentaient d'échapper à l'étreinte bolchevique en se constituant en États autonomes[74] ». D'autres s'efforcent

---

[64]   « Chronique de la guerre », 1er février 1918.

[65]   D'après les renseignements fournis sur la Russie, le pays est alors sur le point de s'écrouler complètement. Comment pourrait-il avoir des visées expansionnistes ?

[66]   J.-T. NADEAU, « En passant », 4 avril 1919.

[67]   26 janvier 1921.

[68]   Mgr L.-A. PÂQUET, « Le Bolchevisme : I – Son but, ses ravages », éditorial, 21 janvier 1920.

[69]   3 janvier 1919.

[70]   16 février 1920.

[71]   6 mars 1920.

[72]   27 mars 1920.

[73]   3 mai 1920.

[74]   « Quelques précisions », éditorial, 18 août 1920.

de démontrer que les Polonais ne cherchaient qu'à protéger l'Europe en élevant un rempart contre la ruée rouge. De toute façon, face à la réponse russe, il n'est plus du tout nécessaire de trouver des justifications. Au contraire, il faut maintenant s'appliquer à enrayer l'avance de l'armée rouge.

Il va sans dire que l'offensive russe contre la Pologne reçoit beaucoup plus de publicité que l'offensive polonaise antérieure. C'est maintenant une question de vie ou de mort, et on prédit que la Pologne ne sera que le point de départ à la bolchevisation du monde[75]. Le lecteur de *l'Action* a dû vivre ce moment dans la plus grande tension. Le 12 juillet, on rapporte que le premier ministre Grabski demande de l'aide aux Alliés et déclare que « la chute de Varsovie n'est plus qu'une question d'heures ». Le 15, Dorion redoute une catastrophe. Le 21, les Russes seraient en vue des frontières de la Pologne, et le 22, en manchette, on annonce que les « Bolchevistes ont traversé la frontière de la Pologne » et qu'ils continuent leur avance sur tous les fronts. Le 2 août, Varsovie serait encore menacée, et le 3, on assure que « l'avance des Rouges met la Pologne à la merci de la Russie ». Le lendemain, l'auteur d' « En passant » s'affole : la valeureuse Pologne est « expirante »; elle demande l'armistice mais « les « rouges » ne veulent pas de paix pour elle, hormis la paix du tombeau ». Le 5 août, « la prise de Varsovie par les bolchevistes est imminente » : on annonce même que les Russes ont fixé le 9 août comme jour d'occupation. Le 9, les bolchevistes « ne sont plus qu'à environ 40 milles » de la capitale polonaise et le 11, encore une fois, on rapporte que la prise de Varsovie est « imminente ». Le 13, la cavalerie russe serait aux portes de Varsovie mais, le 14, on annonce que l'armée rouge est toujours à vingt milles de la capitale. C'est à ce moment-là que les troupes françaises, commandées par le général Maxime Weygand, interviennent et aident les Polonais à refouler les Russes. Dans une lettre à *l'Action*, Paul Tailliez proclame que cette « éclatante et miraculeuse victoire de Varsovie [...] a sauvé l'Europe, le monde et la civilisation chrétienne[76] ».

Telle est donc, d'après *l'Action*, l'œuvre de la révolution russe : anarchie, violence, bouleversement général de l'ordre établi, menace universelle pour la société. Le tout est tellement affreux que les rédacteurs se prétendent convaincus que l'échec du nouveau régime

---

[75] 18 août 1920; aussi J. Dorion, « La Pologne », éditorial, 11 août 1920.
[76] « Impressions d'un vétéran », 25 septembre 1920.

révolutionnaire et le retour au calme et à l'ordre ne sont, ne peuvent être qu'une question de temps.

Quelques jours à peine après la révolution d'octobre, le journal fait état d'une marche sur Petrograd par Kerensky et conclut : « La révolte des Bolshevikis va bientôt être enrayée et le règne des Maximalistes touche à sa fin. Ce n'est plus maintenant qu'une question de jours et d'heures[77]. » Le lendemain, une dépêche annonce une « brillante victoire » de Kerensky contre les bolchevistes et prétend que Lénine lui-même aurait été capturé. Du 15 novembre 1917 à la fin de 1920, l'*Action* affirme au moins vingt-cinq fois que le gouvernement bolcheviste est, ou serait, renversé, ou sur le point de l'être.

Les activités de Lénine et de Trotski ne sont pas moins intéressantes à suivre, mais les lecteurs de l'*Action* (aussi bien que les rédacteurs, sans doute) ont dû se trouver dans la confusion la plus totale. Le 8 décembre 1917, on rapporte que les deux révolutionnaires songent à fuir en Allemagne et, dans un autre article paru le même jour, on annonce leur fuite. Au début de 1919, le « juif Lénine » est arrêté par « son compère, le juif Trotsky » parce que celui-ci « veut s'enfoncer plus avant dans les folies sanglantes de la terreur rouge[78] ». Au mois d'août de la même année, toujours d'après l'*Action*, Lénine annonce (deux fois même) sa retraite[79]. En septembre, il est renversé et emprisonné au Kremlin[80]; en octobre, il est « jeté en prison[81] » et fait prisonnier par des troupes antibolchevistes[82]. Trotski est pendu par des mutinés de l'Armée rouge en janvier 1920[83] et, en août 1920, il est massacré avec Lénine[84]. Au début de 1921, on déclare que « Lénine est fou[85] »; en 1922, le chef bolcheviste est empoisonné « par des radicaux de Moscou » et son corps est jeté dans le Don[86]. Ensuite, il se repent de sa participation à la révolution rouge, devient très dévôt, prie souvent, écrit des oraisons, et « s'accuse d'être le destructeur de sa patrie et de

---

[77]   13 novembre 1917.
[78]   J.-T. Nadeau, « Lénine arrêté », article, 9 janvier 1919.
[79]   12 août 1919.
[80]   26 septembre 1919.
[81]   10 octobre 1919.
[82]   24 octobre 1919.
[83]   2 janvier 1920.
[84]   27 août 1920.
[85]   19 janvier 1921.
[86]   18 juillet 1922.

l'Église[87] ». Au début de 1923, il est mourant et, en janvier 1924, on annonce sa mort.

Comme on peut s'y attendre, *l'Action* accorde sa bénédiction aux diverses contre-révolutions qui éclatent en Russie. Quand le général Korniloff se lève contre Kerensky en septembre 1917, l'abbé Nadeau dit espérer que « pour le plus grand bien des alliés et de la Russie, il balaiera le juif Kerensky et sa bande de judéo-allemands du pouvoir et qu'il rétablira l'ordre[88] ». Le journal fait grandement état aussi des exploits de Wrangel, du « vaillant Denikine », et du « brave amiral » Koltchak. La guerre civile qui fait rage à ce moment entre les Rouges et les Blancs s'avère une « lutte [...] acharnée et angoissante [...] entre les adeptes de la terreur révolutionnaire et les soutiens désignés de l'ordre social ». Si les armées blanches échouent dans leur effort militaire, « combien de temps la Russie attendra-t-elle encore son véritable sauveur[89] ? » Comme on le sait, elles échouent, et *l'Action* explique leur échec par des intrigues dont elles ont été les victimes, le manque de prestige des chefs contre-révolutionnaires et leur incompétence, la « vie luxueuse et provocante des temps jadis » menée par beaucoup d'officiers des armées blanches, l'aide insuffisante des Alliés et l'habile propagande des bolchevistes[90]. Pourtant le journal ne semble pas voir que, devant les faiblesses si manifestes du régime soviétique et sur lesquelles il insiste constamment, ces explications ne paraissent guère suffisantes.

Les premières impressions laissées par un événement étant souvent les plus fortes et les plus durables, il n'est nullement surprenant que *l'Action* adopte vis-à-vis du communisme une attitude inflexible. Dès le début elle a vu dans la révolution l'œuvre des Juifs et des Allemands, ce qui lui a permis de la discréditer intégralement, avant même d'en étudier tous les aspects. En partant de l'idée première qu'elle se faisait des bolchevistes — des traîtres, des assassins, des voleurs et des représentants de puissances occultes — il lui était impossible de juger leur œuvre avec quelque objectivité. C'est peut-être ce qui explique que, plus tard, tout homme de gauche, tout réformateur, sera soupçonné par elle de communisme ou

[87]   F. BÉLANGER, « En passant », 11 octobre 1922.
[88]   « Chronique de la guerre », 12 septembre 1917.
[89]   « Duel angoissant », éditorial, 19 août 1919.
[90]   5 juin 1919; 12 août 1919; 21 octobre 1919; 19 novembre 1919; 27 novembre 1919; 24 juillet 1920; 16 novembre 1920.

de sympathies communistes, cette attitude allant parfois jusqu'à une véritable hystérie.

Acte II : La guerre religieuse

Comme porte-parole de la droite catholique, l'*Action catholique* s'affole plus que la droite séculière en présence des événements de la période 1914–1939. Elle déplore vivement les bouleversements sociaux et politiques et surtout l'assaut mené contre l'Église catholique. Pour la droite en général, les années 20 marquent un certain rétablissement de l'ordre social et politique, bref, un moment de calme et de répit. Mais pour les milieux catholiques à travers le monde, la vague anticléricale qui déferle sur plusieurs pays durant ces mêmes années constitue un véritable supplice.

En Russie, à cause de difficultés économiques énormes à la fin de la guerre, Lénine décide d'opérer un recul stratégique et d'instaurer une « Nouvelle politique économique ». Mais, en plus des impératifs d'ordre économique, les dirigeants soviétiques ont le souci de redorer leur blason auprès des nations capitalistes. De son côté, une partie importante de l'opinion occidentale est prête à envisager la possibilité d'une accommodation avec la Russie post-révolutionnaire, qui signifierait, entre autres, le rétablissement de relations commerciales. L'opinion catholique demeure cependant hostile à tout projet d'entente : la guerre religieuse, reprise durant la N.E.P. avec encore plus de brutalité qu'auparavant, a pour résultat d'élargir le gouffre entre catholiques et communistes. Que le régime soviétique de la N.E.P. devienne plus conservateur au niveau social et économique ne change donc rien pour l'*Action*, car l'attaque contre l'Église s'y poursuit inlassablement.

La persécution religieuse en Russie n'a pas tout à fait le caractère qu'elle aura en France et au Mexique; en effet, sous l'ancien régime impérial, l'Église catholique n'avait jamais occupé la place qui était sienne, depuis des siècles, dans les pays majoritairement catholiques. Dans la Russie des tsars, l'Église catholique ne jouissait pas des mêmes droits que l'Église orthodoxe, l'Église d'État; la persécution qu'entraîne la révolution est peut-être plus violente qu'auparavant, mais elle n'est pas nouvelle. Sans doute les orthodoxes ont-ils beaucoup plus à perdre que les catholiques.

En 1923, l'*Action* publie un très grand nombre de nouvelles sur les persécutions religieuses sévissant en Russie. En effet, c'est cette même année que Mgr Cieplak, métropolite catholique de Russie et archevêque de Petrograd, subit son procès. Il est d'abord condamné à mort avec son vicaire général, Mgr Constantin Budkiewicz, qui est immédiatement exécuté. Pour *l'Action*, les victimes des bolchevistes deviennent des martyrs; l'un des journalistes, commentant les sentences de mort, explique : « Puisque Dieu lui donne des martyrs, c'est qu'il veut sauver la Russie[91].» Dans un article en particulier, la mort de Mgr Budkiewicz est décrite en détail[92] et quelques jours plus tard, on publie deux photos : l'une montre des prêtres faits prisonniers, l'autre illustre le procès de Mgr Cieplak; celui-ci a finalement été condamné à dix ans de travaux forcés[93]. Ensuite, dans une série d'une douzaine d'articles, on donne le compte rendu détaillé du procès des deux ecclésiastiques. Durant tout ce temps, on fait grandement état de la « barbarie des bolchevistes[94] », de leur guerre sans merci contre la religion, une « guerre à l'orientale, lente, prudente, hypocrite[95] », des entreprises d'extermination du clergé[96], du « dessein diabolique » des Soviets[97] et de la survivance, en dépit de tout, d'un esprit religieux très fort dans le peuple. Ces nouvelles sur la situation religieuse constituent une forte proportion de toutes celles qui traitent du régime de la N.E.P. en Russie.

En France, l'anticléricalisme d'Édouard Herriot et d'autres hommes politiques des années 20 inquiète beaucoup la droite catholique. Les journaux catholiques lancent une véritable croisade pour défendre ce qu'ils considèrent comme les droits de l'Église, et *l'Action* publie à intervalles réguliers une chronique qu'elle intitule « La guerre religieuse en France ». Par contre, un peu plus tard, à l'époque de Blum et du Front populaire, elle adopte une position relativement modérée. Elle ne sera jamais louangeuse ni de l'homme, ni de son gouvernement, ni de sa politique, mais elle n'ira pas jusqu'à épouser le célèbre slogan de l'extrême-droite française : « Plutôt Hitler que Blum. »

La France occupe dans le cœur des rédacteurs de *l'Action catholique* une place toute spéciale mais, comme Charles Maurras, on entretient une conception dualiste de ce pays. D'une part, il y a la

---

[91] « Des martyrs », éditorial-commentaire, 4 avril 1923.
[92] 7 avril 1923.
[93] Mgr Cieplak sera libéré et exilé en 1924.
[94] 13 avril 1923.
[95] « À travers le monde », 4 mai 1923.
[96] 6 juin 1925.
[97] 5 juillet 1928.

France réelle, la France catholique, « la vieille France héroïque[98] », la « glorieuse nation de Clovis et de saint Louis », la « patrie de Charlemagne et de Jeanne d'Arc[99] », la « fille aînée » de l'Église, « son héritière la plus aimée et la plus favorisée[100] ». Et d'autre part, dressée en face, se tient la France légale, la France politique, la France impie, avec son régime « diabolique » inspiré par la judéo-maçonnerie, avec son « gouvernement sectaire, serviteur de Satan et fauteur de ses œuvres de mort, qu'elle s'est laissé imposer il y a un siècle et quart et qu'elle a subi, en ce dernier demi-siècle surtout, avec une tolérance où le monde se demande s'il y avait moins de logique ou plus de complaisance[101] ».

Entre ces deux incarnations de la France, il ne peut y avoir aucun compromis, pas plus, selon l'abbé Lavergne, qu'entre le Bien et le Mal, la vérité et le mensonge, la vie et la mort[102]. D'après *l'Action*, l'expérience si décevante de l'Union sacrée, qui réunit tous les partis dans une coalition, en temps de guerre, à la faveur d'une trêve sur le front interne, nuit énormément aux catholiques qui se révèlent les éléments les plus patriotiques de la France. Le « régime athée » s'acharne à envoyer prêtres et séminaristes au front comme de « la chair à canon[103] » et continue à adopter des lois anticatholiques comme celle portant sur les orphelins de guerre. L'État, se plaint l'abbé Nadeau, se servira de cette loi pour s'emparer des enfants orphelins, les parquer dans des orphelinats « sans Dieu » et les élever « en païens », de sorte qu' « un catholique qui donne sa vie pour le pays court le risque d'être récompensé en voyant de l'autre monde ses enfants en bas âges élevés en rénégats et en apostats, arrachés à la foi de leur père. C'est abominable[104] ». Il faut donc, à tout prix, que ce régime qui maintient la France « sous le joug d'un athéisme aveugle » et « dans les affres d'une expiation longue et douloureuse[105] » (celle de la guerre), disparaisse avec ses Malvy, ses Caillaux et ses Painlevé, traîtres[106] à la fois sur le plan intérieur et sur le plan extérieur.

---

[98]   « Nos rapports avec la France », éditorial, 22 février 1917.
[99]   « La France au Vatican », éditorial, 11 août 1919.
[100]   « Restaurations nécessaires : II – La liberté religieuse », éditorial, 3 janvier 1917.
[101]   « Lueurs d'espoir », éditorial, 14 avril 1917.
[102]   « L'Union sacrée », éditorial, 12 novembre 1921.
[103]   « Chronique de la guerre », 10 juillet 1917.
[104]   *Ibid.*, 13 septembre 1917.
[105]   « Lueurs d'espoir », éditorial, 14 avril 1917.
[106]   *L'Action* acceptait volontiers les accusations de Léon Daudet contre ces personnages.

Tout de même, *l'Action* nourrit des espoirs de plus en plus vifs en un renouveau de la France catholique, attendant impatiemment le moment où la « France officielle [...] aura enfin prié[107] ». Lorsque l'armistice avec l'Allemagne est conclu, elle entrevoit déjà ce « jour nouveau où la France [sera] encore, comme jadis, le sergent du Christ sur la terre[108] ». Les élections de 1919, qui accordent la majorité au Bloc national, ne font qu'accroître l'espoir d'un revirement favorable aux catholiques.

Au dire des rédacteurs de *l'Action*, ce problème épineux des relations entre l'État et l'Église en France demeure fondamental et, en mai 1921, au moment où les principales nouvelles internationales portent sur la crise industrielle en Angleterre et les désordres en Allemagne, Albert Foisy se permet d'écrire, sans doute avec conviction : « Pour nous, cette question de la liberté de l'Église de France est bien plus importante, à tous les points de vue, que les grèves d'Angleterre et les soulèvements de l'Allemagne[109]. » Un jour des plus joyeux pour *l'Action* est celui où le journal peut enfin annoncer, dans un article à la une, la réception, par Benoît XV, de M. Charles Jonnart, nouvel ambassadeur de la république française auprès du Saint-Siège[110]. Par ailleurs, le gouvernement français laisse croire qu'il songe à rendre à l'Église certaines propriétés ecclésiastiques confisquées et, en plus, selon François Veuillot, à rappeler les congrégations. Puis, subitement, en 1924, tous les espoirs s'effondrent.

Des élections favorables à la gauche amènent alors au pouvoir un gouvernement qui semble nourrir « les pires intentions contre l'Église[111] ». Herriot, le nouveau président du conseil, annonce la rupture des relations avec le Vatican et l'extension, à l'Alsace-Lorraine, malgré les promesses faites par le maréchal Joffre, des lois sectaires. Jean Guiraud dresse une liste des activités anticléricales du nouveau régime et fait observer en conclusion que « cela nous ramène aux temps néfastes de Combes[112] ». En présence de cette nouvelle offensive anticatholique, L.-A. Taschereau, premier ministre de la province de Québec, déclare que les Français du Canada sont « chagrins et bouleversés », et que « s'il existe aujourd'hui un Canada français, si

---

[107] « L'heure de Dieu », éditorial, 26 mai 1917.
[108] J.-T. NADEAU, « Foch l'a dit », éditorial, 3 décembre 1918.
[109] « France et Vatican », éditorial, 22 avril 1921.
[110] 14 juin 1921.
[111] 5 juin 1924.
[112] Cité dans un article, « La question d'Alsace : l'incidence de cette sottise menace l'intérêt national », 10 juillet 1924.

nous parlons votre langue, si nous chantons vos chansons, si nous pratiquons votre droit, c'est parce que nous sommes toujours restés fidèles au culte que vos missionnaires et vos martyrs nous ont enseigné, c'est parce que nous avons conservé avec Rome les relations que vous voulez rompre. [...] De grâce, que les Français de là-bas ne brisent pas les liens auxquels les Français d'ici attribuent leur salut en tant que race française[113]. » Dorion félicite le premier ministre d'avoir « très bien dit[114] ».

Les gestes anticléricaux se multiplient cependant et *l'Action* désespère de plus en plus. Un samedi de septembre 1924, à la page des nouvelles religieuses, elle écrit en manchette : « En France : les actes déplorables et la majorité parlementaire ne permettront plus de dire : « Gesta dei per Francos[115] ».

On fait largement état, en même temps, de la réponse catholique à ces nombreux excès. *L'Action* publie plusieurs articles signés par Gustave Hervé, de *la Victoire,* et donne aussi des comptes rendus de certains discours d'ecclésiastiques français. À propos d'un discours du cardinal Andrieu, archevêque de Bordeaux, *l'Action* annonce : « La France ne veut pas être un État laïque », et en sous-titre : « Une admirable réponse du cardinal-archevêque de Bordeaux au discours de M. E. Herriot, à Boulogne-sur-Mer[116] ». Dans le préambule, on résume ainsi la conférence de l'archevêque : « Le laïcisme est un fossoyeur qui, avant de mettre les peuples au tombeau, les traîne par tous les excès du sensualisme, du socialisme, et du bolchevisme. » Quand Malvy et Caillaux sont amnistiés, *l'Action* titre : « La résistance s'organise en France : Mgr Landrieux flétrit l'odieux paradoxe qui amnistie le crime et condamne la vertu[117] » ; Thomas Poulin écrit avec amertume en éditorial : « Pendant que la France laisse revenir ses déserteurs et ses traîtres, elle veut persécuter ceux qui, ayant été déjà chassés, retournèrent, au moment du danger [de la guerre mondiale], se ranger sous les drapeaux de la patrie[118]. » Une autre manchette, à la page religieuse, exprime cette opinion : « La politique de M. Herriot est une aberration impardonnable et une véritable monstruosité[119] ».

[113]   18 juillet 1924.
[114]   « Les erreurs françaises », éditorial, 19 juillet 1924.
[115]   13 septembre 1924.
[116]   19 novembre 1924.
[117]   27 novembre 1924.
[118]   « La logique du puissant », éditorial, 28 novembre 1924.
[119]   6 décembre 1924.

La situation empire en 1925. La rupture entre la France et le Vatican a lieu en février et, à la fin du même mois, deux catholiques sont assassinés à Marseille par « les troupes du cartel [des gauches], levées par les Loges[120] ». *L'Action* rapporte ainsi la nouvelle : « En France : les premiers martyrs de la guerre religieuse ». Il s'ensuit une intensification de la lutte des deux côtés et, en mars 1925, le journal entreprend la publication d'une chronique presque quotidienne qui, pendant quelques semaines, fait le point sur les persécutions et sur la résistance catholique. Le ton devient très agressif. Une caricature publiée en avril 1925 montre trois jeunes filles autour d'une croix sur un rocher; des hommes à la mine plutôt féroce s'efforcent de les atteindre et, pendant que des vautours décrivent des arcs en l'air, ils perdent prise et tombent dans l'abîme. En-dessous, on peut lire l'avertissement : « Le gouvernement Herriot et ses amis, socialistes et francs-maçons, semblent oublier que beaucoup, avant eux, parmi les impies qui se sont lancés à l'assaut de la Croix, s'y sont usé les ongles et cassé les reins[121]. » En avril, Herriot est battu au Sénat et donne sa démission. La guerre religieuse s'apaise et les catholiques se relèvent peu à peu. Mais les journalistes de *l'Action* auront bientôt d'autres sujets de préoccupation.

Le nouveau champ de combat sera le Mexique. Déjà, pendant la première guerre mondiale, les relations entre l'État et l'Église en ce pays se gâtent : l'abbé Nadeau déclare que le Mexique est devenu un pays « où [l']or [américain] soutient le bandit Carranza, où les catholiques sont dignement persécutés, ou évêques et prêtres sont jetés en prison, tués ou exilés, avec des raffinements de cruautés, où les églises sont pillées, souillées, converties en écuries, où tous les biens de l'Église sont volés, où des milliers de catholiques voient leur biens volés, et sont jetés sauvagement en prison ou chassés du pays[122] ».

En présence de ces persécutions d'une intensité toujours croissante, les rédacteurs ne peuvent s'empêcher de se rappeler ce qui s'était passé en Russie; l'un d'eux se dit d'avis qu'entre bolchevistes russes et révolutionnaires mexicains, il y a « une parenté qui nous frappe[123] ». De toute façon, il ne faut pas s'en surprendre : après plus d'un demi-siècle d'anticléricalisme inspiré surtout par la franc-ma-

---

[120]   28 février 1925.
[121]   3 avril 1925.
[122]   « Chronique de la guerre », 5 décembre 1917.
[123]   « De Moscou à Mexico », éditorial, 28 décembre 1918.

çonnerie, le Mexique, maintenant sans défenseur, est mûr pour le bolchevisme[124].

Obregon, qui succède à Carranza après l'avoir battu, n'occupe pas longtemps la présidence et est remplacé à son tour par Callès. Ce sera, aux yeux de *l'Action*, la tombée de la nuit. D'après Foisy, « il n'y a pas un seul pays, la Russie exceptée, où le gouvernement soit aussi mauvais, aussi sectaire, aussi persécuteur de la foi[125] ». Et pourtant, ce n'est que le début ! Dès l'automne de 1925, règne une véritable terreur :

> La crainte domine; elle gouverne la majorité. La terreur peut venir à n'importe quelle heure du jour ou de la nuit. Les bons citoyens vivent dans l'incertitude du lendemain. Demain, ils seront peut-être traqués comme des bandits et des criminels. C'est un crime d'être catholique. Et le crime est encore plus grand si l'on est prêtre, religieux ou évêque et que l'on donne sa vie au service de l'humanité et pour la gloire de Dieu[126].

Un correspondant américain au Mexique, Charles Phillips, dont les articles sont reproduits par *l'Action*, déclare que les opérations de la grande guerre entre l'Internationale « rouge » bolcheviste et l'Internationale « blanche » chrétienne se sont tout simplement « transportées de la Russie au Mexique » et que « l'établissement du bolchevisme fait des progrès[127] » en ce pays. D'après lui, le Mexique étant chrétien et catholique, la « persécution est donc le principal facteur de la campagne bolcheviste[128] ».

À partir d'avril 1926, les persécutions au Mexique retiennent de plus en plus l'attention des rédacteurs de *l'Action catholique*. C'est dans une manchette à la une qu'on rapporte l'appel de Pie XI au monde catholique de prier pour le Mexique[129]; le 5 mai, dans une autre manchette, on fait état de la lettre encyclique dans laquelle le Pape demande que le clergé mexicain se tienne en dehors de toute activité politique. La situation ne s'améliore pas, et l'épiscopat mexicain annonce la suspension de tous les offices religieux à partir du 31 juillet 1926. Le gouvernement, à son tour, décrète la saisie des églises.

La surenchère sur le plan religieux au Mexique se traduit, dans *l'Action catholique*, par le choix de titres de plus en plus sensation-

124   « En passant », 7 janvier 1921.
125   *Ibid.*, 6 octobre 1923.
126   Charles PHILLIPS, « Correspondance spéciale », 30 septembre 1925.
127   *Ibid.*, 2 octobre 1925.
128   *Ibid.*, 17 novembre 1925.
129   6 avril 1926.

nels, tel celui d'un article du 5 août 1926 : « Au Mexique : l'Église catholique est prête à monter au Calvaire dans la présente controverse religieuse ». Et ces autres : « Le sang des catholiques coule déjà au Mexique où le gouvernement Callès a établi un véritable régime de terreur[130] »; « La moitié de l'épiscopat mexicain souffre de la persécution religieuse entreprise par le gouvernement dirigé par M. Callès[131] »; « Une sévère condamnation de la tyrannie et des violences du gouvernement Callès contre l'Église catholique au Mexique[132] »; « Une page de martyrologie : le bilan tragique des prêtres tués au Mexique en haine de la foi[133] ». Les articles sont des récits horribles comme, par exemple, celui du fossoyeur qui perdit la raison quand on l'obligea à enterrer dix-sept prêtres qui venaient d'être exécutés et dont quelques-uns se débattaient encore dans les affres de l'agonie[134]. Un journaliste américain catholique, le capitaine Francis McCullagh, raconte ces scènes de cruauté dans une douzaine d'articles reproduits par l'Action durant l'automne de 1927[135]. Finalement, en 1929, on conclut une paix temporaire au Mexique mais, au cours des années 30, de nouvelles vagues d'anticléricalisme éclateront.

Devant les événements mexicains, l'Action catholique éprouve des sentiments qui sont un mélange d'horreur, de colère, de déception et d'espoir. « Le Mexique donne le spectacle d'une seconde édition de 1789[136] », estime Ferdinand Bélanger, tandis que d'autres le comparent à la Russie et à la Troisième République en France. Celui qui demeure la cible préférée de l'Action est, bien entendu, le président Callès et, dans leurs jugements à son égard, les journalistes ne le ménagent pas. Il « fait penser bien souvent à Néron[137] », s'exclame Jules Dorion. Ce « dégoûtant personnage[138] » est « le Lénine mexicain[139] ». Pour le père Albert Bessières, auteur d'un volume intitulé le Mexique martyr[140] et qui est reproduit par tranches dans l'Action

---

[130]   12 août 1926.
[131]   26 novembre 1926.
[132]   29 novembre 1926.
[133]   10 septembre 1927.
[134]   9 juillet 1927.
[135]   Ses impressions ont été publiées en volume : Red Mexico : A Reign of Terror in America. Dans le premier chapitre, l'auteur déclare : « Mexico reminds me of Soviet Russia » (p. 33).
[136]   « En passant », 3 août 1926.
[137]   « Depuis Néron : la scène se répète », éditorial, 21 juillet 1928.
[138]   J. DORION, « Le tripatouillage des dépêches », éditorial, 6 novembre 1928.
[139]   ID., « Le plus brutal et le plus farouche », éditorial, 27 juillet 1935.
[140]   Paris, Maison de la Bonne Presse, 1928.

en 1928, Callès est « un monstre prétentieux, grotesque et ignoble [qui] pille, brûle, saccage le Mexique ; égorge, fusille, écorche, éventre, enterre ou brûle vivants des hommes, des femmes, des enfants[141] ».

Malgré tout, *l'Action* refuse de perdre espoir et souhaite vivement le renversement des persécuteurs, les avertissant que l'Église, quoique menacée depuis dix-neuf siècles, n'a pourtant jamais été vaincue. Même les malheureuses victimes pourraient venir en aide au Mexique souffrant, Callès n'ayant « fait en somme que peupler le ciel d'une multitude de saints désormais les protecteurs de leur pays[142] ».

Si la Russie, la France et le Mexique sont les trois pays où la persécution religieuse sévit le plus violemment, l'Église catholique est aussi remise en question dans d'autres pays. Le gouvernement tchèque adopte de nombreuses mesures qualifiées par *l'Action catholique* d'anticléricales. Pour cette raison, et à cause aussi des traditions protestantes du pays, *l'Action* ne pleurera guère sur le sort fait à cet infortuné pays en 1938 ? Toujours en Europe, on rapporte parfois des commencements de persécution plus ou moins sérieux en Yougoslavie, en Italie, en Autriche, en Roumanie, en Suède, au Portugal, en Lithuanie, en Allemagne et ailleurs. Certains pays de l'Amérique latine connaissent aussi des manifestations anticléricales et *l'Action* y voit presque toujours la main de la franc-maçonnerie. Finalement, du côté des États-Unis, il y a bien sûr la question scolaire qui demeure une plaie ouverte.

L'Action perçoit donc l'anticléricalisme comme une manifestation de la révolution, au sens large du terme. Les bolchevistes niant Dieu, leur anticléricalisme découle tout naturellement de leur athéisme. Pour eux, il est impératif d'abolir toute trace d'influence religieuse dans la société. Quant aux anticléricaux, s'ils ne sont pas eux-mêmes des communistes ou des socialistes, ils préparent inconsciemment leurs pays à l'infiltration bolcheviste en affaiblissant l'Église, principal bastion de l'ordre établi.

Pour les rédacteurs de *l'Action catholique*, il est clair que la décennie de 1920 apporte peu de consolations dans le domaine international. Les difficultés religieuses sont aussi inquiétantes que les désordres politiques et sociaux qui surviennent à la fin de la guerre. À peine un semblant d'harmonie religieuse revient-il à la fin de la décennie, que la grande crise économique secoue le monde. Les jour-

[141]   27 juillet 1928.
[142]   T. POULIN, « Au Mexique : la paix revient », éditorial, 26 juin 1929.

nalistes se résignent à vivre dans un état d'insécurité permanente, de sorte qu'on peut dire que leur inquiétude profonde devient une véritable psychose.

Quelles conséquences cette psychose risque-t-elle d'avoir ? La crainte de tout changement, quel qu'il soit, n'en est-elle pas une ? Un complexe de persécution bien enraciné, une autre ? En troisième lieu, ne faut-il pas y voir aussi le danger que soit plus ou moins masquée la réalité ? Quoi qu'il en soit, un sentiment excessif d'insécurité rend *l'Action catholique* plus ou moins réfractaire à tout progrès, à toute évolution, même normale.

Acte III : L'enfer stalinien

La révolution de Staline est une révolution très différente de celles qui ont bouleversé le monde à la suite de la Grande Guerre. En Russie soviétique, cette fois, c'est le régime lui-même qui entreprend de réaliser des changements radicaux, transformant de fond en comble la société et l'économie. Doit-on voir là une tentative de la part de Staline de consolider son emprise ? Veut-il parvenir à l'instauration plus complète du communisme ? Cherche-t-il à accroître la puissance de la Russie pour lui permettre de faire face aux menaces extérieures ou de réaliser des ambitions expansionnistes ? Toutes ces raisons renferment, sans doute, une part de vérité.

Comme l'Allemagne hitlérienne et, à un degré moindre, l'Italie mussolinienne, le régime stalinien est totalitaire : l'État contrôle tous les secteurs de la vie. Dans le cas de la Russie, une dictature totalitaire était-elle une condition du succès de la révolution ? Les opinions varient, mais seules nous intéressent maintenant les réponses qu'apporte *l'Action catholique*.

L'Action publie relativement peu de nouvelles sur la situation socio-économique de la Russie stalinienne, exception faite peut-être de celles qui annoncent des échecs importants. En 1930, elle fait mention de la suspension, après un décret de Staline, de la campagne de collectivisation agricole et elle note que le plan s'avère « une véritable faillite[143] ». Le journal signale aussi « l'effroyable misère et la famine qui règnent au paradis des Soviets[144] ». Un article annonce en manchette : « Des proportions encore plus terribles prévues[145] », et

---

[143] LE GLANEUR, « Petites notes », 27 juin 1930.
[144] *Ibid.*, 16 septembre 1930.
[145] 20 septembre 1933.

un autre : « Le gouvernement soviétique est forcé d'avouer[146] » que la Russie est ravagée par la famine et les épidémies. D'autres manchettes affirment : « 1 million de personnes mortes de faim en Russie[147] » au cours de l'hiver de 1932–1933 et : « De la chair humaine sur les marchés de Russie[148] ». En mars 1934, *l'Action* publie en gros titre : « La révolution menaçante en Russie soviétique »; dans l'article qui suit, on déclare que « la collectivisation [...] a porté un coup fatal aux Soviets» et que toutes les souffrances du peuple russe « appellent la révolution contre ceux qui les provoquent[149] ». Une autre manchette à caractère sensationnel affirme que « des cadavres d'enfants parsèment la Soviétie» et, en sous-titre, qu'« un cadavre à demi décomposé d'un enfant, gisant au bord du chemin, est un tableau habituel du pays du socialisme victorieux[150] ».

La situation sur le plan industriel ne semble guère plus reluisante, quoiqu'on en parle beaucoup moins. On nous apprend que Staline a réorganisé l'industrie en se servant de méthodes capitalistes (au niveau, par exemple, de la rémunération) et en n'hésitant pas à recourir à la force. En somme, le gouvernement soviétique supprime toutes les libertés dont jouissaient les ouvriers et leur impose plutôt un régime d'oppression impitoyable. Dans un article à la une *l'Action* fait état des « déceptions du deuxième plan quinquennal[151] » : plusieurs industries en faillite, des conditions de vie affreuses, etc.

Prenant connaissance de ces aspects de la révolution stalinienne, le lecteur de *l'Action* devait sans doute conclure que le régime était sur le point de s'écrouler, incapable de résister au premier coup. Et même si ce gouvernement réussissait à survivre encore quelque temps, il était clair que l'appui du peuple ne lui était nullement acquis. Cette opinion était en effet très répandue en Angleterre, en France et en Amérique du Nord, et elle allait avoir des conséquences importantes, pendant les années 30, sur la politique des pays alliés à l'égard de l'Allemagne.

Dans le domaine de l'éducation, *l'Action* prise encore moins le régime stalinien. Devant une nouvelle annonçant que les devoirs à la maison seraient interdits, pour ne pas donner aux enfants de familles bourgeoises un avantage sur les autres, Le Glaneur conclut que « le

---

[146]   23 novembre 1933.
[147]   22 août 1933.
[148]   25 octobre 1933.
[149]   19 mars 1934.
[150]   26 février 1934.
[151]   21 septembre 1936.

gouvernement bolcheviste veut l'égalité dans l'ignorance » et se demande avec ironie : « Décrétera-t-il un jour l'égalité des talents que chacun doit apporter à sa naissance[152] ? » Une autre nouvelle selon laquelle les étudiants d'université feraient passer à leurs professeurs des examens pour contrôler leur pureté idéologique, lui semble encore plus saugrenue : « On fait les choses à l'envers parce qu'on a l'esprit à l'envers. » Et probablement que plusieurs de ces professeurs « seront mis au rancart [... ou conduits] à l'échafaud[153] ».

On croit aussi que les Soviets veulent poursuivre leur « dessein diabolique » de déchristianisation en confiant toute l'instruction à « des pédagogues bolchevistes ». Sans aucun doute, dit Le Glaneur, c'est « le retour au paganisme[154] ». Pire encore, un grand nombre d'enfants sans foyer ne fréquentent aucune école et errent, malades, dans les campagnes où la police les abat impitoyablement. « C'est ce à quoi aboutit le régime bolcheviste, conclut Thomas Poulin, à faire des enfants une vermine infecte que l'on n'a seulement pas le cœur de soigner, que l'on fauche plutôt à la mitrailleuse pour s'en débarrasser[155]. »

Mais, comme à l'occasion de toutes les autres transformations révolutionnaires, c'est le sort de la religion qui retient surtout l'attention de l'Action catholique. Le journal publie sur ce sujet de nombreux articles. Plusieurs manchettes se rapportent directement à la situation religieuse en Russie soviétique : mentionnons celles du 7 mai 1929 (« Recrudescence antireligieuse en Russie »); du 28 février 1930 (« Un appel du Pape en faveur des victimes de la persécution des Soviets »); du 2 septembre 1930 (« Les Soviets contre l'Église catholique »); du 16 janvier 1931 (« Les Soviets veulent finir avec la religion »). Tous ces titres ont dû provoquer, chez le lecteur, la pitié et l'horreur.

Les journalistes suivent avec un vif intérêt le déroulement de la campagne antireligieuse en Russie. Chaque étape suscite en eux le plus profond dégoût. Réagissant à l'offensive générale lancée contre la fête de Noël par les Soviétiques, Le Glaneur, bouleversé, écrit : « Quelles émouvantes et lourdes épreuves s'abattent sur la Russie, où une dictature bolcheviste, cyniquement athée, semble avoir juré de dégrader les âmes et les avilir dans la répression la plus pénible[156] ! »

---

[152]   « Petites notes », 27 juin 1929.
[153]   Ibid., 8 juillet 1929.
[154]   Ibid., 8 janvier 1930.
[155]   « En Russie : vermine humaine », éditorial, 2 mars 1932.
[156]   « Petites notes », 15 janvier 1930.

Une autre dépêche fait part d'un prétendu désir des Soviets de promulguer un nouveau calendrier où la fête de Lénine remplacerait Noël, le nom de samedi céderait la place à « Lénine », et celui de dimanche, à « Staline ». Un autre article prétend que la Société des Athées de Leningrad a adopté la résolution suivante : « Le moment approche où les travailleurs sans Dieu transformeront le Vatican en un musée dans lequel on placera les Papes momifiés[157]. » On donne aussi des détails « navrants » et « épouvantables » sur les supplices dont ont été victimes certains ecclésiastiques : un archevêque aurait été enterré vivant après qu'on lui eut arraché les yeux, un autre aurait été jeté dans un trou rempli de chaux, un troisième achevé à coups de baïonnette.

Pour *l'Action,* tous ces « crimes du communisme moscoutaire » sont, sans nul doute, d'inspiration diabolique. La doctrine soviétique, explique Jules Dorion, « ne veut plus que hommes et femmes, adolescents et adolescentes aient quoi que ce soit à envier aux bêtes des champs et des bois. Et grâce à elle il monte une génération qui ne connaît Dieu que par les blasphèmes qu'on lui lance, qui le craint comme la digue qu'on opposerait à la ruée de ses instincts. » Et il conclut : « N'est-il pas effroyable d'imaginer ce qu'elle est déjà, et surtout ce qu'elle sera demain[158] ? »

Ces événements touchant la religion et la morale sont ceux qui effraient le plus les rédacteurs de *l'Action catholique* et qui leur font croire que les Soviétiques en général sont des êtres tout à fait irrationnels et à la conduite imprévisible. Ces incidents — qu'ils soient vrais, exagérés, déformés ou inventés — influencent fortement les interprétations du communisme et de la Russie que propose *l'Action.*

Par ailleurs, le journal publie de nombreuses informations relatives à la terreur stalinienne et surtout à la vague d'épurations, la Yezhovchtchina, qui a balayé la Russie après 1934. Les réactions des rédacteurs sont assez diverses. Ils sont parfois sarcastiques. Par exemple, quand Trotski, avec Kamenev et Zinoviev, est écarté de la direction du parti, un des journalistes raille : « Voilà qui ouvre un horizon instructif sur la politique intérieure des Soviets. Lénine culbute Kerensky, qui est à son goût trop mou; Lénine a la veine de mourir à temps; Trotsky est un modéré aux yeux de Staline. C'est ainsi que les loups s'entre-dévorent[159]. » Le docteur Roy reprend les mêmes sar-

---

[157]   11 mars 1930.
[158]   « Chrétiens démissionnaires : l'anti-religion en Russie », éditorial, 15 mars 1930.
[159]   « Petites notes », 25 février 1929.

casmes. Face à l'extension des purges à tous les secteurs de la vie soviétique, il déclare : « Beau pays que celui-là[160] !» Et cherchant à
expliquer ce qu'il appelle une « farce macabre[161] » de Staline, il prétend, avec son humour habituel : « L'homme de fer... ferraille pour se
débarrasser des collaborateurs trop puissants ou trop influents. Afin
de consommer sa trahison de l'idéal communiste dont la réalisation
rendrait ses fonctions inutiles, le dictateur russe fait fusiller tous ceux
qui pourraient lui porter ombrage[162].» Et toujours selon Roy, toute
cette « liste macabre » de victimes « constitue le plus gros argument
contre le communisme[163] ». Mais à quelque chose malheur est bon,
et Louis-Philippe Roy cite, en l'approuvant, un commentaire de Pierre Gaxotte sur ces assassinats : « Que les loups se mangent donc
entre eux ! Que les bandits s'entre-dévorent ! La civilisation et la paix
y gagneront[164].»

Il est probable que les purges, surtout celles qui sévissaient dans
l'industrie et dans l'armée, ont affaibli militairement la Russie. Aussi
ceux qui, dans les pays alliés, comptaient sur l'aide soviétique advenant un conflit avec les dictatures fascistes, ont-ils raison de s'inquiéter. L'Action, cependant, a toujours repoussé toute idée d'alliance
avec les Russes, et l'affaiblissement militaire résultant des épurations
ne faisait que renforcer son opposition[165].

Les purges ont contribué également à « compléter » l'image que se
faisaient de Staline les rédacteurs de l'Action. C'est, au début, « le
plus puissant » des chefs bolchevistes et « l'homme de fer de la Russie[166] ». Après les épurations, il devient un « fils dénaturé[167] », un
« criminel despote », un « bandit de l'espèce la plus odieuse[168] »,
un « sultan comme l'Asie n'en a jamais connu[169] ». Aux yeux des

---

[160]   « Que se passe-t-il en Russie ? » article, 22 septembre 1936.
[161]   « Petites notes », 10 avril 1937.
[162]   « Les quatre Internationales », éditorial, 15 juin 1937.
[163]   « La série incomplète des têtes coupées sur ordre de Staline », article, 30 septembre 1937.
[164]   « Comment le macabre mécanisme judiciaire de l'assassin Staline joue contre la
        France », article, 28 juillet 1937.
[165]   L.-P. ROY, « Le lion britannique devrait se méfier de l'ours moscovite », éditorial, 24 avril 1939.
[166]   8 novembre 1927.
[167]   Selon une dépêche, 21 juillet 1937. Sa mère serait retournée à l'Église à laquelle
        elle aurait fait un don en argent, et aurait demandé une sépulture chrétienne.
        Staline, en réponse, lui défendit de porter le nom de Staline (!!), confisqua l'argent
        et ordonna la crémation de ses restes.
[168]   L.-P. ROY, « Comment le macabre mécanisme... », article, 28 juillet 1937.
[169]   « Petites notes », 31 août 1937.

journalistes, l'oppression cruelle à laquelle se livre le dictateur soviétique le déshumanise à un point que Hitler lui-même n'atteindra pas
avant la deuxième guerre. En somme, *l'Action catholique* voit dans le régime stalinien une
franche démonstration de l'échec du communisme. Toutes les « théo-
ries catastrophiques » des chefs soviétiques, toutes les « expériences
économico-sociales les plus désordonnées[170] » qu'ils ont imposées au
malheureux peuple russe, n'ont fait qu'accumuler les ruines. Plus de
mariage, plus de famille, plus de religion, plus d'élite : la Russie a
rejeté la civilisation et est retournée à la barbarie. En un mot, conclut Jules Dorion, « c'est l'horreur, c'est le chaos, c'est l'incertitude
de tous les instants, c'est l'homme descendu au rang d'une chose au
lieu d'être le roi de la Création[171] » ! Et, comme le docteur Roy le
suggère, le « paradis soviétique s'appellerait plus exactement l'EN-
FER SOVIÉTIQUE[172] ».

Si on est vraiment convaincu que la Russie est un enfer, ne
peut-on pas croire que le régime est au bord du désastre, que le peuple se tient prêt à se soulever, que la révolution salvatrice ne tarde-
ra pas ? Thomas Poulin est sûrement logique avec lui-même quand
il affirme que Staline n'oserait jamais lancer ses armées au-delà des
frontières russes parce que « tout risquerait de se gâter au dedans[173] ». À cet égard, le 10 novembre 1934, *l'Action* publie
la nouvelle sensationnelle et tant attendue : « La Russie prête
à se débarrasser des Soviets ». L'article qui accompagne cette
proclamation parle d'un jeune officier soviétique, évadé en France,
qui aurait dit que, si la guerre éclatait, les soldats en finiraient
d'abord avec le régime de Staline. Louis-Philippe Roy fait sienne
cette hypothèse. Ayant démontré que 1,6 million de communistes
tyrannisent une population de 160 millions de personnes, il
s'empresse de conclure qu' « à la faveur d'une guerre, il ne
serait pas impossible que les esclaves se soulevassent et fissent
subir à Staline le traitement qu'il a infligé à tant de chefs du pays[174] ».
En 1934 également, Jules Dorion, pour sa part, ne verrait pas d'un
mauvais œil une « petite guerre de salut » avec un pays comme le Ja-

---

[170]   6 avril 1936.
[171]   « Ce qui advient quand on tourne le dos au christianisme », éditorial, 1er février
1930.
[172]   L.-P. ROY, « La Russie soviétique est un enfer et non un paradis », article, 16 janvier 1937. Les majuscules sont de *l'Action*.
[173]   « Petites notes », 20 mars 1934.
[174]   *Ibid.*, 27 avril 1939.

pon, car la Russie, « nullement en état de résister à un adversaire quelque peu préparé », perdrait nécessairement, subissant probablement une amputation de territoire; cependant, elle « se débarrasserait du même coup de la poignée de sauvages despotes qui la tyrannisent et l'affament depuis plus de vingt ans, et s'appliquent à disséminer ailleurs les ferments révolutionnaires[175] ».

Donc, pour l'*Action*, la Russie ne peut vouloir faire la guerre ni participer à une guerre. Une telle guerre, selon les journalistes, signifierait le suicide du régime. En même temps, cependant, les rédacteurs notent une certaine agressivité impérialiste manifestée par les chefs soviétiques depuis 1917. Il leur faut aussi justifier l'insécurité permanente qu'on ressentait à l'endroit de la Russie. Pour résoudre ce dilemme, ils essaient de concilier les deux thèses, c'est-à-dire celle d'une Russie qui n'oserait jamais faire la guerre, et celle d'un régime souvent agressif et menaçant. Ils prétendent que les Soviétiques se serviront surtout de la propagande pour stimuler la révolution universelle et en arriver à la domination mondiale; qu'ils chercheront à allumer des guerres un peu partout pour affaiblir les autres pays. Voilà pourquoi il fallait craindre profondément ce régime qui, de toute apparence, était lui-même au bord du gouffre.

Durant la décennie qui précède la déclaration de la deuxième guerre mondiale, l'*Action* sera incapable (elle ne semble pas le vouloir, d'ailleurs) d'abandonner ses sentiments de dégoût, d'horreur et de crainte à l'endroit du régime communiste de Staline. Toute idée de conciliation et d'entente, sans parler de coalition ou d'alliance, lui répugne profondément.

Pourtant, comme nous le verrons plus loin, si l'*Action* perd patience, au moment de la frénésie anticatholique du régime hitlérien, si elle condamne le Führer et le prévient des dangers qu'il court, elle continue toujours d'espérer que Hitler se ravisera et se calmera, ouvrant ainsi la voie à la restauration de l'harmonie. De même quand éclatent, à diverses reprises, des disputes entre Rome et le Vatican, elle n'hésite pas à désapprouver Mussolini, tout en s'attendant à un règlement, à plus ou moins brève échéance.

Il en va de même de son interprétation des motifs des divers chefs de l'époque. Des dictateurs catholiques comme Salazar et Dollfuss ne peuvent se tromper : le simple fait d'affirmer et de réaffirmer, publiquement, leur catholicité, leur assure une véritable infaillibilité aux yeux de l'*Action catholique*. Mussolini et Hitler, plus controversés,

---

[175] *Ibid.*, 8 août 1934.

plus impétueux, peuvent accomplir des actes qui leur valent (surtout dans le cas du premier) les félicitations chaleureuses des rédacteurs, mais ils commettent aussi des imprudences et même des crimes (surtout, bien sûr, le second) qu'il faut dénoncer. Les deux dictateurs, coupables d'opportunisme, d'arrogance à l'endroit de l'Église et de divers autres défauts de caractère, n'en demeurent pas moins humains. Le cas des Soviets est tout autre. Jamais ni Staline ni le régime bolcheviste, incarnant ensemble le Mal puisqu'ils prônent une doctrine condamnée à maintes reprises par Rome, ne peuvent bien faire. L'opportunisme le plus machiavélique, la recherche du pouvoir et de la domination, le goût du sang et, bien entendu, la haine du Christ sont les seuls sentiments qui les motivent.

C'est pourquoi il faut refuser et repousser, impitoyablement, inlassablement, toute offre de collaboration provenant des Soviets. Si l'on commerce avec eux, on risque de renforcer leur puissance et de faciliter leur travail de propagande. Si on les invite à entrer dans les associations internationales et à participer au règlement de diverses disputes, on prépare la guerre et non la paix. On devra donc se méfier de toute initiative des Soviétiques sur le plan international, et chercher plutôt à les isoler, à les endiguer autant que possible. Il faudra aussi, avec autant de détermination, guetter tous ceux qui, au Québec et ailleurs, semblent soit les appuyer, soit leur donner raison en approuvant tel ou tel acte; ils contribuent ainsi, consciemment ou inconsciemment, au travail néfaste du régime communiste.

L'hostilité du journal envers la révolution stalinienne et, en fait, envers toutes les activités révolutionnaires, l'amène à épouser ardemment la cause réactionnaire et à se ranger, avec enthousiasme mais souvent assez naïvement, au côté des chefs de droite, Mussolini, Hitler et Franco.

CHAPITRE VI

LA RÉACTION

L'arrivée au pouvoir de Benito Mussolini et de ses chemises noires en Italie, en octobre 1922, annonce la fin des expériences révolutionnaires de l'immédiat après-guerre. Désormais, les forces de la réaction semblent en mesure de prendre la situation en main et d'imposer l'ordre. L'arrivée de Hitler et la victoire du général Franco ne feront que confirmer cette tendance.

Acte I : La marche sur Rome... et après

Les premiers renseignements que *l'Action* publie sur les fascistes n'ont rien de très rassurant. L'article d'un correspondant à l'étranger[1], en septembre 1922, affirme que leur œuvre est « nettement révolutionnaire » et que les catholiques italiens « ont raison de se défier[2] » d'eux. Mais la nouvelle qui annonce leur prise du pouvoir est manifestement plus encourageante. On apprend que c'est bien le roi Victor Emmanuel qui a demandé à Mussolini de former un cabinet, que l'installation d'un nouveau gouvernement signifie la « fin d'un régime désastreux » et qu'un « sang nouveau va pénétrer dans les affaires italiennes ». L'auteur assure aux lecteurs du journal qu'« aucune institution n'est menacée, si ce n'est les institutions parasites. La monarchie n'est pas en danger, pas plus que le Parlement. » Par contre, les fascistes « donneront au pays un gouvernement économique et sain ainsi qu'un cabinet comprenant des patriotes éminents[3] ». Le lendemain, un article précise que c'est un gouvernement « pour le maintien de l'ordre et de la paix » et que le chef, Mussolini, a été reçu « avec enthousiasme » par la population de la capitale italienne.

---

[1] C'est évidemment un partisan du Parti populaire (catholique) de Don Sturzo.
[2] ROMAIN, « Nouvelles d'Italie », article, 26 septembre 1922.
[3] Camille CINAFORRO, « La fin d'un régime », article, 30 octobre 1922.

Il faut attendre la fin de novembre avant de trouver dans *l'Action* un commentaire sur la crise italienne. Thomas Poulin affirme à ce moment que « ce qui s'est produit à date nous permet passablement de croire que la révolution qui se produit en est une de réaction contre le socialisme et le communisme[4] ». Et Poulin d'annoncer son intention de suivre de très près les événements italiens.

Quatre jours plus tard, toute équivoque semble être dissipée et Ferdinand Bélanger n'hésite pas à se prononcer assez catégoriquement : « En somme, Mussolini a sauvé l'Italie du communisme. Sans grande effusion de sang, porté par une forte poussée du nationalisme, il a renversé un gouvernement désarmé et sans volonté de vivre, et opéré dans les bornes de la légalité une « révolution réactionnaire ». Il lui reste à gouverner avec sagesse et à prévenir une réaction révolutionnaire[5]. » Paul Tailliez, correspondant français de *l'Action catholique,* s'en félicite encore plus ardemment. Pour lui, cette révolution fasciste est « une révolution dont l'originalité réconfortante est d'être une révolution pour l'ordre[6] ».

L'Action donne peu de nouvelles des effets socio-économiques de l'expérience mussolinienne, mais les quelques commentaires faits en éditorial à ce sujet semblent favorables au régime. On décrit la situation déplorable dans laquelle l'Italie se débattait avant l'arrivée de Mussolini[7], et on fait état des progrès considérables que connaît le pays sous son gouvernement : les conditions de vie s'améliorent[8], il n'y a plus de grève[9]...

Les journalistes semblent plus intéressés par l'action de Mussolini sur le plan politique. On n'a pas de mal à se rendre compte, en lisant les nouvelles publiées dans *l'Action,* que Mussolini est en train de se tailler une place de dictateur. Pourtant les nouvelles contiennent habituellement les prétextes justificateurs avancés par le Duce lui-même. Tailliez déborde toujours d'enthousiasme, affirmant que « M. Benito Mussolini a eu la bonne fortune d'imposer à l'Italie son opportune et bienfaisante dictature[10] ». Un autre article, venu par courrier, admet que « l'œuvre des fascistes n'est pas allée sans quelques excès. Mais

[4] « Chez les ouvriers », 24 novembre 1922.
[5] « En passant », 28 novembre 1922.
[6] « Lettre de France », 19 décembre 1922.
[7] J.-A. FOISY, « L'Italie nouvelle », éditorial, 25 octobre 1923.
[8] 6 novembre 1924.
[9] T. POULIN, « Chez les ouvriers », 10 mai 1927.
[10] « Échos de France », 4 avril 1923.

il faut la considérer dans son ensemble, pour être attentif à l'enseignement qu'elle donne[11].» Lorsque Mussolini impose la censure de la presse, on explique qu'il veut contrôler les nouvelles « fausses et tendancieuses[12] ». Une nouvelle loi électorale qui assure au parti arrivant en première position les deux tiers des sièges ne provoque aucun commentaire. Après les élections du mois d'avril 1924, le chroniqueur est visiblement impressionné :

Quelle que soit l'opinion qu'on puisse avoir sur les méthodes qu'il a employées jusqu'à hier et sur la politique qu'il suit aujourd'hui, il est impossible de croire que les 4 693 690 voix qui se sont portées sur les noms des candidats recommandés aux électeurs italiens par M. Mussolini, soient dues à la fraude et aux trucs électoraux. [...] il est impossible d'échapper à la constatation que les trois quarts des électeurs italiens ont affirmé d'une façon bien nette leur ralliement autour de l'homme qui tient dans ses mains les destinées de leur pays[13].

Les rédacteurs de *l'Action* ne sont pas très loquaces sur ces événements. Toutefois, Ferdinand Bélanger s'en prend au *Soleil*, après que ce dernier eut critiqué Mussolini pour son contrôle de la presse. *Le Soleil* condamne les autres, dit-il, mais ses propres journalistes sont souvent bridés[14]. En général, cependant, *l'Action* se contente de publier des informations soit neutres, soit favorables à Mussolini. Par exemple, quand celui-ci annonce la suspension des élections municipales, on explique qu'il veut sévir contre les agitateurs et réaliser aussi des « économies importantes[15] ». En 1928, la nouvelle loi électorale de Mussolini est dénoncée par une cinquantaine de sénateurs, mais là encore le correspondant soutient que la plupart de ceux-ci appartiennent à des partis d'inspiration maçonnique qui se sont souvent attaqués aux institutions religieuses et que leur opposition ne trouve qu'un très faible écho dans l'opinion publique. Et il ajoute : « Cette opinion profonde du peuple italien n'a cessé d'être favorable au fascisme et elle n'eut aucune difficulté à accepter la thèse de M. Mussolini sur le statut. L'accord quant à la nécessité essentielle du redressement national est indiscutable[16]. »

---

[11]   2 mai 1923.
[12]   28 juillet 1923.
[13]   10 mai 1924. L'auteur semble s'être laissé emporter par son enthousiasme. Le Duce a eu 40 pour cent du vote seulement, pourcentage qui lui assurait cependant 75 pour cent des sièges.
[14]   « En passant », 12 janvier 1926.
[15]   26 août 1926.
[16]   22 septembre 1928. L'auteur est un correspondant non identifié.

La grande innovation qui saura le plus impressionner *l'Action catholique* sera, bien sûr, le corporatisme, même si, comparant la situation italienne à la situation canadienne, elle émet (ou est obligée par les circonstances d'émettre) beaucoup de réserves. C'est en 1925 que Thomas Poulin commente pour la première fois ce retour à un régime corporatif en affirmant que, s'il est instauré, l'individualisme recevra un dur coup et que cette expérience « sera intéressante à suivre » car « elle cherche à canaliser le vote populaire dans la sphère qui lui appartient[17] ».

Deux ans plus tard, Mussolini annonce que la Chambre des députés devra être élue par les corporations. Thomas Poulin semble très favorable à cette expérience. Selon lui, « les députés élus [...] auront [...] 99 chances sur 100 d'être des compétences ou des hommes supérieurs. Pour aller au parlement, il faudra s'imposer aux membres de sa corporation, et il deviendra beaucoup plus difficile de faire du bourrage de crâne avec ses électeurs[18]. »

Plus tard, cependant, *l'Action* critique l'étatisme mussolinien tout en alléguant que pour l'Italie, il est peut-être nécessaire et inévitable. C'est du moins l'opinion d'Eugène L'Heureux : « Comme il fallait procéder vite à la restauration économique et sociale d'une Italie gangrenée de socialisme, le corporatisme mussolinien a peut-être mieux servi l'Italie que n'eût pu le faire, dans les circonstances, un véritable corporatisme *social*[19] reposant sur l'esprit corporatiste, que seule une longue éducation peut procurer aux groupements de producteurs[20]. » De l'avis de ce rédacteur, les moyens utilisés ont moins d'importance que les fins recherchées.

Même si parfois les aspects politiques du fascisme suscitent chez les rédacteurs de *l'Action catholique* des inquiétudes[21], il ne manque pas de leur inspirer une certaine sympathie. Nous connaissons déjà leurs réserves sur la démocratie : le parlementarisme, le suffrage uni-

---

17 « Chez les ouvriers », 13 octobre 1925.
18 *Ibid.*, 30 mai 1927; aussi T. POULIN, « Nouveau régime : le suffrage universel en Italie », éditorial, 1er juin 1927.
19 Le mot est en italique dans le texte. *L'Action* insistera sur la différence entre le corporatisme dit politique (comme en Italie) et le corporatisme dit social (qu'elle préconise pour le Canada).
20 E. L'HEUREUX, « Notre corporatisme : il devra être social et non politique », éditorial, 18 décembre 1935. Thomas Poulin affirme lui aussi : « Le fascisme est un régime que personnellement nous n'aimons pas, mais il faut toujours tenir compte des faits » (« Petites notes », 28 mai 1934).
21 Ils hésitent surtout devant le recours à la violence et ils dénoncent, surtout vers 1930, un excès d'étatisme.

versel et les élections renferment, selon eux, de nombreuses lacunes. Bien qu'ils ne préconisent pas le remplacement du système parlementaire canadien par le corporatisme politique, comme en Italie, ils ne s'opposent pas à ce que l'expérience se fasse dans d'autres pays. Nous verrons aussi que le bilan positif de l'œuvre de Mussolini en d'autres domaines (comme la religion) aura pour effet de créer, chez les journalistes de *l'Action,* un réservoir de bonne volonté qui viendra adoucir leurs critiques, dans n'importe quel secteur.

Parmi les mérites de Mussolini, on n'oublie jamais de souligner sa lutte victorieuse contre le communisme. En effet, *l'Action* n'hésite pas à épouser la thèse du Duce, selon laquelle la prise du pouvoir par les *facisti* a épargné à l'Italie une sanglante révolution communiste. Mussolini a « pris le pays au seuil de la révolution communiste et l'a ramenée à son Roi et au respect de l'autorité[22] », déclare Thomas Poulin. Jules Dorion partage cet avis : « Tout le monde convient en effet que sans Mussolini le communisme s'installait en maître dans la péninsule[23]. »

Après la « révolution salvatrice », Mussolini prend les mesures disciplinaires nécessaires pour conserver l'autorité. C'est du moins le point de vue du directeur de *l'Action catholique* qui soutient que « l'autocratie de Mussolini, et celle de Hitler [...] ont empêché leurs pays respectifs de sombrer dans le désordre[24] ». Même si Mussolini se sert généreusement de la force, la force n'est pas en elle-même un mal. Au contraire, quand l'ordre ne peut s'appuyer sur le droit, la force devient une nécessité dont la vertu innée dépend du but : on voit donc la « force malfaisante comme en Russie, où elle est au service de l'erreur et du mal, [et la] force bienfaisante en Italie, où Mussolini a dû recourir au bâton pour soustraire son pays à l'état de grève latente qui l'avait mené sur le bord de l'abîme[25] ».

Nous avons vu que le critère qui détermine l'attitude générale de *l'Action catholique* vis-à-vis de tel mouvement ou de tel régime est son comportement dans le domaine religieux. Ainsi la plupart des articles consacrés à Mussolini et au régime fasciste traitent de l'aspect religieux. Un acte en particulier fera passer le Duce pour un véritable « instrument de la divine Providence[26] ».

---

[22] « Chez les ouvriers », 13 octobre 1925.
[23] « La crise du gouvernement et le devoir politique », éditorial, 13 janvier 1934.
[24] J. DORION, « Conflit de civilisations », éditorial, 1er août 1936.
[25] ID., « En passant par Paris et Madrid », éditorial, 9 juillet 1936.
[26] J. DANDURAND, « Le discours de Mussolini », éditorial, 5 juin 1930.

Dès 1921, dans un article qui fait état des persécutions subies par les catholiques italiens aux mains des bolchevistes, l'auteur se dit d'opinion que le seul espoir des catholiques réside dans le développement des *facisti* ou ligues d'ex-soldats et de patriotes[27] qui ont décidé de remplacer le gouvernement. Touchant tout de suite une corde sensible, à son arrivée au pouvoir, Mussolini s'engage à travailler en vue de régler la fameuse question romaine, c'est-à-dire le problème des relations entre le Quirinal et le Vatican, rompues depuis l'occupation des États pontificaux et de Rome par les forces italiennes en 1870. *L'Action* rapporte les paroles du Duce : « Je pense que la religion est la grande force de la liberté dans la vie d'un peuple, et je suis hostile à tout ce qui sent l'athéisme ou l'anticléricalisme.» Puis il ajoute : « Le catholicisme est une puissance mondiale extraordinaire et c'est pour cela que les relations entre le gouvernement fasciste et le Vatican seront très cordiales[28].» Pour *l'Action,* nulle déclaration ne pouvait être plus encourageante.

Les premiers actes du Duce sont également prometteurs : il fait replacer les crucifix sur les murs des écoles; il ordonne qu'une messe précède l'ouverture des Chambres; il déclare la guerre à la franc-maçonnerie; il saisit « toute la littérature obscène à Rome »; son ministère de la Justice affirme « courageusement » que le divorce lui répugne; il fait placer un crucifix dans la salle de la Législature; il demande l'enseignement du catéchisme dans toutes les écoles primaires et la lecture de l'Évangile dans les écoles secondaires; il insiste sur le « rôle prépondérant du catholicisme dans la vie des peuples ».

Tous ces actes publics et officiels du nouveau dictateur italien rencontrent l'approbation enthousiaste des éditorialistes. Albert Foisy ne craint pas d'affirmer : « Mussolini qui a décidé de sauver son pays [...] a vu que le retour à la religion du Christ, à la loi de l'amour de Dieu et du prochain, était le premier et le principal moyen de vaincre les ennemis du dedans et du dehors[29].» En même temps, *l'Action* publie de nombreuses déclarations de cardinaux italiens, félicitant le nouveau régime de tel acte ou de telle prise de position.

Mais, à la grande déception des journalistes catholiques, tout ne continue pas d'aller pour le mieux dans le meilleur des mondes. Certains fascistes se rendent coupables d'« excès » à l'endroit des catho-

---

[27]　R. P. A. PALMIERI, « La tyrannie socialiste s'exerce de façon sanglante contre le clergé catholique italien », article, 8 avril 1921.

[28]　22 novembre 1922.

[29]　« En passant », 9 août 1923.

LA RÉACTION 155

liques, incidents que déplore l'*Osservatore Romano.* Mussolini réclame le droit de monopoliser l'éducation de la jeunesse, mais le Pape,
lui damant le pion, dissout les associations de scouts dans toutes les
petites villes d'Italie. En 1928, les relations entre les fascistes et les
catholiques se détériorent à tel point que l'on conclut : « Comme on
le craignait, le fascisme devient plus dangereux à l'Église que les gouvernements qui l'ont précédé[30]. » Peu à peu, cependant, les tensions
s'atténuent et les relations s'améliorent.

C'est en 1929 que le Vatican et le royaume d'Italie mettent fin à
leur guerre froide et signent un accord. Les catholiques avaient toujours considéré que les révolutionnaires nationalistes, avec le concours de la franc-maçonnerie universelle, avaient « volé, — il n'y a
pas d'autres mots, — à un souverain légitime le domaine qui lui ap-
partenait[31] ». Une manchette fait état de la conclusion de l'entente et
annonce qu'elle sera complétée par un traité et un concordat[32]. Commentant cette heureuse nouvelle, Jules Dorion ne cache pas sa joie :
« Le vingtième siècle aura été témoin d'événements particulièrement
importants; celui-là prime tous les autres[33]. »

Deux autres manchettes annoncent la signature de l'accord entre
l'Italie et le Saint-Siège[34] et la visite d'officiels italiens au Vatican[35].
Débordant d'enthousiasme, le directeur de *l'Action catholique* s'exprime ainsi : « La Providence, à son heure, a fait surgir Mussolini. Et
cette heure, c'est celle où tous les pays qui se sont laissés prendre aux
erreurs de la Révolution et d'une liberté qui n'est que de la licence,
sont en train d'en mourir[36]. » Pour lui, en effet, cet événement ren-
verse toute l'évolution de l'histoire depuis un siècle et demi. Jusqu'à
la fin de l'année, une bonne douzaine de manchettes traitant de la formation de la cité du Vatican, de la première sortie du Pape, de la visite chez le Pape du roi Victor-Emmanuel III et de la reine Hélène,
paraissent dans *l'Action.*

---

[30] 17 avril 1928.
[31] J. DORION, « La question romaine et les racontars », éditorial, 15 janvier 1929.
[32] « La réconciliation entre le Vatican et l'Italie », 7 février 1929.
[33] « À Rome », éditorial, 7 février 1929.
[34] « La signature de l'entente entre l'Italie et le St-Siège marque le début d'une
ère nouvelle », 11 février 1929.
[35] « Pour la première fois depuis 1870 les autorités italiennes sont représentées à
St-Pierre de Rome », 12 février 1929.
[36] J. DORION, « Une Rome nouvelle : on dirait une renaissance », éditorial, 12 février 1929.

En 1931, cependant, les relations se gâtent de nouveau; le Vatican et l'Italie en viennent au seuil d'une rupture diplomatique. Mussolini ferme les clubs de l'Action catholique; Eugène L'Heureux, attristé, blâme le régime pour son orgueil. Cette fois, *l'Action* commence à apercevoir un conflit fondamental entre le fascisme et le catholicisme. Elle reproduit un article de *la Survivance* d'Edmonton : « ce n'est pas un conflit entre deux puissances en présence, luttant pour s'assurer une suprématie matérielle quelconque. C'est un conflit entre deux conceptions de la vie et de l'individu, deux conceptions qui trouveront difficilement à s'harmoniser afin de vivre en bon voisinage, pour la simple raison qu'elles sont diamétralement opposées[37].» Et l'un des rédacteurs de *l'Action* d'ajouter : « Le fascisme est incompatible avec la vérité, car la vérité, c'est l'Église catholique qui la possède[38].» Malgré le conflit, cependant, on ne perd pas l'espoir de voir les égarés revenir à la maison. À la fin de l'été, Mussolini doit se rendre, devant « l'incomparable force morale qu'est la Papauté en Italie et dans le monde entier[39]». Le 2 février 1932, Mussolini rend visite à Pie XI au Vatican, mais les bonnes relations ne seront que temporaires. La campagne antisémite du régime fasciste opposera de nouveau Mussolini et la Papauté.

Malgré ces quelques accrochages, l'attitude de Mussolini sur le plan religieux satisfait en général *l'Action catholique* et la dispose favorablement à son endroit. Quand la politique extérieure de l'Italie est critiquée en France, devant la Société des Nations, dans la presse, et ailleurs, *l'Action* y voit l'œuvre de la franc-maçonnerie[40]. Lors de la campagne contre l'Éthiopie en 1935–1936[41], elle s'en prend aussi vigoureusement aux ennemis de Mussolini qu'à Mussolini lui-même. Une conquête italienne de cette partie de l'Afrique pourrait être bénéfique à la population indigène. En effet, d'après *l'Action,* grâce à l'expansion impérialiste des pays européens, « le sort des peuples soumis s'est souvent amélioré » à cause de « meilleures méthodes de gouvernement, et [d'] une façon plus humaine de traiter les gouver-

---

[37]   « L'étatisme de Mussolini », article reproduit dans « Chez les autres », 6 juillet 1931.

[38]   « Petites notes », 10 juillet 1931.

[39]   *Ibid.,* 1er septembre 1931.

[40]   Voir SAINT-BRICE, « La Franc-maçonnerie et la paix des Balkans », article publié dans *Paris-Centre* et reproduit dans *l'Action catholique,* 6 juillet 1928; J. DANDURAND, « Le discours de Mussolini », éditorial, 5 juin 1930; J. DORION, « Revenons maintenant », éditorial, 30 novembre 1935.

[41]   Voir Appendice, tableau III-B, pp. 325-327.

nés[42].» Le docteur Roy, pour sa part, affirme que l'Italie, bien que
n'ayant pas le droit d'user de la force, a réellement besoin de colonies, et que même si Mussolini exagère ses prétentions de mission ci-
vilisatrice, il ne faudrait pas oublier que « les Éthiopiens ne se sont
pas toujours conduits comme des gens civilisés[43] ». La conquête devient un fait accompli à la fin de 1935; *l'Action* met en garde contre le
risque d'une guerre mondiale[44], demande qu'on ne punisse pas Mussolini[45], s'élève contre l'influence communiste à Genève, siège de la
Ligue[46], condamne l'hypocrisie de pays comme l'Angleterre qui se
sont souvent rendus coupables de « conquêtes plus discutables que
celle-là[47] » : bref, elle félicite Mussolini d'avoir su où il allait et d'avoir
agi en « vrai chef[48] ».

En 1938, L.-P. Roy peut toujours exprimer l'avis que Mussolini
recherche la paix, afin d'organiser l'Éthiopie, et qu'il n'a « aucune
ambition internationale alors que Staline veut d'une volonté de fer
la domination mondiale et que Hitler cherche d'une énergie d'acier
la domination racique[49] ». Au début de l'année fatidique, Roy soutient toujours que Mussolini est « trop patriote pour infliger [la guerre]
à l'Italie[50] ». On semble même ressentir un peu de pitié pour le
Duce et sa politique étrangère. Comme le dit encore le docteur Roy,
quand Hitler et Mussolini s'asseoient à la même table, « c'est toujours le Führer qui mange... et souvent, sans prévenir son compa-
gnon, il prend les bouchées doubles[51] ». Une douzaine de jours après,
l'armée italienne envahit l'Albanie, le petit royaume balkanique, et
Mussolini opère une autre conquête. Cette fois, *l'Action* se tait.

Comment les rédacteurs de *l'Action catholique* voient-ils ce personnage qui gouverne l'Italie fasciste[52] ? C'est un « homme extraor-

---

[42]   J. DORION, « Sur une question à laquelle il faut penser », éditorial, 24 août 1935.
[43]   L.-P. ROY, « Sur un volcan, dont l'éruption menace la paix mondiale », éditorial,
       10 septembre 1935.
[44]   ID., « Petites notes », 15 novembre 1935.
[45]   L.-P. ROY, « Le sphinx Mussolini », éditorial, 17 décembre 1935.
[46]   ID., « Faut-il désespérer de la solution du conflit italo-éthiopien ? » éditorial,
       7 janvier 1936. *L'Action* prétend que les communistes en veulent à Mussolini
       pour avoir arraché l'Italie à la révolution bolcheviste en 1922, et qu'ils cher-
       chent à se venger de lui en s'attaquant à sa politique étrangère.
[47]   E. L'HEUREUX, « Humiliation méritée : celle de la S.D.N. », éditorial, 8 mai
       1936; ID., « Allons-nous au communisme ? » éditorial, 13 janvier 1936.
[48]   ID., « Humiliation méritée... », éditorial, 8 mai 1936.
[49]   « La guerre des axes sauvera la paix », éditorial, 19 avril 1938.
[50]   « D'un cauchemar à l'autre », éditorial, 21 février 1939.
[51]   « Mussolini n'a coupé aucun pont », éditorial, 28 mars 1939.
[52]   Voir Appendice, tableau III, pp. 323-327.

dinaire[53]», dit Ferdinand Bélanger, et « un homme d'action[54]», selon Albert Foisy. Pour Dorion, il est « l'homme des idées nettes, des initiatives hardies et des décisions promptes[55]». Même s'il est « un incroyant », on ne peut le condamner car il semble avoir compris « l'importance pour le gouvernement d'un pays catholique d'accomplir les gestes qui appuient une morale si efficace à la prospérité même matérielle[56]». Jules Dorion doute toutefois de la sincérité de l'homme fort italien, émettant l'opinion que celui-ci

> aurait compris que la présence du Pape à Rome est une mine d'or pour l'Italie et peut-être sa ressource la plus inépuisable à cause du mouvement qu'elle crée, et du nombre des voyageurs qu'elle attire. La supposition est plausible, étant donné l'esprit pratique du Duce. Ne nous attardons pas à chercher ce qu'elle vaut réellement, ou s'il y en a d'autres. Qu'il nous suffise de penser que la Providence a sa manière à elle de rétablir l'équilibre et d'arranger les choses. Au moment le plus imprévu elle fait cesser l'injustice et rétablit le Droit[57].

Que Mussolini soit coupable d'opportunisme religieux, il ne compromet que son salut personnel. Ce qui compte, évidemment, ce sont ses actes publics.

Le régime fasciste en Italie sera le premier et, avant la guerre civile espagnole, le plus attentivement observé des mouvements réactionnaires de l'Europe de l'entre-deux-guerres. Le continent sera alors peuplé de dictateurs de tous les genres mais, pour *l'Action catholique,* Mussolini occupe une place toute spéciale. Après tout, c'est lui qui a rétabli l'ordre en Italie en portant un dur coup aux révolutionnaires et aux anticléricaux. C'est donc lui qui a donné le ton à tout un mouvement de contre-révolution s'étendant à toute l'Europe. L'expérience allemande se révélera beaucoup moins satisfaisante.

Acte II : Hitler, communistes, Juifs et catholiques

Adolf Hitler continue, approfondit et intensifie, en Allemagne, la contre-révolution amorcée par Mussolini en Italie. Sa dictature est décidément plus totalitaire, ses méthodes incomparablement plus

---

[53] « En passant », 20 juillet 1923.
[54] « L'Italie nouvelle », éditorial, 25 octobre 1923.
[55] « La question romaine et les racontars », éditorial, 15 janvier 1929.
[56] F. BÉLANGER, « En passant », 20 novembre 1923.
[57] « Ce qui n'est pas chrétien n'est pas humain », éditorial, 31 décembre 1938.

brutales, ses revendications nationalistes nettement plus dangereuses que celles du Duce. Jamais la fiévreuse campagne raciste et antisémite du Führer n'a trouvé son pendant en Italie. Jamais Mussolini n'a représenté une menace militaire comparable à son allié allemand. Et, ce qui est plus important pour *l'Action catholique,* jamais l'Église catholique n'a été persécutée en Italie comme elle l'est en Allemagne par les nazis. On ne peut donc pas voir avec les mêmes yeux la réaction hitlérienne et la contre-révolution mussolinienne.

C'est en 1923 que *l'Action* mentionne le nom de Hitler pour la première fois. On dit qu'il est le chef des fascistes bavarois, qu'il est antijuif et antisocialiste, et qu'il veut restaurer la monarchie en Bavière. Sa photo paraît à deux reprises dans le journal.

À l'occasion des élections de 1930, qui donnent 107 sièges aux nazis, *l'Action* donne d'autres renseignements, sans commentaire, sur la montée nazie. L'année suivante, Dorion affirme que le principal problème en Allemagne, et le plus grand danger pour les catholiques de ce pays, est la propagande des communistes[58]. Déjà on entrevoit la possibilité que Hitler accède au pouvoir mais on ne s'effraie pas pour autant. Louis Latzarus, correspondant pour *la Revue hebdomadaire* (Paris) et souvent cité par *l'Action,* voit en Hitler « un assez pauvre esprit, plein d'idées contradictoires qui n'ont de valeur que dans l'opposition. C'est un hurleur démagogue qui résistera mal à l'épreuve du pouvoir, si nous savons résister avec calme à ses exigences[59]. » Le même auteur assure que Hitler « n'est qu'un agitateur audacieux, fort capable de détruire, mais non pas de fonder. Ou je me trompe fort, ajoute-t-il, ou son incapacité deviendra évidente dès qu'il sera le maître[60]. » Le 30 juin 1933, une manchette sur sept colonnes annonce que « Adolf Hitler a enfin pris le pouvoir » et l'article qui suit, de la United Press, note que « l'ascension politique [de Hitler] comme chef des nazis a été un des développements amusants [! !] de la politique de l'après-guerre[61] ».

Les premiers commentaires de *l'Action catholique* sur le nouveau chef allemand trahissent certaines inquiétudes. Eugène L'Heureux a peur que Hitler ne chauffe à blanc le chauvinisme allemand, mais

[58] « L'épisode allemand dans la crise actuelle », éditorial, 18 juillet 1931.
[59] « Hitler s'agite », article reproduit dans *l'Action catholique,* 28 décembre 1931.
[60] Louis LATZARUS, « De Hitler à Lénine », article publié dans *la Revue hebdomadaire* et reproduit dans *l'Action catholique,* 26 août 1932. Latzarus craint que l'effondrement de Hitler n'entraîne le communisme.
[61] Il se peut que le mot « amusant » soit tout simplement une traduction erronée du mot anglais « amazing » (étonnant).

la pensée que Hitler ne restera pas longtemps au pouvoir le réconforte : l'Allemagne n'aura pas le temps de menacer la paix générale[62]. Thomas Poulin, de son côté, manifeste à la fois de la méfiance et de la sympathie à l'endroit du nouveau régime. « Si Hitler réussit [sa révolution], déclare-t-il, l'Allemagne sera bientôt organisée à la façon italienne[63]. » Les libertés démocratiques vont disparaître, c'est clair. D'autre part, le régime nazi semble apporter au moins un bienfait important : Poulin nous rappelle qu'il « faut suivre avec sympathie au moins cette énergique résistance qu'oppose la dictature allemande à la désorganisation communiste[64] ». Le directeur du journal, Jules Dorion, fait remarquer que les méthodes hitlériennes sont plutôt brutales. « Mais, demande-t-il, peuvent-elles ne pas l'être[65] ? » Il lui semble que de telles méthodes pourraient, en effet, être valables, du moins exceptionnellement :

> Hitler, comme Mussolini, a la conviction profonde que le jour où ils le pourront les bolchevistes, les révolutionnaires du moment, se f... de la légalité et prendront et feront ce qui leur conviendra, parce qu'ils seront les plus forts. Plus de deux millions de Russes sont déjà tombés victimes de l'œuvre de Lénine, et l'oligarchie rouge n'a pas fini. Hitler et Mussolini se disent avec un certain bon sens : — Il vaut mieux cogner qu'être cogné; et ils cognent.

> La discipline de fer qu'ils établissent a certainement ses côtés désagréables, elle peut avoir de graves inconvénients; mais comme elle court en somme au plus pressé, et rétablit l'ordre là où aurait régné autrement le désordre et le mépris absolu du droit de vie et de propriété, c'est un moindre mal qui a ses gros avantages[66].

C'est là une conviction qui sera exprimée plus d'une fois.

En 1933, le Reich et le Vatican concluent un concordat. Le régime nazi est alors au comble de sa popularité auprès des journalistes de *l'Action catholique*. Eugène L'Heureux, tout en insistant sur la nécessité de toujours distinguer l'essence du régime nazi de ses excès accidentels, insinue que des « esprits échappés à la propagande

---

[62] « Petites notes », 27 mars 1933.

[63] T. POULIN, « Roosevelt agit : de la lumière », éditorial, 31 mars 1933. Notez l'emploi ici, par *l'Action,* du mot « révolution ». Il s'agit, évidemment, d'une révolution *de droite* qui, d'après le point de vue du journal, est saine.

[64] « Grandes déclarations : il faut agir », éditorial, 18 mai 1933; aussi T. POULIN, « L'exemple allemand », éditorial, 3 mai 1933.

[65] « Autour de Hitler et de ce qui se passe sous nos yeux », éditorial, 20 mai 1933. Dans tous les éditoriaux de *l'Action catholique* sur Hitler, ce « mais » devient vraiment un mot clé.

[66] *Ibid.*

judéo-capitaliste voient dans la politique hitlérienne [...] un moyen de régénérer ce pays et de l'arracher aux communistes, contre qui les méthodes hitlériennes valent mille fois mieux que celles de nos trusts hypocrites et provocateurs ». Dans ce même éditorial L'Heureux se demande « si le nouveau chancelier allemand n'est pas plus riche que ses détracteurs en cette vertu devenue si rare chez les parlementaires et pourtant toujours nécessaire : la sincérité[67] ».

À cette époque, l'extrême-droite européenne tend à voir en Hitler le rempart le plus solide contre l'assaut rouge. L'Action ne néglige pas cette importante considération, quoiqu'elle refuse d'en faire le critère primordial des jugements qu'elle porte sur le régime nazi. Dorion ne peut s'empêcher d'imaginer la catastrophe que serait la chute de l'Allemagne, en plein centre de l'Europe, devant le rouleau russe[68]; le journal accorde donc beaucoup d'attention à la rhétorique anticommuniste de Hitler. Le 27 novembre 1935, une manchette, précédant le compte rendu d'une entrevue entre un journaliste de la United Press et le chancelier allemand, proclame : « L'Allemagne, rempart de l'Ouest contre le bolchevisme ». Deux ans plus tard, après la formation de l'axe Rome-Berlin, Jules Dorion écrit : « Tous deux [Hitler et Mussolini] ont mâté chez eux le bolchevisme; rien de plus naturel à ce qu'ils établissent une digue pour prévenir un retour offensif de sa part, et s'appliquent à en boucher soigneusement les moindres fissures pour empêcher ses infiltrations possibles. » Le directeur de l'Action profite de l'occasion pour signaler, encore une fois, que la « méthode forte » se justifie dans la lutte contre le communisme parce que celui-ci constitue un adversaire qui « n'y va pas en douceur[69] ».

On reconnaît cependant qu'il y a une part d'opportunisme dans les violentes tirades anticommunistes de Hitler. S'inspirant des articles du comte Wladimir d'Ormesson dans le Figaro, Louis-Philippe Roy va jusqu'à dire que dans l'attitude du Führer à l'égard du communisme, il y a cinquante pour cent de calcul et cinquante pour cent de sincérité[70] : si Hitler n'oublie pas les ambitions territoriales allemandes quand il parle d'une croisade anticommuniste à l'Est, il croit en même temps que le communisme est le cancer de l'Europe.

---

[67] « Le concordat entre le Saint-Siège et le Reich allemand », éditorial, 8 août 1933.
[68] « La Russie à Genève », éditorial, 20 septembre 1934.
[69] « Ce mur italo-allemand », éditorial, 14 juillet 1936.
[70] « L'Allemagne d'Hitler craint-elle plus le communisme qu'elle ne veut la guerre ? » article, 1er octobre 1936.

Nous avons déjà comparé le point de vue de *l'Action catholique* quand il s'agissait des politiques étrangères de la Russie et de l'Allemagne. Si toute manœuvre soviétique constitue un pas de plus vers la conquête du monde par le communisme, les Allemands, eux, peuvent agir avec sincérité et ont parfois des doléances bien légitimes. Jamais on ne pourra négocier avec les Russes, mais avec les Allemands il est toujours temps de parler d'ententes. Durant l'entre-deux-guerres *l'Action* a donc un double système de valeurs selon qu'il s'agit de la menace fasciste ou de la menace communiste.

Il n'en reste pas moins que *l'Action* ressent des inquiétudes face à la politique hitlérienne sur le plan international. Dès mai 1933, quelques semaines seulement après la prise du pouvoir par le Führer, Eugène L'Heureux fait part de ses craintes quant au mouvement nazi : « Il procède, c'est de plus en plus évident depuis ses origines, d'une idée de revanche[71]. » Des articles font état, également, du réarmement de l'Allemagne et de la fabrication de nouvelles armes dans ce pays.

Malgré cela, *l'Action catholique* repousse, avant 1939, toute idée de guerre avec l'Allemagne. Quand Hitler occupe la Rhénanie en 1936, Louis-Philippe Roy l'accuse d'avoir placé l'Europe sur un volcan, tout en ajoutant : « Le cratère ne fume pas encore cependant. Aussi ne faut-il pas perdre la tête et croire que seule la guerre peut dénouer cette crise[72]. » De plus, Roy donne raison à Hitler lorsque ce dernier se plaint de ce que le pacte Paris-Moscou (conclu en 1935) expose l'Allemagne et d'autres pays à une guerre révolutionnaire avec l'Union soviétique.

L'année suivante, le chef nazi réclame des colonies. Roy le félicite de s'être contenté de les réclamer sans les prendre par la force, et se dit assuré qu'il finira par en avoir, moyennant des négociations. Pour cette raison, le même rédacteur se croit en mesure d'affirmer : « Bien que les pays soient plus préparés, mieux armés que jamais, le danger de guerre du côté allemand est moins grand qu'il ne l'a jamais été depuis deux ans. Le danger persiste mais avec de la diplomatie on l'éloignera de plus en plus[73]. »

Le viol de l'Autriche en 1938 ne plaît pas à *l'Action,* d'autant plus qu'il s'agit d'un pays catholique et qu'une vague de persécutions religieuses y semble probable. Roy reproche à Hitler d'avoir pour-

---

[71]   « Petites notes », 18 mai 1933.
[72]   « Hitler place l'Europe sur un volcan et lui offre la paix », article, 10 mars 1936.
[73]   « Hitler a réclamé sans coup de poing », éditorial, 4 février 1937.

suivi son « rêve fou » de domination universelle et de déchristianisation, et l'accuse de vouloir déclencher une guerre mondiale « dont
on ne sait qui l'emportera, du nazisme, du communisme ou de la
démocratie[74] ». Il n'est cependant pas encore question de faire la
guerre pour l'arrêter.

Lors de la crise tchécoslovaque, l'Action finit par crier à la victoire, déclarant que la France et l'Angleterre ont fait reculer Hitler[75].
Le règlement de Munich signifie la sauvegarde de la paix[76], et le rétablissement de la bonne volonté; par la suite, l'Action souhaite que
les « vieilles nations traditionnelles (France, Angleterre, Allemagne)
s'unissent demain, pour endiguer la marée montante du bolchevisme[77] ». Pendant la crise, l'Action exprime sa crainte que la guerre
n'éclate, tout en disant ne pas la vouloir[78]. Elle ajoute qu'il est absolument clair, cependant, que le Canada ne devra pas y participer.
À ce sujet, Eugène L'Heureux précise que « les Canadiens sont des
habitants de l'Amérique, et personne n'a encore démontré que répandre l'incendie en Amérique, ce serait servir la cause de la civilisation ». De plus, ajoute-t-il, « même s'il était démontré qu'en
raison de la nature, de l'enjeu et des proportions du conflit possible,
le Canada a le devoir d'y participer, il resterait à prouver que notre
pays peut mieux servir la cause de la civilisation canadienne par son
effort militaire que par le maintien des conditions de paix chez lui[79] ».

Au début de 1939, le docteur Roy s'en prend aux grandes puissances qui se réarment fiévreusement, « comme si on pouvait vaincre le nazisme avec des avions, des chars d'assaut, des gaz asphy-
xiants, des canons, des torpilles[80] ». Mieux vaudrait, selon la thèse de
Roy, lutter contre le contenu doctrinal de l'hitlérisme.

En mars, après la disparition des restes de la Tchécoslovaquie,
l'Action se demande à nouveau ce que veut Hitler, tout en laissant
entendre qu'il cherche à étendre sa domination sur le monde entier.

---

[74] « Matamore Hitler fait reculer l'Europe », éditorial, 14 mars 1938.
[75] L.-P. ROY, « Les raisons pour lesquelles l'Allemagne tient à tout prix à intervenir en Tchécoslovaquie », article, 24 juin 1938. L'Action félicite Hitler de
« son ultime et heureuse capitulation » (L.-P. ROY, « La paix triomphe », éditorial, 30 septembre 1938).
[76] ID., « Petites notes », 17 septembre 1938.
[77] ID., « La paix triomphe », éditorial, 30 septembre 1938.
[78] ID., « La Tchécoslovaquie immolée sur l'autel de la paix ? » article, 19 septembre
1938.
[79] « En marge de la crise tchécoslovaque », éditorial, 21 septembre 1938.
[80] « Hitler a l'appétit féroce et la digestion rapide », éditorial, 31 janvier 1939.

En juillet, *l'Action* hésite toujours : « Loin de moi, proteste Roy, de condamner Hitler quand il demande de quoi vivre pour son peuple et des territoires pour le loger; mais je n'admets pas que le recours à la guerre soit le moyen d'obtenir de la terre et du pain[81]. » Finalement, *l'Action* se résigne : il faut faire quelque chose pour empêcher que Hitler « ne fasse un pas de plus dans l'exécution du programme exposé dans « Mein Kampf », dans la réalisation de son rêve de domination universelle[82] ». Mais ce n'est qu'à contrecœur qu'elle se réveille devant la menace fasciste. Durant toute la décennie qui précède la déclaration de guerre, elle soutient que le communisme demeure l'ennemi numéro un et que le plus grand danger de guerre vient du côté de la Russie.

Il serait intéressant de spéculer sur l'attitude que *l'Action* aurait adoptée face à Hitler si ce dernier n'eût pas choisi de combattre l'Église catholique de façon si radicale. Une prise de position, de la part de Hitler, plus favorable à la religion catholique, n'aurait-elle pas suscité chez *l'Action* une préférence encore plus marquée pour le fascisme ? Connaissant le parti pris du journal, il est certainement loisible de le croire.

En 1933, pendant que d'autres journaux s'attaquent vertement au Führer à cause de ses excès, de son antisémitisme violent, de ses méthodes antidémocratiques et de ses revendications nationalistes, *l'Action* affirme qu'il y a « beaucoup de bon » dans le mouvement « que nous aimerions voir imiter dans les autres pays[83] », et que l'Allemagne, au moins, prend « les moyens de triompher de la crise et du communisme, alors que d'autres pays se laissent glisser vers les excès du capitalisme qui favorisent l'avènement de la Révolution et du communisme ». Quant à l'antisémitisme de Hitler, *l'Action* croit qu'il ne faut pas être trop crédule devant les dépêches lancées par « la Ploutocratie universelle[84] » et publiées par des journaux qui « se plaisent à danser dans la main de la puissante juiverie internationale »; après tout, dit-on, il faut comprendre que le communisme est « très souvent juif[85] ».

Mais à mesure que les choses se gâtent sur le plan religieux, *l'Action* se durcit et son enthousiasme premier s'affaiblit sensiblement. On a très tôt souligné l'incompatibilité des doctrines nazie et

[81] « Hitler veut-il donc la guerre ? » éditorial, 4 juillet 1939.
[82] *Ibid.*
[83] E. L'HEUREUX, « Le concordat allemand », éditorial, 31 août 1933.
[84] ID., « Petites notes », 25 septembre 1933.
[85] *Ibid.,* 9 octobre 1933.

catholique : huit diocèses en Bavière avaient fait une mise en garde à ce sujet, interdisant strictement la participation du clergé aux organisations nazies de quelque façon que ce soit, des articles dans la revue *Études*, entre autres, avaient souligné le divorce qui existait entre les deux doctrines au niveau de la théorie[86]. Puis, en août 1933, on publie le texte du Concordat, un accord, comme L'Heureux n'hésite pas à le dire, « dont l'Église est fière[87] ». Hitler, comme Mussolini avant lui, avait reconnu la nécessité du concours catholique. *La Croix* manifeste un optimisme encore plus grand. Dans un article qui sera reproduit par *l'Action catholique,* elle prétend que ce concordat constitue « le plus grand événement religieux depuis la Réforme » parce que, « pour la première fois depuis la Réforme, l'Église entre en Allemagne par la grande porte[88] ».

À peine deux mois après sa ratification, les milieux catholiques commencent à éprouver des inquiétudes quant à la manière dont le concordat est appliqué en Allemagne. On déplore le paganisme nazi et on condamne l'endoctrinement de la jeunesse[89]. Le 25 mai 1934, une manchette annonce : « L'Église catholique est persécutée en Allemagne ». Thomas Poulin est d'avis que « les heures de Hitler sont apparemment comptées[90] » et, après la réplique acerbe du cardinal Faulhauber, archevêque de Munich, aux attaques des nazis contre l'Église, le chroniqueur syndicaliste note : « Si Hitler n'est pas emporté dans le prochain tourbillon, les révolutions ne se font plus de la même manière[91] . »

Mais *l'Action* surestime dangereusement l'influence de la hiérarchie allemande auprès de ses ouailles. Hitler poursuit sa campagne anticatholique : contre la presse catholique, contre les écoles confessionnelles, pour la stérilisation. Les fermetures d'églises, les arrestations de prêtres et les confiscations de propriétés ecclésiastiques commencent; le Führer indique, par la bouche de son ministre des Cultes, que la croisade contre la religion en Allemagne « n'est qu'un avant-goût de ce qui s'en vient[92] ».

---

[86] Joseph BÉGIN, « Petites notes », 8 août 1932. Par exemple, l'article de Robert D'HARCOURT, « L'hitlérisme et la jeunesse catholique allemande », *Études,* vol. CCXII, n° 5 (20 juillet 1932), pp. 144-162.

[87] « Le concordat entre le Saint-Siège et le Reich allemand », éditorial, 8 août 1933.

[88] « Concordat du Reich », article reproduit dans *l'Action catholique,* 31 août 1933.

[89] 15 février 1934. On déplore la substitution de « Heil, Hitler » au salut habituel des étudiants, « Jésus-Christ soit loué ! »

[90] « Petites notes », 18 juillet 1934.

[91] T. POULIN, « En Allemagne : question opportune », éditorial, 20 juillet 1934.

[92] 23 juillet 1935.

L'Action ne croit toujours pas que Hitler réussisse et elle prédit : « Si Hitler persiste dans son délire vertigineux, il se suicide politiquement d'ici douze mois[93].» Incrédule devant l'horreur du spectacle, Louis-Philippe Roy se demande si le pays du dictateur Hitler retourne à la barbarie[94]. L'Heureux, lui, ne perd pas espoir. À son avis, « si Dieu n'aveugle pas le dictateur allemand pour le perdre, Hitler comprendra bientôt la nécessité de rechristianiser le patriotisme dynamique qui est à la base de son mouvement naziste[95]».

Et Roy finit par donner un nouvel avertissement où il rappelle que le 33 pour cent de la population allemande qui est catholique constitue « un roc solide sur lequel le maître de l'Allemagne se brisera s'il persiste à vouloir l'effriter[96]». Le Pape lui-même entre dans la bataille, publiant en mars 1937 une lettre encyclique contre le nazisme allemand[97], encyclique que les journaux allemands refusent de publier. Les relations entre le régime nazi et l'Église s'enveniment davantage. Une manchette, le 29 avril 1937, proclame : « Mille prêtres allemands sont jetés en prison». Les persécutions reprennent de plus belle.

Mais on est déjà en pleine guerre d'Espagne et, aux yeux des rédacteurs de *l'Action catholique,* le péril communiste va poindre de nouveau à l'horizon. Malgré toutes leurs fautes, même dans le domaine religieux, il fallait reconnaître l'œuvre salvatrice de Hitler et de Mussolini en Espagne. D'après Louis-Philippe Roy, « si le dictateur naziste et le duce fasciste ont des fautes sur la conscience ce n'est certes point d'avoir réussi à faire échec aux ambitions communistes. Par une intervention que l'on peut discuter, ils ont pourtant sauvé l'Europe du péril bolcheviste[98].»

Pour *l'Action catholique,* le dilemme est des plus difficiles et le journal ne réussit pas à le trancher avant la guerre. D'un côté, Hitler persécute l'Église; de plus, la doctrine nazie cherche à s'imposer comme une nouvelle religion. Les condamnations de Pie XI indi-

---

93   L.-P. ROY, « Hitler se suicide », éditorial, 13 août 1935.
94   « La persécution religieuse en Allemagne », article, 11 novembre 1935.
95   « Nationalisme et religion », éditorial, 17 février 1936.
96   « Petites notes », 15 avril 1936.
97   Il s'agit de la lettre encyclique, *Mit brennender Sorge,* qui porte la date du 14 mars 1937. Une autre encyclique, *Divini redemptoris,* condamnant le communisme, porte la même date, mais en fait *Mit brennender Sorge* paraît cinq jours après *Divini redemptoris.* La presse allemande a donc eu le temps de se féliciter, car selon elle le Pape avait fini par comprendre la nécessité primordiale de la lutte contre le bolchevisme.
98   « Franco ou le Comité ? » éditorial, 27 juillet 1937.

quent, à qui veut ouvrir les yeux, que le nazisme et le bolchevisme se valent comme persécuteurs. Mais d'un autre côté, le phénix rouge surgit toujours, menaçant, malgré les défaites qu'on lui avait infligées, et l'Allemagne nazie semble le seul véritable rempart contre son expansion. Prisonnière de son idéologie catholique et anticommuniste, *l'Action* sera incapable de faire le choix qui s'impose dans les circonstances. Comme tant d'autres qui partageaient et propageaient ces mêmes opinions, *l'Action* espère trop d'une politique d'apaisement à l'égard des nazis. La conséquence la plus lourde de toute cette propagande a été le manque de préparation des Alliés face à l'agression de Hitler en 1939.

Acte III : La guerre civile d'Espagne

L'Action catholique interprète la guerre civile d'Espagne, qui met aux prises durant presque trois ans les nationalistes de Franco et les républicains, comme la plus importante manifestation de la lutte à mort entre la révolution et la contre-révolution dans l'Europe de l'entre-deux-guerres[99]. Elle appuie alors totalement la réaction franquiste. D'abord, les éditoriaux, surtout ceux de Louis-Philippe Roy, qui traite le plus fréquemment du sujet, insistent constamment sur la nécessité d'une victoire du général Franco pour sauver la civilisation chrétienne du péril communiste. Ensuite, les dépêches publiées dans le journal (provenant surtout de la United Press qui se montre ouvertement sympathique à la cause nationaliste) sont coiffées de titres, très souvent des manchettes, qui laissent entrevoir une victoire prochaine des forces franquistes[100]. Finalement, pendant la guerre, le journal lui-même sollicite une aide financière, au moyen de souscriptions, pour les prêtres exilés de l'Espagne républicaine. Comme croisade, la période 1917 à 1939 ne verra pas mieux.

En 1931, à la suite d'une victoire socialiste aux élections, le roi Alphonse XIII, grandement admiré de *l'Action catholique,* prend le chemin de l'exil. S'interrogeant sur les raisons susceptibles d'expliquer la chute de la monarchie, Dandurand croit bon de souligner l'influence des Loges maçonniques[101] et laisse entrevoir, au milieu

---

[99]   Voir Appendice, tableau V, p. 335, pour une indication de l'importance que *l'Action* accorde à cette guerre.

[100]   Voir Appendice, tableau IV, pp. 328-333.

[101]   Les principaux adversaires d'Alphonse XIII dans le cabinet républicain — Lerroux, Azana, Zamora, de los Rios, Barrios — étaient tous, selon Dandurand, des francs-maçons militants.

de tout ce chaos, une nouvelle menace. « Lénine a déjà couvé de son œil rouge ce pays comme une terre de prédilection pour le communisme », assure-t-il. « Plaise à Dieu que les partis extrêmes ne montent pas à la surface en cette période d'agitations[102] !» Le Glaneur précise davantage sa pensée et demande : « Les menées des communistes espagnols n'ont-elles pas été pour beaucoup dans le renversement du gouvernement monarchique ? Les agents de Moscou ne travaillent-ils pas depuis plusieurs années les populations ouvrières, afin de les entraîner à des provocations révolutionnaires[103] ?» Malgré les réponses affirmatives qui semblent nécessairement s'imposer, l'auteur admet que les républicains n'ont pas encore été débordés par les éléments rouges. En somme, même si la proclamation de la République ne signifie pas que les communistes sont à la veille de s'emparer du pouvoir, elle leur donne de nouvelles occasions, selon l'Action, de poursuivre leur œuvre néfaste en Espagne.

Sur le plan religieux, le nouveau régime prend certaines initiatives de nature à déplaire fortement aux éditorialistes de l'Action. Bien sûr, on s'attend à des mesures anticatholiques, les nouveaux gouvernants ayant « déjà donné à maintes reprises des preuves de leur sectarisme et de leurs idées maçonniques[104] ». Une mise en garde du cardinal Segura, archevêque de Tolède et primat d'Espagne, affirmant que l'heure est très grave pour l'Église espagnole, ne manque pas d'impressionner l'Action, qui la qualifie d' « opportune[105] ». En effet, en mai 1931, des émeutes antireligieuses éclatent et la violence se répand à tel point que l'Action publie en manchette : « Répétition en Espagne des journées de 1789[106] ». Le cardinal Segura lui-même est bientôt déporté. Effrayé, Le Glaneur décrit la situation : « Cette fois, l'anarchie envahit le pays. La lie de la populace s'est lancée dans les rues. C'est le désordre, l'incendie, l'assassinat, bref l'anarchie. Les pires atrocités, inspirées par une démence collective, rappellent les plus sombres jours révolutionnaires que puisse connaître un pays[107]. »

On accuse, amèrement, le gouvernement de sympathiser avec la canaille parce qu'il n'a pas essayé de mettre fin aux défoulements

---

[102]   « Le Roi s'en va... », éditorial, 16 avril 1931.
[103]   « Petites notes », 2 mai 1931.
[104]   *Ibid.*, 9 mai 1931.
[105]   *Ibid.*
[106]   12 mai 1931.
[107]   « Petites notes », 13 mai 1931.

anticatholiques. Le nouveau régime se compromet davantage quand l'Assemblée nationale, proclamant la séparation de l'Église et de l'État, rejette le catholicisme comme religion d'État, mesure qualifiée par Dorion d' « aveugle et sotte[108] ». Le Pape lui-même proteste énergiquement et demande des prières spéciales pour l'Espagne. D'autres mesures hostiles à l'Église, mises en application plus tard, visent les Jésuites, toutes les congrégations religieuses, les écoles confessionnelles et les biens ecclésiastiques. Le tout se termine par l'excommunication du gouvernement espagnol en juin 1933, événement annoncé en manchette par *l'Action catholique*.

La situation sociale s'envenime également. En 1934, le gouvernement Lerroux a fort à faire pour écraser une révolte socialiste généralisée. Deux ans plus tard, des élections portent au pouvoir un nouveau gouvernement de gauche, dirigé par Manuel Azana, et on signale, dans une dépêche de la United Press, que les « rouges » sont arrivés au pouvoir[109]. Le Front populaire agit en vue de supprimer tout enseignement confessionnel et ordonne la confiscation de toutes les propriétés ecclésiastiques servant à des fins d'éducation. En même temps, de nouvelles émeutes sanglantes aboutissent à la destruction de nombreux couvents et églises. Selon Jules Dorion, le bolchevisme fait déjà le siège de l'Espagne catholique[110]. Finalement, le 31 août 1936, une nouvelle en provenance de la U.P. parle des activités du « gouvernement communiste » d'Espagne.

Dans les derniers jours de juillet 1936, le général Francisco Franco, gouverneur des Îles Canaries et « un des plus grands chefs militaires de l'Espagne[111] », débarque, en compagnie de troupes marocaines, à Gibraltar. Peu après, Dorion explique ainsi les origines de la guerre civile qui vient d'éclater : « Une partie de la population espagnole refuse de se laisser brimer plus longtemps par les gouvernants que le bolchevisme a réussi à installer à Madrid. Il ne s'agit pas ici du rétablissement de la royauté, mais de l'affrontement de deux civilisations, dont l'une court sus à ceux qui possèdent, à ceux qui tendent à brider les appétits humains, et dont l'autre veut l'ordre dans la justice, même soutenue par la force[112]. » C'est le thème

[108] « La logique d'erreur en Espagne », éditorial, 14 octobre 1931.
[109] 21 février 1936; aussi E. L'HEUREUX, « L'échec des catholiques en Espagne », éditorial, 24 février 1936.
[110] « Ce qui se passe en Espagne », éditorial, 12 mars 1936.
[111] 23 juillet 1936.
[112] « Conflit de civilisations », éditorial, 1er août 1936.

que les rédacteurs de *l'Action* développeront et approfondiront au cours des trois années suivantes.

L'Action tient Moscou pour responsable de la guerre civile espagnole. C'est d'ailleurs une thèse qui lui est essentielle dans son effort pour légitimer la révolte franquiste. Louis-Philippe Roy prétend que Moscou, lors d'une séance spéciale du Komintern en février 1936, a élaboré un programme ne proposant rien de moins que la bolchevisation de l'Espagne au moyen de la confiscation des terres, la nationalisation des industries, la destruction des églises et l'application d'une terreur massive[113]. Franco serait intervenu afin d'empêcher la réalisation du plan.

Donnant d'autres précisions à l'appui de cette thèse, Roy essaie d'abord de démontrer que le Front populaire s'est, en fait, emparé du pouvoir de façon irrégulière et inconstitutionnelle et que, même avant que les Patriotes aient déclenché leur contre-attaque, la guerre avait été déclarée par le régime communiste contre la partie saine de la population. « Franco et les patriotes n'ont fait que défendre l'ordre et l'armée contre les envahisseurs et les révolutionnaires. » Et Roy de conclure : « Nous pouvons l'affirmer sans crainte : ils mentent effrontément ceux qui accusent Franco et les nationaux d'être des rebelles[114]. » Quelques mois plus tard, le docteur-journaliste explicite encore sa conviction que le grand responsable de la guerre civile espagnole est Moscou. « Le bolchevisme a préparé la guerre en rendant la situation intolérable aux Espagnols non communistes. Ceux-ci ne pouvaient guère réagir autrement que par les armes. Moscou escomptait d'ailleurs cette soi-disant révolution pour établir un gouvernement bolcheviste à Madrid[115]. » Le sens de toutes ces affirmations de Roy est clair : si Franco n'était pas intervenu, les rouges auraient déclenché la révolution et établi un régime soviétique en Espagne.

Le journal interprète le conflit espagnol comme une lutte entre deux forces diamétralement opposées et, à mesure que la guerre se prolonge, l'expression de cette tendance devient de plus en plus fréquente. Le vocabulaire utilisé pour distinguer, dans le conflit espagnol, les deux adversaires varie quelque peu : tantôt on parle d'une

---

[113] « Comment Moscou a provoqué la guerre civile en Espagne », article, 20 octobre 1936; aussi L.-P. ROY, « Le plan des Soviets pour paralyser les gouvernants espagnols », article, 21 octobre 1936.

[114] « Un argument irréfutable », article, 6 février 1937.

[115] « Tactique rouge sur le front espagnol », éditorial, 7 juillet 1937.

« lutte décisive entre le catholicisme et l'internationale paganisante[116] », tantôt d'un combat « entre les tenants de la civilisation et ceux de la barbarie, entre Moscou et *notre civilisation*[117] ». Parfois, aussi, c'est l'Église contre le communisme, ou l'Espagne saine contre la révolution communiste, ou l'Espagne nationale contre l'Espagne marxiste. C'est aussi un combat entre la religion catholique et l'infernal régime soviétique athée, entre la civilisation chrétienne et la sauvagerie marxiste[118]. Bref, on y voit une croisade pour le Bien contre le Mal, pour la Vérité contre l'Erreur.

Advenant une victoire républicaine, ou loyaliste[119], on redoute les pires catastrophes. En plus d'exterminer la religion, de bouleverser la société espagnole tout entière et de soumettre la population à une barbarie effroyable et à une anarchie épouvantable, elle donnerait à Staline un tremplin en Europe occidentale. Celui-ci serait alors en mesure de s'attaquer à la France et au Portugal, d'où le bolchevisme pourrait se répandre rapidement en Afrique, en Asie et en Amérique du Sud[120]. Même quand le gouvernement républicain ne semble plus avoir aucune chance de succès (toujours selon *l'Action*, bien entendu), il continue sa résistance, afin de ruiner l'Espagne et de nuire aux projets de reconstruction de Franco, pour entraîner ainsi toute l'Europe dans un conflit général d'où sortirait victorieuse la révolution bolcheviste[121].

Une victoire de Franco semble si bien représenter la volonté de la Providence que *l'Action* n'hésite pas à faire appel à Dieu pour assurer, et hâter, un succès final nationaliste. Il faut prier pour le salut du monde et de l'Espagne, rappelle Eugène L'Heureux[122], tandis que le docteur Roy implore : « Fasse le Ciel que la victoire de Franco soit complète afin d'assurer à la très grande majorité du peuple espagnol la délivrance qu'il souhaite depuis si longtemps et

---

116 E. L'HEUREUX, « Des prières pour l'Espagne et pour nous tous », éditorial, 14 septembre 1936.
117 L.-P. ROY, « Le plan des Soviets pour paralyser les gouvernants espagnols », article, 21 octobre 1936. Les mots en italique sont imprimés en caractères noirs dans le journal.
118 ID., « *L'Action catholique* et la guerre d'Espagne », éditorial, 11 juillet 1938.
119 Il est intéressant de noter l'évolution dans les termes utilisés pour désigner les deux côtés : les Républicains, ou Loyalistes, deviennent les Communistes, ou les Rouges; les rebelles deviennent les Patriotes ou les Nationalistes.
120 L.-P. ROY, « L'écroulement du bolchevisme en Espagne », article, 16 mars 1938; ID., « La fin de la domination rouge », éditorial, 17 janvier 1939.
121 « Tactique rouge sur le front espagnol », éditorial, 7 juillet 1937.
122 « Des prières pour l'Espagne », éditorial, 14 septembre 1936.

que par calcul international, Moscou a délibérément retardée[123].» Toutes ces invocations font écho à celles de l'épiscopat espagnol et de l'épiscopat canadien.

Les questions de médiation et d'intervention étrangère dans la guerre civile espagnole causent bien des difficultés aux rédacteurs de *l'Action*. D'une part, bien sûr, on désire une fin rapide de cette guerre si coûteuse en vies humaines et, par conséquent, il faut déplorer toute initiative, toute intervention qui tend à aggraver le conflit. Mais d'autre part, il ne fait aucun doute que seule une victoire totale des forces blanches satisferait *l'Action*[124]. Pour cette raison, le journal commente assez rarement les problèmes suscités par l'intervention et, quand il est obligé de prendre position, il dénonce l'hypocrisie des Russes qui pestent contre les Allemands et les Italiens[125]. Selon Roy, les Soviétiques aidaient le régime républicain bien avant le débarquement de Franco et doivent donc porter la responsabilité des interventions, d'où qu'elles viennent.

Sa préférence marquée pour Franco et la cause nationaliste pousse *l'Action catholique* à déformer la réalité. Il lui faut sans cesse montrer que les républicains sont beaucoup plus cruels et sauvages que les franquistes et que, Dieu et le peuple espagnol appuyant Franco, la victoire nationaliste est proche.

De nombreux articles rapportent les ravages des forces républicaines. Leurs actes de destruction et leurs tueries, aussi sauvages qu'insensées, ne se comptent même plus. Des milliers d'églises sont mises à sac et incendiées; des milliers de prêtres sont massacrés; les pires atrocités sont commises. Dans une ville, par exemple, des rebelles sont enfermés dans des églises auxquelles on met le feu; dans une autre, les communistes auraient coupé les oreilles à tous ceux dont la loyauté semblait douteuse. Une dépêche annonce que 170 fascistes ont été arrêtés à Malaga, puis conduits en haute mer à bord d'un bateau... qui est revenu vide. Dans la ville de Badajoz, avant l'occupation par les franquistes, des nationalistes auraient été crucifiés et brûlés vifs. À Barcelone, des prêtres et des ecclésiastiques ont été « égorgés avec des raffinements de cruauté dignes de barbares[126] ». À Teruel, annonce-t-on en grosse manchette, les

---

[123]   « L'écroulement du bolchevisme en Espagne », article, 16 mars 1938.

[124]   L.-P. Roy, « Les « rouges » rendent toute médiation impossible », article, 22 juin 1938.

[125]   Id., « Tactique rouge sur le front espagnol », éditorial, 7 juillet 1937.

[126]   14 septembre 1936.

communistes ont dynamité un quartier où logeaient mille orphelins. On admet que les franquistes sont eux aussi responsables de quelques dévastations, mais on explique qu'ils cherchent sincèrement à éviter de trop grandes effusions de sang. En tant qu'hommes d'ordre, soutient L'Heureux, il est normal qu'ils essaient de « réduire les massacres au strict minimum[127] ». Si leur avance vers Madrid se fait à pas de tortue, ce n'est pas qu'ils rencontrent une résistance énergique des républicains; c'est plutôt qu'ils veulent éviter la destruction totale des villes. Trois journalistes de la United Press ont l'occasion de vivre la vie de prisonnier des nationalistes : arrêtés, ils sont traités avec la plus grande courtoisie, puis relâchés. Quel contraste avec les méthodes rouges !

Quant à Guernica, ville presque totalement détruite par les bombardements des Allemands et des franquistes, et que rappellera le tableau de Picasso, Roy déclare avoir la preuve que le gouvernement républicain lui-même a déclenché le bombardement pour impressionner l'Angleterre et discréditer Franco[128].

En 1938, les journaux accusent de plus en plus souvent Franco de brutalité et *l'Action* se sent obligée de se porter à sa défense. Roy dit regretter profondément les bombardements et prétend que, si Franco les autorise, il a certainement tort. S'acquittant ainsi de son « devoir de justice et d'impartialité », il soutient que le généralissime peut « tout de même invoquer les circonstances atténuantes ». Les populations de Barcelone, de Madrid et d'autres villes d'Espagne rouge supportent toujours le joug communiste, « en dépit de leur brûlant désir de passer sous la domination franquiste »; les communistes, en continuant leur résistance têtue malgré leur échec certain, provoquent Franco qui, c'est humain, perd patience. De toute façon, conclut Roy, « quand on place dans une balance les fautes dont Franco a pu se rendre accidentellement coupable et les crimes que les « rouges » accumulent depuis trois ans, en Espagne, nos sympathies restent encore à ce valeureux chef qui donnera bientôt à toute l'Espagne, la victoire que les citoyens de l'Espagne « rouge » désirent encore plus que d'autres[129] ».

Plus tard, le même rédacteur précise sa pensée, affirmant toujours qu'à côté des « crimes prémédités » des communistes, « les

---

[127]   « Petites notes », 15 août 1936.
[128]   *Ibid.*, 17 septembre 1937.
[129]   « Les fautes accidentelles de Franco et les crimes accumulés des « rouges » »,
        article, 24 mars 1938.

excès des franquistes sont fautes légères[130] ». Selon lui, les journaux canadiens, antifascistes, ont nettement tendance à exagérer les méfaits de Franco. Et même s'ils n'exagèrent pas, même si les crimes des Patriotes sont réels, il faut quand même se rappeler que Moscou, en refusant de concéder la partie, les provoque. N'est-il donc pas clair, à partir de cette analyse, que les franquistes ont les mains beaucoup plus propres que les républicains ?

Nous avons laissé entendre aussi que les articles touchant le déroulement de la guerre, favorisent généralement les nationalistes en ce sens qu'ils laissent constamment entrevoir des victoires prochaines pour eux. La marche des nationalistes sur la capitale, Madrid, est un cas assez typique des reportages qui paraissent dans l'Action. Il faudrait rappeler encore une fois que, bien que les dépêches soient de la United Press, c'est le journal lui-même qui fait les titres des articles et décide de l'importance à leur accorder.

Le 21 juillet 1936, au tout début de la guerre civile, une manchette annonce : « 2 armées rebelles en marche sur Madrid » et, deux jours plus tard, un article explique que la bataille décisive pour Madrid aura lieu sous peu. Le 24, avec la manchette proclamant que « La bataille serait générale au nord de Madrid », on fait part de l'annonce des rebelles : la chute de Madrid serait imminente. Le 25, une autre manchette affirme que « Les rebelles sont aux portes de Madrid », pourtant, quelques jours après, on indique que les rebelles seraient en difficulté. Ces « mauvaises » nouvelles n'ont cependant pas la faveur d'une manchette.

Le 8 août, l'optimisme revient : l'arrivée de Franco à Séville fait espérer la prise prochaine de la capitale. Le 17, une manchette affirme : « Les insurgés sont sûrs de la victoire », et le général Mola affirme que c'est un « crime insensé » pour Madrid de prolonger sa résistance. Le 25 août, l'Action titre : « L'assaut de Madrid imminent » et l'article explique qu'une grande offensive nationaliste contre Madrid aura lieu dans quelques jours. Le lendemain, une dépêche annonce qu'il « semble que la dernière phase de la guerre civile espagnole commence aujourd'hui. Il apparaît clairement que le gouvernement tente actuellement un effort désespéré pour empêcher sa chute. »

Le 27, on dit que l'entrée à Madrid se fera au milieu de la semaine suivante mais, le 19 septembre, on affirme, encore en manchette, que les patriotes sont toujours à 42 milles de Madrid. Le 23 sep-

---

[130]   « L'Action catholique et la guerre d'Espagne », éditorial, 11 juillet 1938.

tembre, une autre bonne nouvelle se voit accorder la place de choix dans le journal : « Fin de la guerre civile vers le 15 octobre », les patriotes étant convaincus de pouvoir entrer dans la capitale vers cette date-là. Le 9 octobre, on déclare que « Le siège de Madrid est imminent » mais, le 16 du même mois, les troupes nationalistes sont toujours à 18 milles de Madrid. Le 20, elles sont (encore !) aux portes de Madrid et Louis-Philippe Roy risque la prédiction : la « guerre civile espagnole tire à sa fin ». Le 21, les patriotes s'avancent sur Madrid[131], le 22 ils sont à 45 minutes de la capitale, le 26 des chefs du Front populaire auraient décidé d'abandonner Madrid, le 28 les forces franquistes ne sont qu'à 13 milles, et le 31, le bombardement de la capitale commence. Le 3 novembre, on écrit en manchette : « Les Patriotes se préparent à entrer demain dans la capitale d'Espagne », et « demain », justement, « Les Patriotes attendent l'ordre de se lancer à l'assaut de Madrid ». Mais le lendemain, l'entrée n'a pas encore eu lieu ! Durant le reste de l'année, on prépare l'offensive finale (13 novembre), on attaque de nouveau (26 novembre 1936), on masse les troupes pour l'assaut final (9 décembre), et on commence « un formidable bombardement » (17 décembre).

Dans le premier commentaire paru en 1937 sur la guerre, Roy affirme que la victoire « décisive et finale [...] ne saurait maintenant tarder[132] ». Justement, on annonce le 18 janvier que « la bataille décisive tant attendue est maintenant commencée ». Au début de février, on prévoit la chute de la capitale avant Pâques[133] (en manchette, bien sûr); et le 8 mars, on dit que la garnison de Madrid ne peut plus tenir. Roy déclare dans ses « Petites notes », le 20 mars, que l'occupation de Madrid par Franco est imminente, que ce n'est plus qu'une question de jours, de semaines au plus. En mai, on apprend que les patriotes sont prêts à reprendre leur offensive contre Madrid sans tarder et, en juillet, qu'une lutte à mort fait rage aux alentours de la capitale. En octobre 1937, les patriotes sont une fois de plus (!) prêts à déclencher le « dernier assaut » contre Madrid et, le 21 du même mois, on affirme que des milliers de patriotes

---

[131] Cette date, ainsi que les suivantes, indique, en fait, le numéro du journal plutôt que la véritable date de l'événement lui-même. Habituellement, il y a un décalage d'un jour.

[132] « Franco, la Franc-Maçonnerie, la délivrance de l'Église et le salut de l'Espagne », article, 13 janvier 1937.

[133] « Offensive contre Valence d'ici à une semaine; la chute de Madrid est prédite pour Pâques », 11 février 1937.

se lanceront bientôt contre la ville. À la fin de novembre, Roy croit que « la victoire des blancs est maintenant certaine[134] » et, en décembre, il se dit d'avis que « la victoire définitive de Franco ne saurait maintenant tarder[135] ».

À la fin de février 1938, les blancs se tournent de nouveau vers Madrid et le docteur Roy déclare que « la guerre espagnole prendra bientôt fin[136] ». À la fin d'avril, les troupes rouges seraient sur le point d'évacuer Madrid et, fin mai, on annonce que « Madrid [...] devra capituler[137] ». À la fin d'août, Franco marche sur Madrid et, deux mois plus tard, il prépare une « offensive formidable » contre la capitale[138]. Il faut attendre encore quelques mois, cependant, avant que Franco n'entre à Madrid. Le 28 mars 1939, une manchette annonce, sur huit colonnes, la « Fin de la guerre d'Espagne ». Madrid capitule. Le suspense avait duré trente mois. Franco gouverne maintenant toute l'Espagne et la contre-révolution blanche l'emporte sur la révolution rouge.

L'Action catholique déborde d'espoirs pour le nouvel État franquiste. Franco n'avait-il pas promis d'instaurer le corporatisme en Espagne et de respecter la religion catholique ? À la nouvelle de sa « nomination », en février 1938, comme dictateur de l'Espagne nationale, Roy se réjouit : « Franco entend gouverner en dictateur soucieux de protéger le catholicisme et constituer un ordre social basé sur la doctrine sociale de l'Église. Ses actes passés, ses déclarations récentes et son attitude présente permettent d'espérer que Franco sera à la hauteur du rôle qu'il s'est assigné[139]. »

---

[134]   « Quatre-vingt-quinze pour cent des Espagnols désirent la victoire de Franco », article, 20 novembre 1937.

[135]   L.-P. ROY, « En Espagne nationale », article, 24 décembre 1937.

[136]   « L'écroulement du bolchevisme en Espagne », article, 16 mars 1938.

[137]   30 mai 1938.

[138]   25 octobre 1938.

[139]   « Petites notes », 2 février 1938.

CHAPITRE VII

DÉMOCRATIE : FILLE DE LA RÉVOLUTION

L'Action catholique, comme nous l'avons déjà dit, se fait le porte-parole de la contre-révolution. La Providence d'un côté, Satan avec la franc-maçonnerie, la juiverie internationale et le bolchevisme de l'autre sont les diverses forces qui lui permettent d'expliquer le mouvement de l'histoire. Pour comprendre l'interprétation réactionnaire du journal, il faut voir quelle conception *l'Action* a de l'histoire. Selon elle, toute l'histoire s'est radicalement détraquée avec la Réforme protestante de Luther[1] et la Révolution française de 1789, ces deux événements étant, en effet, à l'origine de l'ébranlement de toutes les autorités, temporelles et spirituelles, du Trône et de l'Autel, qui caractérise si bien, et si tristement, l'époque moderne. Sans doute *l'Action* aurait-elle préféré une histoire beaucoup plus statique où l'ordre établi, sur les plans religieux et civil, n'aurait pas été remis en question, où le Pape et l'Église de Rome seraient toujours au centre de l'Univers, où les gouvernements civils continueraient de fonder leur autorité sur le principe de droit divin et de rendre hommage publiquement à la religion chrétienne.

Entre 1917 et 1939, l'autorité subit partout des coups très durs. L'influence temporelle de l'Église continue de s'affaiblir et les persécutions dirigées contre les catholiques se multiplient. La révolution fait de nouvelles conquêtes avant de buter, dans bien des pays, sur le roc de la réaction. *L'Action,* bien entendu, déplore chaque nouvel assaut contre l'ordre. Chaque perte l'amène à s'accrocher encore plus obstinément aux bastions qui restent, et à souhaiter pieusement, mais sans beaucoup d'optimisme, un retour à Dieu, un raffermissement de l'autorité, voire un renversement profond de tout le processus historique. Comme tout organisme en désaccord fon-

---

[1] *L'Action* parlera de l'acte « affreux et désastreux » de Luther et des autres « meurtriers de l'esprit » (« Le bolchevisme », éditorial, 2 décembre 1918).

damental avec l'évolution historique des temps modernes, elle est souvent amère, pessimiste, vindicative. Pour *l'Action,* la révolution est la mère de toutes les idées erronées qui courent le monde à l'époque. Démocratie, anarchie, libéralisme politique et religieux, socialisme, communisme, etc., prennent place dans une progression logique allant de la démocratie la plus mitigée jusqu'au bolchevisme même. La différence entre l'une et l'autre des doctrines n'est donc qu'une question de degré, et une fois la révolte faite et le glissement en cours, tout le processus semble se dérouler avec une fatalité quasi inéluctable.

Qui fait les révolutions et dans quel but les fait-on ? Qui sont les soi-disant « révolutionnaires » ? La plupart du temps, on attribue les révolutions à une petite minorité de gens qui cherchent à propager leurs idées fausses (comme les philosophes du dix-huitième siècle), qui entendent soumettre les masses à leur joug, ou qui voudraient tout simplement assouvir leurs bas appétits. Les meneurs révolutionnaires sont des tribuns, habituellement bien assis, qui exploitent la multitude à leur profit, affirme un des rédacteurs[2]. Ce sont, dit l'abbé Nadeau, « les pires canailles et les plus malhonnêtes gens d'un pays » et « leur passage au pouvoir ne leur est qu'une occasion longtemps guettée de bourrer leurs poches en volant le peuple qu'ils ont flatté ». À ses yeux, les révolutionnaires, « généralement dénués de tout scrupule et de tout sens moral », ne cherchent qu'à appliquer le fameux principe : « Ote-toi de là que je m'y mette[3]. »

Même si les révolutions semblent revêtir le caractère d'un mouvement de masse, les rédacteurs s'en prennent plutôt à un petit groupe de « gens en place » qui « n'ont peut-être pas assez sérieusement songé que la pauvreté et la faiblesse n'empêchent ni de voir ni de comprendre, et que le mauvais exemple donné en haut n'est pas de nature à favoriser en bas l'éclosion ou la persistance de la vertu[4] ». En résumé, si habituellement une petite minorité provenant des couches inférieures de la société — la « tourbe » — allume la poudre, un petit groupe d'en haut — l'élite — crée souvent les conditions qui rendent possibles les révolutions. Les masses ne sont que les victimes de celles-ci et les instruments de celle-là.

---

[2] « En passant », 9 mars 1920.
[3] « Chronique de la guerre », 17 mars 1917.
[4] J. Dorion, « Coup d'œil circulaire, ici et ailleurs », éditorial, 6 juin 1936.

Nous verrons que l'esprit antidémocratique de *l'Action* tient largement à un certain mépris, une certaine méfiance envers la foule. Incapable de réfléchir froidement, d'agir indépendamment, celle-ci a besoin d'un guide qui lui montrera le chemin. C'est le rôle de l'élite de la société dont font partie, bien sûr, les hommes d'Église. Quand cette élite faillit à sa tâche, les masses, alors désorientées, sans chef, agissent aveuglément, se laissant emporter par leurs émotions. Elles deviennent alors le jouet des meneurs, leurs passions destructrices se déchaînent et elles « se rue[nt] avec fureur non seulement sur les hommes et les partis qu'[elles] jugent coupables, mais même sur les institutions les plus anciennes et les plus nécessaires[5] ». Au mieux, les rédacteurs acceptent de sympathiser parfois avec le peuple, qui subit un sort si désagréable, et ils admettent que « l'animal le plus doux finit par se cabrer et se lancer même sur son maître, s'il est cerné et trop brutalement traité[6] ».

Évaluant l'œuvre des révolutions, *l'Action* ne pèche évidemment pas par excès d'indulgence : le bilan en est toujours négatif. D'abord, les révolutions ébranlent l'autorité légitimement constituée, jetant les pays dans l'anarchie. L'Église, principal garant de l'ordre, est toujours la première victime de cette attaque, Dieu même est détrôné, et la morale chrétienne, bouleversée. On cherche à « fonder la société sur la volonté de l'homme au lieu de la fonder sur la volonté de Dieu, et [à mettre] la souveraineté de la raison humaine à la place de la loi divine[7] ». C'est une erreur fatale pour ceux qui la commettent.

Dieu déposé et l'autorité démolie, la révolution continue à semer un peu partout la destruction. On pourrait bien souhaiter qu'elle apporte, au milieu du carnage et de la désorganisation économique et sociale, quelques petites réformes; mais, comme Ferdinand Bélanger l'exprime avec un soupir de regret, « elles ne produisent jamais que des désordres[8] ». De plus, une fois la révolution terminée, il faut tout reconstruire à neuf, replacer l'autorité sur le piédestal qui lui revient de droit. Chaque révolution, alors, suscite nécessairement sa propre contre-révolution. Il faut, de nouveau, que la licence cède la place à l'obéissance, et que l'anarchie s'estompe devant l'ordre.

---

[5] Mgr L.-A. PÂQUET, « L'impérialisme et la question sociale : III – La révolution », éditorial, 13 avril 1921.

[6] T. POULIN, « Une leçon bien éloquente », éditorial, 25 septembre 1933.

[7] « L'esprit de vie », éditorial, 25 janvier 1918.

[8] « En passant », 25 avril 1923.

Le caractère incontrôlable des révolutions les rend encore plus dangereuses. Une fois déclenchées, il ne peut être question de les arrêter avant que les extrémistes ne prennent la place des modérés. Le déroulement des révolutions française et russe, comme la brillante analyse de Crane Brinton le démontre[9], semble accréditer la thèse de *l'Action*.

Non seulement les révolutions tendent-elles à se radicaliser dans les pays où elles exercent leurs ravages, mais encore la gangrène révolutionnaire risque fort de se répandre ailleurs. Par conséquent, personne ne peut se sentir en sécurité, malgré les apparences de stabilité, tant que demeureront des foyers de révolution quelque part dans le monde.

Au lieu de faire la révolution, assure *l'Action,* on serait mieux avisé de promouvoir une « Contre-Révolution », une « doctrine qui fait reposer la société sur la loi chrétienne[10] ». À ce sujet, un des rédacteurs affirme avec conviction : « Il est certain qu'en général un changement politique donnant plus de cohérence et de pouvoir à l'autorité est de nature à sauver la société de bien des dangers. Il est certain que la tyrannie d'une multitude, irresponsable de sa nature, est à la fois plus aveugle et plus redoutable que celle d'un despote[11]. »

Dès lors nous comprenons sans difficulté les nombreux appels en faveur d'un raffermissement de l'autorité lancés par *l'Action catholique,* surtout durant la guerre. Journal patriotique et nationaliste, elle constate que le socialisme affaiblit la volonté de combattre et que l'anarchie conduit à l'impuissance devant l'ennemi, comme en témoigne l'exemple russe.

Nous avons déjà montré qu'aux yeux des journalistes de *l'Action catholique,* l'un des mauvais fruits de la révolution est la démocratisation des gouvernements, c'est-à-dire le transfert du siège de l'autorité hors des mains du pouvoir établi, héréditaire et non électif (ou, autrement dit, hors des mains de Dieu) vers le peuple, au moyen du parlementarisme, du suffrage universel, etc. C'est un déplacement auquel *l'Action* s'oppose fortement. Au début de la période que nous étudions, elle jette les bases théoriques de sa désapprobation et dénonce certaines mesures démocratisantes au Canada,

---

[9]   *The Anatomy of Revolution,* New York, Random House, 1965.

[10]   « L'esprit de vie », éditorial, 25 janvier 1918. Il faut souligner le fait que *l'Action* emploie le mot « contre-révolution » ici, en résumant la pensée du comte Albert de Mun.

[11]   « Moins de politique, plus de morale », éditorial, 12 octobre 1917.

comme le vote féminin. Mais durant les années 30, avec le déclin rapide de la démocratie en Europe et la montée des dictatures plus ou moins totalitaires, elle se verra contrainte de choisir, de préciser son option; les fondements théoriques d'autrefois, en plus de certaines considérations d'ordre pratique comme, par exemple, le besoin croissant d'agir rapidement et efficacement, la guideront dans ses décisions.

Les rédacteurs de *l'Action* s'inspirent beaucoup de la philosophie catholique et thomiste, telle qu'interprétée par Mgr Louis-Adolphe Pâquet, théologien de l'université Laval. De plus, certains journalistes et écrivains français de l'époque — François Veuillot, Paul Tailliez, Louis Bertrand, « Junius », Jean Guiraud, Léon Daudet et Charles Maurras — dont les articles paraissent souvent dans *l'Action,* exercent une influence indiscutable sur le journal québécois.

On peut résumer comme suit l'attitude de *l'Action :* si la démocratie n'est peut-être pas totalement mauvaise, dans la théorie comme dans la pratique, il faut néanmoins l'accueillir avec les plus grandes réserves. D'abord, ce régime, issu de la réforme luthérienne et de la Révolution française, a déjà bouleversé la façon traditionnelle de voir l'autorité comme le don exclusif de Dieu. Sans la boussole providentielle, la vérité et l'unité sont sacrifiées. Comment distinguer un gouvernement de droit divin de nos jours ? Le raisonnement que propose *l'Action* est plutôt inductif : le Portugal (avec Salazar), la Belgique (sous le roi Albert), l'Espagne (avant 1931 ou après l'avènement de Franco), l'Italie (avec Victor Emmanuel III et Mussolini) ont des régimes plus ou moins ouvertement catholiques qui offrent, habituellement, une protection spéciale à l'Église et qui imposent l'ordre dans le domaine social. Ces régimes doivent donc être d'inspiration providentielle. Les régimes persécuteurs, sortis des révolutions de gauche (en Russie, en France, au Mexique, en Espagne républicaine), ne le sont évidemment pas.

La principale composante de la « démocratie révolutionnaire » (ainsi qualifiée par *l'Action*) est la théorie de la souveraineté populaire. C'est une « théorie séduisante, populaire », admet l'un des rédacteurs, « qui flatte l'orgueil et la vanité du peuple, qui se croit souverain, maître de ses destinées, ne reconnaissant d'autres obligations, d'autre autorité que celles qu'il se donne à lui-même ». Mais, en même temps, poursuit ce rédacteur, c'est une notion extrêmement dangereuse, beaucoup plus, en fait, que le césarisme ou la monarchie absolue où le bon plaisir du roi est loi. « La force d'une majorité populaire est plus aveugle, plus intraitable que la force d'aucun monarque, parce que cette majorité est à la fois plus irritable et moins responsable[12]. »

Jean Guiraud, rédacteur à *la Croix* de Paris, affirme que la démocratie est utopique parce que « la masse n'a ni le temps ni les moyens, et encore moins l'habitude de penser par elle-même : il faut à son esprit une excitation, des suggestions et des aliments venus des milieux intellectuels ». Le danger est qu'elle se laisse inspirer par l'Erreur plutôt que par la Vérité. « L'idée elle-même, explique Guiraud, qu'elle s'appelle démocratie ou science, qu'elle soit patriotique, sociale ou internationale, est une force nocive si elle est fausse, bonne et généreuse si elle est illuminée par la vérité morale[13]. » Alors, on ne peut faire confiance à la masse pour distinguer la vérité de l'erreur, la moralité chrétienne des notions païennes, le bon sens de la sottise. Seule l'élite de la société sera donc capable de faire les distinctions nécessaires.

La masse ne peut gouverner, en outre, à cause de son manque d'intelligence. « Junius », écrivant dans *l'Écho de Paris,* demande, à ce sujet : « Est-il besoin de vérifier par l'histoire cette évidence que la volonté du plus grand nombre ne se conforme que rarement aux directions de plus intelligents[14] ? » La foule, alors, ne constitue qu'une « formidable collectivité d'incompétences ». Incompétente elle-même, elle est toujours susceptible de choisir, pour la représenter au Parlement, les hommes les moins compétents, les moins méritants. Rappelons-nous Barabbas, dit Foisy. Ce « choix horrible » fut « le premier verdict du peuple [...], le premier acte du suffrage universel, la première manifestation de l'infaillibilité démocratique[15]. » Il poursuit : « Les hommes les plus éminents par les qualités de l'esprit et du cœur, n'ont presque jamais été des élus du peuple[16] », et il compare le très catholique maréchal Foch aux Viviani, aux Briand, et aux Caillaux qui, selon lui, ont failli vendre la France à l'ennemi durant la guerre.

La théorie de la souveraineté populaire est non seulement absurde, d'après Mgr Pâquet, mais aussi extrêmement dangereuse en ce sens qu'elle semble offrir une justification aux révolutions popu-

---

[12]   « Nécessité du droit », éditorial, 1er juin 1917.
[13]   « La hiérarchie des idées », article publié dans *la Croix* et reproduit dans *l'Action catholique*, 9 juillet 1917.
[14]   « La démocratie », article publié dans *l'Écho de Paris* et reproduit dans *l'Action catholique,* 27 juillet 1917.
[15]   « Nous voulons Barabbas ! » éditorial, 23 mars 1921.
[16]   « Et les masses gouvernent », éditorial, 23 novembre 1921.

laires. Pour ce théologien, l'insurrection n'est jamais permise, même quand une autorité légitime est devenue oppressive. On pourrait, mais très rarement, et avec beaucoup de prudence, justifier une sorte de résistance passive à la tyrannie. Cependant « elle n'implique pas, et ceci est très important, une souveraineté inhérente au peuple, mais simplement le droit qu'a le peuple de se défendre, dans la seule mesure où il est attaqué, et par des chefs que désigne la nature et qui disciplinent son action, contre le despotisme gouvernemental[17] ».

L'abbé Édouard-Valmore Lavergne précise avec éloquence les conséquences néfastes de la doctrine du peuple souverain en brossant le tableau suivant : « Chaque année, le 1er mai, sous les fenêtres des puissants, devant les parlements où siègent les élus de ce peuple-dieu, défilent en rangs serrés et toujours plus profonds, les hordes rouges du socialisme. Hideux mélange d'hommes, de femmes et d'enfants, elles vont, front haut, l'œil haineux, la bouche vociférant des menaces, les bras brandissant des armes ou des bannières de révolte, criant sans relâche, sur tous les tons : « Allons, déménagez ! nous voici, nous la démocratie bolcheviste, c'est notre tour[18]. »

En somme, la démocratie révolutionnaire demeure, comme la qualifie un des journalistes, « la grande erreur contemporaine ». Et la théorie de la souveraineté populaire, selon laquelle le peuple a été sacré roi, est « un dogme absurde autant que mensonger[19] », un véritable « principe incendiaire[20] ».

En pratique, aussi, la démocratie laisse beaucoup à désirer. Elle sème la division, elle est corrompue et corruptrice, et les soi-disant « démocrates » s'avèrent beaucoup plus souvent de mesquins politiciens que de véritables hommes politiques.

Le régime démocratique met le bien et le mal sur un pied d'égalité, les dotant « des mêmes facultés d'expression publique et de propagande[21] ». C'est grâce à cette volonté d'accorder des droits égaux à la vérité et au mensonge que l'erreur du libéralisme, cette

---

[17] « L'écueil démocratique : III – Le droit des peuples », éditorial, 7 décembre 1918. Une brochure, intitulée *l'Écueil démocratique,* groupant tous les textes de Mgr PÂQUET sur le sujet, a été publiée plus tard (Québec, Éditions de l'Action Sociale Catholique, 1919).
[18] « « Allons, déménagez ! » » éditorial, 12 avril 1921.
[19] « Qu'on chasse ces nuées ! » éditorial, 2 août 1918.
[20] Mgr L.-A. PÂQUET, « L'écueil démocratique : II – Dangers révolutionnaires », éditorial, 4 décembre 1918.
[21] « À propos de Ferrer », éditorial, 22 avril 1918.

« peste très pernicieuse » dénoncée si souvent par les papes au dix-neuvième siècle, a pu se répandre si rapidement. En permettant la discussion et la dispute sur tous les sujets, la démocratie fait aussi œuvre de désagrégation nationale, provoquant des déchirements susceptibles d'allumer des guerres civiles. De là aux guerres internationales, il n'y a qu'un pas.

Quant aux politiciens, *l'Action* éprouve bien du mal à discerner leurs qualités. Selon Mgr Pâquet, ce sont eux, et non pas le peuple, qui ont préconisé si ardemment le principe de la souveraineté populaire, en vue, évidemment, de s'attirer la faveur de la foule. L'abbé Nadeau affirme que leur idéal est « le « Make Money » américain »; et il ajoute qu' « il y a beaucoup de politiciens mais peu d'hommes de valeur dans nos parlements[22] ». Leurs méthodes sont tout à fait méprisables; ainsi *l'Action* ne se lasse-t-elle pas de les dénoncer pour avoir flatté les passions et soulevé les aspirations matérielles des masses[23]. Pour se faire élire, il n'est pas nécessaire d'être compétent, honnête et sincère; au contraire, il ne faut que des poignées de main, des coups de chapeau « et d'autres échanges plus ou moins inavouables ». On élit alors, au moyen du suffrage universel dont la grande vertu est vantée partout, une poignée de « têtes vides, hommes de rien, [qui] rêvent de richesses, de grandeurs et de joyeuses ripailles[24] ».

L'Action ne manque pas de faire remarquer, à chaque occasion, les faiblesses, les échecs, et les dangers de la démocratie. Au cours de la première grande guerre, on attire l'attention du lecteur sur le fait que le fameux système parlementaire, qui a ébloui tout le monde, voit maintenant, à mesure que la guerre se prolonge, « pâlir son auréole ». Elle voit dans les institutions parlementaires « de véritables obstacles à l'action énergique, rapide et suivie qu'il aurait fallu[25] » pour gagner la guerre plus rapidement. Un des journalistes va jusqu'à affirmer que la démocratie a été une cause de la guerre, et que la « guerre affreuse eût été écartée, [et] l'agresseur allemand fût probablement resté sous sa tente, s'il n'avait rencontré dans la démocratie désorganisatrice et révolutionnaire un complice naturel de sa double préparation par l'espionnage et la lutte économique[26] ».

---

[22]   « En passant », 10 mars 1920.
[23]   « Le premier mai », éditorial, 4 mai 1920.
[24]   É.-V. LAVERGNE, « Les prochaines élections », éditorial, 20 mai 1922.
[25]   « Un problème à résoudre », 13 janvier 1917.
[26]   « Qu'on chasse ces nuées ! » éditorial, 2 août 1918.

L'Action a également exploité d'autres exemples pour discréditer la démocratie. Pour elle, les événements de 1917 en Russie constituent « le triomphe absolu de la démocratie poussée jusqu'à ses dernières conclusions logiques[27] ». La crise économique de 1929 à 1933 met en évidence des lacunes sérieuses dans le régime démocratique : on fait la guerre aux trusts et aux monopoles tout en démontrant que la démocratie n'est que « le jouet des hommes d'argent ». C'est, plus précisément, au moyen de la caisse électorale que les financiers dominent la politique. « C'est la caisse électorale qui assigne un rôle de dupes aux électeurs certains de dicter une conduite à leurs mandataires, mais, en réalité, ne faisant que choisir les politiciens à qui les bailleurs de fonds électoraux imposeront durant trois, quatre ou cinq années, les grandes lignes d'une politique économique aussi peu sociale que possible[28]. »

Si, dans ses analyses théoriques, *l'Action* fait de si grandes réserves quant à la démocratie, en pratique, quels choix fait-elle ? Disons, en premier lieu, que deux dilemmes, international et national, se posent aux rédacteurs. D'abord, dans les pays européens, si la démocratie en général se montre moins efficace, elle est en même temps — et ceci les journalistes l'admettent — plus humanitaire dans ses méthodes et plus respectueuse de la personne humaine dans ses buts. Par contre, bien des dictateurs, tout en rétablissant l'ordre chez eux, ont recours si librement à la violence et appliquent des contrôles tellement rigoureux dans tous les domaines, que de sérieuses objections morales s'imposent à leur endroit. Peut-on se compromettre en optant carrément pour l'un ou l'autre ?

En ce qui concerne le Canada, le dilemme est d'un autre genre. Le régime démocratique canadien suscite beaucoup de critiques, mais en même temps c'est un régime légitimement constitué. Dans le but d'appuyer l'ordre établi, *l'Action* devra-t-elle se démocratiser ou, par fidélité à l'enseignement catholique traditionnel sur la démocratie, ira-t-elle jusqu'à préconiser un changement de régime ?

Mgr Pâquet tente d'harmoniser théorie et pratique en soutenant que la démocratie « ne répugne en soi, aucunement, à la doctrine de l'Église ». Il y a, certainement, une très vive hésitation à l'accueillir, surtout lorsqu'elle implique la souveraineté du peuple. Décidément, affirme-t-il, de tous les systèmes politiques, la démocratie

[27] « En passant », 11 août 1921.
[28] E. L'HEUREUX, « Le chancre des démocraties : la caisse électorale », éditorial, 22 mars 1935.

« est le moins apte, par sa nature même si mêlée et si variable, à imprimer l'unité de direction. Les horreurs démagogiques auxquelles elle peut donner lieu, et qui ont ensanglanté maintes pages de l'histoire du monde, ne sont pas moins redoutables que les excès des potentats[29]. » Toutefois, se rappelant que saint Thomas d'Aquin a prescrit la soumission des chrétiens aux pouvoirs établis, il croit bon d'ajouter : « Il peut se faire que la forme démocratique convienne mieux que toute autre au caractère de certains peuples, aux exigences de certaines périodes sociales. Elle intéresse davantage les citoyens au bien commun. Elle provoque plus universellement leur activité. Elle leur offre en même temps plus de ressources contre les abus du pouvoir[30]. »

Un compromis s'impose. Selon Mgr Pâquet, il faudrait améliorer la démocratie et éviter de la détériorer, car « elle se dégrade suffisamment elle-même par le contact des intérêts, par la corrosion des forces et des facteurs de toutes sortes qu'elle met en action ». Selon lui, c'est dans la mesure où l'on réussira à corriger les abus et à écarter les dangers, c'est dans la mesure où la démocratie « se conformera aux règles du droit et de la morale, aux principes et aux préceptes du christianisme, [qu'elle] pourra faire le bonheur et la gloire de notre patrie[31] ».

Pour *l'Action*, une façon d'éviter la détérioration de la démocratie est, comme nous le verrons, de lutter contre l'instauration du vote féminin. Traduisant le précepte thomiste — à savoir, « les femmes et les enfants ne sont citoyens qu'à demi » — Mgr Pâquet déclare : « Le rôle de la femme, l'honneur et les qualités de son sexe, brillent ailleurs qu'au firmament politique[32]. » Plus tard, durant les années 30, on trouve un autre cheval de bataille : *l'Action* fait une campagne en faveur du corporatisme et, malgré de nombreuses mises en garde contre le corporatisme politique à l'italienne, elle préconise des réformes destinées à diminuer la prépondérance de l'individualisme, en politique comme dans les autres secteurs.

Au niveau international, *l'Action* voit d'un bon œil l'établissement des dictatures de droite. Lorsqu'en 1931 il est question que George V établisse un pouvoir dictatorial en Angleterre afin de résoudre une

---

[29] « L'écueil démocratique : I–La démocratie : en quoi elle est légitime », éditorial, 30 novembre 1918.
[30] *Ibid.*
[31] « L'écueil démocratique : VI–Le référendum », éditorial, 18 décembre 1918.
[32] « L'écueil démocratique : V–Le suffrage populaire : maux et remèdes », éditorial, 14 décembre 1918.

crise politique, Jules Dorion ne semble pas du tout effrayé par cette idée. « Presque tous les pays, prétend-il, à l'exemple de Rome, ont recouru au gouvernement absolu aux époques critiques de leur histoire. L'Angleterre étant dans une situation quasi inextricable, il n'est pas impossible qu'elle choisisse *les moyens héroïques,* et essaie de placer à la fois toute l'autorité et toute la responsabilité sur la tête d'un roi universellement respecté[33]. » La dictature est donc un régime auquel on pourra avoir recours dans des circonstances exceptionnelles. Mais *l'Action* ne s'arrête pas là et, à l'avènement de Hitler en 1933, Dorion tente de montrer que dictature et démocratie font partie d'un cycle quasi fatal : la tyrannie est obligée de céder la place à la démocratie qui, à cause de ses propres errements, périt dans la révolution. Un homme surgit et établit la dictature pour mettre fin à l'anarchie révolutionnaire et restaurer l'ordre[34].

Après 1935, le dilemme devient plus aigu. Hitler commence ses intrusions dans les affaires de l'Église et Eugène L'Heureux est obligé d'affirmer que « les abus d'autorité constituent, pour les dictateurs, une tentation presque irrésistible et, très souvent, une fatale pierre d'achoppement[35] ». Mais en même temps on constate les lenteurs des démocraties à mâter le capitalisme oppresseur[36] et à enrayer la propagande communiste[37], considérée comme un des plus grands maux de l'heure.

Une position de neutralité sur ce sujet prévaut toujours. Louis-Philippe Roy se défend d'approuver ou de réprouver et les dictatures et les démocraties, et il exprime l'opinion que les deux régimes peuvent obtenir du succès s'ils savent « secouer le joug des brasseurs d'affaires et d'argent, organiser la vie économique de manière à brider les ambitions illégitimes du capitalisme et à donner un peu plus de bien-être aux classes laborieuses[38] ».

En 1938, Franco annonce son projet de dictature pour l'Espagne. Roy avise ses lecteurs de ne pas « s'en scandaliser » car, « à l'heure

[33] « Petites notes », 4 septembre 1931. C'est nous qui soulignons.
[34] « Autour de Hitler et de ce qui se passe sous nos yeux », éditorial, 20 mai 1933.
[35] « « Catholicisme politique » et césarisme », éditorial, 23 août 1935.
[36] L.-P. Roy, « Dictature bolcheviste contre dictature fasciste », éditorial, 28 juillet 1936.
[37] E. L'Heureux, « C'est donc au communisme que nous allons », éditorial, 18 septembre 1936.
[38] « Quand la démocratie se met à la page : en marge des élections belges », éditorial, 13 avril 1937. Dans un autre éditorial, Eugène L'Heureux félicite les « dictatures politiques d'inspiration démocratique » en Italie, en Allemagne et (!) aux États-Unis (« Le parlementarisme », éditorial, 2 novembre 1933).

actuelle, c'est probablement le parti le plus sage. La dictature n'est pas plus mauvaise en soi que la démocratie ou la monarchie[39].» L'année suivante, quand Franco donne suite à son projet, Roy demande : « Pourquoi s'en émouvoir ? La dictature n'est pas incompatible avec la civilisation chrétienne. Salazar est un dictateur dont l'Europe n'a pas à rougir, dont le christianisme peut légitimement s'enorgueillir[40].»

Les rédacteurs de l'*Action* craignent que le trop grand enthousiasme de certains pour la démocratie n'entraîne le Canada dans une nouvelle guerre européenne. Se rappelant leur complet scepticisme à l'endroit de la croisade wilsonienne pour sauver la démocratie au moyen de la guerre, ils se refusent à traiter la politique internationale des années 30 dans ces mêmes termes[41]. Après une mise en garde contre les prétentions de « certains politiciens légers » selon qui la démocratie et la dictature se distinguent l'une de l'autre comme le jour et la nuit, L'Heureux tire une conclusion qui révèle non seulement son anti-impérialisme mais aussi la tiédeur de ses convictions démocratiques. Selon lui, il faut « se défier d'une certaine propagande organisée dans l'empire britannique contre la dictature, tantôt afin de nous inspirer la haine pour les peuples régis par la dictature et dont les ambitions peuvent entrer en conflit avec celles de notre Métropole, tantôt pour favoriser la diffusion des idées subversives et païennes de Moscou[42] ». Maintenant que le Canada est autonome, il doit davantage tenir compte de ses propres intérêts.

Mais la présence hitlérienne se révèle toujours plus menaçante et l'*Action* continue d'espérer que les démocraties se raffermiront, se purifieront, et produiront des « bons » hommes qui seront les égaux des bons dictateurs. Loin de préconiser le renversement de la démocratie, ici et dans les quelques pays étrangers où elle se maintient toujours, L'Heureux prévient alors les lecteurs de l'*Action* contre les régimes totalitaires qui mécanisent les peuples, incitent les nations à la haine, et préparent à la guerre; il déclare en conclusion : nous préférons « un loyal essai du régime en vigueur[43] ».

L'idéologie de l'*Action catholique* dans l'entre-deux-guerres sera vigoureusement antirévolutionnaire et, de façon plus atténuée à cause

[39] « Petites notes », 2 février 1938.
[40] « Hitler a l'appétit féroce et la digestion rapide », éditorial, 31 janvier 1939.
[41] L.-P. ROY, « Le nœud de la tension internationale », éditorial, 13 mai 1939.
[42] « Roosevelt : un démocrate sincère, logique et courageux, celui-là », éditorial, 19 janvier 1938.
[43] « Le point névralgique : ce n'est pas la forme de gouvernement, mais la valeur des hommes », éditorial, 24 mai 1939.

des circonstances, antidémocratique. Son explication de la montée rapide des régimes totalitaires, communistes et fascistes, est assez insolite. Pour elle, il faut blâmer la « démocratie [qui] a laissé abuser de la liberté[44] ». Ce n'est pas là un commentaire isolé ou exceptionnel de l'un des rédacteurs; au contraire, c'est une idée qui sera exprimée maintes et maintes fois; ainsi, par exemple, lors de la campagne anticommuniste au Québec dans les années 30.

En somme, *l'Action catholique* entretient une hostilité très marquée à l'égard des révolutions et une méfiance très profonde envers la démocratie, fruit de ces révolutions tout à fait susceptible, selon elle, d'engendrer des conséquences encore plus funestes. Ce que *l'Action* semble craindre par-dessus tout, c'est la puissance des *idées*, et surtout la puissance dangereuse des idées erronées. Pour elle, les changements sociaux qui se produisent au cours des premières décennies du vingtième siècle ont à leur origine des idées. Reliant l'acte à l'idée, c'est le propagandiste qui se charge de populariser les nouvelles idéologies. Sans vouloir passer à l'autre extrême et épouser la thèse matérialiste des marxistes, nous pouvons quand même souligner l'absence relative chez les rédacteurs de *l'Action* d'explications qui se préoccupent des conditions sociales et économiques de l'époque. Si le communisme et le socialisme ont connu un grand essor entre les deux guerres, faut-il blâmer surtout, à la façon des rédacteurs de *l'Action,* des hommes, que ce soit des philosophes, des élites qui manquent de vertu, ou des fauteurs de désordre professionnels ? Ne faudrait-il pas aussi tenir compte du contexte d'industrialisation vertigineuse et d'accroissement des antagonismes sociaux ? *L'Action* éprouve généralement une très grande difficulté à faire les liens nécessaires. Ses solutions se trouvent plutôt dans la restauration de l'ordre, *son* ordre, par des hommes forts, la restriction des libertés civiles et la répression de tous ceux qui semblent mettre en cause la réalisation de sa mission.

*   *   *

Ainsi s'achève la période de l'entre-deux-guerres, une période qui voit d'amers combats entre les forces de la révolution et celles de la réaction. Devant la révolution bolcheviste et les tentatives avortées de révolution en d'autres pays à la fin de la première guerre mondiale,

---

[44]   L.-P. Roy, « Petites notes », 28 novembre 1938.

devant la fièvre anticléricale en France, au Mexique et ailleurs, devant la menace stalinienne, *l'Action* se range, avec plus ou moins d'enthousiasme selon le cas, sous la bannière des dictatures de la droite. Mussolini, Hitler, Franco, Salazar, Dollfuss et d'autres hommes forts de moindre importance sont, pour elle, des hommes capables de garantir l'ordre, le statu quo social et la situation de l'Église catholique dans le monde.

La même constatation s'applique aussi au Québec où *l'Action* se fait le porte-parole d'une réaction qui vient lutter vigoureusement contre tous ceux qui remettent en question l'ordre établi, surtout quand il s'agit des droits et des privilèges de l'Église.

DEUXIÈME PARTIE

L'ACTION CATHOLIQUE ET LE QUÉBEC

UNE SOCIÉTÉ IDÉALE VERSUS UNE SOCIÉTÉ CHANGEANTE

Devant l'instabilité chronique qui, sur tous les plans, caractérise le monde de 1917 à 1939, devant les menaces pour l'ordre établi que comporte cette instabilité, *l'Action catholique* se retranche dans le camp de la réaction. Influencée par les événements qui se déroulent à l'extérieur du Québec, en particulier en Europe, elle craint que la maladie révolutionnaire ne se répande de ce côté-ci de l'Atlantique, qu'elle ne pénètre même à l'intérieur du bastion québécois. Les changements importants qui se sont produits au Québec, l'évolution sociale et économique rapide, la poussent également à définir sa doctrine profondément conservatrice. Après tout, en dépit de son isolement relatif — souhaité d'ailleurs par l'élite traditionnelle — la société québécoise n'est pas à l'abri de certains phénomènes comme l'industrialisation et l'urbanisation qui, fatalement, aboutissent à la remise en question de l'ordre traditionnel des choses.

La société idéale à laquelle *l'Action* rêve avec tant de ferveur est celle d'une époque antérieure, révolue. Rurale, agraire, profondément élitiste, cette société accordait une place dominante à l'Église. Toutefois, au vingtième siècle et même auparavant, ce monde a subi des assauts qui l'ont ébranlé jusque dans ses fondements. Le surpeuplement des campagnes et la misère accrue chez les ruraux déclenchent un exode massif vers les centres urbains et vers les États-Unis. En ville, l'influence de l'Église et du curé se fait moins sentir et, en conséquence, le système de valeurs change radicalement. La croissance industrielle amène tout un cortège de syndicalistes, de grévistes, de chômeurs, de patrons étrangers, de « trustards » et de « problèmes » connexes. L'entrée au Québec d'un nombre considérable d'immigrants menace de plus en plus son caractère homogène, français et catholique (abstraction faite, bien sûr, de la minorité anglo-protestante déjà bien installée). Tous ces changements impliquent des adaptations considérables sur le plan idéologique : la démocratie, le socialisme, le communisme, le laïcisme, le matérialisme, toutes ces doctrines viennent concurrencer l'idéologie cléricale traditionnelle.

Face à la disparition graduelle de l'ancien ordre, l'attitude de *l'Action* est à la fois défensive et offensive. D'abord, elle s'accroche obstinément à tous les aspects, à toutes les manifestations de la société traditionnelle qui tiennent encore : elle s'oppose au suffrage féminin; elle condamne le divorce, le cinéma, la danse, l'alcool, le travail dominical, l'avance de l'heure, etc.; elle s'objecte à l'immigration en général et à l'immigration juive en particulier; elle dénonce les partisans de l'école gratuite, obligatoire et neutre; elle s'en prend à certaines initiatives gouvernementales qui empiètent, d'après elle, sur les compétences de l'Église. En même temps elle préconise un retour à l'ancien ordre de choses : elle se fait l'avocat enthousiaste et convaincu d'un mouvement de retour à la terre; elle demande le rappel de la législation fédérale permettant des cours provinciales de divorce; elle fait campagne en faveur de la fermeture des buvettes; et elle demande la répression des activités de ceux qui prônent des idées (dangereusement) nouvelles, notamment, dans les années 30, les communistes et les Témoins de Jéhovah.

Sa réaction n'est pas pour autant entièrement négative et défensive. En effet, l'Action prend parfois l'offensive et cherche à démontrer que l'ordre établi accorde au Québec une certaine supériorité, voire une supériorité certaine, sur les autres provinces et les autres pays, du moins dans les domaines qu'elle considère comme primordiaux. Elle favorise également, bien sûr, diverses initiatives de l'Église pour établir une présence religieuse dans de nouveaux secteurs qui menacent de lui échapper complètement : ainsi, elle défend les syndicats catholiques et nationaux tout en s'attaquant sans merci aux organisations ouvrières neutres. Et pour déjouer, d'une façon efficace, ce qu'elle considère comme la menace communiste, elle s'en prend aux trusts, elle demande l'élimination des abus du régime capitaliste, elle propose l'implantation de structures corporatistes, et elle s'intéresse beaucoup — Eugène L'Heureux en particulier — à la nouvelle doctrine du Crédit social. Favorisant ainsi une stratégie simultanément défensive et offensive, l'Action catholique se donne pour but de conserver et de restaurer, autant que possible, la société idéale, c'est-à-dire l'ordre traditionnel.

Nous avons déjà brossé un tableau des principaux aspects de cet ordre traditionnel que l'Action exalte avec tant de conviction. Mais il nous faut préciser davantage. En premier lieu, il s'agit d'une société rurale où l'agriculture constitue l'industrie de base, où elle est « la source et le fondement de tout progrès économique[1] ». Pour

---

[1] Antonio HUOT, « La voie du progrès », dans la Semaine religieuse de Québec, vol. XXXI, n° 2 (12 septembre 1918), pp. 18–20; article reproduit en éditorial dans l'Action catholique, 18 septembre 1918.

Albert Foisy, « ce qui fait la richesse d'une nation, ce ne sont pas ses grandes industries fabriquant des choses souvent totalement inutiles, mais son agriculture, produisant les choses absolument nécessaires à la vie[2] ». Aussi déplore-t-on l'industrialisation. Jules Dorion, qui abonde évidemment dans ce sens, déclare que « cette tendance de diminuer chez nous l'importance de l'agriculture au profit de celle de l'industrie est une erreur dangereuse ». D'après lui, l'agriculture doit rester dans presque tous les pays « la première des industries ». Le Québec en particulier est favorisé parce qu'il peut encore développer considérablement son exploitation agricole, tout en permettant à ses industries forestières et autres de fleurir. Malheureusement, « la mentalité industrielle a déjà pris le pas sur l'autre, et [...] l'on se sent porté, en certains milieux, à rétrécir le champ de l'agriculture pour agrandir celui de l'industrie ». Continuer de favoriser l'industrie serait « briser l'équilibre qui doit exister entre l'agriculture et l'industrie, et commettre du même coup une grosse erreur économique et sociale[3] ». À ce sujet, l'Action ne fait que répéter pieusement des idées reçues.

Sur le plan économique, disent les rédacteurs, seule l'agriculture peut assurer la prospérité, résoudre les problèmes du chômage chronique et du coût élevé de la vie. Sur le plan social et, bien entendu, national, l'agriculture garantit la survivance de la race. Une lettre pastorale du cardinal Bégin, condamnant « la désertion du sol natal », résume la pensée des rédacteurs de l'Action catholique : « Nous nous sommes toujours plu à reconnaître, chez les habitants des campagnes, la réserve de nos forces religieuses et nationales. C'est là, au contact du sol, qui enracine à la patrie, au grand air libre des champs qui tonifie la vigueur physique et morale, dans le décor grandiose de la nature qui élève l'âme, et dans la vertu du travail sanctifiant qui discipline les énergies, c'est là que s'est fortifiée notre race, là que s'est assurée notre survivance, là qu'ont grandi et que se sont affermies les vertus caractéristiques qui ont fait de notre peuple le peuple en somme le plus heureux et le plus religieux de la terre[4]. » De l'avis de l'abbé Antonio Huot, « le cultivateur est, avec le prêtre, celui qui vit le plus près de Dieu ; [...] c'est [...] lui qui vit le plus éloigné des amusements mondains et corrup-

---

[2] « Ils s'en vont », éditorial, 15 juin 1923.
[3] « La part de l'agriculture et la part de l'industrie », éditorial, 14 décembre 1929.
[4] 11 juin 1923. « Lettre pastorale [...] contre la désertion du sol natal », publiée le 25 mai 1923. Texte dans *Mandements des évêques de Québec*, vol. XII, pp. 295-301.

teurs, où se perdent, tous les ans, bon nombre de nos jeunes gens des villes[5] ». C'est donc en restant à la campagne qu'on réussira le mieux à éviter les vices de la ville.

Un des principaux dangers que représente la ville pour la race est indiscutablement la baisse de la natalité, phénomène vraiment catastrophique aux yeux des journalistes de *l'Action*. Pour eux, les villes sont de véritables mangeuses de familles nombreuses. Depuis longtemps les campagnards affluent vers les villes, fait remarquer Dorion, mais peu de gens qui demeurent en ville y sont depuis longtemps : pourquoi ? La raison en est simple. C'est que les villes sont « la proie de maux dont tous les efforts ne parviennent pas à les débarrasser; ces maux font que les races y viendraient mourir si les campagnes ne se trouvaient là tout près, pour combler les vides à mesure qu'ils se produisent, pour fournir des organismes encore sains et vigoureux capables de donner et de poursuivre un effort[6] ».

Devant la supériorité certaine de la vie des campagnes, on doit blâmer sévèrement les citadins qui méprisent les ruraux, les « colons ». En manchette, *l'Action* reproduit, un jour, cette déclaration d'Édouard Herriot, alors ministre de l'Instruction publique en France : « Le paysan qui sait tirer de la terre le meilleur rendement est de l'élite bien plus que l'académicien qui de son cerveau embrumé sort des pensées confuses[7]. » C'est certainement ce à quoi songe Jules Dorion quand il affirme : « Un homme peut être honnête, intelligent et bon tout en portant des vêtements d'une coupe surannée, et en n'étant pas au courant de certaines façons de se présenter et de causer. Une femme peut être aussi honnête, intelligente et bonne sans porter des corsages échancrés outre mesure ou changer de chapeaux tous les mois[8]. » Cette sollicitude de *l'Action catholique* pour la classe agricole demeurera une ferme conviction durant toutes ces années, d'autant plus que les campagnes ne cessent de se vider et les villes de croître.

Dans cette société idéale, l'Église joue un rôle primordial. Sur le plan historique, il ne faudrait pas oublier que la foi a sauvé le peuple canadien-français du désastre de 1760, que la « paroisse a été, après

---

5   Antonio Huot, « La voie du progrès », dans la *Semaine religieuse de Québec*, vol. XXXI, n° 2 (12 septembre 1918), pp. 18-20; article reproduit en éditorial dans *l'Action catholique*, 18 septembre 1918.

6   « Maux nécessaires ? » éditorial, 10 mai 1924.

7   7 mars 1927. *L'Action* qualifie la déclaration de « pleine de sens ». Ce sera bien la seule opinion de cet homme qu'elle déteste que *l'Action* trouvera sensée !

8   « La désertion », éditorial, 1er juin 1923.

la conquête, le rempart de la religion catholique et de la nationalité française[9]» et que sans le clergé, la race française n'existerait plus sur ce continent[10].

On voit, plus précisément, l'Église comme le principal soutien de la famille et de son unité : après tout, l'Église prêche que la famille vertueuse est la famille nombreuse, que c'est un péché impardonnable de briser l'unité familiale par un divorce, etc. En général, on prétend (soutenant ainsi la thèse officielle de l'Église) que la moralité publique de la société doit correspondre aux critères de la moralité catholique. Si le divorce est défendu aux catholiques, il faudrait que la loi le défende à tous; si les catholiques font des campagnes de tempérance publique, il faudrait que la loi leur vienne en aide.

Mais l'Église a d'autres devoirs, devoirs dont la réalisation heureuse assure la supériorité culturelle, linguistique et religieuse du Canadien français. Elle doit, par exemple, se charger de l'enseignement afin que les enfants reçoivent une éducation confessionnelle. « Dans notre pays autant, et peut-être plus qu'ailleurs, déclare Dorion, le prêtre est l'homme compétent par excellence dans le domaine de l'éducation; et la situation actuelle de la province de Québec est une preuve que si cette éducation façonne des populations respectueuses des lois, elle ne leur enlève rien de ce qui peut les faire avancer dans la voie du progrès bien entendu[11].»

La thèse de la supériorité que confère au Canadien français son système d'éducation sera reprise avec insistance chaque fois que l'occasion se présentera. « C'est [...] une gloire pour notre province que d'avoir, dans l'ensemble, maintenu sur le piédestal l'école confessionnelle, respectueuse des droits des parents[12] », écrit un des éditorialistes. Et à ce système d'écoles confessionnelles catholiques, on attribue le mérite d'une situation dont le Québec semble pouvoir se vanter : « une criminalité des plus faibles, une moralité des plus hautes[13] ». Dans une série d'éditoriaux tous intitulés « Supériorité intellectuelle », J.-Albert Foisy s'évertue à démontrer que la formation classique et religieuse, imprégnée de philosophie catholique, que l'élite reçoit dans les collèges classiques au Québec, « a élevé le niveau

---

[9]   Joseph Pasquet, « La paroisse rurale », éditorial publié à la « Page agricole », 14 avril 1917.
[10] « En passant », 24 février 1921; aussi J. Dorion, « L'influence du clergé : comme elle apparaît suivant les gens », éditorial, 10 septembre 1927.
[11] « Le discours Taschereau », éditorial, 29 juillet 1920.
[12] « Nos écoles en péril », éditorial, 19 avril 1918.
[13] « Statistiques criminelles », éditorial, 14 janvier 1919.

intellectuel de notre peuple au-dessus de celui de nos compatriotes d'origine et de croyance différentes, qui se sont appliqués surtout à donner à tous leurs enfants une formation commerciale plus pratique, peut-être, pour faire de l'argent, mais impropre à élever les esprits plus haut que les mesquins calculs en piastres et en sous[14] ». À son avis, le Québec, grâce à son système d'éducation catholique, reste une véritable « oasis au milieu de ce matérialisme jouisseur[15] » qui semble s'emparer de l'âme de l'Amérique.

« Paul-Henri », discutant des mérites du cours classique, est, lui aussi, catégorique. Il ne faudrait pas, dit-il, à l'encontre de ce que certains prétendent, se contenter de cours de « Banking » et d'« English-speaking ». « Ce serait nous exposer à former une race d'hommes rèches, froids calculateurs, de goûts peu affinés, habiles aux affaires, épris de lucre, doués du sens matériel et pratique de la vie, jouissant gloutonnement des plaisirs sensuels, tout confinés dans le cercle étroit du présent, captifs de la matière, à la merci d'un journal, esclaves ou marionnettes pourvu que cela paie, mais sans noblesse de caractère, comme sans valeur morale[16]. » De son côté, Foisy refuse même de faire « à nos collèges classiques, l'injure de comparer leur programme à celui des « high schools » [...]. Par l'importance des matières, par la profondeur de l'enseignement, par l'étendue de la formation, nos collèges sont tellement supérieurs, que la comparaison n'est pas possible[17]. »

Malgré leur avantage certain sur le plan intellectuel et culturel par rapport aux Anglo-Saxons, les Canadiens français, au dire du curé Lavergne, résistent avec succès aux tentations de l'orgueil (à l'encontre, bien sûr, des Anglais et des Juifs qui veulent toujours passer pour une « race supérieure »), et demeurent « modestes et contents de leur supériorité morale, fiers de leurs nombreuses familles, généreux jusqu'à la prodigalité, nobles et enthousiastes parfois hélas ! jusqu'à l'emballement[18] ».

Cette supériorité, indiscutablement attribuable au caractère catholique et français du Québec, se manifeste aussi sur d'autres plans. Les Québécois, plus que tous les autres, savent rester dans les sentiers de la vérité chrétienne; mieux que tous les autres, ils réussissent à repousser les doctrines dangereuses telles que le communisme et le

---

[14]   « Supériorité intellectuelle », I, éditorial, 12 août 1920.
[15]   « Le monde à l'envers », éditorial, 11 septembre 1920.
[16]   « Du temps perdu ?... » éditorial, 1er décembre 1920.
[17]   « Quelques chiffres », éditorial, 23 février 1921.
[18]   « « Race supérieure » », éditorial, 7 avril 1921.

socialisme. Le Québec semble encore favorisé au point de vue syndical, car ses syndicats catholiques et nationaux sont une force en faveur de la paix industrielle et une garantie contre le déchaînement des passions égoïstes et fratricides provoquées par les unions internationales.

Pour assurer cette prédominance de l'esprit religieux, dont les conséquences sont si manifestement heureuses, la société idéale doit laisser à l'Église ce qui lui revient de droit : l'éducation, la charité, le bien-être social... Quant au plan économique, l'État se doit de restreindre ses empiètements pour laisser le champ libre à l'initiative privée. Une exception importante sera pourtant faite avec la guerre contre les trusts au cours des années 30.

Un autre trait dominant de l'ordre traditionnel, que *l'Action* défend avec tant d'ardeur, est son caractère profondément élitiste. Il est évident que le clergé occupe, nécessairement, une place de choix au gouvernail de la société. Mais l'élite ne se borne pas aux seuls clercs : elle comprend dans ses rangs toute la classe instruite et aisée dont dépendent les décisions importantes dans tous les secteurs. On ne manque jamais de souligner que le caractère du peuple dépend de celui de la classe dirigeante. Inversant le dicton selon lequel « le peuple a les gouvernants qu'il mérite », Foisy affirme, avec autant de conviction, que « les gouvernants ont le peuple qu'ils se façonnent[19] ». Autrement dit, les « mœurs dépravées », l'engouement pour les fausses doctrines, l'irresponsabilité et la corruption sur le plan politique « ne montent jamais de bas en haut; ce ne sont pas les classes laborieuses qui corrompront les classes dirigeantes. Le mal ne monte pas, il descend[20]. »

Plusieurs années après, cette opinion ne paraît guère avoir changé. Dans un plaidoyer où il souligne le besoin impératif de chefs de valeur dans la société canadienne-française, Eugène L'Heureux demande : « Les tares du peuple ayant suivi de près celles de l'élite chez tous les peuples qui ont laissé quelque trace dans l'histoire, est-il donc si grave de chercher à expliquer par le mauvais exemple et les omissions coupables de l'élite le manque général de patriotisme canadien-français, le manque général de sens social, le manque d'esprit civique et, en revanche, un arrivisme cynique et effréné, un sans-gêne extraordinaire à l'égard de la vérité, une conviction apparente et peut-être réelle que le privilège de l'instruction confère le droit au

---

19   « Supériorité intellectuelle », II, éditorial, 13 août 1920.
20   J.-A. FOISY, « De haut en bas », éditorial, 21 février 1921.

confort sans aucune obligation corrélative vis-à-vis la société[21] ? » L'année suivante, en 1939, commentant un discours de l'abbé Groulx au Palais Montcalm dont le thème était la déchéance des classes dirigeantes au Canada français, L'Heureux s'en prend à « notre bourgeoisie [qui] n'est pas à la hauteur de sa mission sociale et nationale », qui manque de patriotisme, qui se laisse trop influencer par les attraits égoïstes de l'argent et des honneurs, et qui s'oppose à la restauration d'un « ordre économico-social condamné, sur plusieurs points, comme contraire au plan providentiel et au bien-être des masses humaines[22] ». Sans élite, on ne peut espérer de salut.

Telle est la société idéale dont *l'Action catholique* souhaite la conservation ou la restauration. Fermement convaincue que sa mission consiste à défendre cet ordre, elle s'acharne à dénoncer les dangers qui le menacent sur les plans doctrinal, moral, économique, social, religieux et national.

[21]   « Pour la formation ou la réforme de l'élite », éditorial, 4 mars 1938.
[22]   « La bourgeoisie : une classe inférieure à sa tâche », éditorial, 1er mai 1939.

CHAPITRE VIII

L'ATTAQUE DE L'ORDRE ÉTABLI
SUR LE PLAN DOCTRINAL

L'Action catholique attache une très grande importance aux idées. Pour elle, ce sont des idées erronées et néfastes qui sont à l'origine des bouleversements qui ébranlent l'ordre traditionnel, au Canada et dans le monde entier. Elle signale en particulier les erreurs démocratique et socialiste ainsi que l'hérésie communiste : toutes les trois constituent une menace pour le Canada et pour le Québec.

L'erreur démocratique

Nous avons déjà montré en quoi consistait, au niveau de la théorie, l'erreur démocratique[1]. *L'Action* s'inquiète beaucoup de la révolte contre l'autorité établie sur les deux plans, religieux et civil. En permettant l'accession des masses au pouvoir, la démocratie avait bouleversé les concepts traditionnels de l'autorité basée sur le droit divin, le principe héréditaire et la croyance que la richesse et la naissance conféraient la compétence. Pour cette raison, elle est disposée à étudier les dictatures de droite d'un œil sympathique : même si celles-ci révèlent quelques faiblesses, les démocraties en manifestent davantage.

L'Action ne se fait jamais l'avocat de l'établissement d'une dictature au Canada ou au Québec, non parce qu'elle est convaincue de la supériorité de la démocratie mais plutôt parce qu'elle respecte l'ordre établi. En dépit de ses sentiments et de ses préférences souvent très antidémocratiques, elle s'est vouée à la défense du régime en place. Même si ce régime est très imparfait, il lui faut s'appliquer à en corriger les abus et non pas à fomenter une révolution. Aussi *l'Action* se borne-t-elle à souhaiter la venue de chefs authentiques, à dénoncer la politicaillerie et les politiciens, à se faire l'adversaire des caisses électorales, à rappeler les limites de la démocratie — par exemple, le suf-

---

[1] Voir chapitre VII.

frage ne doit pas inclure les femmes — et à demander que les activités de l'État soient restreintes à une sphère relativement étroite.

Dans un éditorial, en 1936, Eugène L'Heureux souligne ce qu'il appelle le « double péché originel de la Démocratie[2] » ; il s'agit, évidemment, de sa dépendance électorale à l'égard du peuple aussi bien que des puissances d'argent. Malgré le caractère apparemment simpliste de cette analyse, elle paraît tout de même résumer assez fidèlement les principales critiques que *l'Action catholique* adresse à la démocratie canadienne et québécoise. Durant la décennie des années 20, elle se bat surtout sur les questions du suffrage féminin, du régime électoral, et des « qualités » habituelles des politiciens en démocratie; mais, pendant la dépression et lors de la campagne contre les monopoles, elle se livre à des condamnations aussi vigoureuses que nombreuses des activités électorales des trusts, surtout celles qui touchent la caisse électorale.

La méfiance des rédacteurs à l'égard de la démocratie tient également à un certain mépris des masses. Le suffrage universel, selon eux, suppose « la compétence universelle » du peuple et abandonne « à l'inférieur le choix du supérieur, au gouverné l'élection du gouvernant, à l'incompétent la désignation du compétent[3] ». Les résultats ne peuvent en être que désastreux. Quand les masses ne manifestent pas la plus complète apathie ou ne sont pas corrompues entièrement par le patronage, elles se laissent conduire par leurs passions. Dans les assemblées électorales, ce sont la flatterie et « les appels aux préjugés et aux appétits les plus vils[4] » qui impressionnent. Rien, en somme, ne semble effrayer davantage les journalistes que le jeu de l'opinion publique. On ne peut guère se fier à cette foule ignorante, incompétente, intolérante et capricieuse pour prendre les « bonnes » décisions.

À plusieurs reprises, les rédacteurs de *l'Action* rapportent des incidents qui, à leurs yeux, confirment cette thèse. Leur religion et leur appartenance ethnique les amènent tout de suite à citer en exemples certaines mesures anticatholiques et antifrançaises prises dans les provinces anglo-protestantes, mesures qui, si injustes fussent-elles, représentent néanmoins la volonté de la majorité. Ils apportent encore d'autres « preuves » à l'appui de leur opposition au principe du

---

[2] « Pourquoi les communistes haïssent l'Église », éditorial, 5 octobre 1936.
[3] F. BÉLANGER, « Contre un plaideur de mauvaise foi », éditorial, 23 septembre 1925.
[4] J.-A. FOISY, « Et les masses gouvernent », éditorial, 23 novembre 1921.

gouvernement par la volonté de la majorité : le grand intérêt que montrent les électeurs anglophones pour le socialisme et le communisme, l'élection de 1924 en France qui amena au pouvoir le Cartel des gauches, et la tendance à « gratifier » des « agitateurs révolutionnaires » au Canada (surtout les prétendus communistes) d'une trop grande liberté.

Plusieurs facteurs expliquent les doutes des rédacteurs de *l'Action catholique* à l'égard de la démocratie, mais le principal est probablement la peur intense de la liberté qui imprègne toute la pensée catholique de l'époque. « L'erreur est quelque chose qui s'installe dans le cerveau humain à la manière de la vérité », mais beaucoup plus facilement, dit-on. « De façon générale, il est infiniment plus difficile de maintenir les esprits dans la voie droite que de les engager dans les sentiers tortueux du faux, vers lequel la vieille pente originelle les pousse toujours assez tôt[5]. » Cette conviction, fréquemment exprimée, les amène à réclamer de sévères restrictions à la liberté de parole, de presse et de religion. Autrement dit, ils cherchent à appliquer les paroles fameuses de Garcia Moreno, président de l'Équateur assassiné en 1875, homme d'État souvent cité et hautement estimé dans les milieux catholiques : la liberté pour tout et pour tous excepté pour le mal et les malfaiteurs[6]. Ainsi doit-on supprimer sans merci les écrits communistes[7], les assemblées communistes, les visites au Canada de communistes[8], etc. Les communistes étant des malfaiteurs, la liberté d'action qui leur est concédée, dit Eugène L'Heureux, « est fatalement une atteinte portée à la liberté des honnêtes gens. Or, comme les honnêtes gens sont en majorité, je ne vois guère pourquoi on tolérerait longuement la liberté des malfaiteurs[9]. » Après tout, la tolérance ne ferait que permettre à l'erreur de s'accréditer.

L'attitude ne diffère guère sur le plan religieux. *L'Action* s'en prend souvent aux soi-disant catholiques « libéraux », aux catholiques « en caoutchouc », comme elle les a appelés une fois, « c'est-à-

---

[5]   « Mouvement des idées », 17 janvier 1917.

[6]   E. L'HEUREUX, « Petites notes », 9 janvier 1935; ID., « Une liberté qui nous perdra », éditorial, 27 février 1939.

[7]   Lorsque les Nazis brûlent les volumes de Trotski, Freud, Einstein, Lénine, Liebknecht, Marx, etc., *l'Action* écrit : « Si au feu de la Saint-Jean nous brûlions les livres, magazines et revues propres à corrompre notre peuple, nous ferions peut-être là la meilleure et plus pratique manifestation nationale » (T. POULIN, « Petites notes », 12 mai 1933).

[8]   E. L'HEUREUX, « Les Communistes ne sont pas des visiteurs comme les autres », éditorial, 4 décembre 1936.

[9]   « Une liberté qui nous perdra », éditorial, 27 février 1939.

dire, sans consistance de pensée, sans conviction [...], inconsciemment rongés par le libre examen protestant et par le libéralisme voltairien[10]». Elle condamne également la tenue, à Londres, dans « la chrétienne Angleterre », d'un congrès de libres penseurs, événement qu'elle qualifie d'« insulte à la foi[11] », et elle se dit effrayée par la décision du ministre du Revenu national de permettre l'entrée au Canada du *Truth Seeker*, organe officiel de l'Association américaine pour l'avancement de l'athéisme. Le Canada croit officiellement en Dieu; donc, soutient Roy, « il ne devrait pas tolérer qu'on prêche l'inexistence de ce Dieu. Cette prédication est un blasphème; la tolérer est d'un illogisme patent[12]. »

Dans le domaine religieux, c'est à la secte des Témoins de Jéhovah que *l'Action* réserve ses foudres les plus terribles. Chaque fois que l'occasion se présente, elle félicite policiers et curés d'avoir persévéré contre « ces propagandistes du mensonge ». Roy déclare même, de façon catégorique : « On ne doit pas laisser l'usage de la liberté à ceux qui en abusent au détriment de la société. Les Témoins de Jéhovah sont trop manifestement dans l'erreur pour leur laisser la liberté de dégobiller contre notre clergé, contre notre religion, la religion du Christ[13]. »

L'Action éprouve aussi le plus grand mal à se résigner à accepter le principe démocratique de consultations électorales périodiques. À son avis, il est presque indigne de descendre dans l'arène politique. Un des rédacteurs se réfère aux tentatives, heureusement manquées, d'organisateurs d'élections qui sollicitent l'aide d'étudiants en 1917, et prétend que « les manœuvres [électorales] sont de nature à obnubiler singulièrement le sens du devoir, de l'honnêteté et de la justice ». Selon lui, une campagne électorale serait, pour des étudiants, « une école de démoralisation et de pourriture[14] ». Par ailleurs, les mœurs des campagnes électorales désespèrent *l'Action*. Jules Dorion se plaint en 1936 que « la plaie [des abus électoraux] grandit et devient

---

10   E. L'Heureux, « L'échec des catholiques en Espagne », éditorial, 24 février 1936 ; voir aussi Id., « Le libéralisme », éditorial, 14 novembre 1933, où il défend *Mirari Vos* de Grégoire XVI.

11   L.-P. Roy, « Sous l'étiquette libre-penseuse se cachent 6 millions de sans-Dieu », article, 9 mai 1938.

12   « Dans un Canada CROYANT, on devrait interdire la guerre à Dieu », article, 20 juin 1938; aussi L.-P. Roy, « Le gouvernement tolérera-t-il plus longtemps la propagande athéiste au Canada ? » article, 21 mai 1938.

13   « Petites notes », 13 juin 1939.

14   « Étudiants et élections », éditorial, 20 janvier 1917.

plus profonde, au point que des hommes reconnus comme fraudeurs d'élection, se vantent de posséder ce talent, qui leur assure de l'influence, et ne nuit aucunement à leur réputation d'honorabilité[15] » ! Bien sûr, un tel système ne peut amener au pouvoir les meilleurs individus. Il faudrait que le système électoral assure la prédominance des hommes les plus religieux, les plus dévoués à la patrie, les plus compétents, dit-on. Mais, hélas ! Il semble que la démocratie de nos jours soit « l'absolu contre-pied de ce triple attribut[16] ».

Devant une situation si lamentable, L'Heureux pousse un soupir : « S'il en est qui aiment les élections, nous ne sommes sûrement pas de ceux-là. Quelle épreuve pour un peuple, en effet, que les campagnes électorales d'aujourd'hui !» Et se référant directement aux élections qui devaient avoir lieu le 17 août 1936, il ajoute : « Plaise à Dieu que les élections passent, qu'elles soient dignes et qu'elles procurent à notre Province un gouvernement chrétien, social, honnête et progressif[17] !»

Malgré tout, l'Action ne désespère pas et demeure prête à combattre. Sa lutte, cependant, évoluera beaucoup entre 1917 et 1930. Au cours des premières années, le journal participe vigoureusement à la campagne contre le suffrage féminin. Dans un langage coloré, il qualifie le vote féminin de « théorie extrême » à la Jean-Jacques, de « manie périlleuse », de « nuée en marche », d'« œuvre de nivellement révolutionnaire », de « contre-pied de la démocratie acceptable » et de conséquence inévitable de la « négation de l'autorité et [de] l'affirmation de l'égalité absolue de l'homme et de la femme[18] ».

La politique, tranche l'Action, « n'est pas le lot normal de la femme[19] ». Et J.-Albert Foisy de préciser : « Parce qu'elle est femme, la politique ne lui convient pas plus que la culotte; dans l'une comme dans l'autre, elle détonnera, gardera des allures risibles et restera un spectacle pitoyable[20]. » Où est alors sa place, son « royaume » ? « Ni au forum ni dans les gazettes politiques, mais à son foyer[21] !» C'est seulement à la maison qu'elle pourra conserver la dignité que revêtent les hauts titres de mère et d'épouse.

---

[15] « Une plaie sociale qui nous ronge », éditorial, 2 mai 1936.
[16] « À chacun son dû », éditorial, 19 février 1917.
[17] « Trois partis en présence », éditorial, 3 juillet 1936.
[18] J.-A. FOISY, « Le suffrage féminin », I, éditorial, 7 février 1922.
[19] « L'Ontario cède au courant », éditorial, 6 mars 1917.
[20] « Le suffrage féminin », V, éditorial, 15 février 1922.
[21] « Ils se reprennent », éditorial, 12 avril 1918. Et ainsi en est-il jusqu'à Adélard Godbout en 1940.

Mais peu à peu la marée féministe monte : l'Ontario et d'autres provinces anglaises ainsi que certains pays étrangers accordent le droit de vote aux femmes. *L'Action*, en contrepartie, s'acharne à discréditer les suffragettes (« un petit nombre de femmes légères, désœuvrées, bruyantes ou jalouses du bulletin de vote masculin[22] »), à prétendre que la majorité des femmes, dont « les femmes les plus sérieuses », ne se prévaudront pas de leur droit de vote[23], et à affirmer que l'aboutissement logique du mouvement pour faire de la femme une « voteuse » et une « politicienne » sera, comme en Russie, le déshonneur et l'esclavage[24].

Quand le gouvernement fédéral accorde le suffrage aux femmes en 1918, *l'Action* modifie quelque peu son attitude, mais elle n'y consent qu'à son corps défendant. Tout en continuant de s'opposer au vote féminin au niveau provincial, elle conseille aux femmes d'user de leur droit au fédéral. « C'est une désagréable nécessité, admet Dorion, mais c'est une nécessité. Autrement, si les femmes des autres provinces votent pendant que les nôtres se taisent, ce sont les autres provinces qui conduiront[25] !» Au cours des années 30, cette attitude se nuance davantage. Thomas Poulin soutient, en 1934, que le suffrage féminin n'est pas plus scandaleux que le suffrage masculin mais qu'il est inopportun de l'accorder tout de suite. Et tout en se prononçant contre l'octroi du droit de vote aux femmes au Québec, Eugène L'Heureux croit que la femme doit « s'intéresser à la chose publique » et qu'au foyer elle peut exercer une heureuse influence « en causant politique avec son mari, en formant des citoyens plus courageux et mieux éclairés[26] ».

Parmi les autres mesures que *l'Action* suggère pour contrer la vague démocratique, signalons sa prise de position en faveur du maintien d'un Sénat et d'un Conseil législatif non électifs, afin que les gouvernants puissent agir sans « commencer par demander un mandat, une permission, un consentement à ceux auxquels ils doivent commander[27] »; son opposition au projet de vote obligatoire dont il était

---

[22]   « L'Ontario cède au courant », éditorial, 6 mars 1917.

[23]   « Nuée en marche », éditorial, 5 avril 1917.

[24]   J.-T. NADEAU, « Chronique de la guerre », 25 avril 1918.

[25]   « Le droit de vote », éditorial, 29 septembre 1925. Dorion ne précise pas davantage cette idée nébuleuse.

[26]   « Le vote féminin », éditorial, 20 mars 1935.

[27]   « Un Sénat électif », éditorial, 2 février 1917. Voir aussi « Vers de nouvelles nuées », éditorial, 9 février 1917, où le *Globe* se fait traiter d' « organe libéral-socialiste de Toronto » pour avoir appuyé l'idée d'un Sénat électif; et T. POULIN, « Un leurre », éditorial, 2 janvier 1925.

à ce moment-là question aux États-Unis; son désir de conserver les titres nobiliaires, afin que le mérite ne reste pas « caché sous le boisseau[28] ».

Pendant les années 20, les critiques de *l'Action catholique* au sujet de la démocratie portent surtout sur le trop grand rôle joué par le peuple. Mais au cours des années 30, les rédacteurs changent de cible et s'acharnent inlassablement contre l'emprise des puissances d'argent. Ils estiment que les liens entre la politique et la haute finance sont la principale cause de la « déchéance » — ce mot exprime on ne peut plus parfaitement leurs sentiments là-dessus — du régime démocratique. Même le régime démocratique, se hâte d'affirmer Eugène L'Heureux, est préférable, et moins dangereux, que la dictature économique. Entre les mains des grands entrepreneurs, qui sont en même temps les fournisseurs de la caisse électorale, les petits politiciens ne sont que des valets.

Deux moyens importants peuvent être employés pour combattre les trusts : la dictature politique et le corporatisme. L'opinion de *l'Action* à l'endroit de la première « solution » est quelque peu équivoque. D'une part le journal rejette le fascisme (même s'il trouve que ce régime a rendu service ailleurs) et se défend de souhaiter l'instauration d'un régime dictatorial. Mais d'autre part, il affirme avec autant de conviction qu'« entre une dictature politique bien connue et inspirée de principes généreux, puis une dictature économique dissimulée derrière la Caisse électorale, derrière la presse, derrière les grosses entreprises, derrière toutes les machines d'influence, plusieurs prétendent que la dernière, pour cachée qu'elle soit, se trouve, beaucoup plus que la première, contraire à l'esprit démocratique et au progrès humain[29] ». Et L'Heureux avoue aussi « être passablement indifférent à la démocratie et au fascisme, pourvu que notre société se ressaisisse enfin[30] ». Le journal semble convaincu, de toute façon, que si on ne réussit pas à corriger les très grosses lacunes du système existant, une dictature politique, de gauche ou de droite, viendra prendre la relève.

Ce n'est pas que *l'Action* aborde le problème général d'une façon désespérément pessimiste. Elle préconise une autre solution, véritable panacée : le corporatisme. Les rédacteurs ne réclament pas les

28   E. L'HEUREUX, « Les titres nobiliaires », éditorial, 22 février 1932.
29   ID., « Le Parlementarisme, et les facteurs qui le faussent », éditorial, 2 novembre 1933.
30   « L'inconséquence des chrétiens en face du communisme », éditorial, 26 octobre 1937.

changements constitutionnels nécessaires pour instaurer le corporatisme sur le plan politique, comme en Italie, mais ils espèrent que le « corporatisme social », dont nous parlerons au chapitre X, aura pour effet de restaurer toute la société, à tel point que la démocratie elle-même n'échapperait pas à son influence purificatrice. Sûr du succès de cette doctrine, Eugène L'Heureux proclame : « Grâce au triomphe final de cette idée, dans un temps plus ou moins long, les empereurs de la finance, du commerce et de l'industrie auront fait place à une espèce de démocratie économique [...] où l'égoïsme des forts sera contrebalancé par une organisation vraiment sociale des facteurs de la production, le tout animé, espérons-le, d'un esprit chrétien et national[31]. »

Il est donc évident que, durant la période 1917-1939, une certaine évolution se fait dans la pensée politique de *l'Action catholique.* Durant les premières années, son attitude est surtout faite de refus et de condamnations mais, durant la dépression et, surtout, après l'encyclique de Pie XI, *Quadragesimo Anno,* elle s'engage temporairement dans une orientation plus positive et elle cherche autant à réformer qu'à dénoncer[32]. Mais cette évolution assez marquée ne change en rien le fait que la démocratie, dans sa doctrine ou dans ses manifestations, fait l'objet d'une critique soutenue.

L'erreur socialiste

Le socialisme et le communisme constituent, pour *l'Action* comme pour l'Église, deux autres erreurs qu'il faut combattre avec vigilance. Pour elle, le communisme est l'idéologie qu'un pays en particulier veut propager dans le monde entier. Le socialisme est plutôt un système qui accorde un trop grand rôle à l'État, au détriment de l'initiative privée, et qui est aussi trop matérialiste. Bref, le socialisme serait plutôt une *tendance,* tandis que le communisme est un mouvement dont les agents actifs travaillent partout pour Moscou. Évidemment, *l'Action* est plus effrayée par le communisme que par le socialisme, mais elle combattra quand même ce dernier avec ardeur. Elle

---

[31] « Le corporatisme », éditorial, 1er octobre 1934.
[32] La lutte aux capitalistes en est un exemple. Mais cette lutte en était une d'ordre national, surtout. Si on s'opposait aux monopoles, c'était largement parce qu'ils étaient étrangers; si on déplorait le sort fait aux ouvriers, c'était pour condamner un ennemi national, c'est-à-dire le patron étranger (Voir, à ce sujet, Pierre Elliott TRUDEAU (édit.), *la Grève de l'amiante,* Montréal, Éditions du Jour, 1970, pp. 1-91, mais surtout pp. 20-21).

est convaincue que le socialisme risque d'aboutir au communisme et, parfois, elle ira jusqu'à les considérer comme des frères siamois.

Dès la première guerre, *l'Action* croit bon de signaler le danger des principes socialistes, « qui progressent à grands pas jusqu'en notre pays » et dont « la Russie présentement donne le répugnant spectacle[33] ». L'abbé Nadeau s'en prend, en particulier, au « socialisme d'État » qu'il voit se développer au Canada dans l'industrie ainsi que dans la vie syndicale. Albert Foisy, de son côté, perçoit au moins quatre « principes socialistes » en vogue au Canada : la « haine jurée de certaines organisations ouvrières contre le capital »; la « neutralité scolaire qui efface du cœur de l'enfant toute idée de Dieu, le privant d'avance du seul moyen efficace de résistance au virus socialiste »; la « proclamation par certains chefs syndicalistes que l'Église est l'alliée du patron et l'ennemie de l'ouvrier »; et les « lois sur le divorce et le suffrage féminin, qui atteignent la famille et préparent l'opinion à une propagande insidieuse en faveur de l'amour libre[34] ».

En général, *l'Action* s'insurge contre ce qu'elle appelle l'étatisme : l'empiètement de l'État dans des domaines qui ne lui reviennent pas. Thomas Poulin se plaint de « la place souvent exagérée que l'État occupe dans l'esprit du plus grand nombre » et conclut : « On demande aujourd'hui l'intervention de l'État à propos de tout et à propos de rien, et il faut admirer le législateur qui sait rester dans son rôle[35]. » Selon lui, l'État devient gendarme, professeur, producteur, commerçant et menace de remplacer même la Providence ! Jules Dorion met en garde contre le même mal quand, qualifiant l'étatisme d'« écueil à éviter », il déclare qu'il « n'est pas bon que le gouvernement soit tout. L'homme et la famille existaient avant lui. Quand il les aide, il est dans son rôle. Quand il se substitue à eux, il ne l'est plus[36]. » À son avis, il faudrait se rappeler que l'État ne doit intervenir que lorsque l'individu ou les groupes ne sont plus capables d'agir; autrement, ajoute-t-il, on risque de se retrouver en Russie bolcheviste où le gouvernement est tout, et fait tout.

Parmi les initiatives les plus souvent dénoncées comme des mesures socialistes se trouve la nationalisation de certaines compagnies ferroviaires en vue de constituer les Chemins de fer nationaux. Un rédacteur non identifié aborde la question en 1917 et il juge le prin-

---

[33]   J.-T. NADEAU, « Chronique de la guerre », 25 avril 1918.
[34]   « À bas le Christ ! » éditorial, 22 août 1921.
[35]   « On demande tout », éditorial, 14 janvier 1924.
[36]   « L'État factotum : comment on y arrive », éditorial, 15 février 1930.

cipe « mauvais ». À son dire, « toute la saine économie politique est là pour expliquer, par le raisonnement à base de saine philosophie et d'expérience, qu'il faut laisser agir l'initiative privée, dont le ressort est à l'origine des meilleurs perfectionnements[37] ». D'après le même rédacteur, l'État s'intéresse trop souvent à des considérations électorales pour pouvoir assurer une « gestion financière saine ».

En mai 1919, le projet de loi constituant les Chemins de fer nationaux est adopté à la Chambre des Communes. Un des éditorialistes y voit du « socialisme d'État » et prétend que les frais d'exploitation augmenteront, que le fonctionnarisme se multipliera « à l'infini » et que, lors d'une grève, comme celle qui venait tout juste d'avoir lieu à Winnipeg, la sécurité de l'État pourrait être gravement compromise. Dans une autre analyse, *l'Action* se dit d'avis que « la politique de nationalisation des chemins de fer est si voisine du socialisme d'État, qu'elle a de la peine à s'en distinguer » et que, à cause de mesures semblables, le péril socialiste s'annonce « formidable et imminent[38] ». Le même jour, à la une, trois nouvelles font état de l'opposition à la nationalisation du Grand Tronc.

Le débat sur la nationalisation des chemins de fer en particulier et d'entreprises privées en général, continue encore quelques années. On exprime l'opinion, par exemple, que la « nationalisation à outrance », qui constitue un danger au Canada comme ailleurs, est une manie soviétique, et on se demande quand le public va se réveiller. Foisy procède à un examen détaillé de ce problème et signale trois dangers particulièrement graves. En premier lieu, la nationalisation donne un fort mauvais exemple à la population qui, graduellement, pourra s'y habituer et en demander davantage. Deuxièmement, au point de vue économique, « toute nationalisation est une faillite, tant à cause du gaspillage inévitable qu'à cause de l'incompétence et de la mauvaise volonté qui gâtent toujours une administration qui dépend des influences politiques; c'est-à-dire où tout le monde est maître et où personne ne veut obéir ». Finalement, au point de vue social, la nationalisation représente nettement une atteinte au droit de la propriété. À cet égard, Foisy écrit : « Le seul stimulant à l'activité humaine c'est le droit de propriété. [...] Si on enlève ce stimulant à l'activité humaine, il n'y a plus que le fouet du surveillant et la baïonnette du soldat pour forcer l'homme à travailler. C'est le cas de la Russie; et ce sera le cas de tous les pays qui seront assez aveugles pour recon-

---

[37]   « Problème ardu et compliqué », éditorial, 16 mai 1917.
[38]   « L'achat du Grand-Tronc », éditorial, 23 octobre 1919.

naître les principes soviétiques comme l'expression de la justice et du droit[39].»

Parfois, une législation quelconque semble frôler le socialisme et *l'Action* se croit obligée de faire certaines mises en garde. Discutant de la tendance de l'État à vouloir soigner les moindres malheurs des citoyens, Dorion, évidemment vexé, conclut : « Et l'on ne comprend pas que ce paternalisme d'État est le vestibule du communisme[40] !» Mais plus souvent encore, du moins au cours des années 30, *l'Action* s'attaque vigoureusement à tous ceux qui agitent l'épouvantail du socialisme chaque fois qu'on ose dénoncer certains abus du régime capitaliste ou certains malheurs dont souffre la population. « On confond socialisme et social », reproche Poulin, le plus libéral des rédacteurs du journal. « On traitera avec aisance de socialisme un projet de pension de vieillesse, d'assurance-chômage, d'assurance-maladie, de caisse-dotation, etc., mais on trouvera tout naturel qu'on laisse les ouvriers victimes du marchandage au rabais des salaires, de la cupidité de ceux qui ne voient que profits à réaliser. On croira faire œuvre de saine administration en pratiquant l'économie d'abord en s'attaquant aux revenus des pères de famille.» D'après Poulin, ces gens voudraient faire « que la société redevienne un champ clos où les gens vont s'entredévorer sous les yeux de la foule[41] ». Parfois les rédacteurs de *l'Action,* Poulin en particulier, reçoivent des lettres qui les accusent de socialisme. Ainsi, lorsqu'il est question de modifier les dispositions électorales de la ville de Québec pour enlever le droit de suffrage aux locataires, *l'Événement* traite de socialistes les adversaires de la mesure. *L'Action,* classée parmi ces adversaires, répond que « ce cher *Événement* exagère lorsqu'il vient donner à ceux qui ne sont pas de son idée figure de sales socialistes[42] ». Même à propos des nationalisations, *l'Action* finit par nuancer son jugement et souhaiter une certaine étatisation des compagnies d'électricité.

Par ailleurs, le journal s'empresse de dénoncer certaines formations politiques qui lui paraissent socialistes : la Ligue indépendante des cultivateurs canadiens (Farmers' Non-Partisan League), une « ligue absolument radicale, c'est-à-dire anti-religieuse [qui] veut

---

[39] « Un point sérieux », éditorial, 26 mai 1922.
[40] « Le Paternalisme d'État : son origine et ses dangers », éditorial, 20 mars 1937.
[41] « Confusion : social et socialisme », éditorial, 23 novembre 1932.
[42] T. POULIN, « Ce projet : un maire de corniche », éditorial, 4 janvier 1932.

des hôpitaux publics à l'image des écoles publiques[43] »; le Parti ouvrier du Canada, dont le programme est qualifié de « maçonnique »
parce qu'il préconise l'instruction gratuite et obligatoire ainsi que
l'établissement d'un ministère de l'Instruction publique; et l'Union
des Cultivateurs de l'Ontario qui nous donnerait, au moyen des
nombreuses nationalisations qu'elle préconise, « les beautés du col-
lectivisme à la russe[44] ».

Le parti politique le plus souvent pris à partie demeure, cependant, la Co-operative Commonwealth Federation (C.C.F.). Même
avant la naissance du parti, on prétend que le futur chef, James S.
Woodsworth, est « en sympathie avec le communisme étranger[45] »
et connu pour « ses idées économiques extravagantes[46] ».

Dès la formation de la C.C.F. en 1932, l'Action alerte ses lecteurs contre les tendances socialistes du nouveau parti. Dans un
premier éditorial, Poulin déclare : « Nous croyons que ce mouvement est à surveiller, car il prêche l'étatisation de tout, même des
terres. Si on ne veut le désigner du nom de socialiste, ce n'est que
par pure prudence; si on ne veut avouer qu'il tend fortement au
communisme, c'est que ce mot-là n'est pas bon à dire par le temps
qui court[47]. » L'Heureux abonde dans le même sens : la C.C.F.
est « un petit nuage à surveiller » et il ajoute : « Si sa carrière est
aussi lourde que son nom [...] il prendra du temps à rendre le peuple canadien heureux[48]. »

En 1933, le père Georges-Henri Lévesque, o.p., dans une étude
préparée pour l'École sociale populaire, souligne trois « vices » de la
C.C.F. D'abord, elle ne réprouve pas assez catégoriquement l'usage
de la violence; ensuite, ses recommandations sur la propriété,
même si elles sont modérées, sont en contradiction avec les enseignements de l'Église; enfin, sa conception de la société est trop matérialiste[49].

---

[43] « Un mouvement révolutionnaire : II–Deux brins d'horoscope », éditorial,
    3 mai 1917.
[44] « Politique radicale », éditorial, 5 novembre 1918.
[45] Joseph BERNARD, « M. Woodsworth », article publié dans le Bien Public et
    reproduit dans « Chez les autres », 29 mai 1929.
[46] T. POULIN, « Ces abus : comment les faire disparaître », éditorial, 7 mars 1932.
[47] « Un mouvement nouveau : aidons nos associations », éditorial, 8 août 1932.
[48] « Petites notes », 19 octobre 1932.
[49] « Le parti de Woodsworth : que doit en penser un catholique ? » étude repro-
    duite dans l'Action catholique, 21 et 22 juin 1933.

La même année, à la convention de Regina, le nouveau parti présente son manifeste, un programme qui, selon Poulin, s'achemine, logiquement, vers le communisme. En effet, dit-il, « la socialisation est comme une voie ferrée; si on la prend on va nécessairement au bout. Le bout de la socialisation projetée ne peut être que le communisme pur et simple. » En somme, le programme des cécéfistes semble contenir « tout ce qu'il faut pour nous conduire aux pires malheurs[50] ».

S'appuyant sur l'étude du père Lévesque, des ecclésiastiques comme le cardinal Villeneuve et Mgr Georges Gauthier, archevêque-coadjuteur de Montréal, condamnent le nouveau mouvement et son programme. Les catholiques ne doivent pas se laisser tromper par ces doctrines, déclare Mgr Gauthier et, faisant écho à cette mise en garde, L'Heureux ajoute : « Puisse ce pasteur être entendu de ses ouailles ! Ils [les adeptes de la C.C.F.] ont beau se défendre d'être socialistes et communistes, les C.C.F. n'offrent absolument aucune garantie sur ce point. On peut même dire que leur programme est irréalisable sans l'instauration d'un régime socialiste, voire communiste[51]. » D'après ce rédacteur, cette idéologie révolutionnaire qui préconise la destruction du régime établi, ne pourrait résoudre aucun problème. Il faudrait, au contraire, travailler à épurer le régime existant, en le restaurant selon les principes chrétiens.

À la fin de l'année 1933, le père Georges-Henri Lévesque publie dans l'Action nationale[52] une étude détaillée du programme du parti C.C.F., étude qui paraît également, en quatre tranches, dans l'Action catholique. Selon le père Lévesque, le nouveau parti est « franchement socialiste », malgré toutes les caractéristiques typiquement canadiennes que, d'après ses défenseurs, il possèderait. Puisque le socialisme « n'est que du communisme larvé », la présence chez nous de la C.C.F. nous oblige d'ores et déjà à redouter sérieusement le péril rouge. Et le père Lévesque de conclure : « C'est [...] notre devoir de demander à tous les catholiques et à tous les citoyens qui veulent le vrai bien du pays, de s'opposer à ce mouvement socialiste et de lutter énergiquement contre lui[53]. » Dans une « déclaration relativement aux dangers de l'heure présente », l'épisco-

---

[50]   « Socialisme à la canadienne... », éditorial, 21 juillet 1933.
[51]   « Non, pas cela, mais ceci », éditorial, 21 septembre 1933.
[52]   « Socialisme canadien : la C.C.F. », l'Action nationale, vol. II, n° 2 (octobre 1933), pp. 91-116.
[53]   « Le socialisme canadien : la C.C.F. », 30 octobre 1933.

pat canadien, sans mentionner le nom de la C.C.F., demande que les catholiques soient « sur leurs gardes » devant des partis nouveaux, car « il est rare que les systèmes ou les partis nouveaux qui sollicitent leur confiance se présentent à eux comme une erreur complète[54] ».

Cette attitude ne changera pas et les rédacteurs de *l'Action* prendront l'habitude d'associer la C.C.F. au communisme. Ainsi, quand H. H. Stevens, rompant avec le parti conservateur en 1935, forme le parti de la Reconstruction, L'Heureux se dit d'avis que sa « politique d'épuration capitaliste [...] peut mieux que toute autre nous préserver contre la réaction socialiste et communiste présidée par M. Woodsworth[55] ». Le fait que la C.C.F. se soit vigoureusement attaquée à la Loi du cadenas et ait demandé que le gouvernement fédéral la désavoue, n'augmente guère sa popularité auprès des rédacteurs de *l'Action,* partisans convaincus de la loi.

L'hérésie communiste

Si les initiatives étatisantes des gouvernants et les activités politiques de certains tiers partis plus ou moins socialistes menacent d'acheminer la société graduellement vers le communisme, les agissements des agents communistes eux-mêmes sont cent fois plus dangereux.

Au Canada, comme partout dans le monde, bien des gens, poussés par la crainte et la frayeur qui caractérisent ces années-là, croient que les communistes poursuivent énergiquement et sournoisement leur œuvre destructrice. Disant qu'il faut « tenir les yeux ouverts », un des rédacteurs signale, dès 1918, la pénétration bolcheviste au pays :

> Notre pays même n'est point épargné [par le fléau] : par l'assemblée tumultueuse où la haine des classes se fait jour de la plus violente manière, par la circulaire et le tract, propagande incendiaire que nos rues même à Québec, on peut s'y attendre, ne se refuseront point à véhiculer, par le club et l'association soviets, très opportunément frappés d'interdiction par l'État fédéral, le bolchevisme s'est risqué à montrer la tête à Toronto, à Niagara, à Hamilton et jusqu'à Montréal. L'ennemi est donc chez nous, dans la place[56].

---

[54]   21 novembre 1933 (Voir les *Mandements des évêques de Québec,* vol. XIV, pp. 195-201, 5 octobre 1933). Cet avertissement est inclus dans le deuxième point, une condamnation du socialisme.

[55]   « Le parti Stevens », éditorial-commentaire, 9 juillet 1935.

[56]   « Le bolchevisme », éditorial, 2 décembre 1918.

Les nouvelles qui parviennent à *l'Action* semblent corroborer, pour les rédacteurs, la conviction que le mal bolcheviste est en effet rendu en terre canadienne et québécoise. Le « bolchevikisme » se répand en Ontario sous la forme d'une littérature révolutionnaire distribuée dans les principales villes, « à l'ombre », dit l'abbé Nadeau, « de *l'Orange Sentinel, du Mail and Empire* et du *News*[57] ». Des soldats revenant du front se révoltent en certains endroits et se rendent coupables d' « actes de pur bolchevisme[58]. », comme le saccage et le pillage. À Montréal, les socialistes, arborant le drapeau rouge et chantant *l'Internationale,* défilent le 1er mai de chaque année. Commentant cette manifestation en 1920, l'éditorialiste s'en prend aux foules pour avoir approuvé « les doctrines les plus antisociales, les plus incompatibles avec la paix et la prospérité des nations », et pour avoir « acclamé les Bolchevistes russes, [...] applaudi cet hymne abominable qui a nom *l'Internationale,* [et] acclamé les orateurs qui préconisaient les doctrines les plus subversives[59] ». Les syndicats neutres, comme le Congrès des Métiers et du Travail (et son organe, *le Monde ouvrier*), manifestent aussi, au dire de *l'Action,* des tendances communistes. Quand le Congrès approuve une résolution qui condamne l'intervention des puissances alliées en Russie à la fin de la guerre, un des rédacteurs, étonné, affirme : mais c'est « le bolchevisme en chair et en os[60] ». Foisy y voit la preuve que le bolchevisme a des amis au Canada. *L'Action* cherche à démontrer, autant que possible, la pénétration du communisme dans les syndicats. « Il est tout naturel que les communistes s'infiltrent dans les mouvements neutres, prétend Thomas Poulin, et les mouvements neutres auront beau essayer de les chasser; comme le naturel les communistes reviennent au galop[61]. » De telles remarques précèdent, habituellement, un vigoureux plaidoyer en faveur des syndicats catholiques et nationaux.

Pour ceux qui, effrayés par ce qu'ils viennent juste de voir en Russie et ailleurs, croient sincèrement à l'existence d'une menace bolcheviste sérieuse au Canada, la grève générale de Winnipeg en 1919 semble le prélude à une véritable révolution communiste. « Ce qui est à remarquer dans ces grèves, affirme l'éditorialiste, ce ne sont pas tant les réclamations liées immédiatement aux conditions

---

57   « En passant », 27 janvier 1919.
58   *Ibid.,* 14 mars 1919.
59   « Le premier mai », éditorial, 4 mai 1920.
60   « Tendances ouvrières : un vif contraste », éditorial, 27 septembre 1918.
61   « Chez les ouvriers », 17 novembre 1925.

du travail, que la propagande socialiste et les menées anarchistes d'un groupe grossissant, auquel le problème économique n'est qu'un prétexte pour donner dans le bolchevisme.» Visant en particulier l'aile extrême-gauche de la section de l'Ouest du Congrès des Métiers et du Travail, le même rédacteur soutient que leurs « vrais chefs ne sont plus Un Tel et Un Tel, mais les tyrans sanguinaires Lénine et Trotzky. Ces abominables despotes ont été combien de fois acclamés et montrés au peuple en lettres flamboyantes[62] !» Quelques jours plus tard, l'abbé Nadeau « découvre » qu'un ministre protestant (sans doute William Ivens, pasteur démissionnaire de l'Église méthodiste) se trouve « à la tête de la masse bolcheviste de Winnipeg[63] ». La grève se résorbe, comme on le sait, mais les rédacteurs de *l'Action* continuent à croire qu'ils ont été les témoins du début d'un véritable Soviet à Winnipeg.

Durant le reste de la décennie, en dépit d'une tranquillité relative, on note encore bien des indices de propagande communiste. Dans une attaque virulente contre les immigrants qu'il considère souvent comme les porteurs du germe communiste. Ferdinand Bélanger les accuse de distribuer, à Montréal, « une littérature communiste de la pire espèce » qui recommande de jeter les crucifix dans le feu, de convertir les calices en ustensiles utiles, de transformer les églises en salles de concert ou de théâtre, en greniers à blé ou en écuries à chevaux[64] ! L'abbé Philippe Casgrain, directeur de l'Oeuvre des immigrants catholiques, prétend découvrir de nombreux communistes et, surtout, posséder des preuves de leurs activités. Dans un discours dont *l'Action catholique* publie un compte rendu, il déclare que le « Canada est très sérieusement menacé par la plaie du communisme qui a déjà fait d'immenses progrès». Dans sa conclusion, l'abbé Casgrain lance un appel :

> La situation est grave et il est grand temps d'agir. Plus la doctrine communiste se propagera, plus il sera difficile d'y remédier. On doit songer à ce qui peut se produire dans l'avenir. Il peut se former un parti communiste qui, au Parlement, tiendra la balance du pouvoir. Il sera alors trop tard pour combattre ce danger qui est plus qu'imminent dans notre pays, dans l'Ouest surtout. Nos gouvernants seraient donc bien avisés et feraient œuvre de bons patriotes en prenant des mesures immédiates pour conjurer ce danger[65].

---

[62] « À Winnipeg », éditorial, 16 mai 1919.
[63] « En passant », 21 mai 1919.
[64] *Ibid.*, 22 septembre 1927.
[65] 26 août 1927.

Lors de la grande dépression économique, le danger communiste semble devenir plus menaçant. D'après le père Archambault, dont le tract sur « La menace communiste au Canada » est résumé par Eugène L'Heureux dans *l'Action*, il y avait, au Canada, en 1933, 350 sections du parti (sous le nom de la Ligue canadienne de défense ouvrière), quelque 17 000 membres actifs et 120 000 membres affiliés à des organisations et associations contrôlées[66]. En 1937, René Bergeron, journaliste et propagandiste anticommuniste de l'École sociale populaire, affirme dans un discours rapporté par *l'Action* qu'il y a 12 500 membres inscrits, payant la cotisation, et au moins 250 000 sympathisants, dont 30 000 à 60 000 à Montréal[67]. Même la ville de Québec aurait été dotée de sa propre section et, lorsque le parti signe un manifeste distribué à Québec durant la campagne électorale de 1936, Louis-Philippe Roy se félicite d'avoir eu raison de l'affirmer déjà plusieurs fois dans le passé : « Le Parti communiste du Canada entretient une section dans notre ville; nous le savions déjà. À plusieurs reprises, les véritables adversaires des communistes l'ont affirmé [...]. L'admission officielle de l'existence de cette section a cependant étonné certains journaux pour lesquels le communisme n'a longtemps existé que dans l'imagination des âmes pieuses[68] !»

D'après *l'Action*, le parti est très actif dans la région de Montréal. Une manchette sur huit colonnes annonce, le 12 mars 1937 : « Deux cents clubs communistes à Montréal », révélations faites à la Chambre des Communes par l'honorable Wilfrid Gariépy, député des Trois-Rivières. Une autre manchette déclare, en octobre 1937, que selon le lieutenant Ennis, de la police de Montréal, il y a « 60 réunions communistes par mois, à Montréal ».

L'Action est certaine que les communistes travaillent partout, dans tous les secteurs, et que leur présence devient de plus en plus dangereuse. Ils dirigeraient la dite Université ouvrière à Montréal et y enseigneraient librement la corruption des mœurs et la révolution. Ils publieraient aussi de nombreux journaux, dont la célèbre *Clarté*. De plus, d'après Poulin, « il y a au Canada des centaines d'écoles dans lesquelles on enseigne le communisme[69] »; un

---

[66]   « Le communisme s'installe chez nous », éditorial, 22 mai 1935.
[67]   19 mars 1937.
[68]   « Le communisme et les élections », éditorial, 12 août 1936.
[69]   « À Paris, à Montréal », éditorial, 3 février 1933.

autre article fait même mention de quatre écoles communistes à Montréal, subventionnées directement par l'Union soviétique. Quand ils le peuvent, les communistes organisent des assemblées ; l'une d'elles, tenue à l'Université ouvrière, devient une occasion de défoulement littéraire pour un des journalistes :

> L'assemblée communiste semble en effet un vrai cirque de bêtes féroces déchaînées à la vue des fouets de leurs dompteurs. Le chahut dura tout l'après-midi. Cris, hurlements, interpellations, chaises renversées, vacarme assourdissant, empêchent tout à fait ce jour-là les éducateurs communistes d'exposer leur doctrine. Et dans ces volées d'injures et de blasphèmes, dans ces coups de poing et ces hurlements de rage qui servaient de réponses à toutes les objections, les communistes ont montré ce qu'ils sont vraiment : des dévoyés, des bandits, des gens sans aveu sortis des prisons et des pénitenciers. [À l'encontre de la vraie classe ouvrière, qui est respectable] les communistes se recrutent chez les rebuts et les vauriens de toutes les classes[70].

Durant les années 30, *l'Action* continue de voir un peu partout les agissements des communistes. Ils se livrent, sans cesse, à un travail de propagande en vue de démolir les bases de la société. Ils pénètrent les syndicats, ils poursuivent « méthodiquement, sournoisement » un « travail de désagrégation » dans les camps de bûcherons[71]; leurs propagandistes s'infiltrent dans la « paisible population agricole[72] » de la Beauce, par exemple; ils se lancent à l'assaut de la jeunesse, en distribuant des circulaires communistes aux jocistes lors d'un de leurs congrès en 1935; ils travaillent activement parmi les grévistes et les chômeurs; ils prêchent l'antireligion et s'attaquent à l'Église et au Pape; ils semblent avoir aussi une influence néfaste sur la décence chrétienne des modes. Françoise Michel, rédactrice de la page du « Foyer », dénonce vertement les « désordres » des parcs, des autos, et des sorties sans surveillance ainsi que les costumes de bain et les annonces représentant des femmes nues. « C'est le paganisme soviétique, affirme-t-elle,

> c'est, pour tout dire, une rage de communisme qui se manifeste actuellement dans toutes ces annonces, ces revues, ces journaux et ces livres scandaleux; c'est une rage de communisme qui se manifeste dans tous ces costumes de bain à l'unique maillot et dans toutes ces pièces de cinéma prônant le divorce.

---

70 30 mai 1932.
71 Gérard FILION, « Le communisme chez les bûcherons », article publié dans *la Terre de chez nous* et reproduit dans *l'Action catholique*, 11 novembre 1936.
72 Émile SIMARD, « Propagande à enrayer », article, 26 octobre 1936.

C'est aussi la mentalité communiste qui pousse trop de femmes à braver l'autorité religieuse et à fournir, de ce fait, leur aveugle collaboration aux violateurs de la pudeur chrétienne et de la pureté de nos mœurs[73].

Plus ouvertement, les communistes s'engagent dans une certaine participation électorale. Commentant les résultats des élections fédérales de 1930 (qui portent le parti conservateur de Richard B. Bennett au pouvoir), Roy constate que « parmi les 300 candidats que l'électorat a laissés sur le carreau lundi dernier, nous avons le plaisir de retrouver les communistes qui avaient osé le braver[74] ». Cinq ans plus tard, Fred Rose pose sa candidature à Montréal. Soulignant que son programme semble vanter les mérites de la Russie, L.-P. Roy profite de l'occasion pour dire ce qui, d'après lui, se passe chez les Soviétiques : « Jamais le peuple russe n'a été aussi pauvre, aussi misérable, aussi opprimé par ceux qu'il avait choisis ou qui s'étaient imposés. Ceux qui de leur pauvreté devraient enrichir tout le monde se sont enrichis en appauvrissant davantage les classes populaires[75]. » Les résultats du vote du 14 octobre 1935 le laissent songeur. Les voix exprimées en faveur des candidats communistes au Canada étaient passées de 6 000 (en 1930) à 30 000; Tim Buck, chef du parti au Canada, avait vu la victoire de près, et Fred Rose avait amassé plus de 3 000 votes. « Il est à craindre, conclut-il, que le parti communiste réussisse à pénétrer aux Communes lors des prochaines élections. Il faudrait ignorer la constance des communistes pour ne pas entretenir cette crainte[76]. » Les élections provinciales du 17 août 1936 se révèlent moins encourageantes pour les communistes car leurs trois candidats n'ont obtenu que mille votes. Satisfait de ce résultat, Roy n'en conseille pas moins de demeurer toujours vigilant à leur endroit.

Qu'il y ait eu, au Canada, durant les années 30, une menace communiste aussi sérieuse que l'Action le prétendait, cela est plus que douteux. Par contre, il est évident que de nombreux groupements plus ou moins indépendants les uns des autres ont critiqué assez vigoureusement certains aspects de l'ordre établi. Coller généreusement l'étiquette « communiste » ou « sympathisant » à tous les anticléricaux, à tous les syndicalistes militants (en dehors de la

---

[73] « Les abus modernes et le communisme », éditorial, 10 juin 1933.
[74] « Sur le carreau », éditorial, 4 août 1930.
[75] « « Un Canada socialiste sous un Gouvernement soviétique des Ouvriers et Fermiers » », article, 3 octobre 1935.
[76] « Petites notes », 29 octobre 1935.

C.T.C.C.), à toutes les tribunes un peu démagogiques, voilà qui indique peut-être un excès de zèle du côté de *l'Action catholique*. Néanmoins, pour nous, sa façon de percevoir la réalité demeure plus importante que la réalité elle-même.

En 1931, L'Heureux paraît plutôt optimiste : sans doute existe-t-il déjà un péril rouge au Québec, mais « grâce à Dieu, notre Province est l'un des États où le communisme a le moins de chances de s'implanter, car notre population est religieuse et respectueuse de l'ordre[77] ». Après un an, l'optimisme est un peu plus mitigé. « Notre pays est un de ceux qui peuvent se vanter d'avoir jusqu'ici le mieux échappé aux doctrines communistes », déclare Thomas Poulin, « nous ne pouvons toutefois pas nous vanter de ne pas servir de champ de culture[78]. »

L'Action catholique reproduit une lettre-préface du cardinal Villeneuve pour la brochure du père Archambault sur le péril communiste : « Le communisme au Canada n'est plus un projet, il est une réalité. Le feu en est allumé parmi nous, il est urgent de le circonscrire, puisqu'on ne peut espérer d'ici longtemps l'éteindre. Si tous les efforts ne se concertent, l'incendie va se développer rapidement et il ravagera sans aucun doute et nos institutions et notre société[79]. »

Durant quelques années encore, les rédacteurs de *l'Action* attirent l'attention, à maintes reprises, sur ce qu'ils croient être le danger grandissant du communisme. Tout en admettant que le nombre des communistes demeure relativement faible, Roy rétorque à ses contradicteurs que c'est la croissance de leur influence qui est inquiétante : « C'est l'activité et la puissance de rayonnement des apôtres du communisme qui nous causent des soucis. Dans ce sens, oui ! Nous voyons des communistes partout[80]. » C'est également en 1939, l'année où la paix agitée se transforme en guerre ouverte, que *l'Action* constate un véritable déclin des activités communistes. Louis-Philippe Roy croit pouvoir annoncer enfin : « Un peu partout, dans le pays, le communisme est en baisse. C'est dire qu'il faut continuer la lutte afin de ne laisser aucune chance au vaincu de relever la tête[81]. » Pour le journal catholique, la bataille était sur le point d'être gagnée.

---

[77] « Petites notes », 7 novembre 1931.
[78] « À Paris, à Montréal », éditorial, 3 février 1933.
[79] 15 avril 1935.
[80] « « Vous voyez donc des communistes partout ? » » éditorial, 1er juin 1937.
[81] « Petites notes », 4 janvier 1939.

Durant toute une décennie, donc, on prévient constamment les lecteurs de la progression du péril communiste au Québec. Que propose-t-on pour remédier à cette situation ? *L'Action catholique* ne réussit pas à se libérer de la conception médiévale d'une lutte contre l'hérésie. Selon elle, le communisme étant une hérésie, il faut l'exterminer en y opposant la vérité, c'est-à-dire la doctrine catholique. Se rendant compte que cette méthode ne touche que les convertis, le journal demande l'utilisation de tous les moyens à la disposition des gouvernants en vue de réprimer le communisme. En même temps, les défenseurs de l'ordre établi que sont les rédacteurs de *l'Action,* assurent que la meilleure façon de lutter contre le communisme consiste indiscutablement à éliminer les abus du capitalisme et, ne pouvant dépasser le stade des pieuses exhortations, ils font appel au bras séculier.

Un changement profond de la société, pour déjouer la menace communiste, doit se faire d'abord sur le plan moral. On critique souvent l'étalage des richesses de l'élite aisée et le mauvais exemple donné à la populace par les classes supérieures. Jules Dorion compare le Québec à la Rome de l'Antiquité qui, malgré ses thermes, ses cirques, ses palais et ses festins, fut incapable de résister à la vague rouge de son époque.

On demande aussi que l'élite de la société fasse montre d'une plus grande charité. Dans un mandement dont *l'Action* reproduit des extraits, Mgr Gauthier, archevêque-coadjuteur de Montréal, déclare que « si nous donnions l'exemple du sacrifice et de la charité, nous pourrions enrayer d'efficace façon le progrès de la mauvaise propagande qui se poursuit[82] ».

On souhaite aussi des transformations sociales et économiques, et les nombreuses recommandations faites par les rédacteurs de *l'Action* montrent une certaine compréhension du problème et de la bonne volonté. Inspirés surtout par l'encyclique *Quadragesimo Anno,* publiée en 1931, ils demandent que les abus du système capitaliste soient corrigés, que les misères des classes pauvres soient effacées. « Mais il ne faudrait pas oublier, rappelle Jules Dorion, que le Communisme est une réaction, et que si le peuple n'était pas victime d'abus, il serait beaucoup moins porté à marcher sous l'étendard de la faucille et du marteau. » Et il conclut : « Pourchassons les communistes, c'est très bien; ils sont les apôtres d'une doctrine fausse qui ne peut conduire qu'aux abîmes; mais ne manquons point

---

[82] Compte rendu publié le 26 janvier 1931.

de montrer au peuple qu'il peut compter sur d'autres défenseurs que les Rouges à la Moscou[83]. » Il faudrait alors, comme le conseille L'Heureux, « renoncer à couvrir certains abus inqualifiables qui font haïr injustement le régime économique actuel dit capitaliste[84] ». Le programme de l'École sociale populaire, ainsi que le corporatisme autrichien, portugais et même italien, suscitent beaucoup de commentaires favorables à cet égard.

L'Action croit-elle réellement que le système pourrait changer suffisamment pour faire échec aux menées subversives et au risque de bouleversements sociaux ? Parfois, on affiche un certain optimisme, mais, dès 1936, et surtout sous la plume de Louis-Philippe Roy, d'autres moyens, plus urgents, plus immédiats, sont préconisés.

Pour l'Action, le communisme demeure avant tout une idée, une idée lourde de conséquences, mais une idée tout de même. Comment combattre une idée, à son avis, si ce n'est par une idée meilleure ? Il n'est donc pas étonnant que les rédacteurs conseillent à leurs lecteurs de se rallier à l'Église pour combattre le communisme. Commentant un appel du cardinal Villeneuve dans ce sens, L'Heureux fait observer que « si [...] les chrétiens de notre temps témoignaient davantage au Christ de leur vie chrétienne, l'idée communiste s'effacerait des esprits, et tout mouvement communiste deviendrait impossible[85] ». Et Mgr Gauthier, dans une vigoureuse mise en garde, déclare pour sa part qu' « un homme qui ne fait plus de religion devient la proie facile des mauvaises doctrines sociales[86] ». C'est là une arme de plus, aussi, dans l'arsenal de ceux qui s'opposent aux tavernes, au cinéma et au travail dominical : enivrer l'ouvrier, amollir son sens moral par des films pourris et l'obliger à travailler le dimanche, ceci l'exposerait dangereusement à la propagande communiste. Quant à ceux qui préconisent l'école neutre, qui suggèrent un réseau d'écoles juives ou qui s'attaquent au Conseil de l'Instruction publique, eux aussi préparent admirablement le terrain à la semence communiste. Pour triompher, déclare L'Heureux, il est nécessaire d'enseigner la religion « de plus en plus, de mieux

---

[83]   « Petites notes », 13 août 1931.

[84]   « Le grand conflit actuel », éditorial, 17 janvier 1933.

[85]   E. L'Heureux, « Pourquoi les communistes haïssent l'Église », éditorial, 5 octobre 1936.

[86]   Lettre circulaire de l'archevêque-coadjuteur de Montréal, au clergé du diocèse; texte reproduit dans l'Action catholique, 26 janvier 1931.

en mieux, afin de conjurer le malheur qui guette les sociétés irréligieuses[87] ».

L'*Action* se rend vite compte qu'il ne suffit pas de dénoncer simplement le communisme, et elle approuve sans réserve les Journées anticommunistes et les expositions anticommunistes organisées un peu partout dans la province, souvent sous l'égide de l'École sociale populaire. Dans les renseignements qu'elle donne sur l'organisation des premières Journées anticommunistes à Montréal en 1934, elle explique que leur but est de « faire connaître le communisme dans ses origines, sa doctrine, ses applications, puis étudier les œuvres et les réformes qui s'imposent dans notre pays pour nous préserver de ce fléau[88] ». Le journal donne des comptes rendus détaillés de ces Journées et, à la fin, affirme qu'elles ont été « magnifiquement réussies ». Quant aux expositions anticommunistes, comme celle de Québec tenue au Palais Montcalm en mars-avril 1936, Roy croit qu'elles constituent un moyen de convaincre même les Thomas Didyme de la menace bolcheviste au Québec. Il écrit à ce sujet : « À ceux qui sont las des dénonciations anticommunistes, à ceux qui doutent de leur opportunité, qui crient à l'exagération, qui ne voient ni ne sentent le péril rouge, la prochaine exposition offrira l'occasion de voir, de toucher si nécessaire, quelques-uns des instruments de propagande employés par les agents de Moscou chez nous, dans notre Canada, à Montréal, à Québec, jusque dans nos centres ruraux[89]. »

Il n'est pas surprenant non plus que l'*Action* agite avec vigueur l'épouvantail communiste pour mettre en valeur les diverses organisations catholiques. Sans doute y a-t-il dans ses déclarations une part de sincérité et une part d'opportunité. Ses rédacteurs ne se lassent jamais de répéter que les organisations syndicales catholiques constituent un rempart des plus efficaces contre le danger communiste. Poulin y va de ce commentaire : « Le syndicalisme catholique [...] ne peut être pénétré et miné par le dedans comme sont exposés à l'être les mouvements ouvriers neutres[90]. » C'est un thème qui revient souvent dans les pages du journal.

Il en va de même des scouts catholiques, de l'Union catholique des cultivateurs et des différentes organisations de la jeunesse

---

[87] « Petites notes », 7 décembre 1932.
[88] 27 août 1934.
[89] « Le brasier rouge », éditorial, 11 mars 1936.
[90] « Une force : le partage des forces », éditorial, 13 septembre 1928.

catholique. Demandant aux jeunes de se joindre sans hésiter à l'œuvre de la jeunesse catholique, Roy écrit ce couplet lyrique :

> Jeune homme, il ne faut pas que tu accueilles le présent appel avec un sourire. Tu réalises le danger; tu ne veux pas te classer dans la catégorie des aveugles; tu ne veux pas rester neutre. Il te faut rejoindre une armée car les zones neutres n'existent plus. Veux-tu servir sous Lénine ou sous Pie XI ? Veux-tu recevoir tes ordres de Moscou ou de Rome ? Veux-tu te battre pour la destruction de l'ordre ou pour le maintien de la paix ? Veux-tu lutter pour l'abolition de la religion ou pour l'Église catholique qui te guide vers le Ciel ? Veux-tu le règne de la terreur rouge ou la sauvegarde de la civilisation ?
>
> Je le sens bien, tu préfères te ranger sous l'étendard du Christ. Alors, inscris-toi tout de suite dans l'Action catholique ! Rapporte-toi aux bataillons de la jeunesse qui ambitionne de bouter dehors les exploiteurs de la crise[91].

Roy se sert du même argument un peu plus tard lorsqu'il fait un appel en faveur de souscriptions pour l'A.C.J.C. Si on veut que les jeunes échappent aux tentatives communistes et résistent à leurs « appels hypocrites », il faut leur fournir l'occasion de s'enrôler dans la J.O.C., dans la J.A.C., la J.I.C., la J.E.C., etc.

On emploie le même argument pour accroître le nombre des abonnés. Sur un bulletin de commande publié dans le journal en 1937, on lit qu'il faut s'abonner à l'Action catholique « parce que l'Action catholique est la meilleure arme contre le communisme », et, à la fin de l'annonce, on ajoute : « Catholiques, vous abonner et aider au journal catholique, c'est protéger votre religion, votre famille, vos biens contre le monstre universel, le COMMUNISME[92]. »

Durant toute la période de l'entre-deux-guerres, mais surtout à partir de 1936, l'Action réclame des mesures répressives contre les communistes. On demande des restrictions plus fermes contre les immigrants, prétendant que bon nombre d'entre eux (surtout les Juifs) apportent de leur pays d'origine le microbe bolcheviste. La déportation paraît un bon remède pour ceux qui réussissent à s'infiltrer dans le pays : « Pour notre part, nous croyons que le pays ferait un bon placement en dépensant quelques piastres pour renvoyer chez eux les agents du bolchevisme. Si nous les gardons ici ils nous donneront de la misère et cela nous coûtera aussi quelques sous[93]. »

---

[91] « Aux armes jeunes gens ! Guerre au communisme qui nous menace », éditorial, page de « La Voix de la Jeunesse catholique », 8 avril 1933.

[92] 29 mai 1937. C'est l'Action catholique qui souligne.

[93] « Chez les ouvriers », 18 février 1931.

Les rédacteurs de *l'Action,* et surtout le docteur Roy, réclament diverses mesures en vue de supprimer la publication et la distribution de brochures de propagande communiste et de limiter, sinon interdire complètement, les activités du parti. À l'accusation, plusieurs fois répétée, d'être hostiles à la démocratie, les rédacteurs rétorquent, dans leurs éditoriaux, que le régime démocratique a été d'une trop grande bonté devant la menace communiste, qu'on ne peut pas permettre à l'erreur les mêmes libertés qu'à la vérité, et que ceux qui s'opposent à sa façon de penser sont soit des sympathisants du parti communiste, soit des personnes extrêmement naïves.

L'Action fait de nombreuses interventions en faveur du projet de Wilfrid Lacroix, député de Québec–Montmorency à Ottawa. Ce projet permettrait au ministre des Postes d'interdire l'expédition de toute littérature communiste. Devant les objections de bon nombre de députés, Roy demande si « l'expérience du cheval de Troie » va se répéter au Canada et signale l'activité subversive de Tim Buck, « l'agent de Staline[94] » au Canada. Le bill ayant été abandonné sans avoir été soumis au vote, Roy conclut : « La loi des postes ne peut rester telle qu'elle est actuellement. Il va falloir trouver les moyens de protéger les citoyens contre la paganisation montante et contre le communisme athée[95]. »

En octobre 1936, 15 000 fidèles (dont le cardinal Villeneuve, le maire J.-Ernest Grégoire et le premier ministre Maurice Duplessis) se réunissent au Colisée de Québec pour déclarer la guerre au communisme. Mais les supplications incessantes de *l'Action,* et du clergé en général, pour la suppression du communisme, ne seront vraiment entendues qu'en 1937. Après avoir maintes et maintes fois menacé et dénoncé le communisme, Maurice Duplessis décide de passer aux actes et, en mars, il fait adopter à l'Assemblée législative la Loi du cadenas. Cette mesure rend illégales la publication et la distribution de « littérature pernicieuse » et prévoit la fermeture, par cadenas, des édifices où ont lieu des activités « subversives ».

Cette loi suscite immédiatement l'admiration de Louis-Philippe Roy, selon qui le gouvernement québécois « n'avait pas le choix des moyens » pour « remédier aux déficiences des lois actuelles[96] ». La C.C.F. dénonce la loi sans tarder, affirmant qu'elle est inconstitutionnelle, et demande au gouvernement King de la désavouer.

---

[94] « Comme une anguille dans le sel », éditorial, 15 avril 1939.
[95] « Comment on tue un projet de loi », éditorial, 25 mai 1939.
[96] « Excellente loi », éditorial, 18 mars 1937.

Répondant à ces diverses critiques dans un éditorial, L'Heureux traite les députés C.C.F. de « messieurs de l'extrême-gauche, qui ne se prétendent nullement liés au communisme »; quant à la constitutionnalité de la loi, il tranche la question catégoriquement : « Des exigences constitutionnelles qui empêchent l'État d'organiser sa défense contre certains éléments de désordre n'ont aucune raison d'être; elles doivent disparaître ou on doit les contourner.» Même si l'application de la loi comporte de nombreux risques, L'Heureux refuse de se laisser convaincre. À son dire, « le péril communiste est infiniment plus grave que cette menace d'abus de pouvoir. En ce moment, la société a plus besoin d'ordre et de protection que de liberté démocratique[97].»

Le gouvernement Duplessis semble pourtant hésiter à appliquer la Loi du cadenas et l'Action déplore à plusieurs reprises son inaction. Le 31 octobre 1937, une autre assemblée se tient au Colisée : le cardinal Villeneuve demande que les gouvernants défendent le Québec contre le communisme. Le prélat conclut son discours en lançant un « ultime avertissement » : si la loi qu'il nous faut n'existe pas, « qu'on la fasse, cette loi, *sinon nous en exercerons le droit de nature*[98] ».

C'est après cet incident spectaculaire que Duplessis commence à appliquer la Loi du cadenas. Elle est invoquée pour museler le journal *Clarté* et pour fermer la résidence de Jean Perron, son rédacteur en chef. En vertu de la même loi, la police de Québec opère de nombreuses « descentes » qui permettent de confisquer de la littérature dite communiste. En effet, entre novembre 1937 et avril 1938, 532 volumes « communistes » de 312 auteurs différents sont saisis à Québec.

En même temps, l'opposition mobilise ses forces et s'attaque vigoureusement à la loi. *L'Action* en dénonce tous les adversaires, se dit d'avis que le fédéral n'oserait jamais agir pour « saboter cette loi salvatrice[99] », félicite les autorités policières de leurs perquisitions et énumère les « bienfaits » de la loi. Selon le docteur Roy, au début de 1939, la Loi du cadenas avait « paralysé l'expansion du communisme » et réprimé le mal dans une large mesure[100].

C'est la lutte anticommuniste de *l'Action catholique* qui fait ressortir quelques-unes des convictions les plus profondes des rédac-

97   « M. Woodsworth se trompe », éditorial, 24 mars 1937.
98   2 novembre 1937. C'est nous qui soulignons.
99   L.-P. ROY, « La loi du Cadenas et le désaveu », article, 8 mars 1938.
100 « Pour empêcher le communisme de relever la tête », article, 13 janvier 1939.

teurs. Pour eux, la naissance et le développement rapide, dans le Québec de l'entre-deux-guerres, d'idées plus ou moins radicalement opposées à l'idéologie catholique traditionnelle semblaient très lourdes de conséquences. À chaque occasion, ils montraient que l'idée communiste était à la base de bien des grèves, des désordres, de nombreux mouvements de réforme, du déclin de la moralité publique... Rien d'étonnant alors à ce qu'ils aient mené une croisade en vue d'éliminer, par tous les moyens, cette idée « malsaine » : c'était pour eux la meilleure façon de sauver l'ordre traditionnel et de garantir au sein de cet ordre le rôle dominant de l'Église catholique.

On ne pouvait croire que le monde de l'entre-deux-guerres était la scène d'une bataille rangée entre la vérité catholique et le mensonge socialiste-communiste sans verser dans le fanatisme. Et pour le fanatique, il était facile de soutenir la nécessité de subordonner tout autre impératif à cet impératif primordial qu'était le salut du catholicisme. Sans doute ce climat ne convenait-il pas au respect des libertés démocratiques de parole, de presse et d'assemblée. Aussi a-t-on vu, dans quelques cas, des citoyens agir en marge des lois pour empêcher des « communistes » (mot dont la définition demeurait toujours très vague) de prendre la parole et de se réunir, et être chaleureusement félicités par l'*Action*[101]. Mais compte tenu de leur conviction que le mal sur le plan doctrinal était nettement plus grave que les autres problèmes d'ordre économique, social ou humain, l'attitude des rédacteurs du journal n'étonne guère.

La vigoureuse réaction de l'*Action* (et de l'Église québécoise) contre les idéologies de gauche a-t-elle conduit à l'échec des critiques du statu quo social ? Sur le coup, elle a certainement fait taire les porte-parole d'idéologies opposées à l'idéologie officielle. Mais en fait, cette réaction n'a-t-elle pas tout simplement retardé l'échéance et, donc, accru l'intensité du bouleversement futur ?

---

[101] C'était le cas des étudiants qui ont empêché la tenue d'une assemblée des Amis de l'Union soviétique en octobre 1937 (Voir L.-P. ROY, « Un cadenas qui ne ferme pas », éditorial, 25 octobre 1937 et E. L'HEUREUX, « L'inconséquence des chrétiens », éditorial, 26 octobre 1937).

CHAPITRE IX

DEUX DANGERS : LA DÉGÉNÉRESCENCE MORALE ET LA MENACE ANGLO-PROTESTANTE

La menace sur le plan de la doctrine n'était pas la seule à se poser pour la collectivité franco-catholique du Canada. D'une part, à l'intérieur, une décadence morale, déjà prononcée selon certains, menaçait de saper les forces vives de la nation. En vue de parer à ce danger, *l'Action* fait campagne en faveur des positions morales soutenues par l'Église, elle lance des appels pressants aux autorités gouvernementales, leur enjoignant d'adopter des législations de nature à favoriser une moralité publique plus « catholique ». D'autre part, à l'extérieur du Québec, les Anglo-protestants semblaient s'acharner contre tout ce qui était français et catholique. Dans les huit provinces majoritairement anglophones, on continuait à nier les droits linguistiques et les droits à l'éducation de la minorité, tandis qu'à Ottawa, le bilinguisme n'avançait qu'à pas de tortue ou pas du tout.

Le déclin de la moralité

Certains problèmes préoccupent particulièrement les rédacteurs de *l'Action* : par exemple, ils rédigent bon nombre d'éditoriaux sur les questions touchant l'alcool, le cinéma, le divorce et le travail dominical. D'autres sujets d'ordre moral, comme la danse, les inquiètent moins, comme nous le verrons.

C'est entre 1917 et 1921 que la croisade prohibitionniste bat son plein : le fédéral adopte la loi Scott et le provincial, la loi Taschereau, en vue de contrôler la vente et la consommation des boissons alcooliques. *L'Action* fait sienne la thèse prohibitionniste et devient l'un de ses plus ardents défenseurs. Les raisons qui motivent sa campagne sont multiples : il faut libérer la population de « la tyrannie de l'empoisonnement alcoolique[1] », empêcher une

---

[1] « Encore quelques témoins », éditorial, 5 mars 1917.

« foule de malheurs » de gâter son avenir, libérer le grain utilisé pour l'alcool afin de faire baisser le prix du blé, diminuer le coût de la justice en réduisant le nombre des infractions criminelles[2], éviter de tomber dans le piège tendu par les Juifs qui cherchent à enivrer les populations chrétiennes pour mieux les dominer[3], et enfin, faire échec aux bolchevistes et à tous les révolutionnaires dont le succès dépend de la décadence de la population[4].

Durant toute la période de 1917 à 1939, mais surtout immédiatement après la guerre, les rédacteurs de *l'Action* pestent contre la boisson, dénoncent les abus, réclament des mesures législatives, célèbrent les victoires remportées par les partisans de la tempérance et, de plus en plus souvent, déplorent les échecs. Le référendum sur la prohibition tenu à Québec en octobre 1917 fut un succès et, au cours de la campagne, *l'Action* soutenant qu'il restait « une crête de Vimy à conquérir » pour débarrasser la ville de Québec de « l'hydre alcoolique[5] », le journal affirme presqu'en s'agenouillant : « Notre premier besoin est de crier vers Dieu pour le remercier de la protection si visible dont il a couvert notre cause et ses représentants[6]. » Quatre mois plus tard, quand l'Assemblée législative vote une loi prohibitionniste, *l'Action* ne tente pas de dissimuler sa joie. « Québec, dit-elle, vient de mettre le couronnement à une des plus importantes entreprises de régénération sociale. Québec vient de cesser d'être la province abreuvoir[7]. »

Mais la satisfaction est éphémère et *l'Action* doit continuer de se plaindre des abus qui persistent. Elle soutient que les autorités manquent gravement à leur devoir, ou qu'elles l'accomplissent sans zèle et que les fraudeurs se multiplient[8]. On rapporte que dans les trains la situation est effrayante. Après un voyage de Lévis à Rivière-du-Loup, l'abbé Lavergne, scandalisé, déclare avoir vu, dans chacun des wagons, « quelques êtres à face humaine que l'alcool avait ravalés aux apparences de la brute [...] Quelques-uns dormaient renfrognés sur les banquettes, d'autres [...] vociféraient, crachaient

2 « Ottawa agirait... », éditorial, 19 mai 1917.
3 « Memento de la tempérance », 30 décembre 1921.
4 « Toujours le même », éditorial, 11 mars 1919.
5 « Debout ! » éditorial, 7 septembre 1917.
6 « La victoire », éditorial, 5 octobre 1917.
7 « Le couronnement », éditorial, 9 février 1918.
8 « Le scandale continue... », éditorial, 12 décembre 1919; « Épiciers fraudeurs : les « Monsieur » », éditorial, 10 janvier 1920; « Loi de tempérance », éditorial, 20 avril 1920.

leurs obscénités et leur haleine empestée à la face des femmes apeurées, et de tout le monde[9]. »

Pire encore, les antiprohibitionnistes remontent peu à peu la pente et *l'Action* commence à essuyer des échecs : en 1919, la ville de Québec vote en faveur des vins et de la bière; en 1921, la loi Scott est rappelée, et remplacée par une Loi des liqueurs qui sera à son tour amendée à plusieurs reprises. En 1923–1924, l'abbé Lavergne signe une série de douze éditoriaux pour déplorer la « dégringolade » et demander un renversement du courant. Mais ses efforts seront vains et *l'Action* aura à s'habituer à un nouvel ordre qu'elle ne souhaite nullement.

La lutte vigoureuse du journal catholique contre le cinéma ne connaîtra pas plus de succès : une fois de plus, contre son gré, il sera obligé d'abandonner la partie et de se résigner. Aucun langage ne semble trop fort quand il s'agit d'attaquer : le cinéma est une « école publique de la débauche et du crime[10] », une « école de vice et de honte[11] », l' « antichambre de la prostitution[12] », « le démon qui préside à l'abâtardissement des foules[13] »... Selon l'abbé É.-V. Lavergne, le cinéma contribue à « déformer les intelligences, à dépraver les cœurs, à pousser dans les voies de la luxure les âmes qu'il finira par damner[14] ». Un autre rédacteur promet une « guerre sans merci à ce pervertisseur, à ce corrupteur, jusqu'à ce qu'il soit couché dans le linceul naturel de sa pourriture et solidement enfermé dans un tombeau[15] ». Et, bien entendu, on y voit, comme partout ailleurs, la main du Juif qui poursuit son œuvre diabolique de démoralisation des chrétiens[16].

Se rendant compte qu'elle va à contre-courant, *l'Action* recule lentement. Elle essaie tout de même de défendre certains remparts. En 1922, l'abbé Lavergne croit bon de faire une distinction entre le « bon cinéma » et le « mauvais ». Avouant que le cinéma pourrait être une « bienfaisante récréation », il fait néanmoins la mise en garde suivante : « Nos lecteurs ne doivent pas interpréter cette

---

[9] « Ensuite on jugera », éditorial, 5 janvier 1920.
[10] « Criminel favorisé », éditorial, 13 mars 1917.
[11] « La barrière renversée », éditorial, 2 mai 1918.
[12] « Le malfaisant cinéma », éditorial, 21 mai 1919.
[13] É.-V. LAVERGNE, « Au plus pressé ?... » éditorial, 8 novembre 1921.
[14] « Profiteurs ! » éditorial, 2 février 1920.
[15] « Sur les ruines », éditorial, 3 mars 1920.
[16] J.-A. FOISY, « Juiverie artistique », éditorial, 13 juin 1921; Ferdinand BÉLANGER, « En passant », 3 septembre 1924.

attitude comme un encouragement à fréquenter les théâtres. La vie de famille est cent fois plus saine[17].» Ferdinand Bélanger, lui, assure qu' « il n'y a pas pour les enfants et les adolescents de bon cinéma[18] ». C'est en vue d'interdire le cinéma aux enfants et d'empêcher la projection de films jugés immoraux qu'on continuera la lutte durant les années 30.

Le taux croissant des divorces se révèle un autre des soucis de *l'Action*. Bien que le nombre des divorces au Québec monte graduellement, on se félicitera que la province n'ait pas sa propre cour de divorce. En effet, le journal pourra toujours, en signalant les statistiques beaucoup plus élevées dans les provinces anglaises et aux États-Unis, vanter la supériorité morale de l'ordre établi au Québec. La loi, pour *l'Action,* demeure le plus fort et le plus sûr soutien de la moralité.

L'arsenal à la disposition de *l'Action* dans sa campagne contre le divorce, cette « peste sociale », cette plaie, comprend d'autres armes, en plus des objections de la théologie traditionnelle et des prétentions que « la légèreté » et « l'appétit des jouissances matérielles » se trouvent à l'origine de la plupart des désordres matrimoniaux[19]. Permettre le divorce, soutient-elle, serait se mettre en route vers l'instauration d'un régime d'amour libre[20]. Comme l'affirme « Paul-Henri », l'aboutissement logique de cette attaque contre la « citadelle du mariage » en ferait « un lieu de rencontre quelconque, une sorte d'hôtellerie plus ou moins malfamée et très achalandée, où l'on viendra s'enivrer d'amours frelatées, en attendant le jour où tout s'abîmera dans un immonde cloaque qui s'appelle l' « union libre »[21] ». De plus, le divorce affaiblirait certainement l'armature sociale du Canada, au moment où « la révolution armée du tomahawk bolcheviste est à nos portes[22] ». Jules Dorion réagit avec sérénité, mais se dit d'accord avec les autres rédacteurs sur les conséquences probables du divorce : il conduirait le pays au communisme et au socialisme[23]. Par ailleurs, on essaie de prouver,

---

[17]   « Le bon théâtre », éditorial-commentaire, 13 mars 1922.

[18]   « En passant », 26 mai 1923.

[19]   F. BÉLANGER, « Le divorce », éditorial, 2 juillet 1926.

[20]   « Encore le divorce », éditorial, 14 mai 1918; « La rouille », éditorial, 3 juillet 1919; T. POULIN, « La famille : une mesure qui prime », éditorial, 20 juin 1927.

[21]   « Les Chevaliers pleurnicheurs », éditorial, 12 avril 1920.

[22]   « Ce qui est à l'enjeu », éditorial, 14 mai 1919.

[23]   « Le débat », éditorial, 18 juin 1925.

chiffres à l'appui, que le divorce est lié à « toutes les manifestations de dégénérescence », surtout au suicide et à la folie[24].

L'Action aurait préféré, s'il faut en croire Poulin, que le divorce fût rayé complètement des lois canadiennes[25], mais, en fait, elle se contentera de défendre, dans la mesure du possible, le statu quo. Chaque fois que l'on suggère de nouvelles « innovations[26] » en la matière, le journal les repousse catégoriquement. Quand le projet du « puissant démolisseur[27] » Nickle est adopté à la Chambre des Communes, en 1919, *l'Action* le qualifie d'un « des plus néfastes qui soit[28] » et demande que le Sénat s'empresse de l'étouffer dans l'œuf. L'année suivante, « Paul-Henri » s'exclame que le bill du sénateur Ross visant à établir un tribunal de divorce en Ontario, ne fera qu' « aggraver les causes déjà fécondes de folie », et qu'il légalisera tous les « caprices des époux » et les « débauches conjugales[29] ». Certains de ceux qui cherchent à rendre le divorce plus facile prétendent que le régime existant, qui implique pour le demandeur des dépenses très élevées devant le Sénat canadien, n'est pas très démocratique. Feignant la sympathie, Albert Foisy s'empresse de rétorquer tout en s'attaquant une fois de plus à la démocratie : « Naturellement, en pays démocratique, il faut que les pauvres aient les mêmes avantages que les riches et si ces derniers avec leur argent peuvent acheter des moyens spéciaux de se damner et de se perdre, la prévoyance du gouvernement démocratique va s'efforcer de mettre ces mêmes moyens à la portée des petites bourses[30]. » En 1930, un nouveau projet de loi patronné par J. S. Woodsworth et ayant pour but de doter l'Ontario d'une cour de divorce, est repoussé en Chambre par un seul vote. « Encore une fois, déclare Joseph Dandurand, l'Ontario évitait de se faire imposer ces détestables tribunaux de divorce[31]. » Cependant, deux mois plus tard, l'Ontario avait sa cour. Pour Dorion, c'est une « date noire » : « Et nous qui sommes une jeune nation, qui habitons un pays où presque tout est

[24] Paul-Henri, « Vos largesses, gardez-les ! » éditorial, 17 avril 1920.
[25] « Le divorce : uniformité à rechercher », éditorial, 13 mai 1929.
[26] « Encore le divorce », éditorial, 14 mai 1918.
[27] « Vers l'abîme », éditorial, 23 juin 1919. Il s'agit de William F. Nickle, député conservateur de Kingston.
[28] « La rouille », éditorial, 3 juillet 1919.
[29] « Vos largesses, gardez-les ! » éditorial, 17 avril 1920.
[30] « La contagion », éditorial, 9 mars 1923.
[31] « Le bill Woodsworth », éditorial, 14 mars 1930.

encore à faire, nous nous laissons prendre au plus grand mensonge social qui ait jamais menacé la famille et donc les peuples[32] !» Ainsi discrédité, le divorce peut à son tour servir à dénigrer les partisans d'autres idées « dangereuses ». On rattache le divorce, par exemple, au mouvement des suffragettes; les rédacteurs s'en servent aussi pour déprécier « cette funeste démocratie[33] ». Et ils le citent comme exemple pour montrer la véritable fragilité, en dépit de son succès matériel, du système américain[34]. En 1931, constatant que l'Île-du-Prince-Édouard n'avait eu qu'un seul divorce depuis la Confédération, Le Glaneur en tire une morale à l'intention des Québécois. « Remarquons, dit-il à ses lecteurs, que l'Île du Prince-Édouard est une province presque exclusivement agricole; on n'y rencontre que quelques villes, et ce sont plutôt de grands villages. En outre, sa population est presque exclusivement canadienne, les immigrants y étant chose presque inconnue. La conclusion est facile : L'immigration et les grandes villes ne sont pas des bienfaits sociaux[35]. »

En ce qui concerne le divorce, donc, la situation, quoique extrêmement inquiétante ailleurs dans le monde, permet encore d'entretenir des espoirs quant au bastion québécois. Là seulement le cœur demeure relativement pur, grâce à l'influence bienveillante du clergé et des organismes catholiques. Là, heureusement, les croyances religieuses sont encore vives[36]. Osera-t-on mettre en danger cette structure encore solide mais exposée tout de même aux vents périlleux de l'extérieur, en préconisant des changements fondamentaux dans le domaine de l'éducation, dans la situation dominante de l'Église, etc. ? Au contraire, répond l'Action, il faut, devant chaque nouvelle tempête, se mettre à colmater les brèches.

Un autre problème moral qui fait couler beaucoup d'encre dans l'Action catholique, surtout après 1923, est celui du travail dominical, qualifié toujours de véritable fléau. Au début, on soupçonne même l'existence d'une conspiration. « Plus nous observons, fait remarquer Jules Dorion,

et plus nous y réfléchissons, plus nous glissons sur la pente de cette conviction que la province de Québec est actuellement la victime d'un complot qui

32   « Une date noire : la cour de divorce en Ontario », éditorial, 17 mai 1930.
33   « Le péril du divorce », éditorial, 9 septembre 1918.
34   « En passant », 2 janvier 1920; « Vie catholique », 23 novembre 1921.
35   « Petites notes », 4 mars 1931.
36   J. DORION, « La loi du divorce et son absurdité », éditorial, 22 mars 1928.

tend à la déchristianiser, à la dépouiller de ce caractère particulier qui faisait jusqu'ici à bon droit son orgueil, à en faire en somme une province qui ne serait plus catholique que de nom, et serait descendue au niveau de ces pays où les hommes ne vivent plus comme des hommes, mais comme des brutes[37].

Peu importent les causes, les conséquences de cette honteuse profanation du jour du Seigneur ne peuvent être que des plus néfastes. Dorion nous avertit que « le torrent de la colère de Dieu déborde lorsque les églises, qui sont ses digues, ont été vidées par le travail du dimanche[38] ». De telles violations, répète-t-il, exposent le pays et le peuple à « des malheurs terribles[39] », dont les guerres, les famines, les tremblements de terre, les épidémies, les révolutions, les grèves, le chômage, etc. Même le bolchevisme pourrait en être un des résultats[40], et on n'hésite pas à évoquer l'exemple russe pour montrer jusqu'où la déchristianisation, facilitée au Québec par ce fléau qu'est le travail du dimanche, peut logiquement mener. L'Action seconde le travail de la Ligue du dimanche, et elle demande au gouvernement d'agir. La situation ne s'améliore cependant pas et l'Action essuie un autre échec.

Le journal s'en prend également aux « vestibules du libertinage » et aux « écoles de débauche » que sont les salles de danse, et prétend que « les danses restent une formidable occasion de chutes[41] ». On critique aussi les modes féminines qui font que, pour certaines femmes, « il n'y a pas plus de bon sens dans leurs têtes que de vêtements sur leurs épaules[42] ». Même l'heure avancée est vivement déplorée comme un « bouleversement de l'ordre naturel » où on peut voir « la griffe de la franc-maçonnerie[43] ». Lors d'un référendum sur cette question, à Québec en 1924, Jules Dorion demande que la population vote « non », afin que cesse une fois pour toutes « ce chambardement des horloges dont nous sommes affligés tous les printemps[44] »; après son échec, le directeur prophétise que « le gâchis de l'heure continuera de régner de plus belle dans la province de Québec » et que, désormais, beaucoup de « pauvres dia-

37 « Le dimanche », éditorial, 23 octobre 1923.
38 « Le travail du dimanche », éditorial, 3 avril 1924.
39 « Pourquoi l'autorité publique ? » éditorial, 15 décembre 1923.
40 J. DORION, « Notre dimanche : on veut le tuer », éditorial, 28 décembre 1929.
41 É.-V. LAVERGNE, « Salles de danse », éditorial, 27 avril 1921.
42 ID., « Sur leurs épaules », éditorial, 6 juillet 1921.
43 L'abbé G. DUGAS, cité dans « En passant », 13 mars 1922.
44 « Le Référendum », éditorial, 24 avril 1924.

bles » auront à « sauter du lit avant cinq heures » et à se priver de la messe du matin « qui faisait leur consolation et leur force[45] ».

Les journalistes s'inquiètent aussi du taux croissant de la criminalité, des « mauvais livres » vendus dans des « foyers de pestilence[46] », de la « plaie » des « maisons louches[47] », de « l'épidémie nationale[48] » du blasphème et de l'emprise accrue du matérialisme américain sur la société[49].

Sur le plan moral, les campagnes de *l'Action,* ses appels, ses prières, ses espoirs se soldent, le plus souvent, par des échecs. Elle s'en rend compte et se décourage. Dès 1921, Foisy se plaint qu' « aujourd'hui, plus que jamais, on proclame partout [...] que le monde s'en va à la ruine, que les nations sont en pleine décadence, parce qu'on oublie Dieu, qu'on s'enlise dans un matérialisme jouisseur et grossier. Rien n'est plus vrai que cette constatation. Le plaisir, et l'argent qui achète le plaisir, semblent être les seuls et uniques mobiles à toutes les actions, la seule fin de la vie[50]. » À moins d'un changement radical, proclame ce même rédacteur, les conflits les plus horribles vont éclater.

En 1930, Dandurand gémit sur le « paganisme des mœurs[51] » qui semble ouvrir le chemin au bolchevisme. Revenant à la charge quelques années plus tard, Dorion laisse entrevoir les conséquences de cette perversion des masses :

> Croit-on que les masses que l'on a habituées à travailler le dimanche, à s'engouffrer dans des théâtres où elles se déchristianisent en même temps qu'elles se dénationalisent, ne présentent pas aujourd'hui un témoin tout préparé pour les idées anti-sociales que les moscoutaires viennent y semer.

[45] « Le vote d'hier », éditorial-commentaire, 29 avril 1924.
[46] J. DORION, « Foyers de pestilence : les connaît-on ? » éditorial, 25 janvier 1930.
[47] ID., « Une plaie », éditorial, 29 septembre 1923.
[48] ID., « Le blasphème : une épidémie », éditorial, 3 mai 1930.
[49] *L'Action* a organisé, surtout au cours des années 20, plusieurs concours d'abonnements. La publicité de la campagne de 1923 montre des sacs d'argent marqués « succès » (16 janvier 1923), ou une main remplie de pièces d'argent (12 janvier 1923)! À la fin de 1922, annonçant le concours, avec $3 000 en prix et commissions, on montre l'image d'un galion espagnol : « Ces galions portaient les fortunes des hommes d'hier, des hommes qui avaient profité de l'occasion qui s'était présentée. Bien que les temps ont changé, ne rencontre-t-on pas aujourd'hui des occasions aussi avantageuses ? »
[50] « L'espoir de demain », éditorial, 2 juillet 1921.
[51] « Noël prochain : en Russie et chez nous », éditorial, 16 décembre 1930.

Comment parler de devoir à des gens que l'on regardait avec indifférence s'éloigner de Dieu, et le renier en profanant le jour qu'il s'est réservé ? Comment parler de résignation et même de générosité à ceux chez qui on n'a laissé se développer que des appétits[52].

Il faudrait alors envisager le pire et, quand la guerre se déchaîne de nouveau sur l'Europe en septembre 1939, les rédacteurs de *l'Action* croient que le déclin des mœurs doit compter parmi les causes de l'hécatombe.

De plus, l'échec des diverses croisades de moralité menées par le journal entre 1917 et 1939 rend les rédacteurs profondément pessimistes et nostalgiques du passé. Cela ne facilitera guère leur adaptation aux changements.

La menace anglo-protestante

Que le fervent catholicisme des rédacteurs de *l'Action catholique* ait fortement influencé leur façon de voir les principaux événements de l'entre-deux-guerres, soit sur le plan extérieur, soit sur le plan intérieur, ne fait aucun doute. Mais, par contre, il serait exagéré de prétendre que d'autres considérations, d'autres facteurs, n'ont pas joué en même temps un rôle significatif dans l'orientation du journal. Une de ces composantes est, bien entendu, l'appartenance ethnique des journalistes de *l'Action* : le fait d'être Canadien français renforcera certains complexes dus à leur affiliation religieuse.

Durant toute cette période, *l'Action* ne portera jamais de jugement favorable sur les Canadiens anglais, ni en tant que protestants, ni en tant qu'Anglais. D'abord, des considérations d'ordre religieux l'amènent à se défier des protestants : après tout, n'ont-ils pas choisi la voie de l'erreur, n'ont-ils pas repoussé obstinément la seule et unique vérité ? *L'Action* a beau protester de sa largesse d'esprit et de ses désirs de bonne entente : au départ, elle ne peut se libérer de ce sentiment d'amertume et de méfiance qu'on éprouve à l'endroit de ceux qui sont, sans nul doute, dans l'erreur; elle est de plus influencée par l'antipathie religieuse et la mauvaise volonté manifestée par les Canadiens anglais. Elle reproche, en outre, aux Canadiens anglais de faire montre trop souvent d'un complexe de supériorité, surtout à l'égard des Canadiens français. Ainsi, l'abbé Édouard-Valmore Lavergne reprend à son compte l'appellation ironique de « race supérieure » :

---

[52] « Coup d'œil circulaire, ici et ailleurs », éditorial, 6 juin 1936.

C'est la marque de commerce d'un pompon, très en honneur et très porté chez nos bons amis de Toronto, qui croient l'avoir inventé et prétendent avoir seuls le droit de s'en orner. Comme un panache fièrement dressé dans un geste d'arrogant défi, ils le hissent. En voyage, ou chez eux, au repos, ou au travail, dans le Parlement, dans la finance, dans le commerce, dans leurs clubs, jusque dans les prisons ils en font parade. Sur les chapeaux soyeux et hauts de forme, sur les « melons » verdis, sur les casques de riches fourrures ou de vulgaires peaux de chat, sur toutes leurs coiffures, calottes chamarrées d'or ou dégoûtantes de crasse, partout, beau temps, mauvais temps, ils le plantent. C'est leur étendard, leur annonce, leur symbole[53].

J.-Albert Foisy se moque lui aussi de l'arrogance de la dite « race supérieure » et s'amuse à faire l'énumération des qualités de la Ville-Reine. « Comme tout le monde le sait, explique-t-il, la ville de Toronto est la plus pure, la plus patriotique, la plus tolérante, la plus généreuse, la plus chaste, la plus tempérante, la plus industrieuse, la plus intelligente, la plus progressive, la plus calomniée, la plus humble, la plus démocratique, la plus loyale, la plus courageuse, la plus méritante de tout le Canada, de toute l'Amérique, de tout l'Empire britannique, de tout l'univers[54]. » Et il ajoute pour compléter ce portrait déjà flatteur, « c'est de Toronto que vient la lumière. Comme le coq de Rostand, c'est elle qui donne au soleil le signal de paraître, et si un cataclysme la faisait disparaître tout-à-coup, le monde serait plongé dans les ténèbres de la barbarie, parce qu'il n'y aurait plus Toronto pour lui enseigner la civilisation et toutes les vertus[55]. »

Cette attitude hautaine des anglophones semble être en partie basée, d'après les rédacteurs, sur leurs éblouissants succès matériels. Pour Foisy, les Anglais, « du haut de leurs monceaux d'or, de leurs comptoirs et de leurs vastes industries[56] », regardent avec le plus grand dédain le peuple canadien-français, attaché loyalement à la terre, matériellement pauvre, mais honnête et profondément intéressé par les choses de l'esprit.

Les Anglais sont également coupables de nombreuses autres fautes qui n'augmentent guère l'estime que l'*Action catholique* leur porte. Ce sont eux qui ont accordé le droit de vote aux femmes, violant ainsi de « saines traditions de bon sens et de christianisme[57] ». Le crime, le divorce et d'autres vices se propagent chez

---

[53]   « « Race supérieure » », éditorial, 7 avril 1921.
[54]   « Les très purs », éditorial, 24 octobre 1922.
[55]   *Ibid.* Amen !
[56]   « Aux cultivateurs », éditorial, 21 juin 1920.
[57]   J.-A. FOISY, « Le suffrage féminin », I, éditorial, 7 février 1922.

eux : autant de preuves de l'américanisation dans laquelle ils sombrent. De plus, on les accuse de manquer de patriotisme. « Pendant que les Canadiens français ne veulent pas avoir d'autre patrie que le Canada, écrit Foisy, les Anglais ne voient leur *home* que de l'autre côté des mers[58].» Selon *l'Action,* ces différences de personnalité et de mentalité nuisent beaucoup à tout espoir d'entente.

À cette incompatibilité initiale due à la différence de langue et de confession religieuse, viennent s'ajouter les persécutions dont sont victimes les Canadiens français dans les provinces anglophones. Parmi les adversaires les plus acharnés des catholiques, du moins immédiatement après l'armistice de 1918, se trouvent les orangistes : Foisy, surtout, perd patience et s'en prend à eux aussi souvent que possible. « La province d'Ontario, qui se proclame la province la plus éclairée, ne passe pas de semaines sans y aller de son mensonge et de son attaque contre le catholicisme, contre les prêtres, contre la doctrine catholique[59] », déclare ce rédacteur. Un peu plus tard, parlant de ce qui se passe en Irlande, il flétrit la « haine satanique » des orangistes ontariens et propose, en conclusion, une ligne de conduite assez rigide à leur égard : « Il n'y a [...] pas de compromis possible avec ces gens-là. Chaque fois que nos représentants céderont sur un point, à leurs demandes, c'est un aliment nouveau qu'ils donneront à la flamme de leur haine. Comme nous le disions, il n'y a pas longtemps, on ne discute pas avec des chiens enragés[60]. »

Un jour, le *Chronicle-Telegraph* de Québec affirme que *l'Action catholique,* avec *le Devoir* et *le Droit,* par la bigoterie et l'intolérance qu'ils manifestent, sont « l'exacte contre-partie » de l'*Orange Sentinel.* Ferdinand Bélanger trouve cette affirmation absolument « délicieuse » mais, à la fin de son commentaire, il perd sa bonne humeur et dénonce violemment cette « odieuse comparaison[61] » du journal anglophone de Québec.

De plus, *l'Action* déplore amèrement les souffrances de la minorité catholique sur le plan scolaire. Les revendications de ses coreligionnaires l'intéressent beaucoup et chaque coup porté aux écoles catholiques est ressenti personnellement par *l'Action.*

Les persécutions linguistiques ne peuvent pas être séparées des persécutions religieuses. Les minorités canadiennes-françaises des

---

58   « Humbles et délicats », éditorial, 8 mars 1921.
59   « Toujours le mensonge », éditorial, 15 juin 1920.
60   « La haine satanique », éditorial, 27 mars 1922.
61   « En passant », 3 décembre 1925.

provinces anglaises connaissent alors des difficultés autant parce qu'elles parlent français que parce qu'elles pratiquent la religion catholique. Il faut dire qu'à ce moment-là, les deux facteurs stimulent également l'animosité des anglophones.

L'époque que nous étudions est celle qui suit la promulgation du célèbre Règlement XVII en Ontario[62]; celle des nouvelles lois antireligieuses au Manitoba (la province où « l'étroitesse du préjugé [antifrançais] s'est jusqu'ici insinuée de la façon la plus directe et la plus rapide dans les lois[63] »); celle du conflit scolaire et de la « vague de fanatisme » en Saskatchewan[64].

Quant au gouvernement fédéral, on l'accuse à maintes reprises de vouloir faire des Canadiens français, des citoyens de deuxième zone. De 1917 à 1939, l'Action publie bon nombre d'éditoriaux qui s'avèrent de véritables plaidoyers en faveur du sou bilingue, du timbre bilingue, des billets de banque bilingues, etc. En ce qui touche la politique générale du gouvernement sur le bilinguisme, elle trouve beaucoup à redire, surtout dans le cas du cabinet Bennett alors que le bilinguisme paraît même perdre du terrain. Dans ses commentaires, Eugène L'Heureux ne peut s'empêcher de faire montre d'une certaine aigreur :

M. Bennett n'aime pas les cris de race et il a raison. Aime-t-il mieux les accaparements de race ? Préfère-t-il les ostracismes ?

[...]

Nous voulons bien croire que M. Bennett n'est pas hostile aux Canadiens français. Loin de nous le désir de soulever les préjugés contre lui. Mais, en homme ultra-positif, il semble n'attacher aucune espèce d'importance à l'un de ces impondérables qui font l'unité, la grandeur et la force des peuples[65].

Dans la fonction publique, on commence déjà à réprouver une situation injuste pour l'élément francophone. « Notre influence dans l'administration représente mal le chiffre de notre population, dé-

62   En faisant le bilan des « lois odieuses » contre les catholiques d'Ontario, on disait que même les Juifs de Pologne semblaient mieux protégés que les catholiques du Canada ! (« Une leçon à tirer », éditorial, 1er octobre 1919.)
63   « Les nôtres dans l'Ouest », 19 juillet 1918.
64   Voir « L'école en Saskatchewan : II – La question du français », éditorial, 22 mars 1917; T. POULIN, « Il y va », éditorial, 12 février 1930; ID., « En Saskatchewan : le français à l'école », éditorial, 27 février 1931.
65   « Un assaut contre le bilinguisme : au moment de la Conférence impériale », éditorial, 21 juillet 1932.

plore Poulin, et ce manque d'équilibre nous cause un tort immense dans le domaine national comme dans le domaine international. Dans le domaine national, nous sommes rapetissés à coups redoublés et dans [le] domaine international, il nous arrive pire sort encore, parce qu'à chaque instant nous risquons de passer pour ne pas exister.» Dans ce même éditorial, le chroniqueur syndical donne des chiffres sur la composition ethnique de divers ministères, des chiffres qui, à son avis, « établissent bien que les Canadiens français atteignent difficilement les couches supérieures pendant que les employés de langue anglaise sont autant que possible écartés des positions inférieures[66]».

Bon nombre d'articles, d'éditoriaux et de commentaires font état des persécutions dont les Canadiens français sont victimes tant pour des raisons de religion que pour des raisons de race. L'Action ne peut fermer les yeux sur cette réalité si poignante : il ne fait pas de doute pour elle que la Confédération a beaucoup plus profité aux Anglo-protestants qu'aux Franco-catholiques. Dans un éditorial, Poulin fait, à la veille de la fête du « Dominion» en 1933, le bilan de l'expérience de la Confédération. Il note l'indifférence générale qui semble entourer cet événement au Canada français, affirme que les autres provinces ont « scrupuleusement violé» l'entente confédérative et tire la conclusion que « le pacte confédératif n'a peut-être jamais été aussi sérieusement menacé[67]».

Est-ce à dire que l'Action est prête à favoriser le nationalisme renaissant des années 30, un nationalisme qui, pour certains, débouchait sur le séparatisme ? Il n'en est rien, ou presque... Tout en faisant remarquer que d'autres préfèrent briser le pacte de la Confédération plutôt que de continuer de subir un traitement honteusement inégal, Thomas Poulin déclare toujours avec fermeté : « Nous n'en sommes pas[68]. » Pour lui, il faut défendre encore plus vigoureusement les droits des Canadiens français catholiques, et non capituler devant les attaques incessantes. Jules Dorion se dit sensiblement d'accord avec son collègue et rappelle qu' « il n'est pas sage de croire qu'elle [notre génération] gagnerait à défaire ce que les pères ont mis cent cinquante ans à édifier[69] ».

Deux ans plus tard, en 1936, l'Action commence à douter sérieusement de l'avenir de la Confédération canadienne. Eugène L'Heu-

---

[66] « Des chiffres : notre représentation à Ottawa », éditorial, 4 avril 1927.

[67] « La Confédération : son passé, son avenir », éditorial, 30 juin 1933.

[68] « Petites notes », 14 juin 1934.

[69] « Haute mission et mission bienfaisante », éditorial, 16 juin 1934.

reux prédit que ce sont les « impérialistes » eux-mêmes qui provo-
queront la scission du pays s'ils continuent à « intriguer pour entraîner le Canada dans les conflits étrangers à ce pays[70] ». Le but
premier de cet éditorial est d'attaquer le chef du parti conservateur
d'Ontario, George Drew, que L'Heureux n'hésite pas à qualifier de
« séparatiste sans le savoir ». On semble chercher d'avance le moyen
d'absoudre le Canada français de l'accusation de vouloir détruire la
Confédération. Faisant toujours preuve du plus grand respect pour
le statu quo en toutes choses, l'*Action* est incapable de prêcher le
bouleversement de l'ordre établi, même sur le plan constitutionnel.

De plus, les événements qui se déroulent alors en Europe viennent renforcer la cause de ceux qui cherchent à mettre une sourdine
aux idéologies nationalistes du Canada français. Certes, il y a une
différence fondamentale entre le racisme hitlérien, toujours agressif
et païen, et le nationalisme défensif des Canadiens français. D'ailleurs, affirme L'Heureux, « l'Église permet aux Canadiens français
de s'organiser pour mieux servir leur pays le Canada, en conservant
leur héritage français[71] ». Mais, conclut ce rédacteur, il faut se garder d'aller trop loin dans les revendications nationalistes.

*

Le conservatisme de l'*Action catholique* sur le plan moral nous
est maintenant connu. Cependant, malgré la vigueur avec laquelle
elle défendait ses positions, elle subissait des défaites dans tous les
domaines. En même temps, elle luttait fermement pour la sauvegarde des droits des Franco-catholiques dans les provinces anglaises
et dans l'administration fédérale, mais, là aussi, elle semblait combattre en vain : la majorité anglo-protestante continuait de nier les
droits linguistiques et scolaires des Canadiens français. Tous ces
échecs pénibles n'ont-ils pas contribué à donner aux rédacteurs de
l'*Action catholique* une mentalité d'assiégés ? En effet, autant que
les révolutions et les poussées anticléricales qui parsemaient l'histoire de l'Europe à cette époque, les changements qui survenaient
au Québec et au Canada suscitaient chez eux la crainte, la méfiance
et la recherche désespérée de la sécurité.

---

[70] « Séparatiste sans le savoir », éditorial, 2 décembre 1936.
[71] « Équivoque à dissiper », éditorial, 25 juillet 1938.

CHAPITRE X

L'URBANISATION ET L'INDUSTRIALISATION

L'Action attache une grande importance aux changements qu'elle constate au niveau de la doctrine et des mœurs. Mais le Québec de l'entre-deux-guerres vit des transformations beaucoup plus profondes, soit l'urbanisation et l'industrialisation. En luttant contre l'exode des campagnes, en prêchant la colonisation et le retour à la terre, en voulant freiner l'industrialisation ou, du moins, atténuer le plus possible son impact sur la société traditionnelle, *l'Action catholique* définit une autre composante de son idéologie réactionnaire. Le journal, sans avoir à sa disposition les statistiques les plus détaillées[1], se met au courant du problème, en interprète les données à sa façon, et propose des remèdes propres à arrêter le courant et même, si possible, à le renverser. Il précise les diverses raisons de son vigoureux désaccord et il lance des appels, même aux autorités gouvernementales, en faveur d'actions qui restaureront l'ancien ordre.

Le problème de l'exode rural

L'Action tente d'abord d'analyser les causes du phénomène. Vivement inquiète de cette transformation démographique, *l'Action* laisse croire que le mouvement est bien réversible, que les motifs

---

[1] L'urbanisation de la population du Québec, 1901–1941 :

Année	Population urbaine (%)	Population rurale (%)
1901	39,7	60,3
1911	48,2	51,8
1921	56,0	44,0
1931	63,1	36,9
1941	63,3	36,7

SOURCE : *Annuaire statistique de Québec*, 1953, p. 65, tableau 10.

pour lesquels les gens quittent les campagnes ne sont habituellement pas très valables. Elle se fait donc l'avocat d'un projet réactionnaire : le retour à la terre, surtout durant les années 20. Vers 1935, tout en continuant d'exprimer les mêmes vœux pieux, le journal porte son attention sur d'autres problèmes d'ordre économique, notamment la guerre contre les monopoles et les abus du régime capitaliste.

Pourquoi les cultivateurs et leurs familles laissent-ils leurs fermes en si grand nombre pour gagner les villes du Québec et de la Nouvelle-Angleterre ? L'explication le plus souvent donnée par les rédacteurs de l'Action dans les premières années est celle du mirage urbain : les plaisirs de la ville, en particulier les danses et les théâtres, bref, ce que l'abbé É.-V. Lavergne appelle « tout le tamtam[2] » des villes. Les populations accourent en ville, prétend « Paul-Henri », « fascinées par des rêves de bonheur. Un vent de plaisir et de jouissance leur brûle le cerveau, les affole, les rend incapables de raisonner et de voir[3]. » Après une entrevue avec l'honorable J.-E. Caron, ministre de l'Agriculture, un journaliste de l'Action nous prévient que « les villes regorgeront bientôt d'une foule affamée de confort et de jouissance[4] ». Le problème de la désertion des campagnes semble donc être essentiellement d'ordre moral et on pourrait espérer y porter remède en luttant sur ce terrain.

Certains motifs d'ordre économique ont également un caractère moral. On émigre en ville à la recherche de gros salaires et d'une vie plus facile. On se laisse leurrer par la perspective d'une journée de huit heures, etc. Ce sont là encore des tendances déplorables qu'une revalorisation morale pourrait combattre.

Il faut aussi blâmer les grandes entreprises elles-mêmes, car celles-ci, toujours en quête d'une main-d'œuvre peu coûteuse, font une publicité axée sur la vie plaisante et facile des villes. À cet égard, les industries américaines, les filatures de la Nouvelle-Angleterre par exemple, ont leur part de responsabilités, tout comme les entreprises canadiennes d'ailleurs.

Finalement, on souligne que certaines données proprement économiques poussent la population rurale vers les villes : exiguïté des terres et manque de capitaux pour s'établir dans les régions nouvellement colonisées. Les prix des produits achetés par les cultiva-

---

2   « À rebours », éditorial, 19 janvier 1920.
3   « « Ça ne peut pas durer » », éditorial, 20 mai 1920.
4   18 mai 1920.

teurs sont trop élevés par rapport aux prix qu'ils obtiennent sur le marché pour leurs denrées. Les débouchés sont également mal organisés et les institutions coopératives, qui auraient pu servir d'intermédiaires entre les fermiers et les villes, pas suffisamment développées. De plus, l'industrie agricole, comme d'autres industries pouvant s'établir à la campagne, demeure ignorante des avantages qu'elle pourrait obtenir sur place.

La croisade de *l'Action catholique* contre l'exode des campagnes est axée autant sur le mal et ses dangers que sur les remèdes. Le danger moral, assure-t-on constamment, est très grave : autant la vie des campagnes est moralement saine, autant celle des villes, avec ses dangers de perversion toujours présents, peut être funeste. Une lettre pastorale du cardinal Bégin et des évêques de la province ecclésiastique de Québec, reproduite en page éditoriale de *l'Action,* prétend que « la ville avec ses promiscuités, ses attractions malsaines, ses spectacles sans retenue, exercera sur [l'âme des enfants] une influence d'autant plus désastreuse que la simplicité de leur précédente éducation les aura mal prémunis contre les assauts fascinateurs de ses nouveautés. La plante vigoureuse des champs s'étiole et meurt au souffle délétère de la ville[5]. » Les exemples ne manquent malheureusement pas pour confirmer la thèse épiscopale. Un des rédacteurs évoque le cas d'une jeune fille d'une « honnête famille de la campagne » qui est revenue chez elle après un séjour de six mois à Québec. Quel spectacle affreux !

> Depuis les bracelets qui brillaient sur ses bras presque nus, et les bagues à chacun de ses doigts, jusqu'aux fines chaussures à tige très haute, rejoignant la jupe trop courte et ridiculement étroite, tout annonçait en elle un changement qui n'avait rien de rassurant.
>
> Elle portait un lorgnon à la bordure en corne brune, qui ne réussissait pas à masquer le cercle bleuâtre de ses paupières comme meurtries de lassitude. L'œil provocateur, les gestes presque garçonniers, elle agitait une canne entre son pouce et son index, si jaunes tous les deux qu'on y lisait facilement : fumeuse de cigarettes[6].

Pourrait-on illustrer, de façon plus poignante, plus angoissante, les multiples périls de la vie urbaine sur le plan moral ?

---

[5] Lettre pastorale « contre la désertion du sol natal », dans *Mandements des évêques de Québec,* vol. VIII, pp. 295-301, reproduite dans *l'Action catholique,* 11 juin 1923.

[6] « Sources empoisonnées », éditorial, 19 mars 1920.

Les dangers physiques ne se révèlent pas moins graves. À la campagne, on peut se vanter de la bienfaisance de l'air pur, de « la nourriture frugale » et de « l'exercice qui assouplit les muscles et fortifie le corps[7] », tandis qu'en ville — on semble déjà bien conscient des problèmes de l'environnement ! — les conditions hygiéniques sont « déplorables », la nourriture « frelatée » et le mode de vie épuisant[8]. Comme Jules Dorion le signale, en ville « l'air est [...] moins bon, l'oxygène plus rare, les poussières de toutes sortes beaucoup plus abondantes » qu'en campagne. De plus, « l'espace fait défaut; [...] on se nourrit mal. On se repose encore plus mal; il y a une grande tendance à renverser l'ordre ordinaire des choses, c'est-à-dire à faire du jour la nuit, et de la nuit le jour[9]. »

L'urbanisation risque aussi d'avoir des conséquences funestes sur le plan national. Le « coulage » vers les États-Unis signifie l'éventuelle perte de la langue et de la foi, malgré les efforts louables du clergé canadien-français là-bas. Pour Foisy, qui finira pourtant par émigrer lui-même aux États-Unis, ce mouvement est « fertile en désastres nationaux et religieux[10] ». Liant l'émigration des Canadiens français aux États-Unis à la venue d'immigrants européens, Poulin se dit d'avis que « si nous avions su garder tout notre monde, ou à peu près, nous n'aurions pas vu ces torrents d'immigrants venir barioler la formation de la population canadienne. Notre esprit national serait plus développé, et que de problèmes seraient à jamais résolus pour la cause catholique et pour la cause canadienne[11]. » Même l'émigration vers les villes du Québec comporte des périls sur le plan national, et on demeure convaincu que « la force de notre race fut d'être enracinée à la terre » et que « maintenant plus que dans le passé, c'est une condition essentielle de notre prospérité et de notre survie[12] ». Les villes ne peuvent qu'affaiblir la race moralement, physiquement et intellectuellement; de plus, avec la baisse considérable du taux de la natalité dans les villes, l'accroissement de l'urbanisation laisse prévoir l'extinction éventuelle des familles.

Sur le plan économique, l'exode rural crée des problèmes fort inquiétants. « L'agriculture est l'industrie de base », affirme Thomas

---

[7] D. BELZILE, « Effets nuisibles de l'exode rural », article à la « Page agricole », 9 avril 1921.

[8] J.-A. FOISY, « L'extinction des familles », éditorial, 21 septembre 1922.

[9] « Maux nécessaires », éditorial, 10 mai 1924.

[10] « Émigration funeste », éditorial, 11 octobre 1920.

[11] « Le nombre : garder nos fils », éditorial, 2 avril 1930.

[12] J.-A. FOISY, « Les temps durs », éditorial, 24 novembre 1920.

Poulin en 1927. « Parce qu'elle n'a pas à son service la finance internationale, elle a besoin pour garder son rang, qui doit être le premier dans l'échelle des valeurs, de tout notre encouragement[13]. » Dix ans plus tard, Louis-Philippe Roy exprime sensiblement la même conviction : « Il faut que tous l'admettent non seulement en théorie mais surtout en pratique : l'agriculture est notre industrie de base; dans la mesure où elle sera prospère, tout le reste sera prospère[14]. » On doit alors utiliser tous les moyens pour résoudre les graves problèmes qui sévissent dans le domaine de l'agriculture.

Pratiquement, les gens qui s'en vont s'installer dans les villes risquent fort de tomber dans une misère extrême. C'est, du moins, l'opinion de Poulin qui, mettant ses lecteurs en garde contre les « illusions désastreuses » dont avaient été victimes bon nombre de cultivateurs, déclare : « Nous voulons simplement dire la vérité afin qu'on n'aille pas abandonner une situation peut-être difficile pour en prendre une autre impossible[15]. » Jamais, alors, l'Action n'admettra que de jeunes chômeurs ruraux pourraient avoir intérêt à chercher du travail en ville.

Le nombre croissant de chômeurs dans les villes et les statistiques indiquant une concentration encore plus poussée de la population dans les centres urbains, contribuent à donner aux rédacteurs l'impression que « l'équilibre entre la population urbaine et rurale » est rompu[16]. Selon les éditorialistes, le chômage persistera jusqu'à la restauration d'un équilibre plus favorable, c'est-à-dire jusqu'à la mise en œuvre d'un vaste projet de colonisation et de retour à la terre. Dans le cas des Franco-Américains, eux-mêmes victimes du chômage dans les filatures de la Nouvelle-Angleterre, le seul espoir est leur rapatriement au Québec[17].

L'Action ne tient pas l'exode des campagnes pour seul responsable du chômage dans les villes. Elle blâme aussi le développement rapide de la mécanisation qui diminue les besoins de main-d'œuvre dans les usines; elle s'en prend également au gouvernement fédéral qui permet, voire encourage, l'immigration européenne afin de satisfaire les intérêts de certaines industries à la recherche d'ouvriers disposés à travailler pour des salaires très bas, et de certaines com-

---

[13] « Notre industrie : un développement équilibré », éditorial, 9 février 1927.
[14] « Rempart à fortifier », éditorial, 20 octobre 1936.
[15] « Triste mais vrai », éditorial, 22 juillet 1925.
[16] « Ce que la jeunesse veut ensuite : la ruralisation », éditorial, 23 avril 1936.
[17] T. POULIN, « Chez les ouvriers », 28 juillet 1925 et 28 juin 1927.

pagnies de transport qui voudraient, tout simplement, plus de clients.
Cependant, l'exode rural aggrave cette plaie du chômage, lequel à
son tour nécessite la mise en œuvre de divers projets peu désirables
(toujours selon le point de vue de *l'Action*), les secours directs aux
chômeurs par exemple.

Les rédacteurs de *l'Action catholique* croient également que l'émigration des ruraux est un des facteurs susceptibles d'expliquer la
montée des prix, surtout du début de la première guerre jusqu'en
1920. Cette inflation paraît très sérieuse et l'un des rédacteurs n'hésite pas à affirmer, en 1920 : « La question, la grande et l'unique
question de l'heure présente, pour le plus grand nombre, est celle
de l'élévation du coût de la vie[18].» Si, par exemple, en janvier 1914,
il en coûtait $7,73 par semaine pour nourrir une famille de cinq per-
sonnes, le coût était monté en janvier 1918 à $12,42, en janvier 1919
à $13,81, en janvier 1920 à $15,30, et en juin 1920, à $16,92[19]. Après
juin 1920, les prix commencent lentement à baisser.

Bien entendu, l'augmentation du coût de la vie s'explique de plusieurs façons. D'abord, on condamne « l'exploitation toujours odieuse[20] » des agioteurs, la spéculation éhontée de certains profiteurs
et les profits exagérés de certains capitalistes. Mais l'exode massif
des ruraux y est aussi pour quelque chose. D'abord, au dire de
« Paul-Henri », « chaque homme qui laisse la campagne est un producteur de moins et un consommateur de plus[21] » : ainsi naît un
déséquilibre propre à faire monter les prix. L'abbé Lavergne pousse
cet argument encore plus loin. Prétendant constater que depuis
vingt ans déjà la hausse du coût de la vie est « parallèle au développement des villes et à la multiplicité des amusements publics
qu'on y installe », il explique l'augmentation des prix par l'engagement, dans les « industries du plaisir », de masses d'hommes en-
levés « aux féconds labeurs des champs ». « Leurs forces s'épuisent
à des travaux inutiles et dangereux », affirme-t-il en parlant de ces
immigrés, « tandis qu'il en manque pour la production des choses
essentielles à la vie[22] ».

En autant que l'émigration rurale continue à grossir les rangs des
sans-travail en ville et à accroître le prix des denrées alimentaires

---

[18]   « La question... », 1er juin 1920.
[19]   13 février 1919, 20 février 1920 et 20 juillet 1920.
[20]   « L'agiotage », éditorial, 14 juillet 1917.
[21]   « Ça ne peut pas durer », éditorial, 20 mai 1920.
[22]   « À rebours », éditorial, 19 janvier 1920. L'abbé Lavergne, on est tenté de
le croire, n'a encore aucune idée de la société de consommation !

à des niveaux presque prohibitifs, elle représente un danger social certain. D'abord, on prétend que 98 pour cent des jeunes gens qui laissent la campagne pour la ville, « descendent dans l'échelle sociale[23] ». Ensuite, on soutient que le fait d'être des locataires, de ne posséder aucune propriété, d'être déracinés, affecte défavorablement les gens. Pire encore, les oisifs des villes risquent fort de devenir la proie des « pires maladies sociales[24] » dont, bien sûr, le communisme. Quant aux effets de la montée des prix, ils résident dans les grèves et les désordres, les « catastrophes », l' « anarchie », la « révolution sociale » et la simple exaspération de la part des miséreux. Dans un article faisant partie d'une série publiée en éditorial sous le titre de « La consultation de l'élite », l'archevêque de Québec, Mgr Rodrigue Villeneuve, écrit : « La faim est mauvaise conseillère. Des villes où s'attroupent des chômeurs miséreux seront facilement des bouillons de culture pour tous les germes révolutionnaires; elles seront bientôt le théâtre du vol, de la colère, des mauvaises mœurs, de l'irréligion[25]. »

Le retour à la terre

Devant le danger que représente l'exode rural, *l'Action* s'efforce de prouver que seul le retour à la terre pourra corriger le « déséquilibre » entre les villes et les campagnes; que seul le retour à la terre pourra mettre fin au chômage, réduire le danger de bouleversements sociaux et remettre la nation canadienne-française dans la bonne voie, celle qui lui assurera la survivance. En pratique, on demande que le gouvernement prenne des initiatives en vue de favoriser le mouvement de retour des campagnards urbanisés et de garder sur la terre ceux qui y restent encore.

Durant les années 20, pour résoudre le problème du chômage, on étudie avec sympathie les projets de travaux publics et d'assurance-chômage. En 1930, cependant, avec la crise économique, le problème s'aggrave et on propose le retour à la terre comme ultime remède. Poulin fait remarquer que l'Angleterre a organisé un mouvement de retour à la campagne comme solution à son propre problème de chômage et ajoute que le remède préconisé en Angleterre serait « aussi bon pour nous » : « Nous croyons même que c'est le

---

[23]   « En passant », 22 février 1921.
[24]   E. L'HEUREUX, « Notre problème de ruralisation », éditorial, 6 décembre 1932.
[25]   « Faut-il ruraliser notre société ? » lettre publiée en éditorial, 12 janvier 1933.

seul capable de remédier réellement au chômage. Et nous croyons en plus que tant qu'on ne l'aura pas appliqué nous aurons à souffrir inutilement. En somme il faudra en venir à croire que c'est à la campagne que se réglera le mieux le problème du chômage des villes[26]. » L'Heureux partage cette opinion. Il admet que la vie à la campagne n'est pas toujours facile et qu'on ne s'y enrichit guère, mais il semble croire tout de même que le cultivateur, pauvre ou non, peut au moins réussir à gagner sa vie. « Même quand les échanges commerciaux sont bloqués par un détraquement quelconque de l'organisme économique, soutient-il, le cultivateur actif et intelligent tire de son sol de quoi se nourrir, se vêtir, se réchauffer, etc., autant de problèmes troublants pour les chômeurs de nos villes[27]. »

Sur le plan moral, le retour à la terre semble la meilleure solution au chômage. En effet, les travaux publics et les diverses assurances ne peuvent être que des palliatifs et demeurent soumis à des impératifs d'ordre politique. De plus, ces moyens contribuent à développer, en même temps, une mentalité dangereuse : on s'habituera à tout attendre de l'État au risque de perdre ainsi l'esprit de travail. Non, il n'y a qu'une seule solution à caractère permanent : il faut arrêter, ensuite renverser, la saignée des campagnes. « Nos deux gouvernements ont le devoir de faire tout ce qui est possible pour faciliter et pour intensifier le mouvement de retour à la terre. Si ça leur coûte cher, tant pis ! Il y a des choses qui pourraient peut-être leur coûter plus cher encore, si la crise se prolongeait[28]. »

Les projets de retour à la terre ne manquent pas de soulever des critiques, mais l'Action, tout en admettant qu'ils comportent des lacunes, continue d'affirmer qu'il faut, « en un temps de crise économique et sociale, avoir une politique de retour à la terre[29] ». En conclusion d'un éditorial, L'Heureux lance un vibrant appel aux « patriotes ambitionnant pour notre race un avenir plus brillant que celui de scieurs de bois et de porteurs d'eau », pour qu'ils expriment leurs idées sur « un problème qui dépasse en ce moment tous les autres : la solution de la crise par le « retour » à la terre et par l' « aide » à la terre[30] ». Ont collaboré à son enquête, intitulée « Consultation de l'élite », entre autres : Albert Rioux, président de l'U.C.C., Mgr J.-M.-R. Villeneuve, M. Esdras Minville, Mgr L.-A. Pâquet,

[26] « Vers la terre; où diriger les chômeurs », éditorial, 10 octobre 1930.
[27] « Crise bien différente de toutes celles qu'on a vues », éditorial, 18 juin 1931.
[28] E. L'HEUREUX, « Un réveil nécessaire », éditorial, 17 mars 1932.
[29] ID., « En queue de poisson », éditorial, 30 août 1932.
[30] ID., « Il faut reconstruire notre société », éditorial, 15 décembre 1932.

Mgr Georges Courchesne, évêque de Rimouski, Mgr Eugène Lapointe, Mgr F.-X. Ross, évêque de Gaspé, M. Paul Gouin et Mgr Joseph Hallé, vicaire apostolique de l'Ontario-Nord.

La campagne continue de plus belle en 1933 et *l'Action* s'en tient obstinément à sa conviction qu'il n'y a que la terre qui soit « capable de nous sortir du bourbier dans lequel nous sommes[31] ». L'idée demeure mais, après 1935, *l'Action* « découvrira » d'autres solutions.

Quant aux projets conçus pour garder les fermiers sur la terre, on propose un enseignement agricole qui réponde mieux aux besoins nouveaux; on réclame la mise sur pied de coopératives pour la classe agricole et de caisses d'établissement pour les fils de cultivateurs. On propose également une plus grande décentralisation industrielle, et Louis-Philippe Roy demande l'établissement de petites industries locales comme des beurreries, des fromageries, des scieries et des manufactures de meubles. En même temps, on somme les gouvernements de s'occuper autant du rapatriement de Canadiens français émigrés aux États-Unis que de l'immigration européenne.

Durant toute cette période 1917–1939, les éditoriaux de *l'Action catholique* consacrés au retour à la terre ne constituent qu'une chronique de propositions, d'échecs, de nouvelles propositions et de nouveaux échecs. Quand on demande au gouvernement de s'occuper encore plus vigoureusement de la colonisation, c'est que le nombre des colons diminue[32] et le « petit train-train ordinaire » continue[33]. À la fin des années 30, *l'Action* paraît profondément découragée. Elle avait mené une campagne des plus énergiques en faveur du retour à la terre, mais cette campagne n'a donné que très peu de résultats. Par ailleurs, comme nous le montrerons plus loin, elle s'était fait l'avocat du corporatisme et d'une véritable purification du régime capitaliste, mais là encore la résistance est trop grande. Sa déception est générale. « La crise dure depuis 1929 », rappelle L'Heureux en 1938, « et la restauration sociale n'est pratiquement pas encore commencée [...]. Pour pallier la misère, on a distribué des secours directs, on a multiplié les travaux de voirie et d'autres semblables. Mais on n'a presque rien accompli pour supprimer les

---

[31] T. POULIN, « Elle nous tue : une grosse vérité », éditorial, 10 mars 1933.
[32] E. L'HEUREUX, « La terre nous sauvera, ou nous périrons », éditorial, 1er. décembre 1932.
[33] T. POULIN, « La colonisation : un grand effort s'impose », éditorial, 29 janvier 1934.

causes du désarroi économique et du malaise social présents[34].» Il faut admettre que, dans de telles conditions, il était difficile pour *l'Action* de rester optimiste.

Industrialisation et syndicalisation

Même si, pour *l'Action,* l'exode des campagnes se révèle un danger social, religieux, national et économique des plus pernicieux et même si elle s'y oppose de façon irréductible, elle ne va pas pour autant jusqu'à se désintéresser complètement des villes et de la vie industrielle. Au contraire, bien des questions relatives à l'industrialisation finiront par attirer son attention et provoquer ses commentaires. Parmi celles-ci, soulignons la syndicalisation des ouvriers, les grèves, les abus du régime capitaliste et les remèdes à y apporter. Il s'agira pour elle, en effet, de promouvoir une réaction ayant pour but d'assurer la conservation du régime économique (moyennant certaines réformes à effectuer selon les principes chrétiens), la défense de la nation, la continuation et l'approfondissement de l'harmonie sociale ainsi que l'instauration d'une présence plus dynamique de l'Église.

Au moment de la première guerre mondiale et immédiatement après, le syndicalisme catholique connaît un essor impressionnant : l'ardeur de *l'Action* devant ce succès n'est égalée que par l'hostilité qu'elle manifeste à l'endroit des unions ouvrières internationales (et neutres). La principale différence entre les deux genres de syndicats, à son avis, se situe au niveau de la philosophie qui les anime et des principes moraux qui inspirent leurs actes.

Vers la fin des années 20, mais surtout au cours de la décennie suivante, on est témoin, au Québec, d'une vigoureuse lutte contre les trusts, principalement le trust de l'électricité. S'inspirant beaucoup de *Quadragesimo Anno,* l'encyclique de Pie XI publiée en 1931, et fortement influencée par la conjoncture très inquiétante de l'époque aussi bien que par des considérations d'ordre national ou ethnique, *l'Action catholique* repart en guerre. Eugène L'Heureux, en particulier, dénonce sans répit les monopoles, les trusts et, en général, les déficiences du système capitaliste, en faisant siennes les thèses du docteur Philippe Hamel et des autres vedettes de l'Action libérale nationale. Cette fois-ci, elle veut prévenir la révolution. La solution qu'elle propose, suivant un courant important dans

---

[34] « L'assaut des forces réactionnaires contre les forces de restauration sociale », éditorial, 7 mars 1938.

l'Église catholique de l'époque, est celle du corporatisme. De plus, à ce moment-là, L'Heureux commence à s'intéresser au Crédit social, un remède possible.

Sur la question du syndicalisme, *l'Action* n'adopte pas l'attitude d'opposition irréductible de certains industriels; elle insiste plutôt sur les distinctions, qu'elle estime fondamentales, entre organisations ouvrières neutres et syndicats catholiques. Si elle condamne péremptoirement le syndicalisme neutre, elle ne ménage pas ses bénédictions aux syndicats catholiques et nationaux.

En secondant énergiquement les tentatives de l'Église pour organiser le monde ouvrier, *l'Action catholique* espère porter un dur coup aux forces de la révolution et aux principes révolutionnaires eux-mêmes. Elle taxe les unions internationales d'anticléricalisme, de radicalisme, d'anarchisme, et de socialisme. Elle se garde bien de prétendre que les syndicats neutres sont ouvertement communistes, mais dans tous ses commentaires à ce sujet, elle n'hésite pas à affirmer que le communisme semble bel et bien être l'aboutissement logique de leur doctrine, qu'ils comptent dans leurs rangs des communistes, et que leurs sentiments et leurs prises de position vont souvent du côté des communistes.

Prenant à partie une brochure publiée par le Conseil des Métiers et du Travail de Montréal contre le bolchevisme, un des éditorialistes écrit : « Le mouvement bolchevique n'est que l'aboutissement du mouvement d'un certain syndicalisme dont M. Francq a toujours été un ardent champion[35]. » Thomas Poulin est lui aussi d'avis que la neutralité des syndicats internationaux en matière de religion est une invitation directe à la pénétration des communistes : « C'est vers [le socialisme russe] que nous pousse la neutralité ·syndicale, ou tout autre principe de désordre social[36]. »

La présence de communistes dans ces syndicats ne fait guère de doute aux yeux de *l'Action*. Les unions internationales sont des « écoles d'anarchie » et le gouvernement fédéral doit rappeler à l'ordre « les Trotsky » et « les Lénine » des syndicats internationaux d'ici qui veulent « une démocratie où ils seraient les maîtres et où les autres seraient les esclaves[37] ». Poulin note, lui aussi, que les

---

[35]   « En passant », 28 novembre 1919. Il s'agit de Gustave Francq, rédacteur du *Monde ouvrier* (organe du C.M.T. de Montréal) et auteur de la brochure en question.

[36]   « Chez les ouvriers », 4 avril 1923.

[37]   « Les difficultés ouvrières : IX–Attitude du « Conseil des Métiers et du Travail » », éditorial, 4 novembre 1918.

syndicats neutres renferment un groupe de « radicaux » bruyants et fait une mise en garde sérieuse à ce sujet : si le Congrès des Métiers et du Travail ne peut s'en débarrasser alors qu'ils ne constituent qu'une infime minorité, il court de gros risques d'être absorbé par eux lorsqu'ils seront devenus un groupe important. « À moins qu'il ne réagisse énergiquement, demain le Congrès sera le château-fort des partisans de Moscou. » D'un autre côté, les chances qu'un syndicat neutre déclare la guerre aux radicaux ne sont pas très bonnes : la neutralité religieuse convient à la croissance d'idées dangereuses « parce qu'il n'y a pas de jardinier pour faire le sarclage qui débarrasse des mauvaises herbes[38] ». Quinze ans plus tard, en 1937, Gérard Picard, dans sa chronique syndicale, fustige encore les syndicats internationaux et soutient que les communistes, sans essayer de se faire élire aux postes de direction, y travaillent sournoisement : ils prônent la neutralité religieuse, s'attaquent aux syndicats catholiques[39]...

D'après l'*Action,* les unions neutres sont, de toute évidence, sympathiques aux communistes. Leurs résolutions en faveur de la révolution bolcheviste et contre l'intervention des Alliés en 1918–1921, leur demande, en 1918 déjà, de pensions de vieillesse, leurs appels en faveur d'écoles gratuites et obligatoires, leur neutralité à propos de Callès et de la persécution des catholiques au Mexique, et leur appui au Front populaire en Espagne[40] sont autant de preuves de leurs vraies tendances, de leurs véritables motifs. Ce n'est donc pas eux qui constitueront une digue contre le communisme.

Le cas des syndicats confessionnels est naturellement fort différent. Les liens qui les unissent à l'Église sont l'assurance que les éléments communistes ne pourront jamais y pénétrer. Au dire d'un des rédacteurs, dès 1920, « le syndicalisme ouvrier catholique dans la province de Québec est une œuvre de sauvegarde, de préservation contre les idées bolcheviques envahissantes[41] ». On continuera

38   « Chez les ouvriers », 7 octobre 1922.
39   « Chronique syndicale », 8 février 1937.
40   Le Parti ouvrier canadien aurait envoyé de l'argent aux « communistes » espagnols. Selon Eugène L'HEUREUX, « plus on est loin de l'Église, plus on fraternise avec les communistes et tous les ennemis de la civilisation chrétienne » (« Les Unions internationales favorisent le Front populaire espagnol », éditorial, 16 septembre 1936).
41   « Saine influence », éditorial, 5 mars 1920. Des commentaires de J.-A. Foisy, alors rédacteur au *Droit,* y sont reproduits.

à soutenir vigoureusement cette thèse durant toute la période 1920-1940[42].

Les aumôniers sont une présence assainissante au milieu des ouvriers. Selon Foisy, ils constituent « une force d'apaisement, un rayon de lumière, la voix qui réclame la justice et la charité, et qui rappelle les turbulents au respect de la propriété et des droits d'autrui[43] ». Pour « Paul-Henri », il s'agit de se rappeler que « l'ouvrier et le prêtre doivent aller la main dans la main, là est notre assurance de vie[44] ».

Les syndicats catholiques s'assurent automatiquement une supériorité morale. Au lieu de faire preuve d'égoïsme, de souci constant de leurs intérêts personnels, de haine et d'injustice, ils se laissent éclairer par les enseignements de l'Église. Leurs associations sont — ou, au moins, doivent être — animées par un esprit de justice et de charité selon Jésus-Christ et non selon Karl Marx, Woodrow Wilson et Samuel Gompers[45]. Ces syndicats catholiques se rangent derrière l'étendard de « l'esprit du bien[46] » ; ils constituent une puissante force en faveur de l'ordre et de la paix. Selon l'abbé Maxime Fortin, le syndicalisme catholique s'avère en réalité « le seul contre-poids efficace à la double tyrannie du capitalisme et du socialisme, tous deux sans foi, sans patrie, sans autre règle que la loi du plus fort[47] ». Louis-Philippe Roy définit encore plus clairement le rôle des syndicats catholiques, rôle qui, en fait, a peu changé durant l'entre-deux-guerres :

> Dans les syndicats catholiques, l'ouvrier apprend à dompter son égoïsme et à collaborer avec ses confrères non pas seulement pour revendiquer ses droits mais pour apprendre à mieux connaître et à mieux accomplir ses devoirs.

---

[42] J.-A. FOISY, « Une force nouvelle », éditorial, 8 mars 1922; voir aussi T. POULIN, « Chez les ouvriers », 28 février 1924 et 14 septembre 1925; J. DORION, « Je soumets... », éditorial, 17 septembre 1925; ID., « Si on travaillait ! » éditorial, 17 novembre 1925; T. POULIN, « Sage demande : assurer la paix sociale », éditorial, 25 juillet 1927; ID., « Une force : le partage des forces », éditorial, 13 septembre 1928; J. DORION, « Le Congrès ouvrier s'ouvre ce soir », éditorial, 29 août 1931; ID., « Il en faut : choisissons les bons », éditorial, 22 septembre 1934.

[43] « Deux cloches, deux sons », éditorial, 8 juillet 1921.

[44] « Les unions ouvrières catholiques : leur vie et leur esprit », éditorial, 19 juillet 1920.

[45] « M. Gustave Francq et sa troupe : les directions qui ne les regardent pas », éditorial, 22 octobre 1919.

[46] « Les deux étendards », éditorial, 5 novembre 1919.

[47] « Chez les ouvriers », 14 janvier 1921.

Au lieu de cultiver un esprit révolutionnaire, les syndicats catholiques enseignent aux syndiqués le respect de l'ordre et l'emploi des moyens légitimes pour la revendication de leurs droits. Enfin, les syndicats catholiques rappellent sans cesse à leurs membres ce qu'ils doivent à l'Église, l'importance sociale du catholicisme, la nécessité de respecter traditions religieuses et traditions nationales. Bref ! le syndicat catholique permet à l'ouvrier de demeurer catholique fervent et actif même à son travail[48].

Comment ces principes moraux généraux se traduisent-ils en pratique ? D'abord, on cherche à calmer l'agressivité de la classe ouvrière en affirmant que « l'homme doit prendre en patience sa condition[49] », qu'il doit opposer à « la haine aveugle de l'Internationale socialiste, non seulement la résignation chrétienne, mais encore le sens de la justice qui calme les colères en permettant de voir les droits de l'adversaire, et surtout le sens de l'au-delà, qui atténue l'âpreté des souffrances d'aujourd'hui par la certitude du bonheur de demain[50] ». En d'autres mots, les considérations de la vie future doivent l'emporter sur celles de la vie présente.

Il s'ensuit qu'on doit repousser catégoriquement les révolutions, les luttes de classes, les grèves de l'Internationale, et la tendance à voir le patron comme un ennemi et un exploiteur. La révolution, prédit-on, aura pour résultat d'asservir la classe ouvrière, comme en Russie. La lutte des classes suscite la haine et risque de fausser gravement la réalité sociale. L'abbé Maxime Fortin explique : « La lutte des classes ne vient pas de ce qu'il y a des riches et des pauvres; mais de ce qu'il y a de mauvais riches et de mauvais pauvres [...] qui ne veulent pas concourir au bien commun, qui veulent vivre pour eux et non pour la communauté humaine. » D'après lui, c'est une « dangereuse erreur sociale » que de croire que « toute une moitié de la société [est] formée de saintes victimes et l'autre, de bêtes féroces qui boivent le sang du peuple avec une volupté cruelle[51] ». Aussi est-il essentiel, tout en travaillant à améliorer les conditions de vie matérielle des membres de la classe ouvrière, de se souvenir des droits des patrons et des inégalités de condition nécessaires et inévitables. Les ouvriers comme les patrons doivent se rappeler leurs devoirs, soutient un des éditorialistes. « C'est à cause de cet oubli [...] que beaucoup de difficultés, qui se seraient réglées

---

48   « Salade russe : communisme, trotskysme et syndicalisme », éditorial, 9 novembre 1937.

49   « Chez les ouvriers », 1er septembre 1920.

50   « « To be or not to be ! » » éditorial, 10 décembre 1919.

51   « Chez les ouvriers », 29 novembre 1919.

avec une extrême facilité si chacun y avait mis une intention droite, s'enveniment et aboutissent à la guerre des classes[52].» Il ne fait pas de doute que les ouvriers ont un devoir de justice à remplir à l'endroit de leur patron : il leur faut s'employer, selon les termes de leur contrat, à « donner de leur mieux », à travailler avec « entrain », non pas « en rechignant », à éviter toute négligence pouvant accroître le coût de la vie, etc. Les ouvriers catholiques doivent accepter les inégalités de condition, inéluctables à cause de la naissance, des talents et des circonstances. De plus, ils doivent avouer que le principe selon lequel l'autorité vient directement de Dieu, signifie que d'aucuns seront chefs et d'autres soldats, que d'aucuns commanderont tandis que les autres obéiront, que la diversité des classes sociales est normale, qu'il y aura toujours des riches et des pauvres parce que c'est « Dieu qui l'a voulu ainsi », et que « ceux-ci et ceux-là ont le devoir d'assurer leur salut éternel en respectant la justice dans la sphère sociale où Dieu les a placés[53] !»

La question des grèves préoccupe beaucoup *l'Action catholique* à la fin de la première guerre mondiale, lorsqu'une vague de conflits ouvriers balaie le pays. L'année 1919 est sans conteste la plus inquiétante : une grève générale éclate à Winnipeg et il y a diverses grèves de solidarité à Montréal, à Toronto, à Vancouver et ailleurs. Plus tard, en 1937, une grève en particulier, celle du textile, fera couler beaucoup d'encre dans le journal.

Théoriquement, toutes les grèves *peuvent* être légitimes, mais en pratique, celles de l'Internationale ne le sont jamais. En 1919, discutant du problème de la légitimité des grèves, l'éditorialiste met quatre conditions à tout arrêt de travail. D'abord, les réclamations des ouvriers doivent s'appuyer sur « un fonds de justice indéniable »; il faut que les bénéfices que les ouvriers espèrent retirer d'une grève soient « assez substantiels pour les justifier de s'exposer aux pertes à encourir en cas d'insuccès[54] »; troisièmement, on doit tenter et épuiser tous les autres moyens avant d'avoir recours à une grève; et enfin, la possibilité de succès doit être bonne. D'après Foisy, on pourra recourir à la grève quand elle sera devenue « le seul et unique moyen de faire redresser un tort, de réparer une in-

[52] « Le premier mai », II, éditorial, 5 mai 1920.
[53] *Ibid.*
[54] « Lauzon et S.-Grégoire », éditorial, 13 août 1919.

justice[55] ». Certaines grèves, comme les grèves de sympathie, sont « mauvaises »; d'autres sont complètement inadmissibles, comme celles qui paralysent les services publics[56]. Pour les rédacteurs du journal, il est évident qu'au fond de bon nombre de grèves se trouve l'égoïsme antichrétien de certains ouvriers ou de certains chefs syndicaux; dans ces cas, il s'agit toujours des Internationaux matérialistes et irréligieux.

Même quand on peut considérer une grève comme légitime, elle n'en reste pas moins un mal. Ordinairement, dit-on, « les grèves coûtent beaucoup plus cher qu'elles ne rapportent[57] » : en salaires perdus, en torts causés aux industries, et en répercussions sociales et économiques. Parfois on estime même que les augmentations de salaires n'aboutissent qu'à des augmentations du coût de la vie. Des grèves se déclarent un peu partout en mai 1922 et le chroniqueur ouvrier pose cette question sarcastique : « N'est-ce pas que l'avenir est brillant ? N'est-ce pas que les ouvriers prennent exactement le bon moyen de faire baisser le coût de la vie[58] ? » Un autre rédacteur constate à regret que les grèves ne semblent profiter qu'aux « gréviculteurs[59] ».

Sources de souffrances et de privations, les grèves impliquent également certains périls. Un journaliste croit qu'elles fournissent « aux meneurs du socialisme et de la révolution [...] l'occasion propice d'étendre leurs principes faux, leurs théories dangereuses et leurs doctrines subversives[60] ». La grève générale de Winnipeg semble la plus effrayante de toute cette période, et quand finalement les chefs grévistes sont arrêtés, on dit espérer que « cet acte d'autorité nécessaire réussira à délivrer la masse ouvrière de la tyrannie qui l'empêchait de retourner à l'ouvrage selon son secret désir[61] ». Cependant, c'est au cours des quatre ou cinq années qui suivent la première guerre mondiale qu'on condamnera le plus sévèrement le recours à la grève : le Canada est alors aux prises avec un nombre très élevé de conflits industriels et certains autres pays sombrent dans la révolution.

---

[55]   « Soyons droits », éditorial, 8 juin 1921.
[56]   « La grève des pompiers et des policiers », lettre de l'abbé Maxime FORTIN dans *l'Action catholique,* 19 juillet 1921; aussi T. POULIN, « Chez les ouvriers », 2 avril 1924.
[57]   « Les grèves », éditorial-commentaire, 24 juillet 1919.
[58]   « Chez les ouvriers », 10 mai 1920.
[59]   « En passant », 19 février 1920.
[60]   « Les difficultés ouvrières : I-L'étendue de la crise », éditorial, 27 août 1918.
[61]   « Leçons de la grève », éditorial, 18 juin 1919.

La grève la plus importante de toute la période que nous étudions, à en juger par l'attention que *l'Action* lui accorde, est celle du textile en 1937. Dans ses éditoriaux, *l'Action* défend de tout cœur les syndiqués catholiques, d'abord contre les patrons (Dominion Textile), ensuite contre le gouvernement Duplessis. Dans son premier commentaire en éditorial, le journal, sous la plume de Dorion, évoque la possibilité de désordres si les dirigeants des filatures refusent de négocier avec les ouvriers catholiques. Le lendemain, le 11 août, commentant une assemblée tenue à Québec par les syndicats catholiques en faveur des grévistes de Montmorency, L'Heureux s'en prend vertement à ceux qui prétendent que l'assemblée a été inspirée par des agents bolchevistes. « Ils sont tellement rares », dit-il sur un ton de désespoir, « ceux qui ont des notions de doctrine sociale suffisantes pour distinguer même, à certains moments, deux choses aussi diamétralement opposées que le socialisme et le christianisme. » D'après L'Heureux, cette grève est une de celles qui « sont justes et nécessaires pour humaniser forcément des patrons qui se croient au-dessus de la loi naturelle et de l'enseignement de l'Église » et, malgré les dangers et les craintes qu'elle peut susciter, il faut l'accepter. Les buts de la grève — la reconnaissance syndicale paraît en être le plus important — font qu'elle s'avère « l'une des rencontres décisives de la grande lutte que le capital humain est obligé de livrer au capital financier pour améliorer son sort au rythme du progrès de la civilisation permis par Dieu ». En conclusion L'Heureux affirme : « Cette lutte [...], c'est le capital humain qui doit la gagner, paisiblement, dans l'ordre, avec toute l'élégance qui caractérise le spectacle de la force mise sensément au droit[62]. » Quelques jours plus tard, devant le durcissement de la position patronale, le même éditorialiste renchérit : « Cette grève apparaît aux esprits réfléchis comme l'un des principaux épisodes de la grande lutte entreprise pour la rechristianisation et l'humanisation de l'économie. Une considération élève la grève du Textile bien au-dessus de la presque totalité des grèves. En effet, c'est le principe de l'organisation professionnelle qui est en cause et, derrière le principe de l'organisation professionnelle, celui de l'émancipation de notre peuple vis-à-vis la dictature économique[63]. » En même temps, le gouvernement Duplessis, après avoir suggéré un règlement

---

[62] « Vers la paix sociale, par l'organisation professionnelle », éditorial, 11 août 1937.

[63] « L'anarchie et l'injustice... », éditorial, 20 août 1937.

selon les dispositions de la Loi des salaires raisonnables, s'attire les foudres de *l'Action* qui l'accuse de faire sienne la thèse de la compagnie. Le 24 août, dans un autre éditorial, L'Heureux dénonce « l'arrogance révoltante » de la compagnie, abondant dans le même sens que Georges Pelletier du *Devoir*. Ce dernier, dans un éditorial reproduit dans *l'Action*, accusait ceux qui « prennent tout et ne donnent rien » d'être les « pires fauteurs de discorde au pays, de véritables fourriers du communisme » et affirmait que l'État a le devoir de les mater pour « les empêcher de saboter, dans leur égoïsme, les bases de la société dont ils vivent abusivement, en étant les énormes parasites[64] ». Et en décembre, après qu'un projet de règlement eut été accepté de part et d'autre, projet qui, en fait, ne solutionnera pas pour longtemps la question, L'Heureux se dit convaincu qu'il n'est pas nécessaire d'être communiste pour croire que « la paix sociale n'est possible [...] que moyennant une plus équitable répartition des richesses en voie de production, moyennant un respect plus chrétien de la personne humaine dans l'industrie et, pour cela, moyennant une organisation professionnelle permettant à l'ouvrier de jouer un autre rôle que celui de simple machine[65] ».

La lutte contre les trusts

Les opinions exprimées par Eugène L'Heureux et d'autres au cours de la grève portent nettement l'empreinte de l'encyclique *Quadragesimo Anno* et des enseignements de l'Église sur la question ouvrière. Certains aspects du régime capitaliste sont remis en question et, durant les années 30, *l'Action* mène une campagne vigoureuse contre les trusts et les puissances d'argent qu'elle juge responsables de l'instabilité sociale de l'époque. Il ne faut cependant pas oublier que la répression des communistes et des gauchistes en général se poursuit en même temps et redouble même d'intensité. Dès 1927, Ferdinand Bélanger dénonce « la licence du trust, du cartel, du monopole pur et simple [qui] tue la liberté de la concurrence[66] », et Jules Dorion s'attaque aux financiers qui « accaparent sans vergogne tous les moyens de production, contrôlent toutes les voies de distribution afin d'imposer leur volonté aux consomma-

---

[64] « Les grands fourriers du communisme », article, 24 août 1937.
[65] « Le contrat du Textile », éditorial, 22 décembre 1937.
[66] « En passant », 23 février 1927.

teurs[67] ». En 1929, on entend les premiers échos de la campagne du docteur Philippe Hamel contre le trust de l'électricité; Poulin exprime l'espoir que la lettre de Hamel au maire de Québec ne sera pas « envoyée aux oubliettes[68] ». De son côté, Dandurand prétend qu' « on devrait songer que le public serait mieux satisfait si les compagnies hydro-électriques de cette province, sans pour cela être injustes envers les actionnaires, commençaient par songer aux consommateurs[69] ». En mai et en juin 1930, le journal publie plusieurs autres commentaires sur le même sujet et, quand une commission municipale est nommée pour enquêter sur les taux d'électricité à Québec, Poulin souhaite que les partisans d'un changement ne reculent pas.

En 1931, le combat s'intensifie et les passions s'échauffent. Dorion, d'ordinaire très calme même dans ses critiques, rédige un véritable réquisitoire contre les grands capitaines de l'industrie :

> Le trust écrase les petits, comme les grands arbres étouffent sous leur ombre les arbustes qui essaient d'y croître. Le trust a fait périr la petite industrie, et obligé tous ceux qui en vivaient, à refluer vers la ville. D'où la terre et les centres ruraux désertés, les villes encombrées, avec comme conséquence le chômage, les taudis, les faméliques, la famille anémiée, dispersée et avec elle ses éléments de paix et de durée; puis une masse d'individus, sans foi, sans idéal, sans espoir, sans attaches à quoi que ce soit, propre à devenir la chose du premier entraîneur venu, pourvu qu'il lui fasse entrevoir une amélioration à son sort, c'est-à-dire mûre pour le bolchevisme[70].

On précisera cette hypothèse, à maintes reprises, durant les quatre ou cinq années qui suivent. Le capitalisme sera considéré comme responsable de la crise des années 30, responsable aussi d'avoir provoqué les réactions brutales et détestables du socialisme et du communisme.

La nationalisation ou la municipalisation de certaines compagnies d'électricité s'offre au moins comme une possibilité qu'il faut étudier. Au début, *l'Action* sent le besoin de s'excuser de son opinion, protestant qu'elle n'a pas la « manie de l'étatisation[71] ». Mais, traité de socialiste par *l'Événement* à cause de son opinion sur les trusts,

---

[67] « Léon XIII, et la restauration sociale chrétienne », éditorial, 2 août 1928.

[68] « L'électricité : nous la payons cher », éditorial, 13 décembre 1929.

[69] « Le public et les taux d'électricité », éditorial, 15 mai 1930.

[70] « Le péril de demain : comment nous l'avons préparé », éditorial, 7 février 1931.

[71] E. L'HEUREUX, « La nationalisation de la Beauharnois », éditorial, 28 juillet 1931.

L'Heureux reprend courage et retrouve une nouvelle agressivité : « Si c'est du socialisme que de vouloir l'émancipation et l'enrichissement de ses compatriotes, et si c'est du socialisme que de vouloir une certaine nationalisation approuvée formellement par le Pape lui-même dans un document que *l'Événement* a publié récemment, j'accepte d'être traité de socialiste, du moins par *l'Événement,* à ses heures de comédie. » Et ce journaliste de poursuivre : « Je croyais et je continue de croire que rien ne favorise la marche du socialisme dans le monde comme les excès des capitalistes patronnés, excusés et voilés par ceux qui en profitent et qui recourent à la stratégie du mensonge et de l'insinuation pour servir cette cause capitaliste[72]. » Nuançant quelque peu l'appel lancé par Marx en 1848, L'Heureux s'exclame : « Guerre aux communistes ! Et des brides pour un certain nombre de capitalistes[73] !»

La municipalisation, dans le cas de la Quebec Power, semble de plus en plus une solution logique. L'Heureux recommande : « Avant de rejeter, sans l'étudier, la municipalisation qui a émancipé l'Ontario, voyons si ce n'est pas là le seul moyen de nous émanciper nous-mêmes », et il conseille de se méfier de la « légende des taxes » et quelques autres bonnes blagues colportées par les intéressés[74] ». En avril 1932, L'Heureux attend toujours que les autorités municipales abordent « vaillamment » la question de la municipalisation. En juin, le comité exécutif de la ville de Québec rencontre des représentants de la Quebec Power et L'Heureux, sans vaciller, lie le salut du régime capitaliste à une baisse des taux d'électricité. Il affirme : « Nous ne craignons nullement de dire que nous préférons le régime capitaliste au communiste. C'est précisément parce que nous ne voulons pas voir notre pays se jeter dans le communisme que nous travaillons de toutes nos forces à faire disparaître certains abus qui rendent le capitalisme moderne odieux à tous les non-profiteurs, c'est-à-dire, à la masse, aux riches comme aux pauvres. » Pour ce rédacteur, l'heure est vraiment « grave ». Des capitalistes et des politiciens maudissent les socialistes et les communistes, tout en commettant « exactement les abus qui ont amené ailleurs — faut-il citer des pays ? — la déchéance du capitalisme et le triomphe du communisme. Si ces gens-là acceptent de faire inconsciemment le jeu des communistes, nous refusons de coopérer avec

---

[72] E. L'HEUREUX, « Petites notes », 10 octobre 1931.
[73] *Ibid.,* 7 novembre 1931.
[74] « Pas de plaisir, là où il y a de la gêne », éditorial, 3 décembre 1931.

eux. Nous préférons, nous, corriger le capitalisme — même si ça lui fait mal parfois — et le garder, puisque c'est encore le régime convenant le mieux à la nature humaine, pourvu qu'on ait soin de l' « éduquer » et de le maîtriser[75].» Après que le premier ministre Taschereau eut déclaré, au début de 1933, que les attaques au capitalisme favorisaient le communisme, *l'Action* croit bon de faire une mise au point. « Il est bon que les honnêtes gens s'entendent », lance Poulin. « En dehors de la horde communiste, il n'est personne chez nous qui cherche la destruction du capitalisme.» Il ajoute que les « gens clairvoyants » voudraient cependant améliorer le régime, et qu'en cherchant à éliminer les abus du régime capitaliste, ils renforcent ce système et garantissent le maintien de l'ordre. « L'ordre, dit-il, ne s'assurera que dans un monde honnête[76].» Le mois suivant, L'Heureux reprend les mêmes thèmes avec sa vigueur habituelle et soutient qu'il faut mettre les monopoles à la raison et substituer une véritable liberté de commerce « au régime de licence qui permet à un petit nombre d'étouffer leurs concurrents[77] ».

La question de la nationalisation de l'électricité se pose de nouveau en mars 1933 quand un projet de loi, qui donnerait à la ville de Québec le droit de municipaliser cette ressource, est soumis à la Législature. Dorion affirme que l'Assemblée se donnera « un brevet peu enviable si elle s'obstine à lier les mains des contribuables pour permettre à un monopole de puiser librement dans leur bourse[78] ! » L'Heureux, lui, demande que la partisanerie politique ne vienne pas embrouiller davantage les cartes. Au Comité des projets de loi privés, le vote est défavorable et le droit de municipalisation est refusé. De nouveau, à la fin de 1933, Taschereau annonce qu'un projet de loi, comportant le droit de municipalisation, sera soumis à la session suivante; *l'Action* fait état de cette déclaration en manchette. Encouragé, L'Heureux revient à la charge, dénonçant le libéralisme économique et la dictature économique, et mettant en garde contre le communisme, « le gros danger de demain[79] ». D'après lui, il est essentiel de rappeler à l'ordre les spéculateurs et d' « imposer un terme à cette évolution qui met en présence, d'une part, une oli-

---

[75] « La rencontre de demain », éditorial, 14 juin 1932.
[76] « Petites notes », 7 février 1933.
[77] « Un coup de barre s'impose : en aura-t-on le courage ? » éditorial, 1er mars 1933.
[78] « Québec, haut les mains ! » éditorial, 8 mars 1933.
[79] « Après la signature du contrat », éditorial, 26 décembre 1933.

garchie industrielle de plus en plus petite et de plus en plus puissante, d'autre part, un prolétariat qui tend à devenir vaste comme le monde[80] ». Mais l'ennemi « trustard » est appelé à marquer un autre point : en avril, Taschereau annonce un changement — il ne soumettra pas, en 1934, de projet de loi sur l'électricité. Le programme de l'Action libérale nationale, avec ses promesses d'une vigoureuse action antimonopole, suscite l'intérêt et l'admiration de l'Action catholique. Pour elle, les élections du 25 novembre 1935, infligeant de lourdes pertes au gouvernement Taschereau, signifient que « l'électorat de cette province a condamné un régime économique. Le peuple s'est prononcé contre un système capitaliste vicié, dictatorial et vorace, qui s'est constitué et développé chez nous grâce aux principes du libéralisme économique, principes tolérés d'abord puis pratiqués durant de nombreuses années[81]. » Mais dans le discours du Trône, il n'y a rien sur les trusts; L'Heureux ne peut s'empêcher de manifester sa plus profonde déception. Duplessis fait également l'admiration de l'Action par ses promesses, constamment répétées, de prendre les moyens nécessaires pour mater les trusts. Mais comme on le sait, le nouveau premier ministre ne donnera pas suite à ses promesses. L'Action ne commente pas le départ de l'Union nationale, en juin 1936, de quelques hommes qu'elle avait hautement estimés, dont Hamel, Drouin, Chaloult, Grégoire et Marcoux. Mais elle reconnaît, tout de même, en 1938, que les « forces réactionnaires » étaient montées à l'assaut des « forces de restauration sociale[82] ».

Quelques « solutions » à la question sociale : le corporatisme et le Crédit social

La question sociale préoccupe les rédacteurs de l'Action catholique durant toute la période de l'entre-deux-guerres. Nous avons déjà montré que la réponse à la révolution menaçante se faisait sur deux plans : d'abord, il fallait prendre les mesures répressives nécessaires pour arrêter la marée montante du bolchevisme. Deuxièmement, le régime capitaliste, aux abus trop nombreux, devait évoluer, sous la direction de l'Église et avec le concours de l'élite et d'une

---

[80] « Le libéralisme économique », éditorial, 28 novembre 1933.
[81] L.-P. Roy, « La session de 1936 », éditorial, 24 mars 1936. Le mot est en italique dans le texte.
[82] E. L'Heureux, « L'assaut des forces révolutionnaires contre les forces de restauration sociale », éditorial, 7 mars 1938.

législation appropriée, vers un système plus acceptable parce que plus juste, plus moral, plus chrétien. Le régime mille fois proposé, surtout durant les années 30, le régime qu'on croit capable d'assurer la restauration sociale nécessaire, est, bien sûr, le corporatisme.

On voit d'abord le corporatisme sur le plan politique ; là, il s'avère un remède aux aspects insatisfaisants de la démocratie égalitaire. Dès 1917, un des rédacteurs se prononce en faveur d'un parlement composé des grands corps de la nation et se dit convaincu qu'un tel système assurera l'arrivée au sommet des hommes les « plus éclairés », les « plus utiles », les « plus religieux », les « plus compétents[83] ». Par la suite, à cause du corporatisme italien, on sent le besoin de changer d'orientation, tout en soutenant que le corporatisme politique demeure un régime « des plus défendables, mais que l'Église nous laisse libres d'accepter[84] ». Un peu plus tard, dans une critique du corporatisme politique italien, L'Heureux se dit d'avis que ce n'est qu'un « rouage administratif » de l'État totalitaire mussolinien; d'ores et déjà, on niera catégoriquement qu'on veuille des chambardements constitutionnels et on dira ne souhaiter que le corporatisme social.

C'est à la suite de la publication du programme de restauration sociale de l'École sociale populaire, dont l'un des articles préconise l'aménagement d'un ordre corporatif, que *l'Action* s'intéresse vraiment au corporatisme. Le corporatisme mettra fin à la lutte des classes et provoquera un rapprochement entre le Capital et le Travail. On prétend aussi que ce régime pourra protéger les faibles contre les forts, contre la « caste ploutocratique » et « les empereurs de la finance, du commerce et de l'industrie[85] ». Plus généralement, on pourra, avec le corporatisme, remplacer « ce colossal édifice économique moderne croulant faute de morale et de religion à sa base[86] » par une société plus chrétienne, et l'individualisme moderne par un esprit plus collectif. Selon les rédacteurs de *l'Action,* seul le corporatisme est susceptible de délivrer le Québec et le Canada, à la fois du communisme et des abus criants du capitalisme; seul le corporatisme pourra assurer l'ordre et la paix.

Les partisans de l'ordre corporatiste reconnaissent la nécessité d'un État plus interventionniste, si jamais un tel régime doit être

---

[83]   « Un remède... et un autre », éditorial, 7 mai 1917.

[84]   E. L'HEUREUX, « Petites notes », 6 février 1935.

[85]   ID., « Le corporatisme », 1er octobre 1934.

[86]   ID., « Du libéralisme économique à l'Action catholique », éditorial, 6 février 1934.

instauré. En fait, disent-ils à ce sujet, le rôle de l'État est d'administrer généralement, de ratifier les projets conçus par les corporations et de favoriser, dans les lois, l'organisation professionnelle. Les corporations pourront se constituer d'elles-mêmes : l'Action fait donc de nombreux appels dans ce sens, surtout à l'intention des patrons. Elle demande également l'établissement de commissions mixtes patronales-ouvrières, ou de conseils paritaires, ainsi qu'une certaine organisation interprofessionnelle pour veiller aux intérêts généraux de l'ensemble des industries et pour assurer le bien commun.

Durant les dernières années de paix, l'Action garde confiance en la victoire du corporatisme au Québec. Il n'est pas impossible, hasarde-t-elle en 1935, que le Québec, voire le Canada, soient corporatistes dans dix ans[87]; deux ans plus tard, L'Heureux déclare : « il est probable — heureusement ! — [qu'] un régime corporatiste s'instaurera dans un délai relativement court[88]. » Certains progrès s'accomplissent : l'Action signale les lois relatives à l'extension juridique des conventions collectives, le développement du syndicalisme ouvrier catholique, l'intérêt croissant pour les associations patronales.

En même temps, l'Action reconnaît que l'idée corporatiste suscite une forte opposition, surtout dans les milieux anglo-saxons. Parfois, elle s'en prend au « camp des journalistes asservis à la Finance et tout imbus de libéralisme économique » et à « certains catholiques » qui promènent « leur éclectisme désinvolte à travers les encycliques[89] ». Les accusations de certains journaux anglophones, du Canada et des États-Unis, liant le corporatisme au fascisme, provoquent la colère des rédacteurs. À la suite d'une des plus acerbes de ces attaques, dirigée contre le cardinal Villeneuve lui-même, L'Heureux affirme avec amertume : « L'opiniâtreté d'un grand nombre à ne voir d'autres remèdes à la crise que le communisme, le fascisme et le démocratisme ne nous semble pas à l'honneur de l'intelligence contemporaine[90]. »

À part le corporatisme, il faut signaler un très vif intérêt porté au Crédit social, du moins par Eugène L'Heureux. Au début de l'expérience créditiste, c'est-à-dire lors de l'élection d'Aberhart en

---

[87]   E. L'HEUREUX, « Économie dirigée, et corporative », éditorial, 21 janvier 1935.

[88]   « Le corporatisme en marche », éditorial, 20 septembre 1937.

[89]   E. L'HEUREUX, « Le corporatisme : réponse à quelques objections préliminaires », éditorial, 15 octobre 1934.

[90]   « Corporatisme et fascisme », 7 mai 1937.

Alberta en 1935, il craint que la doctrine ne soit en fait celle d'un mouvement socialiste; aussi se dit-il très inquiet[91]. Mais déjà, dès janvier 1936, ses inquiétudes s'estompent et il se croit en droit de déclarer :

> Si le Crédit social n'est pas recommandable dans son ensemble, il est peut-être possible, par contre, d'y puiser certains principes dont l'application humaniserait un peu notre économie au chapitre de la monnaie[92].

La vigoureuse attaque menée contre le Crédit social par les milieux financiers ne fait que rendre L'Heureux encore plus sympathique à l'endroit de ce nouveau mouvement. « On a le droit de penser ce que l'on veut du Crédit social », concède-t-il, ajoutant : « Pour notre part, nous ne voulons pas encore le recommander; mais nous ne croyons pas devoir le condamner aussi prestement que le font les banquiers et leur nuée de marionnettes. Bien plus il ne nous paraît pas invraisemblable qu'un jour prochain, il faille appliquer certains principes du Crédit social, sans adopter le système dans son ensemble[93]. » Bientôt après, dans une étude de la doctrine créditiste, le père Georges-Henri Lévesque, o.p., conclut qu'il n'y a aucun danger socialiste. Il souligne même que le Crédit social « n'est pas matérialiste, il est loin de favoriser la lutte des classes, il n'est pas contre la propriété privée, il ne restreint pas trop la liberté humaine et ne semble pas exagérer le rôle de l'État[94] ». Ainsi les catholiques pourraient-ils, à leur gré, accorder leur appui à ce parti. L'Heureux continue donc de demander aux lecteurs d'étudier sérieusement le Crédit social[95], et l'Action décide d'ouvrir ses colonnes à un débat sur le mouvement, « aux personnes émancipées de la domination bancaire et capables d'exprimer sur le sujet des idées neuves et fécondes[96] ». Louis Even, un des premiers créditistes québécois, s'empresse de répondre à l'invitation.

---

[91] « Une conclusion à tirer de l'aventure albertaine », éditorial, 26 août 1935.
[92] « Le Crédit Social : ce que c'est », éditorial, 31 janvier 1936.
[93] « Haro sur Aberhart et sur le Crédit Social », éditorial, 8 avril 1936.
[94] « Catholicisme et « Crédit social » », 23 mai 1936.
[95] Voir « Le Crédit Social : un système à étudier », éditorial, 18 mai 1936; « Le Crédit Social et la version d'un banquier », éditorial, 17 juin 1936; « Après six ans de crise », éditorial, 31 juillet 1936; « L'audace d'Aberhart et le conservatisme ploutocratique », éditorial, 4 septembre 1936; « Petites notes », 15 septembre 1937 et 28 mai 1938; « Il faudra tout de même des remèdes », éditorial, 21 juin 1939.
[96] E. L'HEUREUX, « Le Crédit Social », article, 16 juillet 1936.

La campagne contre le Crédit social ne fait qu'affermir les bonnes dispositions de *l'Action* envers le mouvement et son chef. C'est du moins le cas pour L'Heureux : « Sans brûler d'encens à Aberhart, que nous ne connaissons guère, il ne semble pas sage de se montrer son ennemi tout simplement parce que la Haute Finance, cette grande suspecte, mène contre lui une campagne des plus rageuses[97]. » Il ne changera pas d'avis avant la fin de la décennie.

*

L'urbanisation et l'industrialisation du Québec créent d'énormes problèmes pour le journal et l'obligent à se pencher sur une foule de questions nouvelles. Cette transformation de la province sur le plan économique constitue un défi, surtout qu'elle amène *l'Action* à définir une réaction qui ne sera pas qu'un simple refus des changements sociaux en cours. Elle ne peut se contenter de dénoncer l'exode rural et de souhaiter le retour à la terre, tout en fermant les yeux sur les problèmes suscités par la vie industrielle. Non, elle doit accepter les syndicats et elle doit accepter le régime capitaliste. Mais, en même temps, elle s'insurge ardemment contre les syndicats neutres et elle repousse avec acharnement un système capitaliste vicié, plein d'abus. Cet aspect « progressiste » de sa réaction ne vaut évidemment que lorsque ce sont des catholiques qui se chargent de renouveler le système. Toute initiative où l'Église est absente est suspecte, sinon inacceptable. C'est ainsi que *l'Action* espère exorciser l'esprit révolutionnaire.

---

[97] « De quel côté sont les communistes ? » article, 25 septembre 1937.

CHAPITRE XI

LA HANTISE DE L'IMMIGRATION... SURTOUT JUIVE

La période 1920–1940 voit des changements profonds sur le plan démographique au Québec. Trois aspects du problème inquiètent particulièrement *l'Action catholique*. D'abord, du moins jusqu'en 1930, un grand nombre d'immigrants européens arrivent au pays. Les chiffres exacts importent peu, mais le journal en donne de temps à autre. J.-Albert Foisy indique, par exemple, le chiffre de 1 975 000 pour la décennie 1911–1921[1], et Ferdinand Bélanger, se servant de statistiques parues dans le *Montreal Star*, affirme que 574 000 immigrants sont entrés au Canada entre 1923 et 1928[2]. Après 1930, le nombre d'immigrants décline rapidement pour atteindre 27 806 en 1931, 20 591 en 1932, 14 382 en 1933. Le plus bas chiffre de cette période, 11 643 personnes, est enregistré en 1936[3]. En somme, durant ces deux décennies, *l'Action* attache une grande importance à toute nouvelle, à toute rumeur, à toute déclaration relatives à l'immigration et ne manque jamais de protester chaque fois que l'on parle de nouvelles arrivées.

Le deuxième aspect du problème lui cause également une vive angoisse : il s'agit cette fois de l'émigration. Ordinairement, quand l'un des rédacteurs mentionne un nombre d'immigrants, c'est pour pouvoir souligner en même temps le nombre de départs en direction des États-Unis. À ce sujet, Foisy prétend que deux millions de Canadiens ont quitté leur pays entre 1911 et 1921[4], et Bélanger, pour la période 1923–1928, déclare que 580 000 Canadiens sont partis pour

---

[1] « Problème à étudier », éditorial, 10 mars 1922.
[2] « En passant », 3 mai 1928.
[3] L'article dit que les chiffres ont été fournis, en Chambre, par l'honorable T.-A. Crerar (4 février 1939).
[4] « Problème à étudier », éditorial, 10 mars 1922.

le Sud[5]. Il est à remarquer que les deux journalistes s'appliquent surtout à démontrer que l'émigration dépasse l'immigration.

En troisième lieu, le mouvement constant de la population vers les villes comporte, selon *l'Action catholique,* de très sérieuses menaces pour le Canada français; la nature de ce prétendu péril a déjà été étudiée plus haut.

L'Action s'efforce de démontrer que les trois aspects du problème sont étroitement liés : l'exode massif des campagnes vers les villes et l'arrivée des immigrants contribuent tous deux à stimuler l'émigration vers les États-Unis. Pareille affirmation demeure, bien entendu, très discutable, en ce sens qu'un fort pourcentage d'expatriés canadiens-français proviennent de la campagne surpeuplée, non pas des villes. Cependant, c'est là un fait dont *l'Action* ne semble pas tenir compte. Les rédacteurs expriment constamment la même conviction dans leurs nombreuses dénonciations de l'immigration.

Sauf erreur, *l'Action catholique* ne s'est jamais prononcée en faveur de l'immigration européenne au Canada. Au contraire, elle a profité de toutes les occasions pour renforcer son opposition irréductible à l'immigration : on pourrait dresser un catalogue impressionnant de ses arguments.

D'abord, selon elle, les immigrants, surtout les Polonais et les Ukrainiens, auraient souvent des « parasites » (! !); si on les accepte quand même, il faudrait « passer leurs parasites à l'étuve[6] ». Mais un des arguments qui revient le plus souvent est celui du chômage. Thomas Poulin estime que la crise de l'après-guerre a été « aidée considérablement par l'immigration trop grande des anciens jours[7] » et que si elle continue au même rythme, elle risque, soit de prolonger la crise, soit d'en provoquer d'autres. Il soutient vigoureusement qu'il n'y a pas de place pour les immigrés ouvriers, que ce serait extrêmement dangereux d'« augmenter indéfiniment l'armée de nos chômeurs et d'importer des ouvriers industriels quand ce ne sont que des cultivateurs qui peuvent être absorbés[8] ». Poulin se demande même si les « immigrateurs » ne sont pas en train d'assurer, par leurs projets absurdement ambitieux, le « chômage permanent de nos fils[9] ». De plus, il déplore que les immigrants — ces

---

[5]   « En passant », 3 mai 1928.

[6]   *Ibid.,* 17 mai 1920.

[7]   « Chez les ouvriers », 24 mai 1922.

[8]   « Vaines larmes », éditorial, 15 juin 1925.

[9]   « Des chiffres : essayons autre chose », éditorial, 3 novembre 1926.

« étrangers fraîchement débarqués » — travaillent au rabais dans les industries et prennent ainsi la place des ouvriers canadiens. À la fin de la décennie, quand il sera question d'une augmentation considérable d'immigrants britanniques, les rédacteurs, tout en assurant la Grande-Bretagne de leur loyauté, s'y opposeront catégoriquement. La dépression a pour effet de réduire le flot d'immigrants au Canada et l'opposition de *l'Action* devient moins virulente. Mais vers la fin de la décennie, devant l'exode des Juifs d'Allemagne et les rumeurs que le Canada serait prêt à accueillir un grand nombre de ces malheureux, les rédacteurs protestent de nouveau en prétextant le chômage.

On tient aussi la politique d'immigration du gouvernement pour responsable de l'émigration vers les États-Unis. On prétend, d'abord, que les immigrants européens ne font que s'arrêter au Canada avant de continuer leur trajet vers le Sud. Selon Jules Dorion, il en résulte que les « campagnes d'immigration que nous avons menées à grands frais dans le passé [...] n'ont servi qu'à faire du Canada une sorte de couloir[10] ». D'autre part, on s'interroge avec angoisse sur les succès possibles des diverses campagnes de rapatriement des Franco-Américains, alors que le flot des immigrants étrangers continue à submerger le pays. Poulin raisonne ainsi : « Nous savons [...] que ce n'est pas en jetant de l'eau dans un vase déjà trop plein qu'on l'empêchera de déborder. Nous savons que ce n'est pas en important des immigrants par centaines de milliers que l'on fera de la place pour les nôtres qui pourraient revenir, et pour ceux qui veulent rester ici[11]. » Pourtant le retour au pays des ressortissants francophones vaudrait mieux que l'arrivée d'étrangers venant d'Europe.

L'Action catholique est, en effet, d'avis qu'une population homogène est préférable à une population hétérogène, cosmopolite. Jules Dorion écrit à ce propos : « La politique qui a pour résultat d'attirer dans un pays des gens d'ailleurs, et de laisser partir les nationaux est une politique qui, pour avoir une longue portée, n'en a certes pas une nationale. Son résultat ultime serait de former ici une population qui ne sait rien du passé ni des traditions du Canada, qui manquerait par conséquent du lien qui fait les nations homogènes. » Il en conclut qu'« il faut d'abord qu'il y ait en dedans de nos lignes frontières un peuple canadien, et non un ramassis de gens quelconques, une foule, une cohue d'individus sans aucun lien

---

[10] « Ils vont manger », éditorial, 13 août 1923.
[11] « Voir clair », éditorial, 21 mai 1924.

entre eux[12]. » Dans une déclaration sur le même sujet, le colonel R. W. Webb, maire de Winnipeg, se demande : « Nous laisserons-nous dominer par ces immigrants de l'Europe centrale qui ne connaissent rien de notre langue, de nos idéals et de nos traditions[13] ? » L'Action publie un résumé de son discours et Poulin souligne que ce sont là « des paroles importantes qui méritent d'être relues[14] ». Dans un autre plaidoyer sur le besoin de créer un esprit national, Jules Dorion souligne la nécessité de « faire en sorte que le flot des étrangers ne noie pas ce sentiment national dans des mentalités exotiques[15] » ! Il n'est donc pas surprenant que les rédacteurs de l'Action catholique demandent, à chaque occasion, que l'on s'occupe d'abord des « nôtres », que l'on règle « nos » problèmes avant de consentir des sacrifices pour faire venir des étrangers inassimilables.

Non seulement l'immigration menace-t-elle d'imposer de nouvelles privations et de nouvelles souffrances aux Canadiens, mais encore la qualité des immigrés laisse fortement à désirer. Évoquant la possibilité d'une immigration anglaise accrue, Foisy s'écrie que les Anglais vont nous envoyer « le déchet de [leurs] villes[16] ». Pour ce rédacteur, bon nombre d'immigrants seraient même des criminels : « L'immigration apporte sur nos bords ce que l'Europe a de moins bon et nous sommes obligés, pour protéger les honnêtes gens, de mettre une bonne partie de ces nouveaux venus dans les pénitenciers[17]. » Quatre ans plus tard, Poulin n'est guère plus tendre à l'endroit des nouveaux arrivés, de « ces gens à noms étrangers, que l'on ne cesse plus de lire déjà dans la chronique des accidents, des bagarres, des meurtres, se donnant à vil prix et s'empressant surtout de prendre la place de nos ouvriers canadiens qui refusent de travailler le dimanche[18] ». De son côté, Dorion exprime sa conviction, qu'il dit être basée sur des statistiques, que « nos prisons et nos asiles d'aliénés sont peuplés pour une bonne moitié par ces importés[19] ».

---

[12] « L'immigration », éditorial, 16 septembre 1922.
[13] 9 juin 1927.
[14] « Une plainte : l'importation des chômeurs », éditorial, 13 juin 1927.
[15] « L'immigration, et la réaction qu'elle provoque », éditorial, 9 août 1927.
[16] « La crise terrible », éditorial, 3 avril 1922.
[17] « L'écume d'Europe », éditorial, 9 novembre 1923.
[18] « À l'étranger : une richesse à notre porte », éditorial, 13 mai 1927.
[19] J. Dorion, « Deux documents et leur leçon », éditorial, 27 août 1927.

Mais la critique la plus courante demeure le danger communiste que comporterait l'immigration. Dès 1923, Foisy se plaint que l'immigration nous amène « des propagandistes des idées les plus malsaines qui ont cours en Europe, et qui ont causé plus de mal à certains pays que les cinq années de guerre ». Selon lui, si on ne change pas la politique d'immigration, le Canada finira par acquérir une « population cosmopolite, bolcheviste et anarchiste prépondérante[20] ».

Les rédacteurs prétendent que les immigrants sont en large mesure responsables des progrès du communisme au Canada. Constatant que la plupart des manifestants lors du défilé du 1er mai 1926, à Montréal, étaient des « étrangers », Poulin ne cache pas sa conviction qu'une politique d'immigration visant à amener au Canada encore de nombreux immigrants avec « leurs rancunes européennes et leurs théories économiques[21] », risque fort d'avoir pour résultat la création de défilés du 1er mai à l'européenne. De même, l'Action croit que l'élection, à Winnipeg, d'un échevin communiste en 1927 s'est faite grâce aux immigrés qui ont voté pour lui, et que la situation pourrait bien se dégrader à mesure que d'autres immigrants, lecteurs de journaux communistes et en proie à toutes les influences communistes, entreront au pays. L'abbé Philippe Casgrain, aumônier des immigrants catholiques, recommande alors des changements radicaux dans la politique canadienne d'immigration[22].

C'est le signal du déclenchement d'accusations fréquentes de communisme portées contre les immigrés. Selon Jules Dorion, les communistes sont « des importés au Canada » et, aux yeux de Thomas Poulin, « le courant qui nous apporte les bolchevistes est celui de l'immigration mal faite, trop intense[23] ». Ferdinand Bélanger, après avoir mis la main sur une « littérature séditieuse antireligieuse communiste » distribuée à Montréal, note qu'elle est rédigée en mauvais français et il en arrive à cette conclusion : « Ce mauvais français [...] révèle assez bien son origine étrangère, et qu'il y a

---

[20]   « L'écume d'Europe », éditorial, 9 novembre 1923.

[21]   « Chez les ouvriers », 4 mai 1926.

[22]   « Le Canada est très sérieusement menacé par la plaie du communisme qui a déjà fait d'immenses progrès en notre pays », compte rendu d'un discours de l'abbé P. Casgrain, publié dans l'Action catholique, 26 août 1927.

[23]   « L'immigration : véhicule du bolchevisme chez nous », éditorial, 7 septembre 1927.

quelque chose qui ne va pas à notre système d'immigration[24]. »
Dorion abonde dans le même sens après avoir appris qu'une manifestation du 1er mai à Winnipeg, en 1929, durant laquelle des
bannières acclamant la dictature du prolétariat et l'Union soviétique
avaient été étalées, réunissait 2 500 personnes, la plupart des étrangers. « La belle affaire que l'immigration[25] ! » s'exclame-t-il en guise
de conclusion. Tous ces événements confirment les rédacteurs de
l'Action dans leur idée que la politique d'immigration du Canada
est très décevante, en plus d'être très coûteuse.

À partir de 1930, comme l'immigration diminue, les rédacteurs
traitent moins souvent cette question, mais ils n'en demeurent pas
moins sur leurs positions. En 1931, par exemple, Joseph Dandurand
écrit encore qu'« en Amérique du Nord, le communisme moscoutaire
est un des plus vilains fruits de l'immigration[26] ». Un article en
1933 prétend que 80 pour cent des communistes au Canada sont,
en réalité, des personnes arrivées au pays depuis vingt-cinq ans; en
1936, Louis-Philippe Roy, évidemment, ne voit aucune raison de remettre en cause cette conviction, d'autant plus qu'il affirme lui-même
que la plupart des communistes sont des immigrés[27]. De là à prétendre que la plupart des immigrés sont des communistes, il n'y a
qu'un pas, et on le franchit allègrement. On entretiendra la même
confusion au sujet de l'immigration juive dans les années 30.

À deux reprises, l'Action discute longuement de la question
de l'immigration juive au Canada. Entre 1920 et 1924, de nombreux
Juifs sont venus s'établir au Canada. Après 1936, l'intensification
des persécutions nazies provoque la fuite de beaucoup de Juifs hors
d'Allemagne : l'Action craint que bon nombre d'entre eux ne viennent
s'installer au Canada. Chaque fois, le journal mène une vigoureuse
campagne d'opposition en reprenant les raisons de son opposition à
toute immigration. De cette façon, on essaie de démontrer qu'on met
les Juifs sur le même plan que tous les autres. Évoquant le chômage
qui sévit toujours au Canada, L'Heureux déclare que « le Canada
ne veut pas d'immigration, pas plus juive que britannique, pas plus
italienne que polonaise ou autre. Il n'a pas le moyen d'augmenter
le nombre des humains à nourrir; il n'a pas l'insouciance de renouveler une téméraire expérience qui a tourné si mal sous tous les

---

24   « En passant », 22 septembre 1927.
25   « Petites notes », 20 mai 1929.
26   « Mesures d'épuration », éditorial, 22 janvier 1931.
27   « Nous étouffer ! » éditorial, 12 octobre 1936.

rapports[28].» On ne s'attaque pas au Juif en tant que tel, mais plutôt à l'immigrant, du moins veut-on le faire croire.

Cependant, l'antipathie se révèle beaucoup plus prononcée à l'endroit des Juifs qu'à l'égard de tout autre groupe. En effet, aucun autre groupe ne se verra accorder autant d'espace dans les pages de *l'Action catholique*. Les Juifs sont-ils plus dangereux parce qu'ils représentent une menace aux commerces canadiens-français, parce qu'ils font de la spéculation, parce qu'ils pratiquent surtout des métiers de parasite ? Les craint-on surtout parce qu'on les croit malhonnêtes et accapareurs ? Est-ce parce que les Juifs ne sont pas chrétiens, parce qu'ils sont toujours prêts à travailler le dimanche, parce qu'ils semblent avoir voté contre la prohibition lors d'un référendum ? Ou encore est-ce à cause de leur trop grande influence dans la presse, dans la politique, dans la finance et ailleurs ? Ce ne sont là que quelques-uns des reproches que *l'Action* fait pleuvoir sur les Juifs, tant au Québec que dans le reste du monde. Mais tous ces reproches suffisent-ils vraiment à expliquer l'intense amertume, la peur très vive, la haine peu dissimulée que les rédacteurs ressentent pour les Juifs ? Afin de répondre à la question, il faut brosser un tableau de la pensée de *l'Action* sur les Juifs.

Dès 1920, Albert Foisy sonne l'alarme. Des « Juifs riches et influents », à son dire, font de leur mieux, au Canada comme ailleurs, pour attirer autour d'eux « leurs frères menacés ». Ce rédacteur imagine que de nombreux Juifs, polonais, ukrainiens ou autres, s'infiltrent au pays à un point tel que « le Canada devient rapidement le dépotoir et le refuge de la juiverie continentale européenne. Au train des derniers mois il n'est pas douteux qu'en peu d'années, nos villes regorgeront des fils d'Israël qui, avec leur habileté, leur avidité et leur absence de scrupules, se seront emparés de tout notre commerce[29]. » Comment faire face à cette véritable invasion qui comporte de si grands risques, se demandent les rédacteurs de *l'Action catholique*.

Même s'il ne répond pas directement à la question, Foisy est d'avis que ce qu'on a fait jusqu'ici demeure totalement inadéquat. Même les journaux, explique-t-il, refusent de s'acquitter de leur devoir qui est de protéger la population. Comme si le silence des uns n'était pas déjà assez inquiétant, d'autres se scandalisent de voir que, « dans certains milieux, on ait l'inhumanité de ne pas se

---

[28]   « Les Juifs allemands : émigreront-ils au Canada ? » article, 26 mars 1936.
[29]   « La poussée juive au Canada », éditorial, 18 novembre 1920.

réjouir du fait que les Juifs, ces éternels errants, viennent ficher leur tente dans le beau pays du Canada ». Dans le même éditorial, Foisy fait état pour la première fois des fameux *Protocoles des Sages de Sion* qui, d'après lui, exposent ce que sont « les plans combinés de la juiverie et de la franc-maçonnerie pour dominer le monde, faire disparaître les derniers vestiges de la monarchie et établir la république universelle soumise à l'influence juive[30] ». À ce sujet, il faudrait signaler la tendance à discuter de la « question juive », au Canada — dont le problème de l'immigration — sous la forme d'un récit des innombrables méfaits de ce peuple ailleurs dans le monde. Souvent, en effet, on terminera une diatribe sur l'influence juive dans la révolution soviétique, rédigée dans un langage virulent, par une protestation contre l'arrivée des Juifs au Canada ou contre leur influence universellement grandissante. « Paul-Henri », dans un éditorial qui résume tous les détails de l'assassinat du tsar Nicolas par des « bourreaux juifs », déclare en conclusion : « l'invasion juive menace l'avenir de notre pays[31]. »

Au cours de la période 1917–1939, *l'Action* s'efforce de démontrer que le bolchevisme est juif, d'où sa détermination à s'opposer à tout projet d'immigration juive. « N'avons-nous pas le devoir, demande Foisy, de prendre des mesures de prudence contre les Juifs nombreux qui nous viennent de l'Europe centrale, tous apôtres de la doctrine qui les a rendus maîtres de la Russie ? » Puis, pour semer davantage la peur, il ajoute une morale : « À moins de vouloir faire l'expérience du régime soviétique, il est nécessaire de nous garer, car les Juifs ne sont pas la majorité en Russie et ils mènent[32] ! »

À mesure que leur parviennent des nouvelles sur l'arrivée au Canada d'immigrants juifs, la position des rédacteurs de *l'Action* se radicalise et frise parfois la panique. Ils prennent l'habitude de voir les Juifs comme des ennemis acharnés de la religion catholique et de la race française. « Dans leur cœur », s'exclame l'abbé Lavergne, parlant à la fois des Juifs récemment débarqués et de ceux qui résident au Canada depuis longtemps déjà, « vibre une haine égale contre l'Église catholique et ses enfants. Dans leur esprit habite le même mépris pour tout ce qui est français. Une seule chose pourrait les séparer : leur commune soif de l'or. Mais le Canadien français peut être sûr de les voir unis contre lui, comme jadis contre

---

[30]   « La poussée juive au Canada », éditorial, 18 novembre 1920.
[31]   « Tous Juifs, tous bourreaux », éditorial, 21 décembre 1920.
[32]   « Bolchevisme : Juifs », éditorial, 2 février 1921.

Jésus, les Hérodiens, les Pharisiens, les Sadducéens pourtant si divisés par ailleurs[33].» Cette prétendue haine du catholicisme qui animerait le Juif reste alors un des thèmes favoris de *l'Action*. Et l'abbé Lavergne d'accuser : « Eux, ils ont la haine du Christ, nous, nous l'aimons. Son règne, ils veulent l'abattre, nous, nous avons l'ambition de l'étendre. Avec S. Paul, nous répétons : « Il faut qu'il règne.» Avec les Juifs du Sanhédrin, eux répètent : « Enlevez-le ! Enlevez-le !»» Plus loin, au cours du même article, l'abbé Lavergne reproche aux Juifs de vouloir « combattre Jésus-Christ [et] jeter à terre le christianisme», et il déclare : « C'est un fait historique dont la preuve serait facile à établir, que l'ascension des Juifs est proportionnée au déclin, à l'affaissement des mœurs chrétiennes. Plus le nombre augmente des chrétiens dégénérés qui ne vivent plus de la Foi, plus s'accroît la puissance juive, plus sa montée devient rapide, insolente, dominatrice[34].»

L'abbé Lavergne affirme aussi que les Juifs cherchent à établir leur empire universel en fomentant partout et toujours des révolutions. Leur influence demeure des plus malsaines, des plus provocatrices. Une fois arrivés au Canada, ils se consacrent, comme leurs coreligionnaires ailleurs, à la propagation des « germes de révolution que tout Juif imbu des doctrines talmudistes traîne avec lui. Ils y organiseront des loges maçonniques ténébreuses et méchantes aux ordres du Premier homicide Satan. [...] Donc l'arrivée en masse des Juifs ne signifie rien de bon. C'est l'accroissement de la puissance maçonnique et des ferments de désordre[35].» Thomas Poulin, habituellement un éditorialiste des plus modérés et un des moins susceptibles de craindre les complots occultes, n'hésite cependant pas à relier communisme et juiverie. Commentant les activités communistes au Canada, il soutient que « les progrès communistes vont parler la langue Yiddish »; l'immigration apportera, sur nos rives, « ces piliers du communisme». Il conclut en agitant l'épouvantail habituel : « Qu'on fasse vivre ce régime [d'immigration] pendant quelques années et nous en verrons probablement de belles[36].»

Que faut-il faire pour combattre la menace juive ? D'abord, évidemment, les journalistes de *l'Action* s'efforcent d'éveiller l'atten-

---

[33] « « Race supérieure » », éditorial, 7 avril 1921.
[34] « Les Juifs », article publié dans *la Bonne Nouvelle* et reproduit dans *l'Action catholique*, 8 mars 1932.
[35] « À quand notre tour ? » éditorial, 12 juin 1922.
[36] « Chez les ouvriers », 21 février 1925.

tion de leurs lecteurs, de les amener à prendre conscience de ce « péril » qui s'approche. Ensuite, parmi les autres recommandations, on peut citer celle de l'abbé Antonio Huot, de la *Semaine religieuse de Québec,* qui conseille d'« appuyer, dans une mesure juste et opportune, [...] les mouvements sérieux de réaction antijuive et antimaçonnique[37] ». De plus, il faut absolument que l'on restreigne l'entrée des Juifs au Canada. Pourtant, il ne suffit pas de changer des lois, étant donné que les Juifs — c'est l'accusation usuelle que les rédacteurs portent contre eux — se servent de leur influence et profitent de la protection « étrange et mystérieuse[38] » qui leur est accordée pour contourner toutes les lois. L'abbé Lavergne, dans un langage aussi pittoresque que mordant, décrit le spectacle des Juifs qui envahissent le Canada, « en masses pressées, flots par flots, se poussant les uns les autres [...]. Tout arrive à point pour que ces indésirables restent au pays. Deux par deux, trois par trois, ils finissent tous par passer à travers les mailles de la loi; privilège dont seuls ils peuvent bénéficier[39]. » Aussi les journalistes de l'époque (1920–1925) succombent-ils souvent au pessimisme.

Avant le déferlement d'une deuxième vague d'antisémitisme dans *l'Action* à partir de 1932, il y a un débat important sur la question des écoles juives[40]. Tout en reconnaissant le problème créé par la présence, à Montréal, de quelques milliers d'écoliers d'origine juive, *l'Action* s'oppose à la création d'un réseau séparé d'écoles financées par l'État car une pareille mesure risquerait d'affaiblir la saine influence du Conseil de l'Instruction publique; de plus, elle ne manque pas d'affirmer que si on avait limité l'immigration juive, le problème n'aurait jamais été soulevé. De toute façon, ce débat ne fait que démontrer une fois de plus, pour *l'Action,* la puissance croissante de la juiverie. Sans doute ce débat a-t-il contribué à stimuler la nouvelle poussée antisémitique.

Un incident mettra le feu aux poudres. Il s'agit cette fois d'un projet de loi patronné par Peter Bercovitch, député de Montréal-

---

[37] A. Huot, « Pour s'orienter dans la question juive : III-Comment résister à l'action juive », article publié dans la *Semaine religieuse de Québec,* vol. XXXIII, n° 37 (12 mai 1921), pp. 589-592, et reproduit en éditorial dans *l'Action catholique,* 20 mai 1921.
[38] É.-V. Lavergne, « Refrain officiel », éditorial, 15 décembre 1922. Lavergne avait en vue, évidemment, la dite Alliance israélite universelle ou la « ploutocratie judéo-maçonnique ».
[39] « Tous indésirables !... », éditorial, 19 juillet 1922.
[40] Voir plus loin, chapitre XII, pp. 292-296.

Saint-Louis, décrétant qu'une personne qui attaquerait « de façon outrageante une collectivité ethnique, un groupement religieux ou une classe » serait passible de sanctions sévères. Offusquée, *l'Action* proteste contre ce qui lui paraît être une législation exceptionnelle en faveur des Juifs. « Le Canada, proclame L'Heureux, est un État chrétien. En conséquence, ce sont les citoyens derniers venus qui doivent s'accommoder de l'état de choses établi, et non pas l'État qui doit chambarder sa législation pour dispenser les nouveaux venus de s'assimiler. » Il profite de l'occasion pour souligner que, sans les Juifs, « il eût été plus facile, pour le gouvernement provincial, d'organiser dès le début notre Assistance publique conformément aux principes et aux représentations de l'autorité religieuse. Sans eux, l'observance du dimanche serait plus facile chez nous; sans eux, nous n'aurions pas eu le fâcheux incident des écoles juives; sans eux, nous n'aurions probablement pas la Loi des Faillites — la loi Jacob — qui nuit de mille et une manières à notre peuple[41]. » En même temps, des articles du curé Lavergne blâment les Juifs d'avoir pris tous les moyens pour détruire l'esprit chrétien, et les tiennent pour responsables de la mise en œuvre des « grands moyens de corruption populaire » — dont le cinéma et la mode vestimentaire — qui constituent la meilleure explication de « ce croissant dévergondage » des mœurs[42].

Pendant la campagne des années 30 contre l'immigration juive, on commence par qualifier les Juifs d'« immigrés inassimilables » qui, « même naturalisés, pensent en Juifs, agissent en Juifs, enjuivent la richesse nationale, favorisent les Juifs à l'exclusion des autres, et s'appliquent à toujours rester Juifs en eux-mêmes et dans leurs descendants[43] ». Mais, de nouveau, la principale accusation à l'endroit des Juifs porte sur leurs prétendues sympathies communistes. Après qu'un échevin de Montréal eut proposé une résolution contre l'immigration juive et dénoncé ces « immigrants antichrétiens et de mentalité bolchevique », Eugène L'Heureux déclare : « Il n'est pas encore prouvé qu'Hitler a menti, quand il a affirmé que les Juifs émigrés d'Allemagne sont des agents du communisme[44]. » Trois ans plus tard, son opinion est toujours la même : « Il n'est

---

[41] E. L'HEUREUX, « Encore un chambardement législatif demandé par les Juifs », éditorial, 2 février 1932.

[42] « Les Juifs nous domineront-ils ? » article publié dans *la Bonne Nouvelle* et reproduit dans *l'Action catholique*, 4 octobre 1932.

[43] E. L'HEUREUX, « Le concordat allemand », éditorial, 31 août 1933.

[44] « Au fil de la plume », éditorial, 26 octobre 1933.

pas téméraire de dire que les juifs chassés de l'Allemagne par Hitler ont une forte chance d'être communistes[45]. »

L'Action s'oppose irréductiblement aux propositions en faveur de l'immigration juive, opposition que même les persécutions nazies les plus violentes (par exemple, en 1938) ne pourront ébranler. Mais son action antijuive prend aussi d'autres formes. Le journal demande, par exemple, que l'on évite de tomber dans le prosémitisme quand on cherche à rejeter l'antisémitisme[46]. On prêche aussi la solidarité canadienne-française, à la manière des Juifs eux-mêmes (qui sont souvent cités en exemples[47]), ainsi que le principe de la légitime défense[48] comportant tout le programme d'« achat chez nous ». Louis-Philippe Roy donne le ton à toute la campagne quand il conseille à ses lecteurs : « Endurons chrétiennement [les Juifs] que nous avons; gardons-nous de faire leur prospérité puisqu'elle tourne contre nous; surtout, n'allons pas commettre la bêtise d'en inviter d'autres. Commençons par prendre soin de nos chômeurs; ce sera plus profitable tant au point de vue social et moral qu'au point de vue économique[49]. » Et, un peu plus tard, le médecin-journaliste ajoute : « Il serait si simple de nous protéger contre l'immigration juive ! Abstenons-nous de faire la prospérité de ces étrangers, et pas un seul de leurs semblables n'aura le désir de venir crever de faim chez nous. Ne faisons rien contre ces humains; ils sont nos frères en Jésus-Christ. Mais, faisons tout pour donner les avantages de nos achats à nos marchands, frères en religion et en patrie[50]. » Le langage est certainement moins amer que celui des années 20, mais il ne paraît y avoir aucun changement d'orientation. L'Action ne fait que raffiner son antisémitisme.

Bref, cette croyance si profonde en un rêve juif de domination universelle et de destruction du monde chrétien, rêve dont on s'imaginait témoigner de la réalisation progressive, donnait le ton à la campagne antisémitique de l'Action catholique au Québec entre les deux guerres. Pour les journalistes, il était clair que les Juifs n'étaient

[45]   « Les Juifs allemands », éditorial, 26 mars 1936.
[46]   T. POULIN, « Petites notes », 9 décembre 1933.
[47]   E. L'HEUREUX, « Une année prospère, par la pratique de la solidarité nationale », éditorial, 4 janvier 1939.
[48]   Paul SAURIOL, « L'immigration juive », article publié dans le Devoir et reproduit dans l'Action catholique, 28 octobre 1938.
[49]   « Petites notes », 23 novembre 1938.
[50]   « La colonisation de la rue St-Joseph », éditorial, 29 novembre 1938.

pas un groupe comme les autres. Bien sûr, la méfiance du journal vis-à-vis de tous ceux qui ne faisaient pas partie d'une société homogène canadienne-française et catholique, peut expliquer partiellement leur attitude. Mais la thèse du complot occulte, toujours présente à l'esprit des journalistes, demeure à la base de leur antisémitisme.

CHAPITRE XII

SUR LES REMPARTS : L'ÉGLISE DANS LA SOCIÉTÉ QUÉBÉCOISE

L'idée d'une Église participant activement à la vie sociale était primordiale dans la conception traditionnelle de la société canadienne-française. Le clergé réclamait le droit, par exemple, de voir à l'éducation de la population et réagissait jalousement devant toute tentative, voire toute suggestion, proposant de lui enlever ou de diminuer de quelque façon ce contrôle. De plus, c'était l'Église qui prenait soin des malades dans les hôpitaux, des aliénés dans les asiles et des vieillards dans les hospices. C'est cet ordre social que *l'Action catholique* doit défendre.

Entre 1917 et 1939, la situation de l'Église au Québec n'a pas beaucoup changé. Il est vrai que, au début des années 20, une minorité relativement bruyante fait une vigoureuse propagande en faveur de l'instruction gratuite, obligatoire, uniforme et même, dans certains cas exceptionnels, neutre. Mais les porte-parole du clergé rejettent tous ces principes qui, mis en pratique, signifieraient une immixtion intolérable de l'État dans les affaires de la famille et, bien sûr, de l'Église. Il est vrai aussi qu'au début des années 30, certains membres de la « 'congrégation des pourfendeurs[1] », dont Olivar Asselin du journal *l'Ordre,* critiquent le cours classique, affirment qu'il y a trop de collèges, et proposent que les collèges engagent des professeurs laïcs. Mais les rédacteurs de *l'Action* combattent toujours aussi fermement, avec tout le brio qu'on leur connaît, ces prétendues « réformes ». Ils s'en prennent également à tous ceux qui critiquent le rôle de l'Église dans d'autres domaines ou qui veulent limiter les privilèges dont elle jouit. Les années 30, cependant, semblent marquer une diminution sensible de ces controverses et l'intérêt du journal se porte davantage sur les événements à l'étran-

---

[1] C'est ainsi que *l'Action* qualifie ceux qui critiquent les collèges classiques (T. POULIN, « Ils disent : on veut partager », éditorial, 4 juin 1934).

ger. Malgré la fureur des attaques de certains, l'Église vient facilement à bout de l'opposition et réussit à la museler. Ses critiques
devront attendre 1960.

L'Église, l'État et l'éducation

Dans le domaine de l'éducation, *l'Action* lutte inlassablement
contre l'instruction gratuite, uniforme, obligatoire et laïque : pour
elle, ces quatre éléments sont si étroitement liés que la mise en
application d'une des « réformes » entraînerait, inéluctablement, à
plus ou moins brève échéance, l'instauration des autres. On est certain que l'instruction obligatoire donnera naissance assez rapidement
à l'école neutre. « L'école obligatoire est une duperie », proclame
« Tenax ». « Si on l'accepte, il faudra subir l'école neutre[2].»
Évidemment, pour lui, la franc-maçonnerie n'est pas étrangère aux
campagnes visant à affaiblir la position de l'Église et, de plus, les
tenants de l'école obligatoire s'inspirent de la propagande des théori-
ciens de la démocratie ainsi que de la doctrine socialiste sous sa
forme la plus dangereuse : le socialisme d'État.

À maintes reprises, *l'Action* se trouve dans l'obligation de défendre le statu quo dans le secteur de l'éducation et de montrer
que l'école obligatoire n'est nullement nécessaire au Québec. Elle
joue avec les quelques statistiques dont elle dispose pour « prouver » que le pourcentage des étudiants d'âge scolaire effectivement
inscrits à l'école est plus grand, et la présence moyenne des élèves
sensiblement plus élevée au Québec qu'en Ontario, en dépit du fait
que l'instruction obligatoire existe dans cette dernière province.
Elle peut alors se permettre de conclure qu'il n'y a « pas à rougir
de notre province[3] ». Quand les données se révèlent insuffisantes
pour assurer des conclusions avantageuses, *l'Action* prétend que les
statistiques criminelles viennent suppléer à ce manque et démontrer
la supériorité du système québécois : tandis que l'Ontario, en 1916,
avait enregistré une condamnation sur 343 personnes, le Québec n'en
avait eu qu'une sur 574.

Dès lors, chaque fois qu'on fait une proposition en faveur de
l'école obligatoire (ou, comme *l'Action* préfère l'appeler, « la contrainte scolaire » ou « la coercition scolaire »), qu'elle vienne de
T.-D. Bouchard, député de Saint-Hyacinthe et ennemi irréductible
de *l'Action,* ou de la *Gazette* ou du *Chronicle* qui tous deux s'effor-

---

2   Tᴇɴᴀx, « L'école obligatoire », VII, article, 12 février 1919.
3   « Le dada Finnie », éditorial, 18 janvier 1918.

cent de prouver que le Québec accuse un retard très inquiétant, les rédacteurs de *l'Action* s'obstinent à répondre que le Québec n'en a pas besoin. Chaque année, en septembre, après avoir fait le point sur la situation scolaire dans la ville de Québec, ils disent que plus d'élèves que jamais se sont présentés, que les écoles sont encombrées, et qu'une loi sur l'instruction obligatoire ne paraît pas du tout nécessaire pour continuer à progresser normalement.

L'Action est d'avis qu'une loi relative à l'instruction obligatoire constituerait un empiètement injustifié et inacceptable de l'État sur les droits des parents. Dans ce sens, un des rédacteurs reproche en 1918 à l'école obligatoire d'être « un instrument [...] pour violer la liberté du père de famille et favoriser l'empiètement de l'État sur les droits primordiaux des parents en matière d'éducation[4] ». L'État, dit-il, ne peut avoir qu'un droit « médiat et indirect » en ce qui a trait à l'éducation[5]. Un autre rédacteur reprend la même idée : « L'État est essentiellement, par rapport à la famille, un aide et un soutien. À lui de stimuler, de presser, de pousser, mais non de prendre les devants. Autrement, il y a grand risque d'injustice et d'oppression[6]. » Non seulement on risque d'affaiblir l'autorité des parents mais, en même temps, on peut mettre en danger la survivance de la race. C'est du moins l'opinion de C.-J. Magnan, inspecteur général des écoles primaires et un des plus grands amis de *l'Action catholique* à cette époque. Un conseil, adressé par *l'Action* à Damien Bouchard, semble refléter assez fidèlement l'opinion du journal à ce sujet : « N'ayez pas peur de la liberté des parents, surtout quand vous aimez tant vous réclamer de votre qualité de libéraux. Cette liberté des parents, sagement aidée et conseillée, a déjà obtenu les meilleurs résultats. Laissez-la poursuivre son œuvre bienfaisante. Ne l'entravez pas de vos petites tyrannies tracassières qui voudraient sacrifier le bien général au profit d'un étroit idéal radical[7]. » S'il fallait en juger seulement par le nombre des interventions dans ce sens, nous conclurions que cette raison — le respect des droits des parents — est celle qui milite le plus contre l'étatisme en matière d'éducation.

Les rédacteurs insistent également sur le fait que l'instruction obligatoire serait peu pratique et très coûteuse. Ils prétendent que

---

[4] « De la lumière ! » éditorial, 11 avril 1918.
[5] « À propos d'éducation... et de contrainte scolaire », éditorial, 12 décembre 1918.
[6] « Vers plus de lumière », éditorial, 21 décembre 1918.
[7] « Peur de la liberté », éditorial, 4 février 1918.

l'État aurait besoin de toute une « armée d'officiers[8] » pour obliger les enfants à aller à l'école; l'abbé Lavergne va jusqu'à évoquer l'image d'un « gendarme [qui passerait] en revue chaque jour nos enfants[9] ». Si cette image manifestement désagréable ne suffit pas à discréditer l'idée de Bouchard, l'abbé Lavergne n'hésite pas à aller encore plus loin : Bouchard, dit-il, a méprisé « son vieux père « porteur d'eau » », il a insulté sa race et accompli l'œuvre de la franc-maçonnerie.

Mais il reste encore un autre argument de poids : s'ils sont incapables de prouver, à leur entière satisfaction, que les taux d'inscription et d'assistance scolaire au Québec sont plus élevés qu'en Ontario, les rédacteurs peuvent tout de même déclarer — n'est-ce pas la fable des raisins verts ? — que l'éducation, après tout, n'est pas la source du bonheur, qu'elle ne guérira pas tous les problèmes de la société canadienne-française et que, dans beaucoup de cas, elle risque de causer plus de mal que de bien.

D'abord, même si l'éducation est une nécessité pour la société en général, il ne s'ensuit pas qu'elle le soit obligatoirement pour tous ses membres. « Il faut [...] se bien rappeler, écrit un des journalistes, que l'instruction profane, aux regards des meilleurs philosophes, doit être rangée parmi les biens qui sont dus au perfectionnement du corps social comme tel, et non de chacun de ses membres. En d'autres termes, une société normale sera *généralement* instruite. Il n'est point exigé par son bonheur et son intérêt que tous et chacun des citoyens soient également et uniformément instruits[10]. » On tente même de montrer que les criminels « semblent fleurir dans les endroits où l'instruction obligatoire est en honneur[11] ».

Dans une série de cinq éditoriaux consacrés à la contrainte scolaire, « Paul-Henri » s'efforce d'illustrer les grands dangers que comporte l'éducation des masses. Citant d'abord *l'Imitation de Jésus-Christ,* il affirme que l'instruction n'est « pas la source de la vraie grandeur ni du bonheur pour les âmes », qu'elle peut se révéler même un mal si on s'en sert « pour la satisfaction des plus bas égoïsmes et pour le mal ». « Lire, écrire et compter, dit-il, peut

---

[8] C.-J. MAGNAN, « À propos d'instruction obligatoire », lettre publiée dans *l'Action catholique,* 20 janvier 1919.

[9] « Pour la liberté », éditorial, 24 février 1919.

[10] « Vers plus de lumière », éditorial, 21 décembre 1918. Le mot est en italique dans le texte.

[11] « Nous n'en sommes pas », éditorial, 5 février 1919.

mettre sur un front le tricorne du savant, mais plus facilement encore, il peut y laisser descendre le capuchon du gibier de potence[12].»

Lorsqu'il reprend le même sujet quelques jours plus tard, « Paul-Henri » précise que les lectures sont souvent mauvaises et corruptrices, qu'elles « gâtent le cœur, livrent l'intelligence à d'étranges fascinations, ou à de dangereuses et folles rêveries[13] ». Ces lectures dangereuses incluent, bien sûr, les journaux à sensation, qualifiés par « Paul-Henri » de « feuilles folichonnes boulevardières[14] ». Tenant compte de tous ces dangers dans le dernier éditorial de cette série, le rédacteur conclut que « lire fait dans le peuple plus de mal que de bien » et que « lire sert à imbiber les esprits d'idées fausses, sottes ou niaises, à secouer les nerfs d'émotions violentes et malsaines, à gaver les imaginations de faits divers et d'idées disparates qui font bourdonner les têtes et empêchent de réfléchir et de s'appliquer aux idées sérieuses[15] ». L'instruction doit être, c'est évident pour « Paul-Henri », réservée à une élite.

On peut également avoir l'impression que *l'Action* s'oppose avec ténacité à l'instruction obligatoire parce qu'elle craint un affaiblissement de l'influence de l'Église en éducation. C'est d'ailleurs ce procès d'intention que lui fait le *Chronicle,* en analysant les objections de *l'Action* à une loi d'obligation scolaire. Le journal catholique proteste : « Ce n'est pas, confrère, ce que nous disons. Mais nous affirmons, et nous donnons la preuve, que la fréquentation scolaire obligatoire a été ailleurs et est chez nous une des « réformes » inscrites au programme d'un grand nombre, sinon de la plupart, des adversaires de l'école confessionnelle. Voilà ce qui nous rend encore plus défiants, et à bon droit[16]. »

Plusieurs incidents relatifs à la question de l'obligation scolaire attirent l'attention de *l'Action,* surtout au cours des deux ou trois années qui suivent la guerre. Des individus isolés ainsi que divers groupements proposent des résolutions s'opposant à la « contrainte scolaire » et s'en voient félicités par le journal. D'autres, comme T.-D. Bouchard, Gustave Francq, du *Monde ouvrier,* et le Conseil des Métiers et du Travail de Montréal, réclament des changements et soulèvent aussitôt sa colère. Quand le juge C.-É. Dorion, de

---

12   « Lire, écrire, compter », II, éditorial, 6 avril 1920.
13   « Lire, écrire, compter : III–La lecture », éditorial, 9 avril 1920.
14   « Lire, écrire, compter : IV–Le gâchis », éditorial, 10 avril 1920.
15   « Lire, écrire, compter : V–Une explication », éditorial, 19 avril 1920.
16   « À propos d'éducation... et de contrainte scolaire », éditorial, 12 décembre 1918.

la Cour supérieure du Québec, prononce un discours dans lequel il endosse la thèse du journal, *l'Action* salue en éditorial son « clair raisonnement » et ses « saines idées[17] », intitulant son compte rendu : « Magnifique conférence ». Et lorsque C.-J. Magnan, dans une conférence à l'université Laval, s'élève vigoureusement contre les opinions de Bouchard, *l'Action* déclare que l'orateur s'est « superbement défendu[18] » et publie, en six tranches, le texte complet de son discours. Quant à Bouchard, les rédacteurs du journal profitent de la campagne électorale de 1919 pour souhaiter « sa disparition la plus prochaine » et inviter les électeurs à « le rendre à la vie privée[19] ». Après sa défaite, le journal s'écrie : « Que son sort soit une leçon pour ceux des nôtres qui voudraient aller jouer à notre Législature le rôle de sot instrument ou de dangereux innovateur[20]. » L'éditorialiste va jusqu'à insinuer que Bouchard était « mené en laisse à son insu » ou, au moins, qu'il « faisait inconsciemment le jeu des pires ennemis de la race canadienne-française ». Durant les années 20, les syndicats internationaux de Montréal se prononcent, annuellement, en faveur de l'école obligatoire. *L'Action* saisit cette occasion pour condamner les influences étrangères qui pèsent sur le Conseil des Métiers et du Travail.

Le dernier article sur la question est, en 1930, le commentaire d'une lettre encyclique de Pie XI, traitant de l'éducation chrétienne de la jeunesse. Le Pape avait laissé entendre que l'État peut exiger l'instruction obligatoire lorsque le bien commun le réclame. Mais *l'Action* est d'avis que tel n'est pas le cas au Québec. Elle ne surprend personne lorsqu'elle déclare : « Dans notre province il est amplement démontré, et depuis longue date, que l'instruction obligatoire serait une mesure inutile, et même nuisible. On ne discute plus là-dessus, chez nous[21]. »

L'école neutre était une proposition beaucoup plus osée, beaucoup plus dangereuse, mais seule une infime minorité allait jusqu'à la réclamer. *L'Action catholique* sentait tout de même le besoin de veiller scrupuleusement à la pureté du système scolaire québécois. À ce sujet, un des éditorialistes écrit en 1918 : « L'école confessionnelle, en groupant sur les mêmes bancs les enfants d'une même

---

17   « La conférence d'hier », éditorial, 11 février 1919.
18   « La réponse de M. Magnan », éditorial, 13 février 1919. Le texte parut dans *l'Action catholique* les 13, 14, 15, 18, 19 et 22 février 1919.
19   « À St-Hyacinthe », éditorial, 20 juin 1919.
20   « Le verdict électoral », éditorial, 25 juin 1919.
21   LE GLANEUR, « Petites notes », 18 mars 1930.

confession religieuse et en permettant à l'enseignement religieux d'imprégner en toute liberté l'éducation entière de ces enfants, est la seule qui réponde d'une manière adéquate aux nécessités humaines comme aux desiderata du bon sens[22]. » Il ne fallait pas que cette école fût compromise en aucune façon, sinon le salut du Québec catholique et canadien-français ne pouvait plus être assuré.

Plus encore que l'école obligatoire, l'école neutre signifierait une invasion intolérable de l'État dans un domaine qui ne lui appartient nullement. Un des rédacteurs affirme que cette nouvelle mainmise, dans les pays où elle existe, marque « l'éviction de l'Église d'un domaine qui est le sien, qu'elle a fécondé, recouvert, rendu débordant d'œuvres si riches, qu'elle seule a cultivé pendant des siècles et dans lequel les succès innombrables, les victoires constatées de son autorité ferme mais persuasive, ont condamné d'avance les entreprises brutales du jacobinisme égalitaire[23] ! » Foisy y voit même « l'application partielle des principes socialistes en plein épanouissement chez les Russes[24] ».

Ne voulant pas se fonder uniquement sur des arguments théoriques, l'Action s'acharne à démontrer, aussi souvent que possible, ce qu'elle considère comme les résultats néfastes de l'école neutre. Selon elle, c'est « la pire de toutes les profanations » : d'abord une profanation de Dieu, parce qu'elle le rabaisse, le diminue, le minimise, et le met à la porte, et une profanation des enfants, dont elle atrophie les âmes pour la vie entière[25]. L'abbé Nadeau prétend que l'école neutre est « le monde où entre un chrétien et d'où il sort un renégat[26] ». C'est elle qui donne naissance à tous les désordres, c'est elle qui doit porter la responsabilité de l'anarchie générale de l'époque. Foisy la tient pour responsable de la guerre de 1914, des convulsions de la Russie et du « matérialisme brutal » des États-Unis[27].

L'Action croit aussi que l'école neutre aux États-Unis porte la responsabilité de la vague d'immoralité. Elle manquera rarement une occasion de lier cette prétendue décadence aux écoles publiques, car elle croit renforcer ainsi la cause des adversaires de l'école neutre au Québec. Parmi les actes immoraux qu'encouragerait l'école neutre se

---

[22]   « Leur dilemme », éditorial, 17 juillet 1918.
[23]   « Sauvons nos écoles ! » éditorial, 24 septembre 1918.
[24]   « Ce qu'elle fait », éditorial, 22 septembre 1920.
[25]   « La grande apostasie », éditorial, 23 mai 1918.
[26]   « En passant », 21 mai 1919.
[27]   « Supériorité intellectuelle », IV, éditorial, 17 août 1920.

trouve le divorce, et à ce sujet *l'Action* met en garde : « Ce n'est pas
se tromper que d'imputer la plus grosse part du mal à l'école
publique neutre[28]. » Le taux élevé de meurtres aux États-Unis
constitue, pour les rédacteurs, une preuve additionnelle du caractère
malsain de l'instruction publique; l'un d'eux écrit dans « En passant » : « On peut avoir une idée de la valeur morale de l'enseignement sans Dieu, de l'école publique, neutre, obligatoire, gratuite,
[...], nationale enfin[29]. » C'est aussi, selon Jules Dorion, l'école sans
Dieu qui a formé Nathan Leopold et Richard Loeb, les assassins du
jeune Bobby Franks[30]. Et devant l'histoire d'un jeune Américain de
dix-sept ans qui, parce que son père lui a refusé l'auto pour une soirée, l'a assassiné ainsi que sa mère, ses frères et sa sœur avant de
s'en aller tranquillement au théâtre, Ferdinand Bélanger déclare que
ce jeune homme est un produit de « l'école publique et athée[31] ».
De même lors de l'explosion très grave qui s'est produite chez
J. P. Morgan en 1920, de la rumeur voulant ce que fût un attentat
anarchiste, *l'Action* se dit peu surprise et elle explique : « On sait
dans quel matérialisme le peuple américain est plongé par l'éducation purement utilitaire que l'on donne aux générations scolaires[32]. »
Seule l'école confessionnelle pourrait restreindre l'augmentation effa-
rante de la criminalité : la situation québécoise avec ses écoles
confessionnelles et son faible taux de criminalité en demeure certainement la meilleure preuve.

L'Action voit dans la création d'associations athées dans les
écoles secondaires et les collèges américains une autre conséquence
de la neutralité des écoles. Le célèbre procès de John Thomas
Scopes, un jeune instituteur qui avait enseigné la théorie de l'évolution du genre humain à partir du singe, à Dayton, Tennessee,
révèle, selon un rédacteur de *l'Action,* « la nocivité de l'école
publique[33] ».

Mais le plus grand danger des écoles neutres reste le communisme. Une école qui n'enseigne pas la morale chrétienne et les
dogmes catholiques prépare ses élèves à accueillir favorablement les
doctrines bolchevistes. Dans une longue analyse du bolchevisme,
Mgr Pâquet conclut que la « perversité de l'enseignement » est

---

[28] « Divorce et école neutre », éditorial, 4 août 1919.
[29] « En passant », 27 novembre 1920.
[30] « N'oublions pas ça », éditorial, 17 juin 1924.
[31] « En passant », 15 mai 1928.
[32] *Ibid.,* 18 septembre 1920.
[33] F. BÉLANGER, « Le singe à l'école publique », éditorial, 18 juillet 1925.

« une des causes les plus efficaces du mouvement anarchique[34] »
et *l'Action,* faisant écho à cet avertissement, se demande : « Est-il
nécessaire d'insister sur les devoirs qui incombent aux gouvernants
éclairés, lorsqu'on vient réclamer devant eux l'obligation scolaire,
la gratuité scolaire, l'uniformité des livres, et tout le tremblement[35] ? »
Pour elle, la confessionnalité constitue le rempart le plus solide
contre le communisme, comme le démontre la tranquillité relative
dont jouit alors le Québec. Le cardinal Bourne, archevêque de
Westminster, en Angleterre, met le parlement anglais en garde
contre un projet de loi prévoyant l'élimination de l'enseignement
religieux à l'école primaire, car il estime qu'une telle décision ouvri-
rait la voie au communisme. Eugène L'Heureux affirme à ce propos : « Les paroles de cet homme d'Église ont leur application
chez nous, avec cette différence que la religion, Dieu merci, est
encore enseignée à nos enfants[36]. » Et il ajoute que la façon la
plus certaine de guérir tous les maux de la société serait d'enseigner davantage la religion.

Après la guerre, différents incidents relancent, dans les colonnes de
l'Action catholique, la controverse autour de l'école neutre. Les
journalistes n'accueillent pas très chaleureusement une proposition
du Conseil des Métiers et du Travail de Montréal, favorable à
l'établissement d'écoles neutres. Leur projet, dit l'un d'entre eux,
risque de « nous livrer, pieds et poings liés, pour toujours, à l'ogre
de l'anticléricalisme[37] », et dans un autre éditorial, on prétend que
cette « malencontreuse décision » est « l'équivalent adéquat d'une
déclaration de guerre religieuse[38] ».

Quelques années plus tard, en 1926, une loi provinciale, prévoyant
la création d'écoles professionnelles sous le contrôle direct du gouvernement, est adoptée par la Législature. *L'Action* reproduit dans
ses pages un éditorial de la revue *le Canada français* qui prend
vigoureusement à partie cette initiative du gouvernement Taschereau[39]. Comme *le Canada français, l'Action catholique* laisse entendre qu'on vient de faire le premier pas vers l'instauration de l'école

---

34 « Le Bolchevisme : III-Ses causes profondes », éditorial, 29 janvier 1920.

35 « Devoirs de gouvernants », éditorial, 30 janvier 1920.

36 « Petites notes », 7 décembre 1932.

37 « Il n'y a pas d'équivoque », éditorial, 19 août 1918.

38 « Encore cette frasque... », éditorial, 21 août 1918.

39 La DIRECTION, « Justes alarmes », éditorial, publié dans *le Canada français,*
    vol. XIII, n° 8 (avril 1926), pp. 525-528 et reproduit dans « Chez les autres »,
    9 avril 1926.

neutre, que les institutions d'enseignement sous le contrôle du gouvernement constituent « la semence d'une université d'État[40] ». L'*Action* déplore aussi que le gouvernement dirige les écoles des Beaux-Arts et s'en prend en particulier à celle de Québec à cause de « l'immodestie » de certains modèles[41].

Beaucoup plus dangereuse, du point de vue de l'*Action*, est la prise de position du *Soleil*, en 1929, en faveur de l'établissement d'un ministère de l'Éducation pour résoudre « certains problèmes ». Jules Dorion, piqué au vif, demande que l'on examine les « fruits de l'omnipotence gouvernementale » en Russie aussi bien que les « pépinières de révolutionnaires » que l'État avait établies en France[42]. Revenant à la charge, *le Soleil* nie avoir souhaité la création d'un ministère de l'Éducation et précise que c'était plutôt Camillien Houde qui l'avait préconisée. La réplique n'impressionne aucunement l'*Action* et Dorion, reprenant de plus belle son offensive, accuse *le Soleil* de choisir « le genre du gamin boudeur, dont on vient de tirer les oreilles pour une maladresse ou un mauvais coup, et qui guette son voisin pour le faire corriger à son tour : Il a fait la même chose que moi, lui. Battez-le, bon[43] ! » Pour l'*Action*, on ne peut passer sous silence l'expression du moindre désir de voir s'instaurer l'école d'État : les risques sont trop grands, l'enjeu trop important.

Durant tout le débat sur les écoles juives, le journal s'interroge sur les implications que les solutions suggérées auraient pour l'école confessionnelle dans la province. Depuis la loi de 1903, les juifs étaient considérés, au point de vue scolaire, comme des protestants et ils fréquentaient les écoles protestantes en vertu d'un accord entre les deux groupes. Mécontents, certains représentants de la communauté juive demandaient l'engagement de professeurs juifs pour leurs enfants ainsi que la nomination d'un membre juif à la Commission scolaire protestante de Montréal. En 1925, cependant, la Cour d'appel, en réponse à une question soumise par le gouvernement provincial, déclarait inconstitutionnelle la loi de 1903. Ainsi, la Législature n'avait pas le droit d'imposer aux protestants ni des professeurs juifs ni des commissaires juifs. De plus, l'État ne pouvait établir des écoles séparées pour les non-chrétiens. Il avait

---

[40]   T. POULIN, « Justes alarmes selon *le Canada français* », éditorial, 9 avril 1926.

[41]   J. DORION, « Le discours Taschereau : le mode de suppléance », éditorial, 7 mai 1926.

[42]   « Le sujet intangible que nul n'ose aborder », éditorial, 24 septembre 1929.

[43]   « Le doigt dans l'œil au *Soleil* », éditorial, 10 décembre 1929.

quand même à pourvoir à l'éducation des non-chrétiens « par un enseignement séculier ». Dans son reportage, *l'Action* se demande : « Que signifie cet adjectif dans la bouche du docte magistrat [Greenshields] ? Celui-ci entend-il des écoles neutres, non confessionnelles[44] ! » Un an plus tard, la Cour suprême maintient le jugement de la Cour d'appel. Jules Dorion attire l'attention sur le fait que les juifs sont au Canada depuis peu de temps. Selon lui, « ceux qui ont favorisé leur expansion chez nous pouvaient être animés d'excellentes intentions ; mais ils ne voyaient pas loin. Les événements commencent à leur ouvrir les yeux[45]. » Devant la décision de la Cour suprême, il craint qu'on n'entende parler d'écoles neutres, et propose qu'on évite cet écueil en dotant les juifs d'écoles séparées. L'opinion catholique est loin d'être unanime à ce sujet ; en témoigne cette mise en garde de l'abbé Antonio Huot : « Il est de première importance, pour sauver le caractère chrétien de l'enseignement public dans la Province de Québec, qu'aucune loi de la Législature n'y vienne consacrer l'établissement d'écoles neutres ou d'écoles séparées juives[46]. » Selon le directeur de la *Semaine religieuse de Québec,* si les juifs tiennent à leurs écoles, ils n'ont qu'à établir des écoles privées à leurs frais.

En 1928, le Conseil privé tranche la question, mais sa décision est loin de rassurer l'opinion catholique. Selon ce jugement, la Législature peut forcer les protestants à recevoir des juifs dans leurs écoles à Montréal, mais elle ne peut obliger les commissions scolaires protestantes ou catholiques à nommer des professeurs juifs; de plus, elle ne peut légiférer pour pourvoir à la nomination d'un juif à la Commission scolaire protestante de Montréal. La Législature provinciale aurait le droit, cependant, de créer des écoles séparées pour les juifs et, en fait, pour tous les non-chrétiens[47].

Le gouvernement provincial s'apprête donc à légiférer en vue de donner aux juifs des écoles particulières. Le 28 février 1930, le cardinal Rouleau écrit au premier ministre L.-A. Taschereau pour exprimer ses « inquiétudes », et le 18 mars, il lui écrit de nouveau[48]. Dans un éditorial sur le sujet, Jules Dorion rappelle que Mgr Gauthier, archevêque-coadjuteur de Montréal, ainsi que l'évêque de

44 « Les protestants ne doivent rien aux compatriotes juifs », article, 12 mars 1925.
45 « Les écoliers juifs », éditorial, 4 février 1926.
46 « La question juive chez nous », article, 19 mai 1926.
47 Voir le compte rendu de Léon GRAY à ce sujet, 4 février 1928.
48 Cette lettre fut publiée dans *l'Action catholique,* 21 mars 1930.

Rimouski et l'évêque-auxiliaire de Trois-Rivières ont écrit dans le même sens. En même temps, *l'Action* publie la réponse du premier ministre au cardinal Rouleau. Taschereau soutient notamment que les évêques n'ont pas compris le sens du projet gouvernemental, que le projet ne s'applique qu'à Montréal, et qu'il ne conduira pas aux écoles neutres. Mais l'inquiétude n'en est pas pour autant dissipée. Dorion cite un mémoire soumis par les autorités juives au gouvernement provincial pour déclarer que « les juifs s'étaient faits à l'idée de devenir les égaux des chrétiens dans la province de Québec ». La conséquence pourrait bel et bien être l'école neutre et les évêques avaient donc raison de protester. Et de conclure : « N'oublions pas que Satan fait son métier. Veillons sur nos écoles chrétiennes[49]. »

Au début d'avril 1930, la Chambre adopte en deuxième lecture un projet de loi visant à créer une commission scolaire juive pour l'Île de Montréal[50]. Dans une lettre, le cardinal Rouleau se dit d'accord « sur le principe de donner aux juifs de l'Île de Montréal des écoles selon leurs convictions religieuses[51] », principe évidemment consacré par la création d'une Commission des écoles juives de Montréal. Il rappelle, cependant, que l'épiscopat catholique aurait désiré une rédaction « plus claire et plus précise sur certains points » et trouve « étrange » la disposition selon laquelle les juifs, donc des non-chrétiens, pourraient être invités par le Conseil de l'Instruction publique à intervenir, même à titre consultatif, dans des questions touchant la population protestante et catholique en général. Plus grave, toutefois, est l'article 13 selon lequel les écoles juives doivent relever de la *seule* compétence du surintendant de l'Instruction publique. Celui-ci se trouve ainsi soustrait aux directives des comités catholique et protestant. Le surintendant, admet le cardinal, sera toujours un catholique, mais « l'esprit catholique, comme la lumière, admet des dégradations infinies » et tous les catholiques de demain ne seront pas nécessairement de bons catholiques. Un « catholique de nom » pourrait devenir surintendant. Serait-il assez compétent pour juger des questions de morale ou de religion, assez ferme pour proscrire les doctrines subversives ? Il ne faudrait pas être naïf.

---

49   « Satan fait son métier, constamment et de diverses manières », éditorial, 29 mars 1930.

50   Voir le compte rendu de Calixte DUMAS, 2 avril 1930.

51   « Le bill des écoles juives : une communication de Son Excellence », publiée en éditorial le 3 avril 1930.

Après des discussions entre le cardinal et le secrétaire de la Province, Athanase David, il est décidé d'amender l'article 13 pour assurer que le surintendant se conformerait toujours aux instructions données par le Conseil de l'Instruction publique[52]. Jules Dorion se dit d'accord avec cette modification mais n'oublie pas que dans les deux premières versions du projet, il a été question de l'entrée des juifs, « un élément non chrétien », dans « notre » Conseil de l'Instruction publique. « La province de Québec est un pays chrétien, conclut-il. Tout en donnant aux juifs toute la somme de justice à laquelle ils ont droit, il lui importait par dessus tout de ne pas laisser entamer son caractère de pays chrétien. Si dans cette circonstance particulière le rouage chrétien de notre organisme scolaire n'a pas été faussé, c'est grâce à nos évêques[53]. »

Malgré l'adoption de ce projet de loi, la question des écoles juives n'en demeure pas moins en suspens. La loi reste inopérante et les juifs et les protestants négocient un renouvellement de leur accord. Camillien Houde, chef de l'opposition conservatrice, demande le rappel de la Loi des écoles juives. Il déclare que le gouvernement a outrepassé ses pouvoirs et qu'il aurait dû commencer par demander des recommandations au Conseil de l'Instruction publique. Dans un discours à l'Assemblée législative, il affirme : « Ce n'est pas une lutte antisémite que nous entreprenons, mais une lutte pour la conservation de nos droits[54]. » Un peu plus tard, lors d'une assemblée à Québec, le fougueux maire de Montréal répond à un interrupteur : « Si les Juifs ne sont pas contents, qu'ils s'en aillent[55]. » Et à la Législature, il ne manque pas de souligner le fait que les représentants de vingt-deux nationalités différentes ont invoqué la Loi des écoles juives pour demander des classes spéciales pour leurs enfants.

Athanase David prépare un nouveau projet de loi qui s'appuie sur un accord conclu entre les juifs et les protestants. Cette fois, déterminé à se rallier les autorités religieuses, il en communique d'avance le texte au cardinal Rouleau ainsi qu'à Mgr Gauthier. De son côté, le Conseil de l'Instruction publique approuve ce nouveau projet de loi qui doit abroger la loi de 1930; il ratifie l'entente intervenue entre les juifs et les protestants de Montréal et se prononce en

---

[52]   « Communiqué de l'archevêché », publié le 4 avril 1930.
[53]   « Une page d'histoire : les écoles juives », éditorial, 5 avril 1930.
[54]   9 octobre 1930.
[55]   19 novembre 1930.

faveur du maintien d'une Commission des écoles juives uniquement dans le but de veiller à l'exécution du contrat. L'opposition en Chambre, par les voix d'Aldéric Blain, de Camillien Houde et de Maurice Duplessis, déplore l'existence même d'une Commission scolaire juive. Fait plus important : les deux députés juifs, Joseph Cohen et Peter Bercovitch, affirment que le projet de loi vise à restaurer la situation insatisfaisante du passé et qu'il laisserait la communauté juive sans privilèges le jour où les protestants ne voudraient plus d'elle dans leurs écoles. Louis-Philippe Roy soutient cependant qu'au Québec il n'y a qu'une seule minorité, la minorité anglaise, et que les autres « étrangers », dont les Juifs évidemment, doivent « accepter nos traditions et notamment respecter notre système éducationnel[56] ». À la Législature, le projet de loi est adopté facilement par la majorité libérale pendant que les deux députés juifs s'abstiennent de voter. La crise est terminée, mais les rédacteurs de *l'Action catholique* veulent quand même dégager les leçons de toute cette expérience. Selon Le Glaneur, la discussion au Parlement « a montré [...] où conduit l'influence juive, et les idées réelles qui hantent le cerveau de ces nouveaux Canadiens ». Il conclut son analyse par une mise en garde contre la revendication par les Juifs des droits que possèdent les Français catholiques et les Anglais protestants : « N'oublions jamais [...] que les Juifs s'accommodent volontiers des écoles neutres, du divorce, et en général de toutes les lois antichrétiennes[57]. »

Après l'affaire des écoles juives, *l'Action* se porte à la défense des collèges classiques. Certains critiques trouvaient que le cours classique donnait aux élèves une préparation inadéquate et demandaient des réformes sur ce plan. Thomas Poulin admet que les programmes ne sont « pas encore parfaits » mais croit que les reproches sont en bonne partie « injustes ». Le but du cours, rappelle-t-il, n'est pas de former des spécialistes mais plutôt de « donner une culture générale, une discipline intellectuelle », de mettre « à la disposition de l'homme des disciplines précieuses et des moyens très utiles de parvenir à la vérité[58] ». De plus, le rédacteur dénonce les « pourfendeurs de nos institutions secondaires d'enseignement » qui s'élèvent contre le monopole des collèges classiques au nom de la

[56]   L.-P. ROY, « Les députés juifs contre le bill des écoles juives », article, 1er avril 1931.

[57]   « Petites notes », 4 avril 1931.

[58]   « Trop ? Pas encore », éditorial, 5 juin 1933.

concurrence et demandent « une toute petite place pour des laïcs qualifiés ». Des instituteurs laïcs, prétend Poulin, peuvent être très compétents, mais ils n'auraient sûrement pas « l'autorité voulue » parce qu'ils ne seraient pas « dans leur milieu ». Il ajoute : « Nous ne voyons pas très bien, par exemple, quelle formation pourrait donner une maison d'enseignement si elle avait le malheur de posséder une couple de savants professeurs très dévoués aux théories de l'amour libre, pour ne citer qu'un exemple[59]. »

Dans le domaine scolaire, *l'Action catholique* se donnait pour but de défendre contre toute attaque le statu quo, c'est-à-dire la position dominante de l'Église en matière d'éducation. Tout projet impliquant un plus grand empiètement de l'État dans ce domaine était à priori à dénoncer et à rejeter. Ceux qui demandaient que l'instruction devienne obligatoire pour tous; ceux qui cherchaient à réduire l'influence du clergé de quelque façon; ceux qui dépréciaient les collèges classiques en critiquant leurs programmes, en s'en prenant à leur monopole et en demandant l'admission de laïcs compétents comme professeurs; ceux qui s'objectaient à payer des augmentations de salaire convenables aux maîtresses d'école, ouvrant ainsi la porte à une intervention gouvernementale : tous ceux-là prenaient place automatiquement, d'après l'interprétation de *l'Action catholique,* dans les rangs de ses adversaires. Emportés parfois par leur crainte de changements, les rédacteurs se sont permis de les qualifier de francs-maçons, de socialistes, de bolchevistes, de révolutionnaires, d'antipatriotes et d'anticléricaux.

L'Église, l'État et les impôts

Une autre question, celle des impôts que certaines municipalités cherchaient, de temps à autre, à prélever auprès des communautés religieuses, ne manquait jamais de soulever l'indignation de *l'Action*. Dès 1917, dans un éditorial sur ce sujet, l'un des rédacteurs attribue ce mouvement nouveau et très néfaste aux « préjugés et [aux] cupidités ignorantes ou haineuses d'un certain nombre, fort sensible, cela s'entend, aux bas appels de la démagogie ou d'un sournois anticléricalisme[60]. » Rappelant aux intéressés que les lois

---

[59] « Ils disent : on veut partager », éditorial, 4 juin 1934. Voir aussi E. L'HEUREUX, « Les forteresses de la civilisation : elles sont encore appréciées », éditorial, 28 juin 1934. Ces « forteresses de la civilisation » sont évidemment les collèges classiques.

[60] « Un préjugé qui renaît », éditorial, 13 octobre 1917.

de l'Église défendent catégoriquement aux pouvoirs publics d'imposer les biens ecclésiastiques, ce rédacteur demande que le conseil de ville de Québec fasse « la sourde oreille aux réclamations intempestives d'une poignée d'intrigants ». D'autres villes, dont Joliette et Lévis, entretenaient des visées semblables. L'Action, dans chaque réplique, s'efforce de montrer les services incalculables rendus à la société par l'Église, et se félicite que la plupart des municipalités, heureusement, aient « repoussé avec horreur l'arme que la Législature mettait entre leurs mains contre l'Église[61] ».

Cette arme, toujours invoquée par ceux qui cherchaient à imposer les biens d'Église, était une clause modifiant la Loi des cités et des villes lors de sa refonte par le gouvernement Taschereau en 1922. Dorion en recommande l'abrogation et, quelques mois plus tard, au moment d'une nouvelle révision de la loi, il réclame la suppression de la dite clause : « La province de Québec reviendra-t-elle sur l'erreur commise dans le passé, ou [laissera-t-elle] subsister cette tache dans la législation[62] ? » Il fallait de toute nécessité agir pour que le Québec catholique proclame au grand jour son catholicisme. Même révisé, l'article incriminé demeure pourtant et, une fois de plus, Dorion se montre très déçu. D'autres projets visant d'une façon ou d'une autre à taxer les communautés reçoivent la même réponse catégoriquement négative.

Passant elle-même à l'offensive contre ceux qui veulent imposer les biens d'Église, l'Action ne manque pas une chance de louer le travail accompli par les communautés religieuses et de souligner leur abnégation et leur dévouement. Même si les économies que leur travail permettait de réaliser pour le bien général de la société étaient un aspect secondaire de leur œuvre, il ne fallait tout de même pas l'oublier. C'est bien ce que veut démontrer Eugène L'Heureux quand il écrit :

> Tout en assurant la plus haute qualité à l'instruction et à l'éducation données dans nos écoles de tous les degrés, le clergé, régulier et séculier, a réduit au minimum, chez nous, les déboursés exigés de pères de famille, souvent pauvres, pour l'instruction de leurs enfants. La vie frugale et peu compliquée des religieux ainsi que leurs méthodes administratives extraordinairement économiques ont permis que l'instruction coûte, à valeur égale, beaucoup meilleur marché ici que partout ailleurs[63].

---

[61] J. DORION, « Le Bill 174 », éditorial, 14 mars 1922.
[62] « Les biens religieux », éditorial, 7 décembre 1922.
[63] « Un titre à la reconnaissance «, éditorial, 4 juin 1931.

Devant cette contribution d'une valeur inestimable, toute critique, quelque modérée qu'elle fût, prenait l'allure, aux yeux de *l'Action catholique*, de sottes accusations, de manifestations d'esprits bornés, de protestations dénuées de tout fondement, et d'ingratitude effrontée.

La question de l'assistance publique

Une initiative prise par le gouvernement Taschereau dans le domaine de l'assistance publique inquiète *l'Action catholique* et la hiérarchie québécoise. Mgr L.-A. Pâquet étudie les aspects théoriques du problème dans une série d'articles publiés au début de 1922. Son postulat est clair : « Il y a toujours eu dans le monde des pauvres et des miséreux. Et l'inégalité naturelle des dons de l'âme et du corps nous assure qu'il y en aura toujours[64]. » Cependant, même si on ne peut supprimer la pauvreté, il faudrait que « l'initiative privée et le pouvoir social » y apportent des soulagements. Mgr Pâquet retrace ensuite l'essor des œuvres charitables sous le règne de l'empereur Constantin. Peu à peu, explique-t-il, « l'activité du clergé en matière d'assistance, s'affirme comme une puissance légitime et reconnue ». Par contre, c'est avec la Réforme protestante qu'apparaissent les premières mesures de laïcisation de la charité, mesures qui sont poussées à l'extrême sous la Troisième République en France. Et le théologien de conclure : au nom des vertus chrétiennes, dont la charité est une des plus grandes, il faudrait s'opposer à l'étatisation des œuvres de bienfaisance. L'État peut seulement jouer un rôle de suppléance.

Les commentaires de Mgr Pâquet avaient été provoqués par l'adoption d'une Loi d'assistance publique en 1921. *L'Action* estimait que le but de cette loi était d'obliger les « oublieux » et les « dénaturés » à contribuer à la charité, « malgré eux, ou plutôt sans qu'ils s'en aperçoivent[65] ». D'après elle, les indifférents et les égoïstes pouvaient croire maintenant qu'ils n'avaient plus à se préoccuper de leurs devoirs de charité : le nombre des « sans-cœur » pourrait donc augmenter. De plus, les frais d'administration seraient sûrement considérables.

---

[64] « L'assistance publique : exposé de principes », I, éditorial, 17 janvier 1922.
[65] J. DORION, « L'Assistance publique », éditorial, 18 mars 1921.

Quelques semaines après, Dorion revient à la charge. Il se dit d'avis que les intentions des législateurs sont « excellentes[66] » mais craint que la loi ne permette l'ingérence de l'État dans l'administration de certaines institutions de charité. L'année suivante, et encore en 1925, on rediscute du problème; pour tenir compte des critiques des évêques, le gouvernement Taschereau adopte un amendement qui proclame : « Rien ne pourra préjudicier aux droits de l'évêque sur [les] communautés, ni à leurs intérêts religieux, moraux et disciplinaires[67]. » Jules Dorion, maintenant satisfait, déclare : « Le Gouvernement s'est donc dégagé à temps d'une emprise bien moins que désirable. Il y a lieu de l'en féliciter, car le laïcisme, même sous une forme atténuée, ne doit pas être pour nous un article d'importation[68]. » Malgré tout, l'expérience démontrait qu'il fallait veiller jalousement aux intérêts de l'Église.

*

Le rôle de l'Église dans la société québécoise n'a pas changé fondamentalement entre 1917 et 1939. Pourtant, les rédacteurs de l'Action ont sûrement l'impression d'avoir résisté à un véritable siège soutenu par les révolutionnaires et d'avoir fini par triompher, après les nombreuses escarmouches de la période 1917–1934, des forces de l'anticléricalisme. Naturellement, le journal se méfie profondément de chaque « menace » qui se dessine à l'horizon; il n'hésite pas à passer à l'attaque quand il croit opportun de le faire.

Face à une société en train de subir des changements radicaux dans presque tous les secteurs, une société de plus en plus industrialisée et urbanisée, l'Action catholique s'est donné comme mission, dans la question des relations entre l'Église, l'État et la société, de maintenir le statu quo. Même si le secteur économique acquérait maintenant, avec la croissance industrielle, une nouvelle importance, l'Action prêchait avec encore plus de détermination que l'idéal spirituel devait guider le Canada français. Et même si de profondes modifications s'imposaient en matière d'éducation pour permettre aux Québécois de participer pleinement aux développements qui se produisaient autour d'eux, elle croyait qu'il fallait repousser sans compromis tout projet qui portait atteinte, ou même aurait pu nuire, au rôle traditionnel de l'Église dans ce domaine.

---

[66]   « L'assistance publique », éditorial, 15 avril 1921; « À propos de comparaison », éditorial, 19 avril 1921; « Les sociologues catholiques », éditorial, 21 avril 1921.

[67]   25 mars 1925.

[68]   « Nos laïques », éditorial, 18 avril 1925.

CONCLUSION

Au terme de cette étude sur l'idéologie de *l'Action catholique* durant la période 1917–1939, il faudrait tenter de faire un bilan. Les rédacteurs se considèrent avant tout comme des journalistes catholiques. Sur toutes les questions, ils cherchent à donner le point de vue de l'Église universelle ou, selon les cas, celui de la hiérarchie québécoise. Dans les pages d'information, ils accordent une large place aux nouvelles religieuses et à tout ce qui est de nature à intéresser les membres du clergé et des communautés religieuses ainsi que, bien entendu, les simples fidèles. Dans leurs éditoriaux, ils traitent, comme tous les autres journalistes, de sujets d'actualité, mais accordent toujours la préférence à ce qui concerne, de près ou de loin, la religion catholique. Ils ne sont cependant ni théologiens ni philosophes de métier : Jules Dorion et Louis-Philippe Roy sont médecins; la plupart des autres, quand ils ont fait des études universitaires, ont étudié le droit. Il ne pouvait en être autrement à une époque où les universités ne formaient ni économistes, ni sociologues, ni journalistes.

Chacun des rédacteurs, il est vrai, a son tempérament et son style à lui. Chacun traite en éditorial ses sujets préférés. Tous, cependant, propagent la même doctrine, celle de l'Église romaine, et se livrent au même combat, celui du Bien contre le Mal. Tous ont aussi la même vision du monde. Les nombreux facteurs personnels susceptibles d'influencer la pensée des rédacteurs ont déjà été énumérés. D'abord, le seul fait d'appartenir, par leur instruction et par leur profession, à l'élite de la société canadienne-française, les rend fort soucieux de la stabilité sociale et de la conservation de l'ordre établi. Nul doute, pour eux, qu'une révolution eût signifié la déchéance de la classe dominante à laquelle ils appartiennent. Ils tendent même, surtout aux moments d'extrême angoisse, à exagérer le péril révolutionnaire et ils demeurent très méfiants devant tout changement susceptible de menacer l'ordre qui leur est familier et dont ils sont solidaires. N'est-ce pas la réaction normale d'une classe

qui doute sérieusement de l'avenir ? De toute façon, plus on croit
le danger grave, plus on durcit ses positions.

L'appartenance ethnique et la formation religieuse sont aussi des
facteurs d'une importance capitale. D'abord, être Français au Canada
implique qu'on soit toujours sur ses gardes, prêt à se battre contre
l'ennemi anglo-saxon. La Conquête, la rébellion de 1837, l'union
législative des deux Canadas, l'affaire Riel, la question du français
dans le Manitoba et dans les Territoires du Nord-Ouest, le Règlement XVII en Ontario : ces nombreuses confrontations demeurent
très présentes à la mémoire de la collectivité canadienne-française.
À plus forte raison, être catholique sur un continent à majorité
protestante, être catholique à une époque révolutionnaire où partout
dans le monde on remet en question le rôle traditionnel de l'Église,
condamne à demeurer dans un état d'insécurité perpétuel. Jamais,
durant la période de l'entre-deux-guerres, on ne connaîtra la paix et
la tranquillité, ni sur le plan ethnique, ni surtout sur le plan religieux. Malgré une conviction apparemment ferme de supériorité spirituelle et culturelle, l'inquiétude et la crainte sont toujours présentes à l'esprit d'hommes comme les rédacteurs de l'*Action catholique*.

Le fervent catholicisme des journalistes influence nécessairement
leur interprétation des événements. Formés dans ce qu'ils croient
être la seule et unique Vérité, ils décèlent rapidement l'Erreur partout où elle se trouve, et ils la dénoncent vigoureusement. Habitués à porter des jugements catégoriques quand la Vérité semble en
jeu, ils soupçonnent difficilement l'existence de zones grises d'incertitude où le Mal et le Bien se partagent également le champ.
Attachant une importance primordiale aux *idées,* aux idéologies,
ils préfèrent lutter sur ce terrain plutôt que sur celui des réalités
plus concrètes. N'attribuent-ils pas les désordres catastrophiques que
connaît le monde depuis 1789 à des idées dangereuses et néfastes,
tels le matérialisme, le socialisme, le bolchevisme, le libéralisme et
l'anticléricalisme ? Le bolchevisme, à leur avis, est un microbe, une
plaie, une contagion, une idée funeste qui réussit à se répandre
à travers le monde grâce aux ressources de l'Union soviétique,
grâce à l'habileté de ses propagandistes et à la naïveté de bon nombre de gouvernants. Ce n'est qu'au moment de la campagne contre
les monopoles, durant la grande dépression, qu'on le conçoit aussi
comme une conséquence d'un état de faits qui s'avère de plus en
plus injuste. La lutte contre une mauvaise idée comme le bolchevisme nécessite, bien sûr, la propagation d'une idée meilleure, soit

le catholicisme intégral, ainsi que, ce qui va de soi, des mesures de répression contre les adeptes de l'erreur.

La formation religieuse des rédacteurs pèse fortement sur leur interprétation de l'histoire. Très conscients de la confrontation perpétuelle du Bien et du Mal, ils ont tendance à concevoir l'histoire comme une lutte opposant Dieu et son Église, d'une part, à Satan et ses légions, d'autre part. Si, à leurs yeux, le Bien paraît triompher du Mal, c'est-à-dire si la position de l'Église se raffermit, si le nombre des chrétiens s'accroît, si les manifestations officielles d'une vocation nationale chrétienne et de l'allégeance à l'Église se multiplient, si les enseignements moraux et les doctrines chrétiennes se répandent, il y a donc progrès. Aucune autre conception du progrès ne peut les satisfaire. Inutile de dire que, pour eux, le *vrai* progrès ne se manifeste pas dans l'évolution favorable de l'économie.

Par contre, si le Mal semble l'emporter, si l'anticléricalisme se propage et fait des ravages, si la décadence morale s'instaure dans les pays civilisés, si le matérialisme prend une place toujours grandissante dans la vie des peuples, si les guerres et les révolutions éclatent de plus en plus fréquemment, si la position de l'Église dans les divers pays s'affaiblit, il y a nette régression. Et il suffit de constater ce triste recul pour croire en la présence de Satan et de ses suppôts parmi les hommes. Mais même au plus fort de la tempête, on affirme toujours sa confiance dans le triomphe éventuel du Bien, confiance qui donne aux journalistes le courage, voire l'opiniâtreté nécessaires pour poursuivre le combat. À court terme, la bataille est loin d'être gagnée et Satan n'a pas encore fini de dévaster la Terre et de semer la misère parmi les hommes.

Malgré l'importance indéniable de leur « personnalité », de leur mentalité dans leur vision du monde, la conjoncture de l'époque 1917–1939 n'est sans doute pas étrangère à l'idéologie contre-révolutionnaire des rédacteurs de *l'Action catholique*. L'agitation incessante de cette période stimule chez eux tous les sentiments caractéristiques d'une doctrine de réaction : inquiétude, frustration, insécurité, peur.

Dans l'ensemble, l'époque de l'entre-deux-guerres voit une vaste remise en question de l'ordre établi. Ce processus de bouleversement général auquel on peut attribuer — comme le font, d'ailleurs, les rédacteurs de *l'Action* — le nom de « révolution », implique de nombreux jugements moraux. L'Église ne peut guère rester simple spectateur ou observateur neutre. Étroitement liée à l'ordre établi en plusieurs pays et tenant à conserver, intégralement si possible, son rôle traditionnel, il lui faut se défendre. C'est ainsi que l'Église devient un des principaux remparts de la contre-révolution. Le Bien se situe, naturellement, de son côté, c'est-à-dire dans le camp de la réaction, tandis que le Mal est l'allié de la révolution. Une fois ce partage moral accompli, il est fort difficile de nuancer. Les fascistes et les nazis, par exemple, peuvent persécuter l'Église — et *l'Action* les dénonce vertement — mais ils demeurent tout de même récupérables. Les communistes, par contre, ne peuvent rien faire de bon et sont toujours considérés comme damnés à jamais.

Les événements de Russie en 1917 constituent l'extrême avancée de la révolution. On voit, à tort ou à raison, dans l'arrivée au pouvoir des bolchevistes la cause de toute une vague de sursauts révolutionnaires à travers l'Europe centrale, et même en Amérique du Nord. Bien que la crise de l'immédiat après-guerre se solde par un échec total des forces révolutionnaires, sauf en Russie, *l'Action* veille sans cesse : la montée de l'anticléricalisme, surtout en France et au Mexique, constitue un danger grandissant. À la fin des années 20, la dépression économique et l'accroissement de la misère permettent de nouvelles percées socialistes et communistes. En France et en Espagne, des Fronts populaires, associant les communistes aux autres éléments de gauche, accèdent au pouvoir. La situation particulièrement grave dans ce dernier pays amène *l'Action* à croire que le bolchevisme est sur le point de réaliser ses ambitions de domination universelle. Jamais, sur la scène internationale, elle ne connaîtra la tranquillité pendant cette période ; bien au contraire, les journalistes, effrayés par ce qu'ils voient, vivront dans un état d'appréhension constante.

Au Québec, le monde du vingtième siècle subit des changements profonds qui menacent de détruire complètement, et rapidement, la société du dix-neuvième siècle à laquelle *l'Action* était habituée et dans laquelle elle se sentait à l'aise. Sur le plan de la doctrine, l'idéologie catholique traditionnelle se trouve aux prises avec plusieurs concurrents dangereux : le communisme, le socialisme et même la démocratie dans certains de ses aspects. De plus, devant le relâchement des mœurs, les rédacteurs peuvent croire que la société chrétienne au Québec est menacée de disparition.

Dans le domaine socio-économique, plusieurs faits traduisent la désintégration de la société d'antan. D'une part, un grand nombre d'habitants de la campagne quittent leurs terres pour gagner soit les villes québécoises, soit les industries de la Nouvelle-Angleterre : le danger moral et national posé par cet exode n'est pas moins grave, selon les rédacteurs de *l'Action*, que les difficultés économiques qu'il pourrait entraîner. D'autre part, l'industrialisation de la province s'accomplit rapidement et l'emprise des capitalistes étrangers sur l'économie québécoise se consolide. Une proportion élevée d'ouvriers adhèrent à des syndicats américains et non confessionnels, risquant ainsi de compromettre leur pureté nationale et religieuse. De plus, ils sont, semble-t-il, constamment à la merci d'une propagande haineuse qui met l'accent sur la lutte des classes, principe condamnable selon la doctrine catholique. En somme, même si l'Église québécoise en tant qu'institution semble résister avec succès à tous les assauts qui se déchaînent contre elle, on ne peut s'empêcher de remarquer déjà un certain affaiblissement de sa position, et un déclin de son prestige.

Débordés, les journalistes de *l'Action* ne parviennent pas à expliquer rationnellement les grands bouleversements qui se produisent autour d'eux à une vitesse vertigineuse. De plus, ils refusent de s'adapter au rythme des événements et des changements de mentalité, pour s'en tenir à leur tactique traditionnelle : la lutte du Bien contre le Mal. Ils voient toujours et partout le Mal à l'œuvre : c'est là, pour eux, l'explication de la révolution universelle qui ébranle les fondements les plus anciens des sociétés.

Dès lors, il leur est naturel de croire aux complots secrets. Cherchant à déceler le Mal dans ses occupations quotidiennes sur Terre, fort méfiante à l'égard de l'œuvre de certaines organisations — comme la franc-maçonnerie, la juiverie et l'Internationale communiste — qui présentent un caractère très mystérieux, *l'Action* s'imagine que ces groupements servent, en fait, d'intermédiaires à Satan et elle se donne pour but de les dénoncer partout où elle voit des manifestations de leur présence. Ceux qui se font les avocats de changements « indésirables » (du moins d'après son point de vue) lui semblent souvent les outils inconscients de ces organisations occultes. Parfois, ces hommes tout simplement naïfs ne soupçonnent guère l'aboutissement de leur œuvre périlleuse. Damien Bouchard est, pour *l'Action*, l'exemple typique de ces « sympathisants » ou « instruments ». Quant aux grands chefs de ces « sociétés », ils demeurent toujours cachés, aux yeux de *l'Action,* tout en continuant à prendre des décisions qui ne manquent pas d'influencer l'évolution du monde, selon les desseins sataniques.

La franc-maçonnerie, la juiverie et l'Internationale communiste poursuivaient toutes les trois, disait-on, un plan destiné à ruiner la chrétienté et à établir leur propre domination sur l'univers. Ces trois organisations s'étaient engagées à mener une lutte à finir contre leur pire ennemi : l'Église catholique. Tout événement, dont les conséquences semblaient néfastes à l'Église, pouvait être attribué à l'un des trois groupes. Si, par exemple, on remontait aux origines de la campagne en faveur de l'école gratuite, obligatoire et neutre, on trouverait sans doute la franc-maçonnerie dont un des principaux objectifs demeurait la suppression de la participation de l'Église dans ce domaine clé. Pour expliquer certaines des activités révolutionnaires qui menaçaient de renverser le Trône et l'Autel dans les pays impliqués, à la fin de la première guerre, on n'aurait sans doute pas à chercher plus loin que les Juifs. Quant aux activités révolutionnaires ultérieures, les communistes en porteraient sûrement la responsabilité. En effet, la majorité des maux dont *l'Action* se plaint et qui, pour elle, risquent de ruiner toute la civilisation chrétienne, peuvent être attribués à cette trinité satanique.

L'importance accordée aux trois complots subit indéniablement une certaine évolution durant la période de notre étude; mais, malgré la tendance à un léger raffinement de l'argumentation, la thèse des complots demeure la principale. Durant les années 30, par exemple, on parle beaucoup moins souvent de l'œuvre de la franc-maçonnerie, mais il faut dire que les pressions en faveur de changements dans le système scolaire au Québec, très fortes dix ans auparavant, s'étaient alors considérablement atténuées ! Ayant pris l'habitude de lier franc-maçonnerie et mouvements de « réforme » scolaire, il est normal qu'on en parle moins, une fois le danger écarté. Tout de même, on ne manque pas d'en souligner la très grande influence dans les divers ministères français des années 30.

Les rédacteurs de *l'Action* insistent surtout sur la juiverie internationale et sur le prétendu complot qu'elle anime. Les révolutions qui se produisent dans la turbulence de l'après-guerre, fournissent une magnifique occasion aux antisémites de blâmer les Juifs, complices des bouleversements sociaux. On a déjà montré que la révolution bolcheviste était, grandement, l'œuvre des Juifs. Ces affirmations répétées n'ont pas été vite oubliées et, lors des persécutions barbares dont les Juifs sont les victimes dans l'Allemagne nazie des années 30, on lie de nouveau les Juifs au communisme. Le communisme juif et la juiverie communiste, c'est, comme on ne le sait que trop, la thèse hitlérienne. C'est aussi, hélas ! la thèse de *l'Action catholique.*

Une fois admise leur thèse de la conspiration révolutionnaire des Juifs, les rédacteurs de *l'Action catholique* se font forts de l'étayer en s'appuyant sur certains événements qui surviennent au Canada. Chaque incident pouvant impliquer les Juifs donne lieu à de nouvelles insinuations à leur égard. Les projets d'immigration juive, la question des écoles juives, la controverse autour du bill Bercovitch qui visait à mettre hors-la-loi l'antisémitisme, le projet de construction d'une synagogue dans le quartier Belvedère à Québec, un concours de la fonction publique exigeant la connaissance du yiddish, la prétendue mainmise des Juifs sur le commerce, le cinéma, les journaux — tous ces « faits » sont montés en épingle et servent à entretenir les préjugés et à propager les pires mensonges sur les Juifs et leurs supposés agissements antichrétiens. Ce thème du complot juif est exploité dans les pages de *l'Action catholique* jusqu'à la fin de la période que nous étudions.

Quant au communisme, il faut dire que la révolution soviétique et la construction d'un État socialiste dont l'influence militaire et politique va croissant, donnent du poids à la conviction qu'il existe un complot d'envergure internationale. Bien sûr, les bolchevistes, dans leurs déclarations et dans leur propagande en général, font de leur mieux pour justifier les craintes de leurs adversaires ! Si les bolchevistes exagèrent leurs possibilités, leurs adversaires sont également portés à grossir le danger qu'ils représentent. Ainsi on rejette sur les communistes, durant toute cette période, bien des activités dont, en fait, ils ne sont aucunement responsables. Parfois, on s'élance avec un excès d'enthousiasme dans la chasse aux communistes, collant l'horrible étiquette à tous ceux qui s'opposent d'une façon ou d'une autre au statu quo. En attribuant aux disciples de Marx tous les désordres qui sévissent en Europe depuis la fin de la Grande Guerre, on était sans doute un peu trop généreux : les moyens fort limités des bolchevistes à ce moment-là ne leur auraient guère permis de remporter pareil succès !

Au début de la crise économique des années 30, les rédacteurs de *l'Action catholique* prétendent que les communistes redoublent d'activité. N'avaient-ils pas soutenu, à maintes reprises, qu'à moins de réformer sensiblement le capitalisme, le communisme viendrait le remplacer ? La vague de mécontentement qui résulte de la dépression ne vient-elle pas confirmer cette thèse ? La frénésie anticommuniste de l'époque atteint probablement son paroxysme vers la fin des années 30, lors de la campagne en faveur de mesures répressives et de l'adoption, par l'Assemblée législative, d'un projet de loi patronné par le procureur général, Maurice Duplessis, visant à cadenasser les maisons où se faisait la propagande « communiste ».

En résumé, il n'est probablement pas très risqué d'affirmer que le complot qui a suscité la plus grande attention durant l'époque de l'entre-deux-guerres, a été la conspiration communiste. Associé si étroitement à la puissance d'un pays — la Russie —, ce complot prend tout de suite une importance, une réalité qui manque aux prétendus complots ourdis par la juiverie et par la franc-maçonnerie.

Si *l'Action catholique,* dans la poursuite de la contre-révolution, s'applique à exposer et à condamner inlassablement les conjurations mystérieuses qui menacent de toutes parts, elle trouve essentiel également d'accorder son appui de tout cœur à tous les « sains » mouvements de réaction au niveau international, c'est-à-dire aux diverses dictatures de droite. Après tout, compte tenu des circonstances, il n'est guère surprenant que *l'Action* s'accroche à tout espoir de salut, de quelque côté qu'il vienne, et que, de plus, elle tende à mettre de côté certaines considérations au niveau des moyens afin de faciliter le succès de la réaction. Certes, connaissant ses critères moraux, on peut supposer qu'elle aurait préféré soupeser judicieusement les moyens employés à certains endroits pour lutter contre les communistes, mais les exigences de la situation ne lui laissaient probablement pas le choix. C'est ainsi que, souvent, elle évite de dénoncer Hitler et Mussolini malgré leur recours fréquent à la force. Dans le cas de Franco, en revanche, elle n'hésite pas à prendre ses désirs pour des réalités. Plusieurs journaux dits libéraux ayant mené une vigoureuse campagne contre les excès des franquistes, Louis-Philippe Roy leur reproche d'exagérer les abus des nationaux et de minimiser les ravages « très évidents » accomplis par les forces du gouvernement républicain. Parfois, *l'Action* consent à admettre que le généralissime espagnol a commis des fautes et que ses troupes se sont vraiment rendues coupables d'abus. Mais, même dans quelques-uns de ces cas particuliers, elle laisse entrevoir que Franco ignorait ce que faisaient ses troupes. Tout compte fait, cependant, elle ne cesse de répéter que les torts des deux côtés ne peuvent être comparés, que les républicains — c'est-à-dire les communistes — ont semé la terreur comme jamais les franquistes ne l'ont fait.

L'Action juge le recours à la violence, pratiqué par les dictateurs fascistes, de diverses façons. Tantôt elle dément les accusations portées contre eux, les attribuant à l'imagination de magnats juifs qui contrôlent la presse; tantôt elle les admet. Quand elle les admet, il lui reste encore une alternative : soit réprouver l'usage de la violence, se gardant toutefois de condamner les dictateurs eux-mêmes ou de remettre en question leurs buts; soit l'excuser, en montrant que les dictateurs ne peuvent guère se servir de moyens doux et angéliques pour faire échec à leurs adversaires, les communistes, qui ont juré de renverser l'ordre par la violence. L'attitude de *l'Action* varie donc à ce sujet mais elle se vante néanmoins de « comprendre » les problèmes des hommes forts d'Europe.

L'autocratie comme régime de gouvernement ne répugne pas non plus à *l'Action*. Ainsi, elle déclare que la *forme* du gouvernement importe peu, qu'un régime démocratique où les masses gouvernent n'est pas en soi supérieur à un régime dictatorial. Sans jamais aller jusqu'à revendiquer l'établissement d'une dictature au Canada ou au Québec, même au plus fort de ses critiques de la démocratie telle que pratiquée ici, elle voit les dictatures européennes de droite avec une bienveillance très certaine : elles seules pourraient enlever le gouvernement aux masses pour le remettre entre les mains des *compétences*; elles seules pourraient réaliser leur programme avec efficacité, sans perdre de temps dans des discussions inutiles; elles seules pourraient tenir en échec les bolchevistes et les autres adversaires de l'ordre établi.

Si le simple fait de rejeter les institutions parlementaires traditionnelles ou de recourir parfois à une politique de la main forte ne répugne aucunement à *l'Action catholique,* il reste quand même une frontière qu'elle ne permet pas aux dictateurs de dépasser sans encourir ses foudres : c'est évidemment celle des « justes » relations entre l'Église et l'État. Le dictateur qui respecte les droits acquis de l'Église, qui reconnaît ouvertement, publiquement, la grande valeur de la religion pour son peuple, qui accomplit des gestes favorables à la position de l'Église et qui, mieux encore, pratique lui-même le catholicisme, comme c'est le cas de Salazar et de Dollfuss, se mérite la plus grande sympathie des journalistes de *l'Action catholique,* malgré *tout* ce qu'il fait par ailleurs.

Par contre, celui qui menace, soit dans ses paroles, soit dans ses actes, la position de l'Église sur son territoire, celui qui persécute les prêtres, les congrégations religieuses et les fidèles, qui cherche à affirmer la supériorité de l'État sur l'Église, s'expose aux plus vigoureuses dénonciations, malgré le bien qu'il aurait pu accomplir sur d'autres plans. Même après une vague de persécutions, l'absolution attend toujours le dictateur sincèrement pénitent, c'est-à-dire

prêt à reculer. De temps à autre, Mussolini et le Vatican se querel-
lent; à ces moments-là, *l'Action* multiplie les avertissements. L'entente refaite, l'harmonie rétablie, elle redevient chaleureuse à l'endroit du Duce. Hitler, ayant refusé de reculer, ne mérite pas
le pardon offert, mais *l'Action* laisse clairement entrevoir que lui
aussi pourrait revenir à l'état de grâce moyennant les changements
de politique nécessaires. En somme, les *réactionnaires* anticléricaux
demeurent toujours humains, toujours perfectibles : ils peuvent
pécher, mais rien ne les empêche de se repentir. À travers leurs
fautes souvent très graves, ils demeurent les piliers de l'ordre et de
la stabilité sociale. Quant aux *révolutionnaires* anticléricaux, ils possèdent des traits nettement diaboliques : incapables d'implorer le
pardon, ils sont damnés à perpétuité.

Dans cette étude, nous avons examiné les domaines international
et national. Nous avons vu comment *l'Action* a regardé le monde, et
comment elle a regardé le Québec. La pensée des rédacteurs dif-
fère-t-elle d'un secteur à l'autre ? Fondamentalement, il semble que
non. Bien entendu, *l'Action* connaît beaucoup plus profondément les
événements qui se déroulent au Québec et au Canada. Dans le cas
de la révolution russe, en particulier, elle suit difficilement le déroulement de l'aventure — et elle s'en plaint fréquemment d'ailleurs —,
ce qui ne l'empêche tout de même pas d'imaginer les hypothèses les
plus farfelues.

En face des bouleversements qui ébranlent l'ordre établi à l'étranger, les rédacteurs de *l'Action catholique* et leurs lecteurs ne peuvent que suivre les événements. Certes, lorsque les forces du mal —
la franc-maçonnerie, la juiverie et le bolchevisme — accomplissent
leur œuvre diabolique en Europe ou, du moins, sur des théâtres
bien éloignés, ils n'ont comme seule arme, pour les conjurer, que la
prière. Aussi espèrent-ils que si le peuple du Québec pratique sa
religion avec ferveur, s'il obéit aux commandements divins, Dieu ne
permettra pas que le mal s'étende jusqu'ici. Mais s'ils sont incapables de changer le cours de l'histoire en Europe et ailleurs dans
le monde, ils peuvent renseigner leurs lecteurs en décelant et dénonçant les infiltrations du mal au Québec. Bref, l'observation de
ce qui se passe à l'étranger doit servir à réveiller les Québécois et
attirer leur attention sur des dangers peut-être pas très manifestes
encore mais néanmoins réels.

L'Action s'effraie des événements européens et communique son
effroi à ses lecteurs. Elle simplifie l'histoire en soutenant que les
mêmes causes produisent partout les mêmes effets, que ce qui se

passe en Europe pourrait un jour se produire au Québec. Le catholicisme n'a pas été honoré en Russie : les Russes eurent à subir une révolution catastrophique. Que les catholiques d'ici fassent attention ! Les Allemands s'étaient éloignés de l'Église dès 1517 : il y eut la Grande Guerre avec toute sa barbarie. Qu'on y réfléchisse ! Les exemples de ce genre sont nombreux. Que *l'Action* déforme parfois la réalité, qu'elle fasse des affirmations sans preuves, qu'elle se fie à n'importe quelle information pourvu qu'elle confirme ses thèses, cela ne change rien à l'essentiel. Il faut faire tout son possible pour éloigner la révolution qui pourrait, un jour, frapper même le Québec. Ainsi les rédacteurs s'empressent-ils de dégager ce qu'ils estiment être les leçons des nouvelles qui leur parviennent. À moins de faire telle chose, de corriger telle situation, de se comporter de telle façon, nous prévient-elle, la même situation risque de se répéter au Québec, pour le plus grand malheur de tous.

Sur la scène nationale, les problèmes se posent habituellement de façon beaucoup plus concrète. Parfois, certes, le journal s'affole et s'exclame que le Québec est au bord d'une révolution, que le mal s'est insinué partout. Mais plus souvent, les analyses que *l'Action* fait des problèmes québécois se veulent plus froides, plus raisonnées.

Les rédacteurs discernent certaines difficultés dans les divers secteurs de la vie. Dans leur ensemble, leurs « recommandations » visent à arrêter les transformations et à restaurer une époque révolue. Au niveau de la politique, le journal cherche à restreindre le développement de la démocratie et à appuyer le principe de l'autorité. D'une part, par exemple, *l'Action* combat l'extension du droit de vote aux femmes, et d'autre part, elle souligne le besoin criant de véritables chefs qui sauraient affirmer leur leadership. Sur le plan économique, sa lutte prend la forme d'une défense du système capitaliste contre les socialistes et les communistes. Après *Quadragesimo Anno,* cependant, le journal se lance dans une critique poussée des *abus* du régime, soutenant que seule une épuration de grande envergure pourrait garantir le salut du système devant les assaillants de gauche. Quant au domaine social, *l'Action* se charge de diriger plusieurs croisades. Elle préconise une politique active de retour à la terre, non seulement pour corriger ce qui lui semble être un déséquilibre économique, mais aussi pour arrêter la dégénérescence morale qui semble ronger la société urbaine du Québec à une vitesse déconcertante. De plus, elle tente d'enrôler les ouvriers dans les syndicats catholiques et nationaux afin qu'ils n'aillent, dans leurs revendications, pas plus loin que ne le permet la doctrine de l'Église. Pour sauvegarder la place de l'Église dans la société, elle insiste sur ses droits en matière d'éducation, de charité, etc., et en vue d'assurer, par souci de protection, un caractère aussi homogène que possible à la population québécoise, elle combat obstinément tout projet d'immigration.

En idéalisant le passé dont elle a toujours la nostalgie, *l'Action catholique* peut difficilement comprendre le sens des transformations qui se produisent dans le monde, même celles qui s'opèrent sous ses yeux au Québec et au Canada. À mesure que l'écart entre son rêve et la réalité quotidienne s'élargit, son désenchantement ne fait que s'intensifier. C'est ce qui explique, pour une bonne part, ses attitudes très souvent réactionnaires. En général, elle refuse de réviser ses principes pour les adapter aux situations nouvelles. Mais il lui arrive parfois de se montrer moins intransigeante et de « modérer » certaines prises de position. Par exemple, tandis que dans les années 20, elle a dénoncé sans nuances le cinéma, elle se contente plutôt, durant la décennie suivante, de demander que les enfants ne soient pas admis dans les salles de projection. De même, à la fin de la première guerre mondiale, elle mène une vigoureuse campagne contre le suffrage féminin, mais lorsque le gouvernement fédéral octroie le droit de vote aux femmes, *l'Action* conseille à celles-ci de l'exercer. Quant à la prohibition, on n'en parle à peu près plus à partir de 1925. Mais dans tous les autres domaines, le journal catholique continue à défendre son idéologie traditionnelle et à chercher, par tous les moyens à sa disposition, à l'imposer à la société québécoise.

On peut donc se poser de nombreuses questions sur le rôle joué par *l'Action catholique* entre les deux guerres mondiales. Si elle n'a pas réussi à bloquer l'évolution de la société qu'elle croyait servir, n'a-t-elle pas contribué à la retarder ? Par exemple, l'accession à la maturité politique de la société québécoise n'a-t-elle pas été entravée par une doctrine philosophique, sinon religieuse, qui prêchait que l'autorité vient de Dieu et non du peuple, qui dénigrait la démocratie, même quand les rédacteurs croyaient en corriger les abus, qui méprisait le libre jeu de la discussion, qui réprouvait la politique et dépréciait les politiciens[1] ?

---

[1] Voir l'article de Pierre Elliot TRUDEAU, « Some obstacles to Democracy in Quebec », pp. 241-259 dans Mason WADE (édit.), *Canadian Duality / la Dualité canadienne*, Toronto, University of Toronto Press, 1960.

Toujours sur le plan politique, l'intolérance la plus aveugle est de rigueur quand il s'agit de minorités qui menacent, même si ce n'est qu'au niveau de la parole, l'ordre établi et le rôle joué par l'Église. On ne peut permettre à des groupements comme les socialistes, les communistes et les Témoins de Jéhovah, de faire leur propagande, pas plus qu'on ne peut reconnaître à l'Erreur les mêmes droits qu'à la Vérité. Loin d'accepter de les combattre « démocratiquement », on insiste pour que ces éléments soient étouffés et réprimés.

De plus, l'idéologie traditionnelle, prônée par *l'Action catholique,* même si le journal n'est pas seul à la prêcher, renferme certaines implications d'ordre économique. On sait bien que malgré la méfiance de l'élite cléricale devant l'industrialisation et l'urbanisation, malgré sa préférence pour l'agriculture et la vie rurale, l'industrie n'a pas cessé de croître ni les villes de s'agrandir. Par contre, la propagande officielle n'a-t-elle pas contribué à détourner les Canadiens français du secteur industriel ? En criant au déséquilibre de la société devant le développement de l'industrie, en vantant les vertus d'une économie basée sur l'agriculture, même de subsistance, en insistant sur la supériorité morale de la vie à la campagne, en condamnant le matérialisme et en idéalisant la pauvreté terrestre, les idéologues officiels font en sorte que l'élément canadien-français ne peut participer pleinement à la vie économique.

Les adeptes de l'idéologie traditionnelle se montrent fort susceptibles chaque fois qu'il est question d'apporter des changements dans le domaine de l'éducation. C'est, en effet, par l'éducation qu'une « saine » réaction doit se propager. En formant, par l'instruction, une élite qui, plus tard, prendrait les rênes du pouvoir, on espère assurer la continuité de l'orthodoxie idéologique et empêcher que la révolution ne gagne du terrain. Mais, en même temps, ne condamnait-on pas le Québec à un retard marqué sur les provinces anglaises, quant à la scolarisation de la population ? Sur un autre plan, on peut se demander si l'opposition irréductible à l'immigration et l'accent mis sur la vertu supérieure d'une société homogène n'ont pas rendu plus difficile l'intégration des étrangers au milieu canadien-français. En résumé, ce programme, qui voulait défendre l'ordre établi au Québec, a rendu nécessaire un vaste programme de transformations profondes pour amorcer un déblocage et un rattrapage dans les divers secteurs de la vie qui accusaient un retard.

Jusqu'à quel point *l'Action* a-t-elle contribué à cette stagnation temporaire ? Ne faisait-elle que répéter fidèlement les directives et les enseignements de Rome et de l'archevêché de Québec ? Pour certaines questions, sur lesquelles le Pape ou l'archevêque s'était prononcé, elle n'avait qu'à répéter et à commenter. D'autres fois, elle devait analyser et appliquer les enseignements de l'Église dans des cas précis, et cette possibilité, sans doute, invitait à une certaine originalité. La position de l'Église sur le communisme en est un bon exemple. Dans ses discours, le haut clergé avait condamné le communisme athée. Le fait que *l'Action* l'ait dénoncé aussi, n'a certainement rien d'original ! Mais qu'elle ait attribué certaines situations particulières aux communistes, qu'elle ait fait de nombreuses recommandations en vue de lutter contre le « péril » au Québec, cela était son œuvre propre.

Les journalistes de *l'Action catholique* s'efforçaient de suivre l'actualité et de commenter les événements à la lumière de la doctrine catholique. Avaient-ils tous reçu la formation nécessaire pour assumer sans risques une telle mission ? Étaient-ils à même de distinguer entre les principes et leurs modalités d'application, entre l'absolu et le relatif, entre la pensée profonde de l'Église et son application à des situations passagères et contingentes ? En un mot, dans ce rôle d'interprètes autorisés, sinon officiels, de la hiérarchie catholique, ont-ils toujours fait preuve de prudence et de sagesse ? Ont-ils vraiment servi les causes qu'ils croyaient défendre ?

Certes, aux plans religieux, moral, politique, social ou économique, l'influence d'un journal comme *l'Action catholique* restera toujours difficile à mesurer. Certains pourraient même conclure que les rédacteurs, en explicitant une idéologie, n'ont fait que répondre à la réalité de la société close qui les entourait. Sans exclure cette hypothèse, il est possible d'affirmer que *l'Action catholique* a eu, dans la définition de l'idéologie traditionnelle, durant l'entre-deux-guerres, une importance considérable sinon capitale. On ne saurait étudier cette période de l'histoire du Québec et du Canada français sans tenir compte de la part qu'elle a prise à la réaction cléricale et nationaliste.

APPENDICE

Les tableaux suivants constituent une analyse quantitative de la façon dont *l'Action catholique* a vu certains aspects de la révolution et de la réaction en Europe, durant la période 1917–1939. Il va de soi que ces enquêtes ont influencé les jugements que nous avons portés.

TABLEAU I

LA RÉVOLUTION SOVIÉTIQUE

Question: Comment *l'Action catholique* présente-t-elle la révolution soviétique à ses lecteurs?

Méthode: Nous avons analysé tous les commentaires de *l'Action* sur la situation en Russie entre janvier 1917 et janvier 1920 (inclusivement), soit 296 commentaires, dont 20 éditoriaux et 132 articles dans la série «Chronique de la guerre». Dans le calcul du nombre de lignes, nous avons fixé à 1 point la valeur d'une ligne et à 5 points, la valeur d'un sous-titre.

A. Les causes de la révolution	*Lignes*	*% du total*	*Références*
Causes lointaines			
Le peuple était mécontent de la noblesse	6	0,4	1
La noblesse craignait la disparition de ses privilèges	3	0,2	1
La police a eu un rôle odieux	11	0,8	1
La population était hétérogène	12	0,8	1
Le régime tsariste était tyrannique	66	4,6	1
Le peuple était travaillé par des théories révolutionnaires	26	1,8	2
	124	8,7	7
Causes immédiates			
Le coût de la vie a beaucoup augmenté	4	0,3	1
La guerre a désorganisé la vie	3	0,2	1
La famine a stimulé la révolution	3	0,2	1
	10	0,7	3
Causes morales et occultes			
Les menées allemandes	732	51,3	30
Les Juifs	25	1,8	5
La révolution s'explique par la négligence religieuse, la décadence du clergé, le fait que la Russie ne se soit pas convertie au catholicisme	536	37,6	5
	1 293	90,7	40

Commentaires: Aucune compréhension des causes socio-économiques.
Nette préférence pour les causes morales et «mystérieuses».

B. L'oeuvre de la révolution	*Lignes*		*Références*	
	Nombre	*%*	*Nombre*	*%*
Elle a favorisé l'Allemagne et gêné l'effort militaire	2 890	43,4	88	30,8
Elle a *trahi* les Alliés et le peuple russe	411	6,2	34	11,9
Elle a favorisé les Juifs et les francs-maçons	206	3,1	25	8,8

B. L'oeuvre de la révolution	Lignes		Références	
	Nombre	%	Nombre	%
Elle a apporté la violence, la guerre civile, la barbarie, un règne de terreur, les sécessions, le dévergondage.	745	11,2	40	14,0
Elle a ébranlé l'autorité constituée (militaire et civile)	613	9,2	19	6,7
Elle met en danger la religion (massacres du clergé, saccages)	672	10,1	13	4,6
Elle a causé la famine	44	0,7	6	2,1
Elle a amené la ruine, la dissolution, la désorganisation, la pourriture, la décomposition	334	5,0	15	5,3
Elle a amené l'autoritarisme, la tyrannie	10	0,2	2	0,7
C'est comme en France à l'époque de la Révolution française	661	9,9	39	13,7
Ses promesses n'ont pas été réalisées	22	0,3	1	0,4
Elle est la cause de grandes difficultés économiques: désorganisation des transports, inflation	53	0,8	2	0,7
	6 661	100,1	284	99,7

Commentaires: C'est une œuvre entièrement négative et destructive.

On tend à voir la révolution selon les intérêts des Alliés, en s'intéressant aux conséquences militaires, sans tenir compte des problèmes de la Russie.

L'analyse de l'œuvre de la révolution facilite l'analyse des causes: les Allemands et les Juifs ont profité de la révolution, ils ont dû la fomenter.

C. Les principaux personnages impliqués	Lignes	Références
Nicolas II		
Patriote	25	3
Hésitant, faible	66	5
Bonnes intentions	9	2
Son sort tragique: captivité, exécution, déshonneur, insultes	175	11
	275	21
Alexandre Kerensky		
Ne sait rien des choses militaires	4	1
Un homme avec des qualités	84	3
Un Juif; il travaille pour les Juifs	43	11
Responsable du désordre; n'est pas un chef; il bavarde mais n'agit pas	92	9
	223	24

C. Les principaux personnages impliqués	Lignes	Références
Lénine		
Un agent allemand, un Prussien	11	6
Un Juif	12	7
Un anarchiste	1	1
Il cherche de l'argent pour lui-même	29	1
Un tyran, un dictateur	99	2
	152	17
Trotski		
Un Juif	10	7
Un anarchiste	1	1
Un tyran	16	2
	27	10
Les Bolchevistes		
Des germanophiles; ils sont soudoyés par les Allemands	216	25
Des Juifs, des amis des Juifs	135	35
Des amis de «la paix à tout prix» (donc favorables à la cause allemande)	88	13
Ils veulent voler, assassiner, tuer; ils veulent le pouvoir; ils ne s'intéressent pas au bien du pays	220	21
La lie de la nation, la canaille, la racaille, la vermine	107	26
Des anarchistes	58	10
	824	130

D. La vie en Russie révolutionnaire	Lignes	Références
Un gâchis	141	31
Un pétrin	5	1
L'anarchie	479	40
Un bourbier	109	19
Le désordre	11	2
	745	93

E. La qualité des nouvelles reçues sur la Russie	Lignes	Références
On ne sait pas ce qui se passe; on en sait peu; les dépêches disent le contraire de ce qui se passe; elles nous trompent; elles nous renseignent mal	235	38
La presse est contrôlée par les francs-maçons, les Juifs, les révolutionnaires, les bolchevistes	151	21
	386	59

TABLEAU II

L'ANTICLÉRICALISME EN FRANCE ET AU MEXIQUE

Question: Quelle importance *l'Action catholique* accorde-t-elle aux persécutions religieuses en France et au Mexique, de 1924 à 1927, par rapport aux autres nouvelles étrangères?

A. La persécution religieuse en France, 1924–1925

Date	Politique étrangère				Nouvelles sur persécutions religieuses			
	Nombre	%	Po.-col.	%	Nombre	%	Po.-Col.	%
juin 1924	56	67,5	453	63,6	3	3,6	39	5,5
juil.	83	65,9	576	56,9	23	18,3	282	27,9
août	99	69,2	709,5	62,9	8	5,6	117	10,4
sept.	83	82,2	597	73,7	7	6,9	98,5	12,2
oct.	65	52,4	492	47,1	22	17,7	195	18,7
nov.	58	46,8	404	40,9	41	33,1	396	40,1
déc.	84	52,8	482,5	40,5	43	27,0	497,5	41,7
janv. 1925	57	46,3	408,5	34,6	24	19,5	343,5	29,1
févr.	58	48,3	348	41,3	30	25,0	305	36,2
mars	57	42,5	389	57,5	42	31,3	645	9,5
avril	55	49,1	409,5	31,7	23	20,5	531,5	41,1
mai	60	56,1	421	43,4	18	16,8	320	32,6
	815	55,8	5 690	48,0	284	19,5	3 189,5	26,9

B. La persécution religieuse au Mexique, 1926–1927

Date	Politique étrangère				Nouvelles sur persécutions religieuses			
avril 1926	75	67,6	509,5	63,6	5	4,5	33	4,1
mai	89	66,9	837,5	63,5	9	6,8	162	12,3
juin	46	57,5	414,5	47,5	1	1,3	2,5	0,3
juil.	58	62,4	550	58,6	13	14,0	210	22,4
août	50	44,6	361	36,2	28	25,0	344,5	34,5
sept.	54	56,2	395,5	54,4	13	13,5	139	19,2
oct.	65	47,8	549,5	52,0	7	5,1	46,5	4,4
nov.	82	63,6	632	61,4	10	7,8	171,5	16,7
déc.	71	59,2	566	52,6	14	11,7	140,5	13,1
janv. 1927	58	49,6	593	57,0	17	14,5	169,5	16,3
	648	57,5	5 408,5	54,9	117	10,4	1 419,0	14,4

L'ANTICLÉRICALISME EN FRANCE ET AU MEXIQUE

Méthode : Notre tableau indique la proportion des nouvelles étrangères, en première page de *l'Action*, qui portent sur les persécutions religieuses en France (juin 1924-mai 1925) et au Mexique (avril 1926-janvier 1927), par rapport aux autres nouvelles religieuses étrangères et aux nouvelles sur la politique étrangère. Dans chaque cas, nous tenons compte du nombre des articles ainsi que de leur longueur (en pouces-colonne).

Autres nouvelles religieuses				Total artic.	Total pouces	Nouvelle principale
Nombre	*%*	*Po.-Col.*	*%*			
24	28,9	220	30,9	83	712	Crise politique en France
20	15,8	154,5	15,3	126	1 012,5	Plan Dawes ; élections américaines
36	25,2	302	26,8	143	1 128,5	Réparations de guerre ; évacuation de la Ruhr
11	10,9	115	14,2	101	810,5	Désarmement
37	29,8	357	34,2	124	1 044	Campagne électorale en Angleterre
25	20,2	188	19,0	124	988	Élections aux É.-U.
32	20,1	212,5	17,8	159	1 192,5	–
42	34,1	428	36,3	123	1 180	Réparations de guerre
32	26,7	189	22,4	120	842	–
35	26,1	223	33,0	134	676,5	Élections allemandes
34	30,4	352,5	27,3	112	1 293,5	Pangermanisme ; révolution en Bulgarie
29	27,1	230	23,7	107	971	Troubles au Maroc
357	24,5	2 971,5	25,1	1 456	11 851	
31	27,9	258	32,2	111	800,5	Désordres au Maroc
35	26,3	318,5	24,2	133	1 318	Grèves en Angleterre
33	41,3	455,5	52,2	80	872,5	Congrès eucharistique à Chicago
22	23,7	178	18,8	93	938	Crise politique en France
34	30,4	292,5	29,3	112	998	–
29	30,2	191	26,3	96	725,5	Société des Nations
64	47,1	461	43,6	136	1 057	Conférence impériale
37	28,7	226	22,0	129	1 029,5	Conférence impériale
35	29,2	369,5	34,3	120	1 076	Intervention américaine au Nicaragua
42	35,9	278,5	26,8	117	1 041	Révolution mexicaine
362	32,2	3 028,5	30,7	1 127	9 856,0	

Commentaires: Pour les douze mois au cours desquels les persécutions religieuses
en France battent leur plein, environ un article sur cinq (de ceux
qui portent sur les nouvelles étrangères) traite la question. Ces articles couvrent plus du quart de l'espace alloué aux nouvelles internationales dans l'*Action*. Durant six mois, on écrit plus sur l'anticléricalisme en France que sur tous les autres événements religieux
non québécois réunis.

On accorde proportionnellement moins d'attention à la situation
religieuse au Mexique. Cependant, durant l'été de 1926, on consacre plus d'espace à l'anticléricalisme mexicain qu'à tous les autres
événements religieux hors du Québec.

On nous dit que les années 20 se caractérisent aux États-Unis par
la prospérité matérielle, le goût du plaisir, et, en général, la satisfaction. Le lecteur de l'*Action*, très inquiet de la situation faite à
la religion en France et au Mexique, a dû être moins heureux.

TABLEAU III

LA RÉACTION MUSSOLINIENNE

Question :	Quelle image du Duce *l'Action* donne-t-elle à ses lecteurs et comment voit-elle la question de la guerre d'Éthiopie ?
Méthode :	Nous avons analysé, pour ce tableau, toutes les références à Mussolini dans les commentaires et les éditoriaux de 1922 à 1939. Il s'agit de 61 éditoriaux et de 102 autres commentaires. Dans nos calculs, nous accordons 4 points à chaque ligne d'un éditorial : les caractères sont plus gros et les lignes occupent deux colonnes.

A. Mussolini	Lignes Nombre	%	Références Nombre	%
Commentaires favorables :				
qualités et bienfaits				
C'est un ennemi du communisme ; il a sauvé l'Italie du communisme ; il combat le socialisme	341	5,1	19	9,5
C'est un ami du catholicisme, de la cause de la religion ; il veut régler la question romaine ; il s'oppose au divorce	934	14,0	25	12,6
Il veut rétablir l'autorité, la prospérité, l'ordre ; il l'a rétabli	168	2,5	18	9,0
Il est très populaire chez lui	177	2,7	7	3,5
Il est contre la franc-maçonnerie ; il a travaillé contre elle ; elle est contre lui	234	3,5	11	5,5
Il est désintéressé, il aime sa patrie, il veut servir l'Italie	30	0,5	3	1,5
Sa dictature est opportune, bienfaisante, enviable	73	1,1	7	3,5
C'est un homme extraordinaire, un homme raisonnable, un réalisateur, un homme digne, un homme de bonnes idées, un homme qui fait des choses à imiter ; il n'aime pas le féminisme ; il a fermé les cabarets ; il favorise l'agriculture et la natalité ; il est contre les trusts ; il parle français	682	10,2	33	16,6
Sa politique internationale est énergique, compréhensible ; il ne peut en être blâmé	404	6,1	5	2,5
Il a fait des changements providentiels ; la Providence l'a fait surgir	57	0,9	5	2,5

A. Mussolini	Lignes		Références	
	Nombre	%	Nombre	%
Il veut la paix	96	1,4	1	0,5
Il n'aime pas la démocratie car elle mène à la licence; le socialisme et le communisme sont les enfants de la démocratie; sans la dictature, on aurait l'anarchie; le parlementarisme est dégoûtant; ses ennemis n'y vont pas en douceur; il respecte l'opinion publique	702	10,5	12	6,0
Il est victime d'une mauvaise presse; il est injustement attaqué par les Juifs, les francs-maçons et les Anglais	293	4,4	10	5,0
Le fascisme a des aspects condamnables mais le communisme répugne entièrement	883	13,3	4	2,0
	5 074	76,2	160	80,4
Commentaires défavorables: défauts et méfaits				
Il prêche un nationalisme dangereux, exclusif, qui pourrait devenir une menace	58	0,9	3	1,5
Il inspire des doutes, il tend vers un étatisme abusif, il est contre le syndicalisme chrétien	277	4,2	8	4,0
Il se sert de la religion pour des fins politiques, il ignore la vérité doctrinale	72	1,1	3	1,5
Lui, son gouvernement, les fascistes sont coupables de violence, de délits contre l'Église (Mussolini personnellement est peu blâmé)	885	13,3	10	5,0
Il a ses torts, son régime n'est pas sans tache, il n'est pas parfait, il est trop brutal, trop orgueilleux, il a trop souvent recours à la force	293	4,4	7	3,5
C'est un incroyant	8	0,1	3	1,5
Qu'il se réforme, ou…!	55	0,8	5	2,5
	1 585	23,8	39	19,6
total	6 659	100,0	199	100,0

Commentaires: Son œuvre est perçue favorablement dans une proportion de 75 (espace alloué) à 80 p. cent (nombre des articles).

C'est l'aspect religieux de l'œuvre de Mussolini qui attire le plus l'attention du journal, que cette œuvre soit négative ou positive.

B. La réaction devant la guerre d'Éthiopie?	*Lignes*	*Références*
Avant le déclenchement de la campagne		
Une guerre est peu probable		
la menace est exagérée	124	2
Mussolini n'oserait pas attaquer	68	1
une telle aventure lui coûterait cher	96	2
il est possible quand même qu'il veuille la guerre	24	1
Il y a des raisons qui pourraient pousser Mussolini à la guerre		
raisons moins louables		
– il cherche le prestige pour lui et son pays	48	2
raisons plus louables		
– des conquêtes peuvent être avantageuses pour les peuples soumis	16	1
– on prétend que les Éthiopiens ne sont pas civilisés: il y a du vrai	56	2
raisons servant à l'excuser		
– l'Italie a un besoin indéniable d'expansion	200	4
– l'Italie veut faire des conquêtes comme d'autres peuples (comme les Anglais)	132	5
– il ne faut pas crier à l'injustice, on ne doit pas accuser Mussolini de chercher la guerre	12	1
Espoirs et vœux		
qu'on règle le différend de façon pacifique	116	1
de toute façon, ce n'est pas l'affaire du Canada et le Canada ne doit pas y participer	353	6
	1 245	28

Commentaires : La plupart des raisons qui poussent Mussolini à la guerre ne peuvent servir à le condamner.

La plus grande inquiétude semble être la possibilité que le Canada soit appelé à participer à une guerre européenne possible.

326

B. La réaction devant la guerre d'Éthiopie	*Lignes*	*Références*
Durant la guerre (après le 3 octobre 1935)		
On s'en prend à Mussolini		
c'est une invasion regrettable et illégale	30	3
On tend à l'excuser		
Mussolini est un véritable chef ; il a bien fait son jeu	58	3
les pays accusateurs sont hypocrites, impérialistes	198	6
les Juifs et les francs-maçons veulent se venger de Mussolini	180	3
Moscou intrigue contre lui	248	3
une redistribution des colonies s'impose dans l'intérêt de la paix	32	1
les Éthiopiens ne semblent pas se plaindre des conquérants	12	1
d'autres choses sont bien plus importantes : l'exposition de la presse catholique à Rome a une portée au moins aussi considérable que l'effacement de l'Éthiopie du nombre des nations	32	1
la presse est contre lui	10	1
	770	19
On propose une ligne de conduite		
une guerre ?		
– ça ne vaut pas une guerre	58	4
– si on oblige Mussolini à reculer, les fascistes seront renversés et l'Italie subira la révolution rouge	32	1
des sanctions ?		
– elles seraient, sont inefficaces	167	6
– pas une mesure judicieuse, il faut les révoquer	508	3
– la SDN a heureusement suspendu l'application des sanctions	39	2
– c'est une humiliation méritée pour la SDN	288	2

B. La réaction devant la guerre d'Éthiopie	*Lignes*	*Références*
des négociations ?		
– Mussolini acceptera	3	1
– les propositions Hoare-Laval sont bonnes	170	2
reconnaissance d'un fait accompli ?		
– il faut reconnaître la conquête	57	3
	1 322	24
total	2 122	46

Commentaires: *L'Action* favorise une politique d'apaisement pour éviter la guerre. Dans ce but, elle ne condamne guère Mussolini et, en fait, elle s'attaque beaucoup plus à ceux qui dénoncent Mussolini: les Anglais, les Juifs, les francs-maçons, Moscou, la presse.

Il faudrait liquider la situation le plus rapidement possible: il faudrait s'opposer à des sanctions contre Mussolini et même condamner la SDN qui les a décrétées; il faudrait négocier; il faudrait tout simplement reconnaître la conquête.

TABLEAU IV

LA GUERRE CIVILE ESPAGNOLE

Question: Quelle image les titres en première page de *l'Action catholique* donnent-ils de la guerre civile en Espagne?

Méthode: 1) Cette enquête couvre la période entière de la guerre civile, c'est-à-dire du débarquement de Franco en juillet 1936 à la victoire finale des Nationalistes en mars 1939.

2) Les titres que nous avons examinés sont ceux qui s'étendent sur au moins quatre colonnes.

3) Nous utilisons trois catégories de titres:

a) les titres *neutres* qui n'ont dû avoir aucune influence particulière sur le lecteur, qui ne manifestent aucun parti pris;

b) les titres neutres *mais susceptibles de soulever chez le lecteur certains sentiments* par rapport à la guerre en général (dont la crainte, le dégoût, l'horreur, la frustration). Si, en plus, on donne généralement l'impression que la victoire de Franco est inévitable et désirable, ces mêmes sentiments auraient pour effet d'amener le lecteur à la souhaiter encore plus ardemment. Voici quelques exemples: «Le sang coule aux quatre coins de l'Espagne» (août 1936); «Épée de Damoclès suspendue sur l'Europe» (octobre 1936); «Une nuit épouvantable à Madrid» (novembre 1936); «Terribles corps à corps dans les rues de Madrid» (janvier 1937); «La population de Madrid aux prises avec la famine» (février 1937); «Premier anniversaire de la guerre civile espagnole; plus de 350 000 morts et pertes de $2 000 000 000» (juillet 1937); «Lutte à mort sous un soleil de plomb» (juillet 1937); «Un million de morts en Espagne» (juillet 1938); «7 000 hommes restent sur les champs de bataille» (janvier 1939).

c) les titres *favorables* à Franco et aux «Patriotes», *défavorables* au gouvernement républicain et aux «rouges»

4) Pour juger les titres, il faut se rappeler le contexte général de l'époque. Par exemple, en juillet 1936, *l'Action* publie un titre: «Franco proclame la dictature militaire». Aujourd'hui, ce titre pourrait être vu comme défavorable à Franco. À l'époque, cependant, les dictatures en soi ne représentaient pour *l'Action* rien de répréhensible. On les jugeait bénéfiques pour des pays, comme l'Espagne républicaine, qui sombraient dans le désordre.

5) De plus, il faut savoir comment *l'Action* a interprété les événements des années précédentes en Espagne. On attribuait l'exil du roi Alphonse XIII, grandement admiré de *l'Action*, aux menées des francs-maçons et des communistes. Le gouvernement républicain s'était souillé par ses législations anticléricales. Quand le gouvernement Azana prend le pouvoir, après les élections de 1936, on croit y discerner l'avènement des «rouges». De plus, le facteur d'associations est important. Si on dit que la Russie appuie le gouvernement républicain, c'est automatiquement un signe de désapprobation pour le régime du Front populaire. Si, par contre, on dit que l'Allemagne et l'Italie appuient Franco, aucune désapprobation n'est voulue.

6) Dans le tableau qui suit, *N* indique un titre neutre; *S*, un titre sans parti pris mais provocateur de sentiments; *O*, un titre orienté soit pour Franco, soit contre le gouvernement républicain, selon l'explication proposée.

A. Titres concernant la guerre civile espagnole

Année	*Mois*	*Total*	*N*	*S*	*O*
1936	juil.	12	6	2	4
	août	28	11	7	10
	sept.	24	5	5	14
	oct.	19	6	2	11
	nov.	20	7	4	9
	déc.	7	4	2	1
1937	janv.	13	6	3	4
	fév.	15	8	2	5
	mars	11	6	2	3
	avril	19	5	6	8
	mai	17	5	4	8
	juin	21	5	7	9
	juil.	10	2	2	6
	août	5	1	1	3
	sept.	9	3	2	4
	oct.	13	2	6	5
	nov.	8	4	0	4
	déc.	10	1	1	8
1938	janv.	9	0	3	6
	fév.	9	4	0	5
	mars	8	1	5	2
	avril	10	3	2	5
	mai	5	1	1	3
	juin	10	1	2	7
	juil.	3	1	2	0
	août	3	0	0	3
	sept.	0	0	0	0
	oct.	3	1	1	1
	nov.	2	0	2	0
	déc.	9	2	1	6
1939	janv.	17	2	1	14
	fév.	14	1	2	11
	mars	6	0	0	6
		369	104	80	185
			(28,2%)	(21,7%)	(50,1%)

B. Explication des titres orientés

Année	Mois		
1936	juil.	*pour :*	Les franquistes avancent rapidement Franco dirige personnellement
	août	*pour :*	Les « insurgés » s'appellent maintenant des « Patriotes » Ils sont sûrs de la victoire Ils veulent sauver l'Espagne Ils sont prêts à s'emparer de Madrid
		contre :	Le gouvernement a fermé les églises 5 évêques sont morts en Espagne républicaine
	sept.	*pour :*	Les Patriotes avancent; ils s'approchent de Madrid; ils s'emparent de Maqueda; ils défendent l'Alcazar de Tolède « avec héroisme »; la guerre achève Les Patriotes sont des catholiques
		contre :	Les Républicains exécutent des prisonniers Ils constituent, en Catalogne, la « pire racaille » Ils ont un programme socialiste Pie XI dénonce la propagande communiste
	oct.	*pour :*	Les Patriotes s'approchent de Madrid; ils s'avancent; ils ne sont pas loin; ils survolent la ville; ils commencent le bombardement
		contre :	La Russie vole au secours des Républicains et leur envoie des destroyers Les troupes républicaines tirent sur leurs propres hommes
	nov.	*pour :*	Les Patriotes se préparent à entrer à Madrid; ils sont entrés; la chute de Madrid est imminente Les Patriotes rassurent la population
		contre :	Les Républicains font des perquisitions dans les ambassades
	déc.	*pour :*	L'assaut final des Patriotes est imminent
1937	janv.	*pour :*	L'Angleterre souhaite la victoire des Patriotes Les Patriotes promettent que la Russie ne bolchevisera pas l'Espagne
		contre :	Les Républicains sont en retraite

B. Explication des titres orientés

Année	Mois		
	févr.	*pour :*	Les Patriotes lancent l'assaut final contre Malaga; ils prennent la ville qui les accueille triomphalement; leurs offensives contre Valence et Madrid sont proches
		contre :	Il y a une révolte au sein de l'armée républicaine
	mars	*pour :*	L'Italie nie avoir violé le pacte de non-intervention
		contre :	Les troupes républicaines sont en déroute; leurs marins sont en mutinerie
	avril	*pour :*	Les Patriotes visent Bilbao; ce ne sera pas long; ils gagnent du terrain; la chute de la ville est imminente; ils sont aux portes de la ville Ils n'attaqueront pas les bateaux transportant les réfugiés Ils sont déterminés à faire respecter le pacte de non-intervention
	mai	*pour :*	Les Patriotes s'approchent de Bilbao Franco reçoit comme salaire seulement $100 par mois Franco veut faire respecter le pacte de non-intervention
		contre :	Les Républicains sèment la terreur à Barcelone; ils font beaucoup de victimes; ils menacent de terminer la guerre dans le sang
	juin	*pour :*	Les Patriotes déclenchent l'attaque définitive contre Bilbao; ils s'emparent de la ville; ils offrent une paix honorable aux Basques; ils sont reçus en libérateurs
		contre :	Les Républicains veulent mettre Bilbao à feu et à sang L'anarchie règne chez eux, à Santander
	juil.	*pour :*	Les Patriotes veulent poursuivre la lutte Ils font face à l'Angleterre et semblent avoir raison
		contre :	L'Espagne républicaine, c'est maintenant l'Espagne rouge Les Rouges essuient une humiliante défaite
	août	*pour :*	L'avance des Patriotes continue

B. Explication des titres orientés

Année	Mois		
	sept.	*pour :*	La ville de Santander (libérée) renaît à la vie catholique
		contre :	Les « anarchistes » vont faire sauter la ville de Gijon L'Espagne rouge, quoique appuyée par la Russie, est expulsée de Genève
	oct.	*pour :*	Les Patriotes réalisent plusieurs succès militaires Franco pardonne aux Asturiens
		contre :	Les Rouges sont acculés au mur : Barcelone est leur dernier refuge
	nov.	*pour :*	Londres et Washington veulent entretenir des relations avec Franco
		contre :	La cause des Rouges est perdue : la Russie ne veut plus perdre son temps et son argent en Espagne rouge
	déc.	*pour :*	On découvre un complot pour assassiner Franco À Teruel, les Patriotes sont des « héroïques défenseurs », ils sont « inébranlables », ils tiennent encore
		contre :	Les tentatives militaires des Rouges sont vaines
1938	janv.	*pour :*	Les franquistes font des progrès importants
		contre :	Les Rouges échouent lamentablement Les Rouges sont responsables d'une « horrible hécatombe » à Teruel
	févr.	*pour :*	L'avance des Patriotes est « foudroyante »; ils se tournent vers Madrid
		contre :	Les Rouges reculent; ils incendient Teruel
	mars	*pour :*	L'avance des Patriotes se poursuit sans cesse
		contre :	Le gouvernement rouge a capitulé
	avril	*pour :*	La victoire finale sourit à Franco; les Patriotes ont des succès importants
		contre :	Il y a des émeutes chez les Rouges à Barcelone : la garde nationale tire sur la foule Les Rouges sont responsables de 40 000 assassinats en Espagne

B. Explication des titres orientés

Année	Mois		
	mai	*pour :*	Les Jésuites sont libres en Espagne franquiste Le Pape reconnaît officiellement l'Espagne franquiste Franco refuse d'anéantir trois villes
	juin	*pour :*	Franco dénonce l'Angleterre et paraît avoir raison Les Patriotes réalisent d'importants succès militaires Franco accuse la Russie
	août	*pour :*	Les Patriotes sont victorieux partout; ils s'en vont vers Madrid
	oct.	*pour :*	La France va se rapprocher de Franco
	déc.	*pour :* *contre :*	Les forces franquistes sont en pleine avance Les défenses des Rouges s'écroulent Leur gouvernement se prépare à fuir
1939	janv.	*pour :* *contre :*	Les armées franquistes foncent sur Barcelone; la chute de la ville est imminente; ils sont aux portes de Barcelone; c'est un jour de triomphe pour Franco Barcelone acclame Franco; il y a une messe en plein air et on acclame le Christ-Roi Les Rouges sont en déroute; leurs troupes seront bientôt débordées La révolution menace d'éclater en Espagne rouge C'est la fin La France ne les aidera pas
	févr.	*pour :* *contre :*	Les hostilités sont près de finir L'Angleterre, la France et le Canada se rendent à l'évidence et veulent s'entendre avec Franco La chute des Rouges est imminente
	mars	*pour :* *contre :*	Les Patriotes sont à Madrid et à Valence L'Espagne est délivrée de Moscou Les Rouges se rendent

Commentaire : Cette enquête démontre le parti pris de *l'Action*. La moitié des titres pourraient être considérés comme favorables au général Franco et à la cause nationaliste.

TABLEAU V

LA GUERRE CIVILE ESPAGNOLE

Question : Quelle importance *l'Action* accorde-t-elle à la guerre civile d'Espagne par rapport aux autres nouvelles ?

Méthode : 1) Nous avons tenu compte des titres de tous les articles en première page (et, le samedi, à la page des nouvelles internationales) pour la période du 20 juillet 1936 à la fin de mars 1939 (33 mois).

2) Nous avons utilisé une formule d'évaluation basée sur ceile proposée par Jacques Kayser dans *le Quotidien français,* pp. 153-154.

Pour chaque titre, nous attribuons un maximum de 15 points :

un titre qui s'étend sur 8 colonnes = 15 points
" 7 " = 12 points
" 6 " = 8 points
" 5 " = 3 points
" 4 " = 1 point

En deuxième lieu, il faut évaluer l'importance relative du titre. Nous lui accordons 10 points s'il s'agit du titre prioritaire (7,5 points si la priorité est partagée), 5 points s'il occupe le deuxième rang, et 3 points pour un titre de troisième rang à condition que l'emplacement sur la page soit favorable.

Le coefficient 5 est attribué aux caractères utilisés dans le titre. Évidemment, un certain facteur subjectif intervient. Un titre en italique pourrait recevoir 1 point, un titre en grosses lettres majuscules pourrait mériter 5 points.

Bref, il faut remarquer :

a) le nombre des colonnes sur lesquelles le titre s'étend ;
b) l'importance du titre par rapport à un autre titre ;
c) les caractères d'imprimerie spéciaux utilisés

Nous utilisons donc la formule suivante :

« Colonnage » + Importance relative + Caractères spéciaux = 30 points
15 + 10 + 5 = 30 points
(maximum)

	1936						1937	
	juil.	août	sept.	oct.	nov.	déc.	janv.	févr.
Espagne	212	584	489	411	443	174	221	290
	67,7%	83,2	72,8	52,5	66,9	24,3	25,1	31,6
Autres pays								
Allemagne et	–	–	8	–	21	–	19	22
Autriche			1,2		3,2		2,2	2,4
Angleterre	–	–	–	25	–	228	23	46
				3,2		31,9	2,6	5,0
Étqts-Unis	–	–	–	13	51	13	19	42
				1,7	7,7	1,8	2,2	4,6
Europe et	–	–	63	171	–	–	12	25
relations internat.			9,4	21,8			1,4	2,7
France	–	–	25	50	75	–	7	13
			3,7	6,4	11,3		0,8	1,4
Italie	–	8	–	4	–	–	–	34
		1,1		0,5				3,7
Japon, Chine	–	–	–	25	21	94	36	25
				3,2	3,2	13,1	4,1	2,7
Russie	–	6	33	–	–	13	25	11
		0,9	4,9			1,8	2,8	1,2
Ailleurs	–	22	–	–	13	13	–	–
		3,1			2,0	1,8		
Autres nouvelles								
Politique fédérale,	–	54	8	25	17	13	282	224
provinciale, locale		7,7	1,2	3,2	2,7	1,8	32,0	24.4·
Nouvelles	–	–	13	13	–	–	17	17
économiques			1,9	1,7			1,9	1,8
Nouvelles	–	–	10	–	8	25	–	28
syndicales			1,5		1,2	3,5		3,0
Nouvelles	79	16	–	21	13	142	34	100
religieuses	25,2	2,3		3,2	2,0	19,9	3,9	10,9
Faits divers	22	12	22	25	–	–	187	42
	7,0	1,7	3,3	3,2			21,2	4,6
Total des points	313	702	671	783	662	715	882	919

mars	avril	mai	juin	juil.	août	sept.	oct.	nov.	déc.
212	299	287	337	190	65	137	225	122	162
22,0	29,8	31,3	34,6	18,5	6,3	12,6	20,0	11,6	14,6
40	25	25	57	–	–	21	–	42	–
4,1	2,5	2,7	5,8			1,9		4,0	
47	37	245	4	15	39	68	87	86	34
4,9	3,7	26,7	0,4	1,5	3,8	6,3	7,7	8,2	3,1
42	12	–	38	–	–	–	6	13	–
4,4	1,2		3,9				0,5	1,2	
52	25	–	27	13	25	212	55	113	22
5,4	2,5		2,8	1,3	2,4	19,5	4,9	10,8	2,0
25	–	–	144	25	–	–	–	115	25
2,6			14,7	2,4				11,0	2,2
90	60	–	–	6	13	63	34	6	17
9,3	6,0			0,6	1,3	5,8	3,0	0,6	1,5
12	–	–	–	139	332	336	340	161	166
1,2				13,5	32,2	30,9	30,2	15,3	14,9
17	–	–	–	16	–	52	30	39	25
1,8				1,6		4,8	2,7	3,7	2,2
–	60	23	–	69	–	–	104	36	100
	6,0	2,5		6,7			9,2	3,4	9,0
304	159	116	110	100	50	17	111	152	186
31,5	15,8	12,6	11,3	9,7	4,8	1,6	9,9	14,5	16,7
–	–	–	67	79	–	–	–	–	72
			6,8	7,7					6,5
8	190	52	17	28	411	44	–	–	67
0,8	18,9	5,7	1,7	2,7	39,9	40,0			6,0
68	59	15	17	116	25	49	108	30	42
7,1	5,9	1,6	1,7	11,3	2,4	4,5	9,6	2,9	3,8
47	79	154	157	233	71	89	25	135	194
4,9	7,9	16,8	16,1	22,6	6,9	8,2	2,2	12,9	17,4
964	1 005	917	975	1 029	1 031	1 088	1 125	1 050	1 112

	1938						
	janv.	févr.	mars	avril	mai	juin	juil.
Espagne	112	134	189	202	89	196	49
	13,1%	13,6	18,9	20,0	9,0	22,0	5,6
Autres pays							
Allemagne et	12	194	167	50	77	–	–
Autriche	1,4	19,7	16,7	5,0	7,8		
Angleterre	13	94	71	56	25	67	25
	1,5	9,6	7,1	5,6	2,5	7,5	2,9
États-Unis	50	–	–	–	–	17	–
	6,5					1,9	
Europe et	25	12	–	25	77	29	–
relations	2,9	1,2		2,5	7,8	3,3	
internat.							
France	90	6	42	157	42	22	25
	10,7	0,6	4,2	15,6	4,2	2,5	2,9
Italie	–	6	53	22	36	–	–
		0,6	5,3	2,2	3,6		
Japon, Chine	38	51	–	12	73	73	57
	4,5	5,2		1,2	7,4	8,2	6,5
Russie	–	–	17	27	30	–	37
			1,7	2,7	3,0		4,2
Ailleurs	17	25	67	8	72	25	68
	2,0	2,5	6,7	0,8	7,3	2,8	7,8
Autres nouvelles							
Politique fédérale,	91	268	261	195	191	92	322
provinciale	10,7	27,2	26,1	19,4	19,3	10,3	36,9
Nouvelles	17	–	55	17	92	75	–
économiques	2,0		5,5	1,7	9,3	8,4	
Nouvelles	–	–	35	44	–	–	–
syndicales			3,5	4,4			
Nouvelles	63	55	–	58	84	225	–
religieuses	7,4	5,6		5,8	8,5	25,3	
Faits divers	319	139	42	132	101	69	289
	37,4	14,1	4,2	13,1	10,2	7,8	33,1
Total des points	852	984	999	1 005	989	890	872

1 août	sept.	oct.	nov.	déc.	janv.	févr.	mars	Totaux
82	–	75	38	212	352	259	151	7 000
8,9		7,6	3,3	20,0	35,4	27,1	16,4	23,0
89	185	59	187	100	136	–	124	1 660
9,7	20,9	6,0	16,2	9,4	13.7		13,5	5,5
25	57	67	12	52	104	65	25	1 742
2,7	6,4	6,8	1,0	4,9	10,5	6,8	2,7	5,7
75	–	–	105	27	31	30	17	606
8,2			9,1	2,5	3,1	3,1	1,9	2,0
90	221	69	182	–	–	75	25	1 645
9,8	24.9	7,0	15,8			7,9	2,7	5,4
75	87	126	223	230	67	12	24	1 732
8,2	9.8	12,8	19,3	21,7	6,7	1,3	2,6	5,7
37	–	25	17	108	57	12	50	758
4,0		2,5	1,5	10,2	5,7	1,3	5,4	2,5
113	–	114	42	–	12	–	–	2 272
12,3		11,5	3,6		1,2			7,5
55	–	–	–	–	–	27	15	475
6,0						2,8	1,6	1,6
64	169	157	95	75	25	48	175	1 530
7,0	19.1	15,9	8,2	7,1	2,5	5,0	19,1	5,0
18	–	17	65	59	73	105	113	3 798
2,0		1,7	5,6	5,6	7,4	11,0	12,3	12,5
–	17	8	–	17	37	17	–	630
	1,9	0,8		1,6	3,7	1,8		2,1
13	25	–	–	–	–	–	–	1 005
1,4	2,8							3,3
8	–	145	35	–	42	173	185	2 007
0,9		14,7	3,0		4,2	18,1	20,2	6,6
176	125	126	152	179	57	131	14	3 545
19,1	14,1	12,8	13,2	16,9	5,7	13,7	1,5	11,7
920	886	988	1 153	1 059	993	954	918	30 405

BIBLIOGRAPHIE

I — SOURCES

La principale source est évidemment le journal *l'Action catholique*, du 1er janvier 1917 au 10 septembre 1939. Nous avons analysé approximativement 10 000 éditoriaux, commentaires, chroniques, articles spéciaux et reportages.

II — ÉTUDES SECONDAIRES, ARTICLES, BROCHURES

Nous énumérons ici les principales études qui nous ont été utiles dans la préparation de chacun des chapitres.

Études générales servant à expliciter l'idéologie de *l'Action catholique*

DANIEL-Rops. *L'Église des révolutions*, t. 1 : *En face de nouveaux destins*. Paris, Arthème Fayard, 1960, 1 045 p., biblio., index.

————. *Histoire de l'Église du Christ*, vol. VI : *l'Église des révolutions*, t. 2 : *Un combat pour Dieu, 1870–1939*. Paris, Fayard, 1963, 987 p., biblio., index.

DUTHOIT, Eugène. *Le catholicisme, lien social*. Paris, Éditions Spes, 1929, xx-292 p.

La TOUR DU PIN CHAMBLY, René de, marquis de la Charce. *Aphorismes de politique sociale*, 3e éd., Paris, Gabriel Beauchesne, 1930, 104 p.

————. *Vers un ordre social chrétien : jalons de route, 1882–1907*. Nouvelle édition, Paris, Gabriel Beauchesne, 1929, xi-514 p.

MAURRAS, Charles. *La politique religieuse*. 2e éd., Paris, Nouvelle Librairie Nationale, 1912, lxi-427 p.

PÂQUET, Mgr Louis-Adolphe. *Droit public de l'Église : principes généraux*. 2e éd., Québec, Imprimerie Laflamme, 1916, xvi-368 p.

————. *Droit public de l'Église : l'organisation religieuse et le pouvoir civil*. Québec, Imprimerie de l'Événement, 1912, 315 p.

————. *Droit public de l'Église : l'action religieuse et la loi civile*. Québec, Laflamme et Proulx, 1915, iv-347 p.

————. *Droit public de l'Église : l'Église et l'éducation*. 2e éd., Québec, Imprimerie Laflamme, 1916, iv-359 p.

————. *Études et appréciations : fragments apologétiques*. Québec, Imprimerie Franciscaine Missionnaire, 1917, viii-360 p.

————. *Études et appréciations : mélanges canadiens*. Québec, Imprimerie Franciscaine Missionnaire, 1918, viii-358 p.

PÂQUET, Mgr Louis-Adolphe. *Études et appréciations : nouveaux mélanges cana-diens*. Québec, Imprimerie Franciscaine Missionnaire, 1919, VIII-390 p.

————. *Études et appréciations : thèmes sociaux*. Québec, Imprimerie Francis-caine Missionnaire, 1922, VIII-333 p.

RUMILLY, Robert. *Histoire de la province de Québec*. T. XXIV-XXXVI, Montréal, divers éditeurs, 1952-1963. Voir surtout : XXV : *Alexandre Taschereau* (débats sur l'enseignement; la Loi de l'assistance publique); XXVII : *Riva-lité Gouin-Lapointe* (colonisation; dispute Taschereau-*l'Action catholique); XXXI : *Léonide Perron* (question des écoles juives); XXXII : *la Dépression* (chômage; trusts); XXXIII : *la Plaie du chômage* (électricité; la crise éco-nomique et ses répercussions); XXXIV : *l'Action libérale nationale* (trusts; électricité).

Introduction et méthodologie

BRINTON, Crane. *The Anatomy of Revolution*. Éd. révisée, New York, Random House, 1965, X-310 p., biblio., index.

DORION, Jules. *Impressions d'un passant aux bords de l'Europe, de l'Asie et de l'Afrique*. Québec, Action Sociale Ltée, 1934, 333 p.

KAYSER, Jacques. *Le quotidien français*. Paris, Armand Colin, 1963, XII-167 p. (n° 122 des *Cahiers de la Fondation nationale des sciences politiques*).

LAVERGNE, abbé Édouard-Valmore. *Sur les remparts*. Québec, Action Sociale Ltée, 1924, 322 p.

Chapitre premier

PÂQUET, Mgr Louis-Adolphe. *Au soir de la vie : modestes pages philosophico-religieuses*. Québec, Imprimerie Franciscaine Missionnaire, 1938, 303 p.

————. *Le Pape et la guerre*. Québec, Imprimerie Franciscaine Missionnaire, 1917, 43 p.

PONCHEVILLE, abbé Thellier DE. *Dans l'épreuve*. Paris, Bloud et Gay, 1918 226 p.

TAMISIER, Michel, s.j. « La victoire de Dieu », dans *le Canada français*, vol. I, n° 5 (janvier 1919), pp. 305-325.

VEUILLOT, François. *Le moral français : lettres aux catholiques neutres*. Paris, Bloud et Gay, 1918, 280 p.

Chapitre II

COUËT, Th., o.p. *La franc-maçonnerie et la conscience catholique : étude sur la dénonciation juridique*. Québec, Imprimerie de l'Action Sociale Ltée, 1910, 32 p.

CRENIER, Dom Léonce, o.s.b. « La synagogue de Satan » dans la *Semaine religieuse de Québec*, vol. XLIII, n° 18 (1er janvier 1931), pp. 274-278.

HUOT, abbé J.-Antonio. *Le fléau maçonnique*. Québec, Dussault & Proulx, 1906, 178 p.

————. *Le poison maçonnique*. Québec, Éditions de L'Action Sociale Catholique, 1912, 34 p. (n° 1, *Lectures sociales populaires*).

LEDRÉ, Charles. *La franc-maçonnerie*. Paris, Fayard, 1958, 124 p., biblio. (coll. « Je sais-Je crois »).

MELLOR, Alec. *Histoire de l'anticléricalisme français*. Paris, Maison Mame, 1966, 496 p., biblio., index.

——————. *Nos frères séparés, les francs-maçons.* Paris, Maison Mame, 1961, 343 p., biblio.

NAUDON, Paul. *La franc-maçonnerie.* 3e éd., Paris, Presses Universitaires de France, 128 p., biblio. (coll. « Que sais-je ? », n° 1064).

PALOU, Jean. *La franc-maçonnerie.* Paris, Payot, 1964, 349 p., biblio.

PANNETON, abbé Georges. *La franc-maçonnerie: ennemie de l'Église et de la patrie.* Montréal, Oeuvre des Tracts, septembre 1940, 16 p. (n° 255).

PONCINS, Léon DE. *La dictature des puissances occultes : la Franc-Maçonnerie d'après ses documents secrets.* Paris, Gabriel Beauchesne, 1934, 320 p.

——————. *Société des Nations : super-état maçonnique.* Paris, Gabriel Beauchesne, 1936, 287 p.

——————. *Tempête sur le monde.* Paris, Gabriel Beauchesne, 1934, 268 p.

Chapitre III

BATAULT, Georges. *Israël contre les nations.* Paris, Gabriel Beauchesne, 1939, XX-194 p.

CLOSSE, Lambert. *La réponse de la race : le catéchisme national.* Montréal, Therien Frères, 1936, 546 p.

COHN, Norman. *Warrant for Genocide: the Myth of the Jewish World Conspiracy and the Protocols of the Elders of Zion.* London, Eyre & Spottiswoode, 1967, 303 p., biblio.

DRUMONT, Édouard. *La fin d'un monde : étude psychologique et sociale.* Paris, Albert Savine, 1889, XXXIII-556 p.

——————. *La France juive : essai d'histoire contemporaine.* Paris, Marpon et Flammarion, c. 1885-1886, t. 1 (XX-579 p.), t. 2 (601 p.), index.

——————. *La France juive devant l'opinion.* Paris, Marpon et Flammarion, 1886, 308 p., index.

——————. *Le testament d'un antisémite.* Paris, E. Dentu, 1891, XI-456 p., index.

FERENZY, Oscar DE. *Les Juifs et nous, Chrétiens.* Paris, Flammarion, 1935, 249 p.

FLANNERY, Edward H. *The Anguish of the Jews : Twenty-Three Centuries of Anti-Semitism.* New York, Macmillan, 1965, XV-332 p.

HUOT, abbé Antonio. « Où en est le sionisme ? » dans la *Semaine religieuse de Québec,* vol. XXXII, n° 13 (27 novembre 1919), pp. 194-197.

——————. *La question juive chez nous.* Québec, Action Sociale Ltée, 1926, 16 p.

——————. *La question juive : quelques observations sur la question du meurtre rituel.* Québec, Éditions de l'Action Sociale Catholique, 1914, 37 p. (n° 2, *Lectures sociales populaires).*

ISAAC, Jules. *L'antisémitisme a-t-il des racines chrétiennes ?* Paris, Fasquelle Éditeurs, 1960, 75 p.

——————. *L'enseignement du mépris.* Paris, Fasquelle Éditeurs, 1962, 195 p.

LABRECQUE, chanoine Cyrille. « Envers les Juifs » dans la *Semaine religieuse de Québec,* vol. XLVII, n° 3 (20 septembre 1934), pp. 36-39; n° 4 (27 septembre 1934), pp. 51-54; n° 5 (4 octobre 1934), pp. 67-71.

PANNETON, abbé Georges. « Les *Protocoles des Sages de Sion* » dans la *Semaine religieuse de Québec,* vol. L, n° 48 (28 juillet 1938), pp. 757-760.

PARKES, James. *Antisemitism.* Chicago, Quadrangle Books, 1963, XIII-192 p.

PLAMONDON, J.-Ed. *Le Juif.* Conférence donnée au Cercle Charest de l'A.C.J.C., 30 mars 1910, Québec, Imprimerie de la Libre Parole, 1910, 31 p.

PONCINS, Léon DE. *Les forces secrètes de la révolution*. Paris, Éditions Bossard, 1929, 304 p.

————. *La guerre occulte : Juifs et Francs-Maçons à la conquête du monde*. Paris, Gabriel Beauchesne, [1936], x-278 p.

————. *La mystérieuse internationale juive*. Paris, Gabriel Beauchesne, 1936, 287 p.

Protocoles des Sages de Sion. Traduit du russe et précédé d'une introduction de Roger LAMBELIN, Paris, Bernard Grasset, 1925, xxxv-153 p.

SAMUEL, Maurice. *Blood Accusation : The Strange History of the Beiliss Case*. New York, Alfred A. Knopf, 1966, xv-286-ix p., biblio.

SARTRE, Jean-Paul. *Réflexions sur la question juive*. Paris, Éditions Gallimard, 1954, 185 p. (coll. « Idées »)

Semaine religieuse de Québec (La Direction). « Centralisation juive », vol. XXXVII, n° 16 (18 décembre 1924), pp. 242-248.

Chapitre IV

BERGERON, René. *Le corps mystique de l'Antéchrist*. Montréal, Fides, 1941, 221 p.

————. *Liberté, égalité, fraternité*. Montréal, École Sociale Populaire, s.d., 16 p. (n° 13, *Série de l'Apostolat populaire*).

COULET. *Communisme et catholicisme : le message communiste*. Paris, Éditions Spes, [1939], 236 p.

ÉCOLE SOCIALE POPULAIRE. *Bolchevisme et catholicisme*. Montréal, École Sociale Populaire, [1931], 28 p.

————. *La législation anticommuniste dans le monde*. Montréal, École Sociale Populaire, août 1939, 31p. (brochure n° 307).

HUOT, abbé Antonio. « Où en est le bolchevisme ? » dans la *Semaine religieuse de Québec*, vol. XXXIII, n° 40 (2 juin 1921), pp. 626-628; n° 41 (9 juin 1921), pp. 642-644.

LABRECQUE, chanoine Cyrille. « Les frontières au-delà desquelles... communisme et socialisme » dans la *Semaine religieuse de Québec*, vol. L., n° 2 (9 septembre 1937), pp. 23-25.

————. « Les propos dangereux » dans la *Semaine religieuse de Québec*, vol. XLIX, n° 16 (17 décembre 1936), pp. 245-249.

MURRAY, Robert K. *Red Scare : A Study in National Hysteria, 1919-1920*. Minneapolis, University of Minnesota Press, 1955, xii-337 p., biblio., index.

PIE XI. *Encyclique « Divini Redemptoris » sur le communisme athée*. Québec, Action catholique, 1937, 51 p. (tract n° 13 de *l'Action catholique*).

ROBERT, abbé Arthur. « La philosophie du communisme » dans *le Canada français*, vol. XXII, n° 4 (décembre 1934), pp. 329-349.

Chapitre V

ANONYME. *La persécution religieuse en Espagne*. Traduit par Francis DE MIOMANDRE. Paris, Plon, 1937, ix-190 p.

Au pays de la terreur rouge. Paris, Éditions Alsatia, s.d., 250 p.

BAUDRILLART, Mgr Alfred. *Vocation de la France*. Paris, Flammarion, [1934], 95 p.

CILACC. *Les enfants abandonnés : une plaie saignante du communisme*. Montréal, École Sociale Populaire, juillet 1934, 32 p. (brochure n° 46).

COUTROT, Aline et François DREYFUS. *Les forces religieuses dans la société française*. Paris, Armand Colin, 1965, 344 p. (coll. « U »)

DEUTSCHER, Isaac. *Stalin : A Political Biography*. New York, Random House, 1960, XXII-600 p., index (*Vintage Russian Library*).

DRAGON, Antonio, s.j. *Au Mexique rouge*. Montréal, L'Action paroissiale, 1936, 248 p.

ÉCOLE SOCIALE POPULAIRE. *En Russie soviétique*. Montréal, École Sociale Populaire, mars 1931, 31 p. (brochure n° 206).

—————. *Manuel antibolchévique*. Montréal, École Sociale Populaire, avril-mai 1931, 62 p. (brochure nos 207-208).

—————. *L'ouvrier en Russie*. Montréal, Oeuvre des Tracts, mars 1931, 16 p. (n° 141).

ENTENTE INTERNATIONALE. *Le Komintern, le Gouvernement soviétique et le Parti communiste de l'U.R.S.S.* Montréal, École Sociale Populaire, novembre 1935, 32 p. (brochure n° 262).

ENTENTE INTERNATIONALE CONTRE LA IIIe INTERNATIONALE. *La troisième année décisive du Plan quinquennal*. Montréal, École Sociale Populaire, août-septembre 1932, 64 p. (brochure nos 223-224).

FISCHER, Louis. *The Life of Lenin*. New York, Harper & Row, 1964, VIII-707 p., index.

GAY, Francisque. *Dans les flammes et dans le sang : les crimes contre les églises et les prêtres en Espagne*. Paris, Bloud et Gay, 1936, 159 p.

GENEST, Omer, s.j. « L'U.R.S.S.-1936 : gloire ou faillite du communisme· ? » dans *le Canada français*, vol. XXIV, n° 3 (novembre 1936), pp. 193-209.

GLASS, Henri. *Les révolutions bolchevistes modernes*. Montréal, École Sociale Populaire, février 1933, 30 p. (brochure n° 229).

HENTSCH, René. *L'offensive soviétique*. Montréal, Oeuvre des Tracts, octobre 1931, 16 p. (n° 148).

HUOT, abbé Antonio. « La leçon du Mexique » dans la *Semaine religieuse de Québec*, vol. XXXVIII, n° 46 (15 juillet 1926), pp. 723-726.

—————. « La persécution légale » dans la *Semaine religieuse de Québec*, vol. XXXIX, n° 3 (16 septembre 1926), pp. 34-38.

KENNAN, George F. *La Russie soviétique et l'Occident : quarante années d'histoire*. Traduit de l'anglais par C.-E. ROMAIN, Paris, Calmann-Lévy, 1962, 362 p.

LATREILLE, A., J.-R. PALANQUE, E. DELARUELLE, E. RÉMOND. *Histoire du catholicisme en France*, t. 3 : *la Période contemporaine*. Paris, Éditions Spes, 1962, 693 p., biblio.

LEDRÉ, Charles. *Les crimes du Front populaire en Espagne*. Lyon, Imprimerie commerciale, s. d., 32 p.

LODYGENSKY, Georges. *La Russie en 1930*. Montréal, Oeuvre des Tracts, mai 1931, 16 p. (n° 143).

MCCULLAGH, Francis. *Red Mexico : A Reign of Terror in America*. New York, Louis Carrier & Co., 1928, 415 p.

MUN, Albert, comte de. *La conquête du peuple*. Paris, P. Lethielleux, 1908, 93 p.

POULIN, Antonio, s.j. *Le message de Lénine*. Montréal, Éditions Albert Lévesque, 1934, 140 p.

PRO-DEO. *Les sans-Dieu en Russie*. Montreal, Oeuvre des Tracts, février 1935, 16 p. (n° 188).

SHAPIRO, D. *The Right in France, 1891-1919.* London, Chatto & Windus, 1962, 144 p.
TAMISIER, Michel, s.j. « Les malheurs de la Pologne » dans *le Canada français,* vol. VI, n° 3 (avril 1921), pp. 154-167.
WEBER, Eugen. *L'Action française.* Traduit de l'anglais par Michel CHRESTIEN. Paris, Éditions Stock, [1964], 649 p., index.

Chapitre VI

ANONYME. *The Persecution of the Catholic Church in the Third Reich. Facts and Documents.* Traduit de l'allemand, London, Burns Oates, 1940, x-565 p.
BULLOCK, Alan. *Hitler : A Study in Tyranny.* Éd. révisée, Harmondsworth (Angleterre) : Penguin Books Ltd, 1962, 848 p., biblio., index.
CATALOGNE, Gérard DE. *Notre révolution.* t. 2 : *Hommes et doctrines du vingtième siècle.* Montréal, Éditions Bernard Valiquette, [1941], 176 p.
COMMISSION PRO-DEO. *Les sans-Dieu à l'œuvre.* Montréal, Oeuvre des Tracts, novembre 1936, 16 p. (n° 209).
ÉCOLE SOCIALE POPULAIRE. *Quand le Front populaire est roi : son œuvre en Espagne.* Montréal, Oeuvre des Tracts, juillet 1936, 16 p. (n° 205).
————. *Le Vendredi saint de l'Église d'Espagne.* Document publié par le Secrétariat des Congrégations mariales, Montréal, École Sociale Populaire, août 1937, 32 p. (brochure n° 283).
FINER, Herman. *Mussolini's Italy.* New York, Grosset & Dunlap, 1965, 564 p., index.
JACKSON, Gabriel. *The Spanish Republic and the Civil War, 1931-1939.* Princeton, Princeton University Press, 1965, xiii-578 p., biblio., index.
KIRKPATRICK, Ivone. *Mussolini : A Study in Power.* New York, Avon Books, 1964, xi-701 p., biblio., index.
LIGUE DES RETRAITANTS. *Lettre collective des évêques espagnols.* Ottawa, Comité central des Ligues des Retraitants, 1937, 24 p.
PONCINS, Léon DE. *Le Portugal renaît.* Paris, Gabriel Beauchesne, 1936, 295 p.
ROBLES, Gil. *L'Espagne dans les chaînes.* Montréal, Oeuvre des Tracts, septembre 1937, 16 p. (n° 219).
ROGGER, Hans et Eugen WEBER, (édit.). *The European Right : A Historical Profile.* Berkeley, University of California Press, 1966, 589 p.
SALLÈS, Antonio. « L'Espagne républicaine » dans *le Canada français,* vol. XXIII, n° 1 (septembre 1935), pp. 18-26.
THOMAS, Hugh. *The Spanish Civil War.* Éd. révisée, Harmondsworth : Penguin Books Ltd, 1965, 911 p., biblio., index.
TOMAS, cardinal Isidro Goma. *La vérité sur l'Espagne.* Montréal, École Sociale Populaire, mars 1938, 31 p. (brochure n° 278).
TURMEN, Kurt. *Hitler contre le Pape : qu'en pensez-vous ?* Paris, Éditions du Cerf, [c. 1938], 46 p.
UNION NATIONALE DES COMBATTANTS. *L'Espagne sanglante.* Paris, UNC, 1936, 60 p.

Chapitre VII

GERMAIN, abbé V. « Contrôle démocratique » dans la *Semaine religieuse de Québec,* vol. XXXVI, n° 44 (3 juillet 1924), pp. 690-694.

GOSSELIN, Mgr David. « La Révolution française et le bolchevisme » dans *le Canada français*, vol. IX, n° 3 (novembre 1922), pp. 168-171.

HUOT, abbé Antonio. « L'Église et la Révolution » dans la *Semaine religieuse de Québec*, vol. XXXIX, n° 12 (18 novembre 1926), pp. 185-187.

JARRY, Eugène. *L'Église en face des révolutions*. Paris, Arthème Fayard, 1966, 139 p. (coll. « Je sais-Je crois »).

LETTRES DE ROME. *Pacifisme révolutionnaire*. Montréal, Oeuvre des Tracts, novembre 1935, 16 p. (n° 197).

PÂQUET, Mgr Louis-Adolphe. *L'écueil démocratique*. Québec, Éditions de L'Action Sociale Catholique, 1919, 27 p.

RIMBAUD, Jean. « Fascisme et communisme » dans *Études*, vol. CCXIX, n° 26 (20 juin 1934), pp. 721-734.

Chapitre VIII

ARCHAMBAULT, Joseph-Papin, s.j. *La menace communiste au Canada*. Montréal, École Sociale Populaire, mars-avril 1935, 64 p. (brochure n°s 254-255).

ARÈS, Richard, s.j. *Petit catéchisme anticommuniste*. Montréal, École Sociale Populaire, février 1937, 32 p. (brochure n° 277).

BERGERON, René. *Karl et Baptiste dans l'intimité*. Montréal, École Sociale Populaire, [1937], 22 p. (n° 14, *Série de l'Apostolat populaire*).

CASGRAIN, abbé Philippe. « Le communisme au Canada » dans *le Canada français*, vol. XXI, n° 3 (novembre 1933), pp. 193-198; n° 4 (décembre 1933), pp. 289-304.

––––––––––. « La diffusion du communisme dans notre population d'origine étrangère » dans *le Canada français*, vol. XXII, n° 2 (octobre 1934), pp. 105-114.

ÉCOLE SOCIALE POPULAIRE. *Cahier anticommuniste*. Montréal, École Sociale Populaire, février-mars 1932, 64 p. (brochure n°s 217-218).

––––––––––. *Le commerce avec les Soviets : la situation au Canada*. Montréal, École Sociale Populaire, avril 1933, 32 p. (brochure n° 231).

––––––––––. *Le communisme au Canada*. Montréal, Oeuvre des Tracts, février 1931, 16 p. (n° 140).

––––––––––. *Le communisme international au Canada*. Montréal, École Sociale Populaire, décembre 1927, 32 p. (brochure n° 167).

––––––––––. *Journées anticommunistes — I. Allocutions et conférences*. Montréal, École Sociale Populaire, décembre 1934-janvier 1935, 54 p. (brochure n°s 251-252).

––––––––––. *Journées anticommunistes — II. Manifestation ouvrière*. Montréal, École Sociale Populaire, février 1935, 32 p. (brochure n° 253).

––––––––––. *Manuel antibolchévique*. Montréal, École Sociale Populaire, avril-mai 1931, 62 p. (brochure n°s 207-208).

––––––––––. *Pour le Christ-Roi et contre le communisme*. Montréal, École Sociale Populaire, novembre-décembre 1936, 58 p. (brochure n°s 274-275).

––––––––––. *Les relations avec Moscou*. Montréal, École Sociale Populaire, février 1936, 32 p. (brochure n° 265).

GARANT, abbé Charles-Omer. *L'Église et le problème politique*. Québec, Action catholique, 1935, 12 p. (tract n° 8 de *l'Action catholique*).

GAUTHIER, Mgr Georges. *La C.C.F. et les Catholiques*. Texte d'une lettre pastorale du 11 février 1934, Québec, Action catholique, 1934, 40 p. (tract n° 1 de *l'Action catholique*).

GAUTHIER, Mgr Georges. *Lettre sur le communisme*. Montréal, Oeuvre des Tracts, avril 1938, 16 p. (n° 226).

LAMARCHE, Thomas, o.p. *Le rêve communiste*. Montréal, École Sociale Populaire, mai 1932, 32 p. (brochure n° 220).

LAURENT, Édouard. *Une enquête sur le communisme. La loi du cadenas est-elle constitutionnelle ?* Montréal, École Sociale Populaire, avril 1939, 32 p. (brochure n° 303).

L'HEUREUX, Eugène. *Opinions libres entre Canadiens de bonne volonté*. [Québec, Le Soleil, 1946], 281 p.

MARTIN, Henri, o.p. « Le bolchevisme chez nous » dans la *Semaine religieuse de Québec*, vol. XLV, n° 21 (19 janvier 1933), pp. 323-327.

McNICHOLAS, Mgr John T. *Mentalité communiste*. Montréal, École Sociale Populaire, novembre 1938, 32 p. (brochure n° 298).

POISSON, abbé Camille. *Doit-on tolérer la propagande communiste ?* Montréal, Oeuvre des Tracts, septembre 1938, 16p. (n° 231).

SCOTT, F. R. « The Trial of the Toronto Communists » dans *Quenn's Quarterly*, vol. XXXIX, n° 3 (août 1932), pp. 512-527.

SEMAINE SOCIALE DU CANADA. 16ᵉ session, Sherbrooke, 1938 : *Pour une société chrétienne*. Montréal, École Sociale Populaire, 1938, 416p.

YOUNG, Walter D. *The Anatomy of a Party : The National CCF, 1932-1961*. Toronto, University of Toronto Press, 1969, 328 p.

Chapitre IX

ARCHAMBAULT, Joseph-Papin, s.j. *Parents chrétiens, sauvez vos enfants du cinéma meurtrier !* Montréal, Oeuvre des Tracts, [1927], 16p. (n° 91).

COURCHESNE, Mgr Georges. *La tempérance*. Montréal, Oeuvre des Tracts, mai 1930, 16p. (n° 131).

DORION, Dr Jules. « La prohibition » dans la *Semaine religieuse de Québec*, vol. XXXI, n° 44 (3 juillet 1919), pp. 691-694.

DUMONT, abbé J.-Napoléon. *Le diable dans les bouteilles*. Québec, Action Sociale Ltée, 1935, 38p.

ÉCOLE SOCIALE POPULAIRE. *La place des enfants n'est pas au cinéma*. Montréal, École Sociale Populaire, janvier 1933, 32p. (brochure n° 228).

FOISY, J.-Albert. *La langue maternelle*. Montréal, Bibliothèque de l'Action française, 1922, 32p.

HUOT, abbé Antonio. « Le cinéma et le dimanche » dans la *Semaine religieuse de Québec*, vol. XL, n° 4 (22 septembre 1927), pp. 51-54.

————. « Nouvelle campagne de tempérance » dans la *Semaine religieuse de Québec*, vol. XXXVIII, n° 2 (10 septembre 1925), pp. 19-22.

————. « Le repos dominical » dans la *Semaine religieuse de Québec*, vol. XXXIX, n° 38 (19 mai 1927), pp. 594-596.

LABRECQUE, chanoine Cyrille. « Au sujet du divorce » dans la *Semaine religieuse de Québec*, vol. XLI, n° 43 (27 juin 1929), pp. 674-679.

————. « Les danses défendues » dans la *Semaine religieuse de Québec*, vol. XLV, n° 28 (9 mars 1933), pp. 434-437.

LAFLAMME, Mgr E.-C. « Contre les modes indécentes » dans la *Semaine religieuse de Québec*, vol. XXXVIII, n° 2 (10 septembre 1925), pp. 22-25.

LAPOINTE, Mgr Eugène. *Le travail du dimanche dans notre industrie.* Montréal, École Sociale Populaire, 1922, 32p. (brochure n° 107).

L'HEUREUX, Eugène. *Ma province et mon pays.* [Québec, Le Soleil, 1948], 251p.

————. *Une formule du patriotisme canadien-français.* Texte d'une conférence prononcée devant l'Association générale des Comptables et à une réunion régionale de l'A.C.J.C., Québec, Action Sociale Ltée, 1932, 39p.

LIGUE DU DIMANCHE. *Le repos dominical.* Québec, Action Sociale Ltée, 1927, 84p.

PANNETON, abbé Georges. « Le blasphème, vengeance de Satan » dans la *Semaine religieuse de Québec,* vol. L, n° 38 (19 mars 1938), pp. 595-601; n° 39 (26 mai 1938), pp. 611-615.

————. « Le garçonnisme » dans la *Semaine religieuse de Québec,* vol. XLV, n° 5 (29 septembre 1932), pp. 67-74; n° 6 (6 octobre 1932), pp. 83-88; n° 7 (13 octobre 1932), pp. 101-106.

————. « La vogue malfaisante des bains de soleil » dans la *Semaine religieuse de Québec,* vol. XLVIII, n° 2 (12 septembre 1935), pp. 20-25; n° 3 (19 septembre 1935), pp. 35-40.

PÂQUET, Mgr Louis-Adolphe. « Le féminisme » dans *le Canada français,* vol. I, n° 4 (décembre 1918), pp. 233-246; vol. II, n° 1 (février 1919), pp. 5-21.

————. « Le préjugé sectaire » dans *le Canada français,* vol. III, n° 2 (octobre 1919), pp. 81-92.

TAVERNIER, P., o.m.i. *Les troubles scolaires de la Saskatchewan.* Montréal, Oeuvre des Tracts, septembre 1931, 16p. (n° 147).

Chapitre X

A.C.J.C. *Le problème de la colonisation au Canada français.* Rapport officiel du Congrès de Colonisation tenu par l'A.C.J.C. à Chicoutimi, du 29 juin au 2 juillet 1919, Montréal, Bureaux de l'A.C.J.C., 1920, 300p.

ACTION CATHOLIQUE (L'). *Deux grèves de l'Internationale : aux chantiers Davie et à la Dominion Textile.* Articles parus dans *l'Action catholique,* du 31 juillet au 23 août 1919. Québec, Éditions de l'Action Sociale Catholique, 1919, 30 p.

ARCHAMBAULT, Joseph-Papin, s.j. *Le clergé et l'Action sociale.* Montréal, École Sociale Populaire, 1918, 103p.

————. *La question sociale et nos devoirs de catholiques.* Montréal, École Sociale Populaire, 1917, 112p.

————. *La restauration de l'ordre social d'après les encycliques « Rerum Novarum » et « Quadragesimo Anno ».* Montréal, École Sociale Populaire, 1932, 106 p.

————. *Les syndicats catholiques.* Montréal, La Vie Nouvelle, 1919, 84p.

ARÈS, Richard, s.j. *Catéchisme de l'organisation corporative.* Montréal, École Sociale Populaire, février-mars 1938, 64p. (brochure n°s 289-290).

ARNEAU, Louis. *Questions ouvrières.* Québec, Éditions de l'Action Sociale Catholique, 1918, 27p.

BILODEAU, Georges-Marie. *Pour rester au pays : étude sur l'immigration des Canadiens français aux États-Unis. Causes. Remèdes.* Québec, Action Sociale Ltée, 1926, 168p.

CARON, abbé Ivanhoë. « Le congrès de colonisation de Québec » dans *le Canada français,* vol. XI, n° 5 (janvier 1924), pp. 327-349.

DESROSIERS, J.-B., p.s.s. *Choisissons la doctrine sociale de l'Église ou la ruine*. Montréal, École Sociale Populaire, 1936, 308p.

ÉCOLE SOCIALE POPULAIRE. *Pour la restauration sociale au Canada*. Montréal, École Sociale Populaire, mai-juin 1933, 64p. (brochure n°s 232-233).

FORTIN, abbé Maxime. *L'association professionnelle*. Montréal, École Sociale Populaire, juin 1927, 48 p. (brochure n° 161).

HUOT, abbé Antonio. « La grève perpétuelle » dans la *Semaine religieuse de Québec*, vol. XXXI, n° 52 (28 août 1919), pp. 818-819.

LAMARCHE, Thomas M., o.p. *À qui le pouvoir ? À qui l'argent ? Corporatisme, crédit, travail*. Montréal, Éditions de l'Oeuvre de la Presse dominicaine, 1938, 240p.

LEBON, Mgr Wilfrid. *La nationalisation des entreprises*. Montréal, École Sociale Populaire, janvier 1939, 31p. (brochure n° 300).

L'HEUREUX, Eugène. *L'aide aux colons*. Montréal, École Sociale Populaire, 1919, 15p. (brochure n° 85).

——————. *Libéralisme économique et Action catholique*. Québec, Action catholique, 1934, 87p.

——————. *Ma province et mon pays*. [Québec, Le Soleil, 1948], 251 p.

——————. *Le problème des chantiers*. Chicoutimi, Le Progrès du Saguenay, [1927], 31p.

LÉVESQUE, Georges-Henri, o.p. *Crédit social et Catholicisme*. Ottawa, Éditions du Lévrier, 1936, 25p.

PÂQUET, Mgr Louis-Adolphe. *L'organisation professionnelle*. Montréal, École Sociale Populaire, 1921, 30p. (brochure n° 96).

RIOUX, A., A. CHARPENTIER, P. HAMEL, W. GUÉRIN. *Le programme de Restauration sociale*. Montréal, École Sociale Populaire, décembre 1933-janvier 1934, 80 p. (brochure n°s 239-240).

ROY, Louis-Philippe. *Pie XI au chevet de l'univers en détresse : l'encyclique « Quadragesimo Anno » à la portée de tous*. Québec, Action Sociale Ltée, 1932, 71p.

SAINT-PIERRE, Arthur. *Le problème social : quelques éléments de solution*. Montréal, Action française, 1926, 203p.

SAUVÉ, Gustave, o.m.i. *Le Crédit Social (Douglas et Aberhart)*. Ottawa, Éditions de l'Université d'Ottawa, [1935], 36p.

SEMAINE SOCIALE DU CANADA. Première session, Montréal, 1920 : *Rerum Novarum*. s.l., s. éd., s.d., XIX-216p.

——————. 2e session, Québec, 1921 : *le Syndicalisme*. Montréal, L'Action paroissiale, 1922, XVII-438p.

——————. 3e session, Ottawa, 1922 : *Capital et Travail*. Montréal, Action française, 1923, 326p.

——————. 8e session, Saint-Hyacinthe, 1928 : *le Problème économique, considéré surtout au point de vue agricole*. Montréal, A.C.J.C., 1929, 316p.

——————. 11e session, Montréal, 1932 : *l'Ordre social chrétien*. Montréal, École Sociale Populaire, 1932, 396p.

——————. 14e session, Trois-Rivières, 1936 : *l'Organisation professionnelle*. Montréal, École Sociale Populaire, 1936, 392p.

——————. 16e session, Sherbrooke, 1938 : *Pour une société chrétienne*. Montréal, École Sociale Populaire, 1938, 416p.

TURMANN, Max. *Le syndicalisme chrétien en France.* Paris, Valois, 1929, 192p.

Chapitre XI

ARCHAMBAULT, Joseph-Papin, s.j. *Sous la menace rouge.* Montréal, Oeuvre des Tracts, mars 1936, 15p. (n° 201).

CASGRAIN, abbé Philippe. « La diffusion du communisme dans notre population d'origine étrangère » dans *le Canada français*, vol. XXII, n° 2 (octobre 1934), pp. 105-114.

Chapitre XII

ACTION CATHOLIQUE (L'). *Un dossier : le discours de l'honorable M. Taschereau au Club de Réforme de Montréal, le 24 avril 1926, et les commentaires qu'il a suscités dans l'Action catholique et la presse indépendante de la province de Québec.* Québec, Action Sociale Ltée, 1926, 56p.

BERNARD, Henri. *La Ligue de l'Enseignement : histoire d'une conspiration maçonnique à Montréal.* Nouvelle éd., Montréal, s. éd., 1904, XVI-152p.

CERCLE CATHOLIQUE DES VOYAGEURS DE COMMERCE DE QUÉBEC. *L'école obligatoire.* Québec, Imprimerie de l'Action Sociale Ltée, 1919, 14p. (tract n° 1).

DORION, Charles-Édouard. « L'enseignement obligatoire » dans *le Canada français*, vol. II, n° 2 (mars 1919), pp. 82-108.

LALANDE, Hermas, s.j. *L'instruction obligatoire n'est pas nécessaire chez nous. Pourquoi ?* Montréal, Ecole Sociale Populaire, 1919, 59 p. (brochure n°s 81-82).

—————. *L'instruction obligatoire : principes et conséquences.* Montréal, Imprimerie du Messager, 1919, 151p.

MAGNAN, C.-J. *Au service de mon pays : discours et conférences.* Québec, Dussault et Proulx, 1917, IX-535p.

—————. *Éclairons la route, à la lumière des statistiques, des faits et des principes. Réponse à « The Right Track », publié à Toronto et traitant de l'instruction obligatoire dans la province de Québec.* Québec, Librairie Garneau, 1922, XXIV-246p.

—————. « Encore le bureau fédéral d'Éducation » dans *le Canada français*, vol. IX, n° 4 (décembre 1922), pp. 241-259.

—————. *Honneur à la Province de Québec ! Mémorial sur l'éducation au Canada.* Québec, Dussault et Proulx, 1903, X-113p.

—————. *Réponse au discours prononcé par M. T.-D. Bouchard, député de Saint-Hyacinthe, devant l'Assemblée législative de Québec, le 25 janvier 1919.* Québec, Action Sociale Ltée, 1919, 62p.

OEUVRE DES TRACTS. *L'instruction obligatoire : ce qu'en pensent sir Lomer Gouin, M. J.-M. Tellier, M. J.-A. Langlois.* Montréal, Oeuvre des Tracts, s.d., 15p.

Semaine religieuse de Québec (La Direction). « Les écoles d'État », vol. XXXVIII, n° 30 (25 mars 1926), pp. 46-47.

—————. « Une loi déplorable », vol. XXXVI, n° 29 (20 mars 1924), pp. 450-451.

SEMAINE SOCIALE DU CANADA. 10e session, Ottawa, 1931 : *l'État.* Montréal, École Sociale Populaire, [1932], 340p. Voir le texte du P. DUBOIS, « L'État et l'éducation », pp. 74-95.

INDEX

INDEX

TABLE DES MATIÈRES

Deuxième partie. — *L'Action catholique* et le Québec

Conclusion

Appendice

ACHEVÉ D'IMPRIMER
LE QUINZE OCTOBRE
MIL NEUF CENT SOIXANTE-QUATORZE
PAR
LES ÉDITIONS MARQUIS LTÉE
MONTMAGNY
POUR LE COMPTE DES
PRESSES DE L'UNIVERSITÉ LAVAL
QUÉBEC (10e)

DATE DUE